HUMANAMENTE POSSÍVEL

Sarah Bakewell

Humanamente possível
Sete séculos de pensamento humanista

TRADUÇÃO
Débora Landsberg

Copyright © 2023 by Sarah Bakewell
Proibida a venda em Portugal

*Grafia atualizada segundo o Acordo Ortográfico da Língua Portuguesa de 1990,
que entrou em vigor no Brasil em 2009.*

Título original
Humanly Possible: Seven Hundred Years of Humanist Freethinking, Inquiry, and Hope

Capa
Joana Figueiredo

Imagem de capa
Donna Grethen/ Ikon Images/ Easypix Brasil

Preparação
Ana Alvares

Índice remissivo
Gabriella Russano

Revisão
Luís Eduardo Gonçalves
Nestor Turano Jr.

Dados Internacionais de Catalogação na Publicação (CIP)
(Câmara Brasileira do Livro, SP, Brasil)

Bakewell, Sarah
    Humanamente possível : Sete séculos de pensamento humanista
/ Sarah Bakewell ; tradução Débora Landsberg. — 1ª ed. — Rio
de Janeiro : Objetiva, 2024.

    Título original: Humanly Possible : Seven Hundred Years of
Humanist Freethinking, Inquiry, and Hope
    ISBN 978-85-390-0823-0

    1. Ética humanística 2. Ética humanística – História 3. Huma-
nismo I. Título.

24-208232	CDD-171.2

Índice para catálogo sistemático:
1. Ética humanística : Filosofia   171.2

Cibele Maria Dias – Bibliotecária – CRB-8/9427

Todos os direitos desta edição reservados à
EDITORA SCHWARCZ S.A.
Praça Floriano, 19, sala 3001 — Cinelândia
20031-050 — Rio de Janeiro — RJ
Telefone: (21) 3993-7510
www.companhiadasletras.com.br
www.blogdacompanhia.com.br
facebook.com/editoraobjetiva
instagram.com/editora_objetiva
x.com/edobjetiva

Sumário

Apenas se conecte! – Uma introdução 7

1. A terra dos vivos 27
2. Erguendo navios 54
3. Provocadores e pagãos 82
4. Rede maravilhosa 113
5. Material humano 127
6. Eternos milagres 151
7. Campo para todos os seres humanos 179
8. O desenvolvimento da humanidade 201
9. Um tal país dos sonhos 226
10. Doutor Esperança 253
11. A faceta humana 277
12. O lugar de ser feliz 312

Agradecimentos 337
Notas 339
Apêndice 393
Créditos das imagens 397
Índice remissivo 401

Apenas se conecte!
Uma introdução

"O que é humanismo?" Essa é a questão apresentada no romance cômico *Second from Last in the Sack Race* [Penúltimo na corrida do saco], publicado por David Nobbs em 1983, durante a primeira reunião da Associação Humanista Bissexual do Liceu Thurmarsh — "bissexual" porque incluía meninas e meninos. O resultado é caótico.[1]

Uma menina começa dizendo que é a tentativa do Renascimento de fugir da Idade Média. Ela está pensando no reflorescimento literário e cultural conduzido por intelectuais cheios de energia, de espírito livre, moradores de cidades italianas como Florença nos séculos XIV e XV. Mas não é isso, rebate outro membro da associação. Humanismo significa "ser bondoso e gentil com animais e coisas, e fazer caridade, e visitar idosos e tal".

Um terceiro membro é mordaz ao retrucar que ele confunde humanismo com humanitarismo. Um quarto reclama que estão perdendo tempo. O humanitário se eriça: "Você considera uma perda de tempo tratar ferimentos de animais e cuidar dos idosos e das coisas?".

O mordaz propõe então uma definição completamente diferente. "É uma filosofia que rejeita o sobrenaturalismo, que enxerga o homem como um objeto natural e defende sua dignidade essencial, seu valor e sua capacidade de atingir a autorrealização pelo uso da razão e do método científico." A fala foi bem recebida, até que alguém apresentou um problema: certas pessoas acreditam em Deus, porém se declaram humanistas. Quando a reunião se encerra, todos estão mais confusos do que estavam no começo.

Mas os alunos de Thurmarsh não precisariam ter se preocupado: estavam no caminho certo. Todas as descrições — e há outras — contribuem para a formação de um retrato mais integral, mais farto, do que significa o humanismo, e dos atos, estudos e crenças dos humanistas ao longo dos séculos.

Conforme já sabia o estudante que falou da visão não sobrenatural da vida, muitos humanistas modernos são pessoas que preferem viver sem fé religiosa e fazer suas escolhas morais com base na empatia, na razão e no senso de responsabilidade para com os outros seres vivos. A visão de mundo deles foi resumida pelo escritor Kurt Vonnegut: "Sou humanista", ele disse, "o que quer dizer, em certa medida, que tento me comportar com decência sem nenhuma expectativa de ser recompensado ou punido depois de morto".[2]

No entanto, o outro aluno de Thurmarsh também tinha razão ao dizer que há quem seja considerado humanista e tenha fé religiosa. Ainda assim, caso sua atenção se volte sobretudo às vidas e experiências das pessoas aqui na Terra, e não às instituições ou doutrinas, ou à teologia do Além, essas pessoas podem ser descritas como humanistas.

Outros significados nada têm a ver com questões religiosas. O filósofo humanista, por exemplo, é quem põe a pessoa viva como um todo no centro das coisas, em vez de desmembrá-la em sistemas de palavras, símbolos ou princípios abstratos. Um arquiteto humanista cria edifícios com base na escala humana, de forma a não oprimir ou frustrar seus moradores. Também pode haver medicina, política e educação humanistas; temos humanismo na literatura, na fotografia e no cinema. Em cada um desses âmbitos, o indivíduo está no alto da lista de preocupações, não subordinado a um conceito ou ideal sublime. Essa definição é a que mais se aproxima do que o estudante "humanitário" tentava exprimir.

Mas o que dizer dos eruditos da Itália e mundo afora nos séculos XIV e XV — aqueles aos quais se referia a primeira aluna de Thurmarsh a falar? Esses são humanistas de outra categoria: traduziam e editavam livros, lecionavam, se correspondiam com amigos inteligentes, debatiam interpretações, faziam a vida intelectual avançar e, via de regra, escreviam e falavam muito. Em suma, eram especialistas em humanidades, ou no *studia humanitatis*, ou seja, "estudos humanos". A partir do termo em latim, eles se tornaram conhecidos em italiano como *umanisti*, e, portanto, também são humanistas; o inglês americano ainda os chama de humanistas. Muitos compartilham os interesses éticos de outros tipos de humanistas, acreditando que o aprendizado e o ensino dos estudos humanos possibilitam uma vida mais virtuosa e civilizada. Não raro, professores de humanas ainda pensam assim, mas sob uma forma mais moderna. Ao apresentar a seus estudantes experiências literárias e culturais e ferramentas de análise crítica, esperam ajudá-los a adquirir uma sensibilidade especial às perspectivas alheias, uma compreensão mais refinada do desenrolar de acontecimentos políticos e históricos, além de uma abordagem mais criteriosa e ponderada da vida de modo geral. Esperam cultivar *humanitas*, que em latim significa ser humano, mas acrescido das implicações de ser refinado, instruído, eloquente, generoso e cortês.[3]

Humanistas religiosos, não religiosos, filosóficos, práticos e professores de humanas — o que todos esses significados têm em comum, se é que têm alguma coisa? A resposta está no nome: todos olham para a dimensão *humana* da vida.

Que dimensão é essa? Pode ser difícil especificar, mas situa-se em algum lugar entre o âmbito físico da matéria e qualquer âmbito puramente espiritual ou divino que se imagine existir. Nós, seres humanos, somos feitos de matéria, é claro, assim como tudo o que nos rodeia. Na outra ponta do espectro, podemos (há quem acredite) nos conectar de algum modo com o âmbito numinoso. Ao mesmo tempo, entretanto, também ocupamos uma esfera da realidade que não é nem totalmente física nem totalmente espiritual. É onde praticamos cultura, pensamento, moralidade, ritual, arte — atividades que são (na maioria das vezes, mas não sempre) características da nossa espécie. É nisso que investimos boa parte do nosso tempo e energia: falando, contando histórias, fazendo retratos ou modelos, elaborando juízos éticos e lutando para tomar a atitude certa, negociando acordos sociais, realizando cultos em templos, igrejas ou florestas sagradas, passando lembranças adiante, ensinando, tocando música, contando piadas e fazendo palhaçadas para divertir os outros, tentando chegar a conclusões, e basicamente sendo o tipo de seres que somos. É esse o âmbito que humanistas de todas as categorias põem no centro de seus interesses.

Assim, enquanto cientistas estudam o mundo material e teólogos o mundo divino, humanistas-das-humanidades estudam o mundo humano da arte, da história e da cultura. Humanistas não religiosos baseiam suas escolhas morais no bem-estar humano, não em ordens divinas. Humanistas religiosos também se concentram no bem-estar humano, mas dentro do contexto da fé. Humanistas filosóficos e de outras classes sempre comparam suas ideias à experiência de pessoas de verdade.

A abordagem centrada no ser humano foi transmitida em um comentário feito há cerca de 2500 anos pelo filósofo grego Protágoras: "O homem é a medida de todas as coisas".[4] Pode soar arrogante, mas não há necessidade de entendermos que o universo inteiro deve se conformar às nossas ideias, muito menos que temos o direito de subjugar outros organismos. Podemos entender a frase como uma afirmação de que, como seres humanos, vivenciamos nossa realidade sob a forma humana. Conhecemos e nos importamos com coisas humanas: elas são importantes para nós, então devemos levá-las a sério.

É bem verdade que, segundo essa definição, quase tudo que podemos fazer parece um pouco humanista. Outras definições sugeridas são ainda mais abrangentes. Veja só o que diz o romancista E. M. Forster — escritor profundamente "humano" e membro pagante de organizações humanistas — ao responder a uma pergunta sobre o que o termo significa para ele:

> Seria uma homenagem ao humanismo recitarmos uma lista de coisas de que gostamos ou que achamos interessantes, das pessoas que nos ajudaram e das pessoas a quem amamos e tentamos ajudar. A lista não seria espetacular, careceria da sonoridade de um credo e da solenidade de uma sanção, mas poderia ser recitada com segurança, pois daria voz à gratidão humana e à esperança humana.[5]

É uma ideia irresistível, mas beira a uma renúncia completa da tentativa de definição. Contudo, a opção de Forster por não usar abstrações ou dogmatismos ao falar do humanismo é, por si só, uma atitude tipicamente humanista. Para ele, é uma questão pessoal — e essa é a ideia. O humanismo muitas vezes é pessoal, já que diz respeito a pessoas.

Também é pessoal para mim. Sou humanista no sentido não religioso desde sempre. Fui me tornando cada vez mais humanista nas minhas posturas filosóficas e políticas, valorizando mais as vidas individuais do que as grandes ideias que antigamente considerava empolgantes. E depois de anos a fio lendo e escrevendo sobre humanistas históricos do tipo que lida com "humanidades", me encantei com essa base de estudos humanos que todos eles compartilham.

Tenho a sorte de ter conseguido exercer meu humanismo sem muita interferência. Para muita gente, o humanismo se torna um risco de vida — e é impossível haver algo mais pessoal que isso. E onde o humanismo não é bem compreendido, o risco é exacerbado, conforme demonstra a experiência recente de um jovem humanista na Grã-Bretanha.

Hamza bin Walayat nasceu no Paquistão, mas em 2017 estava morando no Reino Unido e pediu uma licença para ali continuar, pois suas crenças humanistas e seu rompimento com o islã geravam ameaças à sua vida em sua terra natal, em especial vindas de sua própria família. Ele temia que, caso fosse deportado, seria assassinado. Era um medo cabível: o humanismo é considerado blasfêmia no Paquistão (e em vários outros países) e pode até ser punido com execução. Na prática, humanistas paquistaneses foram mortos sobretudo por turbas paramilitares, com as autoridades fingindo não ver. Um caso famoso ocorreu nesse mesmo ano de 2017: o estudante Mashal Khan, que nas redes sociais postava como "O Humanista", foi espancado e morto por colegas de estudos.[6]

Quando funcionários do Ministério do Interior britânico entrevistaram Hamza para avaliar seu pedido, pediram a ele que justificasse o medo de ser perseguido por ser humanista dando uma definição dessa palavra. Em sua resposta, ele mencionou os valores dos pensadores iluministas do século XVIII. Foi uma resposta excelente: muitas das ideias iluministas são humanistas e se encaixam em várias das definições feitas pelos alunos de Thurmarsh. Mas os avaliadores, por falta de conhecimento ou porque procuravam desculpas para pegá-lo no flagra, alegaram esperar uma resposta que contivesse nomes de filósofos *gregos* antigos, em especial Platão e Aristóteles. O que é bem esquisito, já que nem Platão nem Aristóteles recebem muitas menções em livros sobre humanismo, pela boa razão de que ambos (na maioria dos aspectos) não eram muito humanistas. No entanto, o Ministério do Interior concluiu que era Hamza que não era muito humanista, e rejeitou seu pedido.

A organização Humanists UK[7] e outros simpatizantes assumiram o caso. Destacaram a escolha de filósofos errados. De modo geral, argumentaram que o humanismo não é um sistema de crenças do tipo que se fia em um cânone de autoridades. O humanista não precisa conhecer pensadores específicos como, digamos, um marxista deve conhecer Marx.[8] É normal que humanistas rejeitem a ideia de adotar "escrituras" ideológicas. Com tanto apoio e o argumento forte, Hamza ganhou o direito de permanecer no país em maio de 2019. Virou membro do conselho do Humanists UK. E, na esteira de sua vitória, todos os cursos subsequentes de formação de avaliadores do Ministério do Interior passaram a incluir uma disciplina de introdução ao pensamento humanista.[9]

Conclusão: o humanismo é pessoal e é uma nuvem semântica de significados e implicações, nenhum deles atribuível a um teórico ou praticante em especial. Além disso, até pouco tempo atrás, humanistas raramente se reuniam em grupos formais, e muitos não usavam o termo *humanista*. Ainda que felizes por serem *umanisti*, eles só passaram a falar em "humanismo" como conceito ou prática geral no século XIX. (Existe algo encantadoramente humanístico no fato de o conceito ter surgido séculos depois das *pessoas* que o seguiam.) Tudo parece meio enevoado — e no entanto creio que exista uma tradição humanista coerente, compartilhada, e que faça sentido considerarmos todas essas pessoas juntas. Elas estão unidas por fios multicoloridos, mas significativos. São esses fios que quero investigar neste livro — e ao fazê-lo, tomo como norte outra grande frase humanista de E. M. Forster: "Apenas se conecte!".

Essa é a epígrafe e o mote recorrente de seu romance de 1910, *Howards End*, e Forster quis dizer um bocado de coisas com essa frase. Quis dizer que devemos olhar para os laços que nos unem e não para o que nos separa; que precisamos tentar compreender as opiniões alheias sobre o mundo bem como as nossas; e que devemos evitar nossa fragmentação interna, causada pelo autoengano ou pela hipocrisia. Concordo com tudo — e considero isso um incentivo a narrar a história do humanismo com um espírito mais de união do que de divisão.

Também no espírito de E. M. Forster, vou escrever mais sobre humani*stas* do que sobre *ismos*. Espero que, assim como eu, o leitor fique curioso e às vezes se sinta inspirado pelas histórias de aventuras, brigas, iniciativas e tribulações vividas pelos humanistas enquanto achavam seu rumo em um mundo que volta e meia os tratava com incompreensão ou coisa pior. É verdade que alguns tiveram boas experiências, encontrando cargos invejáveis em ambientes acadêmicos e palacianos. Mas era raro que pudessem contar com esses postos por muito tempo, e há quem tenha aguentado uma vida inteira de conturbada marginalização. No decorrer de séculos, humanistas foram estudiosos exilados ou flanadores, sobrevivendo de expedientes e palavras. No início da era moderna, vários se complicaram com a Inquisição ou com outros caçadores de heresias. Outros tentaram se manter a salvo escondendo o que pensavam de fato, e às vezes tão bem que até hoje não fazemos ideia do que achavam. Muito depois de iniciado o século XIX, humanistas não religiosos (não raro chamados de "livres-pensadores") eram vilipendiados, banidos, encarcerados e despojados de seus direitos. No século XX, eram proibidos de falar em público e ouviam que jamais deveriam se candidatar a cargos públicos; eram perseguidos, processados e aprisionados. No século XXI, até o momento, humanistas ainda sofrem todas essas coisas.

O humanismo suscita reações fortes. Diz respeito inteiramente ao fator humano, mas esse fator é complicado e interessa a todos nós intimamente: ser humano é um enigma e um desafio constante. Como tantas coisas dependem das ideias que temos de nós mesmos, não é surpresa que pessoas que manifestam com franqueza suas opiniões humanistas sejam hostilizadas, sobretudo em situações em que a imposição do conformismo religioso ou político é robusta. Porém, aos poucos, sem alarde e com reveses, muitas gerações desses humanistas teimosos defenderam seus argumentos com eloquência e razão, e agora, consequentemente, suas ideias permeiam diversas sociedades, sejam elas reconhecidas ou não.

As pessoas que vamos conhecer neste livro viveram em um período em que o humanismo tomava as formas que vemos hoje. Minha narrativa abarca sete séculos, dos anos 1300 ao nosso tempo. Em sua maioria (não sempre), os ocupantes deste livro viveram nesse período; além disso, em sua maioria (não sempre), eram europeus. Em certa medida, restringi a obra desse modo porque muitas coisas interessantes aconteceram dentro desses parâmetros, mas também porque isso confere a esta crônica certa continuidade; muitas dessas pessoas conheciam e reagiam às obras umas das outras, mesmo quando não podiam se encontrar. Selecionar esse recorte da história e da geografia nos ajuda a extrair algumas das formas mais concentradas de pensamento humanista e ver como se desenvolveram.

Mas minha narrativa deve ser sempre mentalmente situada no contexto de uma narrativa mais geral: a história mais ampla, mais longa, mais integral de vidas e pensamentos humanistas mundo afora. Formas humanistas de pensamento emergiram de muitas culturas e épocas. Tenho certeza de que existiram de algum modo desde que nossa espécie começou a refletir sobre si mesma e ponderar suas escolhas e responsabilidades no mundo.

Antes de começar, portanto, vamos fazer um passeio por esse horizonte mais vasto e, durante esse percurso, conhecer algumas das ideias principais do humanismo.

Podemos começar pela primeira possibilidade mencionada pelos alunos de Thurmarsh: compreender a vida humana de modo não sobrenatural. De todas as teorias que afloram na reunião, essa é a que tem o pedigree mais antigo. A primeira discussão[10] de opiniões materialistas (de que sabemos) surgiu na Índia como parte da escola de pensamento Carvaka, fundada pelo pensador Brihaspati algum tempo antes do século VI AEC (Antes da Era Comum). Os seguidores dessa escola acreditavam que, quando o corpo morre, também se dá o nosso fim. Atribui-se a seguinte citação ao filósofo Ajita Kesakambalī:

> Este ser humano é feito dos quatro grandes elementos, e quando ele morre, a parte que é terra volta à terra, a parte que é água à água, a parte que é fogo ao fogo, a parte que é ar ao ar, e as faculdades desaparecem no espaço... Tolos e sábios, com o fim do corpo, são destruídos e perecem, não existem após a morte.[11]

Cerca de um século depois, uma ideia similar é apresentada na cidade litorânea de Abdera, no nordeste da Grécia, terra do filósofo Demócrito. Ele ensinava que todos os entes da natureza eram feitos de átomos — partículas indivisíveis que se combinam de diversas formas para criar todos os objetos que já tocamos ou vimos. E *nós* também somos feitos dessas partículas, tanto mental como fisicamente. Enquanto estamos vivos, elas se combinam para formar nossos pensamentos e experiências sensoriais. Quando morremos, elas se separam e formam outras coisas. Esse é o fim dos pensamentos e experiências — e, portanto, é também o nosso fim.

Seria isso humanista? Ou apenas uma ideia deprimente? Não: na verdade, ela traz consequências animadoras e reconfortantes para nossas vidas. Se nada de mim sobrevive em uma vida após a morte, não tenho por que viver com medo, me preocupando com o que os deuses podem fazer comigo ou quais tormentos ou aventuras me aguardam no futuro. A teoria atômica deixava Demócrito tão contente que ele se tornou conhecido como "o filósofo que ri": sem temor cósmico, conseguia rir das fraquezas humanas em vez de chorar por elas, como outros faziam.

Demócrito passou suas ideias adiante. Entre os que as adotaram estava Epicuro, que fundou uma comunidade de estudantes e amigos com ideias afins em sua escola de Atenas, conhecida como "Jardim". Epicuristas buscavam a felicidade principalmente por meio das amizades, de uma dieta modesta de mingau de aveia e do cultivo da serenidade mental. Um componente muito importante deste último, segundo Epicuro escreveu em uma carta, era evitar "essas ideias falsas sobre deuses e morte que são a fonte principal de perturbações mentais".[12]

Depois veio Protágoras, do homem como medida, também originário de Abdera, que conheceu Demócrito pessoalmente. Seu papo de usar a humanidade como medida de tudo já era considerado inquietante por seus contemporâneos, mas ele era ainda mais infame por escrever um livro sobre os deuses que, pelo que dizem, tinha um início surpreendente:

> Quanto aos deuses, não tenho como saber se existem ou não existem. Pois são muitos os obstáculos que impedem o conhecimento, tanto a obscuridade da questão quanto a brevidade da vida humana.[13]

Dado esse ponto de partida, seria bom se soubéssemos como ele preencheu o resto do livro. Mas o soco já está aí, na abertura. Pode ser que deuses existam ou não, mas *para nós* eles são seres questionáveis e imperceptíveis. O argumento que se seguia provavelmente era de que não deveríamos desperdiçar nossas curtas vidas nos preocupando com eles. Nosso interesse está na nossa vida terrena, enquanto durar. É, de novo, outra maneira de dizer que a medida certa para nós é a humana.

A razão por que não sabemos o que vinha depois no livro é que nada além dessas poucas linhas sobreviveu — e temos uma boa ideia do motivo. O biógrafo Diógenes Laércio[14] nos conta que, assim que a obra de Protágoras sobre os deuses veio a público, "os atenienses o expulsaram; e queimaram suas obras no mercado público, depois de mandarem um mensageiro recolhê-las das mãos de todos que possuíam cópias". Não sobreviveu nada que tenha sido escrito pelas mãos de Demócrito nem pelos membros da escola Carvaka, e talvez as razões sejam parecidas. De Epicuro, temos algumas cartas, mas suas aulas também foram transformadas em versos por um romano que viveu tempos depois, Lucrécio, no poema longo *Sobre a natureza das coisas*. O poema quase se perdeu também, mas uma cópia posterior sobreviveu em um mosteiro, onde foi encontrada no século XV por humanistas colecionadores de livros, e tornou a circular. Desse modo, depois de todos esses momentos de fragilidade e quase perdas, as ideias de Demócrito sobreviveram até a nossa época — e assim foram traduzidas nas belas palavras da autora norte-americana Zora Neale Hurston, em suas memórias publicadas em 1942, *Dust Tracks on a Road* [Trilhas de poeira na estrada]:

> Por que ter medo? A substância do meu ser é matéria, sempre mutante, sempre móvel, mas jamais perdida; então que necessidade tenho de denominações e credos para negar a mim mesma o conforto de todos os meus companheiros de humanidade? O cinturão amplo do universo não precisa de anéis em seus dedos. Estou em harmonia com o infinito e não preciso de nenhuma outra garantia.[15]

A tradição continua viva também nas palavras do pôster de uma campanha de 2009 no Reino Unido, apoiada pela British Humanist Association (agora

Humanists UK). A mensagem, exibida nas laterais dos ônibus, entre outros lugares, era uma declaração de serenidade mental digna de Demócrito: "É provável que Deus não exista. Agora pare de se preocupar e curta a vida".[16] A ideia foi concebida por Ariane Sherine, jovem escritora e comediante que queria transmitir uma mensagem alternativa, reconfortante, depois de ver alguns ônibus com a propaganda de uma organização evangélica cujo site ameaçava pecadores com o fogo eterno do inferno.

A mudança de foco para o aqui e agora continua sendo um dos princípios fundamentais das organizações humanistas modernas. Chegou até a ser elaborado como algo que não soa nada humanista, um "credo", ou declaração de crenças essenciais.[17] Seu autor é Robert G. Ingersoll, um livre-pensador (ou humanista não religioso) norte-americano do século XIX. O credo é o seguinte:

A felicidade é o único bem.
A hora de ser feliz é agora.
O lugar de ser feliz é aqui.

E Ingersoll termina com um verso final indispensável:

O caminho para a felicidade é trazê-la aos outros.

Este último verso nos remete à segunda grande ideia humanista: o sentido de nossa vida está nas relações e vínculos que temos uns com os outros.

Esse princípio da interligação humana[18] foi muito bem expresso em uma peça de Publius Terentius Afer, mais conhecido como Terêncio. O "Afer" é uma referência à sua origem, visto que nasceu, provavelmente escravizado, por volta de 190 AEC na África do Norte, em Cartago ou em suas redondezas; ele ganhou fama em Roma como escritor de comédias. Um de seus personagens diz — e incluo o latim porque a frase ainda é muito citada no original:

Homo sum, humani nihil a me alienum puto.

Ou:

Sou humano, nada do que é humano me é estranho.

Na verdade, a frase é uma piada. O personagem que a enuncia é conhecido como um vizinho fuxiqueiro: é assim que retruca quando alguém pergunta por que ele não cuida da própria vida. Tenho certeza de que arrancou muitas risadas, pegando a plateia desprevenida e zombando de impenetrabilidades filosóficas. Também me diverte pensar que uma frase citada a sério ao longo de muitos séculos tenha começado como fala de uma comédia-pastelão. Porém, ela realmente é ótima para resumir uma crença essencial do humanismo: estamos todos enredados nas vidas uns dos outros. Somos seres sociais por natureza, e todos podemos reconhecer algo de nós mesmos na experiência alheia, mesmo na daquelas pessoas que parecem ser muito diferentes de nós.

Uma ideia similar[19] vem da outra ponta do continente africano, do sul, captada pela palavra *ubuntu*, da língua banto ngúni, junto com termos equivalentes em outras línguas do sul da África. Referem-se à rede de relações humanas mútuas que ligam indivíduos em uma comunidade pequena ou grande. O finado arcebispo Desmond Tutu,[20] que presidiu a Comissão da Verdade e Reconciliação da África do Sul durante a transição do país para um regime pós-apartheid, na década de 1990, citou o *ubuntu*, além de seus princípios cristãos, como inspiração para sua abordagem. Ele acreditava que as relações opressivas do apartheid haviam sido nocivas tanto para os opressores quanto para os oprimidos, destruindo os laços naturais da humanidade que deveriam existir dentro das pessoas e entre elas. Tinha esperanças de criar um processo que restabelecesse esses elos, em vez de focar a vingança pelas injúrias. Definiu *ubuntu* nestas palavras: "Somos parte de um mesmo ramo de vidas. Declaramos: 'uma pessoa só é uma pessoa em função de outras pessoas'".

Em outro canto do mundo, a humanidade compartilhada também é considerada crucial: me refiro à tradição chinesa antiga da filosofia confucionista. K'ung-fu-tzŭ, ou Mestre K'ung, ou Confúcio, como ficou conhecido entre os europeus, viveu pouco antes de Demócrito e Protágoras, e legou uma fartura de conselhos edificantes a seus discípulos. No decorrer dos anos após sua morte,[21] em 479 AEC, esses discípulos reuniram e expandiram suas máximas para criar os *Analectos*, abordando questões de moralidade, etiqueta social, conselhos políticos e constatações filosóficas de todos os tipos. Um termo importantíssimo que permeia a coletânea é *ren*, que pode ser traduzido de várias formas: benevolência, bondade, virtude, ética — ou simplesmente "humanidade", porque é aquilo que cultiva quem quer se tornar mais plena e profundamente humano. O sentido é muito próximo do de *humanitas*.

Quando os discípulos pediam a K'ung[22] uma explicação mais completa de *ren*, e que ele criasse uma palavra que seria um bom guia para a vida, ele mencionava *shu*: uma rede de reciprocidade entre as pessoas. *Shu*, ele declarava, era não fazer aos outros o que não gostaria que fizessem com você. Se isso lhe soa familiar, é porque se trata de um princípio presente em muitas outras tradições religiosas e éticas mundo afora, às vezes chamado de "Regra de Ouro". O teólogo judeu Hilel, o Velho, disse, "O que é odioso a ti, não o faças a teu próximo. Esta é a Torá; o resto é comentário. Vai e estuda".[23] O *Mahabharata* hindu e as escrituras cristãs viraram a máxima do avesso: *faça aos outros o que gostaria que fizessem com você* — embora, como destacou alegremente George Bernard Shaw, essa versão seja menos confiável porque "os gostos podem não ser os mesmos".[24]

Todos esses são jeitos de dizer que nossa vida moral deve estar arraigada no vínculo recíproco entre pessoas. É na sensação de semelhança, de não sermos vigiados e julgados segundo padrões divinos, que se sustenta nossa ética. A boa nova é que parecemos — de modo geral — sentir aquela faísca básica de companheirismo espontaneamente, porque somos seres altamente socializados e já crescemos tendo uma forte ligação com as pessoas que nos cercam.

Um dos discípulos tardios de K'ung, Meng Tzu (ou Mestre Meng, ou Mêncio), fez desse reconhecimento espontâneo o ponto de partida para toda uma teoria sobre a bondade humana. Ele convida os leitores a encontrarem sua fonte dentro de si mesmos. Imagine que um dia você esteja na rua e depare com uma criança prestes a cair em um laguinho. O que você sente? É quase certo que você teria o ímpeto de pular na água e salvar a criança. Não há cálculo ou raciocínio que preceda o ato, e ele não requer comando. Essa é sua "semente" de vida moral — apesar de ainda precisar refletir sobre ela, desenvolvê-la, para que se torne uma ética integral.[25]

A necessidade de germinar e cultivar nosso potencial desse modo é outra ideia que atravessa a tradição humanista. É por isso que a educação é importantíssima. Quando crianças, aprendemos com nossos pais e professores; mais tarde, continuamos a nos desenvolver por meio da experiência e de mais estudos. Somos capazes de sermos humanos sem muita instrução, é claro, mas, para que nosso *ren* ou *humanitas* atinja todo seu potencial, a orientação e a ampliação de perspectivas são inestimáveis.

Ter boa formação é importante sobretudo para quem vai gerir os sistemas político e administrativo para todos os demais.[26] K'ung e seus discípulos tinham a convicção de que líderes e funcionários públicos deviam conhecer seu ofício por meio de uma longa e atenta aprendizagem. Deviam aprender a falar bem e conhecer as tradições de sua carreira, além de mergulhar na literatura e nas outras humanidades. Ter pessoas tão refinadas na direção é bom para toda a sociedade, dizia K'ung, pois líderes virtuosos inspiram todos a viver de acordo com parâmetros similares.

Na Grécia, Protágoras também acreditava na educação, como seria de esperar, já que ganhava bem (bem demais, algumas pessoas achavam) como tutor itinerante, que preparava rapazes para carreiras políticas ou jurídicas lhes ensinando a serem persuasivos na oratória e na argumentação. Chegava a se declarar capaz de lhes ensinar a serem virtuosos: podia ajudar alunos "a adquirir um caráter bom e nobre, que vale a remuneração que cobro e muito mais".[27]

Para atrair novos alunos, Protágoras demonstrava que a educação era vital contando uma história. No despertar da humanidade, ele dizia, as pessoas não tinham nenhuma qualidade especial — até que os dois titãs, Prometeu e Epimeteu, roubaram o fogo dos deuses, além das artes da agricultura, da costura, da construção, da linguagem e até da prática religiosa. O mito do roubo de Prometeu e seu castigo pelo ato já foi narrado inúmeras vezes, mas a versão de Protágoras incluía algumas distorções.[28] Quando vê o que aconteceu, Zeus lhe dá mais um presente, de graça: a capacidade de estabelecer amizades e outros laços sociais. Agora os seres humanos podem cooperar. Mas vamos com calma: eles ainda têm apenas a *capacidade*. Têm a semente. Para criar uma sociedade realmente próspera e bem administrada, precisam fazer a semente crescer através do aprendizado e da troca de ensinamentos. É algo de que nós mesmos precisamos nos encarregar. Recebemos diversos talentos, mas eles não valem nada se não descobrirmos como colaborar para usá-los juntos.

Sob o amor dos humanistas pela educação existe um enorme otimismo quanto ao que ela é capaz de nos propiciar. Podemos já ser muito bons, mas temos como ser melhores. As conquistas já existentes estão aí para que as ampliemos — e nesse ínterim também podemos nos dar ao prazer de contemplar o que fizemos.

Consequentemente, entusiasmadas listagens das grandes qualidades humanas viraram um dos gêneros preferidos da escrita humanista. O estadista romano Cícero escreveu um diálogo com um trecho elogiando a excelência humana;[29] outros seguiram seu exemplo. O gênero atingiu seu auge na Itália, em obras como *Da dignidade e da excelência humana*, escrita na década de 1450 pelo diplomata, historiador, biógrafo e tradutor Giannozzo Manetti.[30] Vejam só, diz Manetti, que belas coisas nós criamos! Olhem nossos edifícios, das pirâmides à cúpula da catedral recém-erigida por Filippo Brunelleschi, em Florença, e as portas de bronze do batistério revestidas de ouro, feitas por Lorenzo Ghiberti, que estão na mesma cidade. Ou os quadros de Giotto, a poesia de Homero e Virgílio, as histórias de Heródoto e outros; e nem vamos falar dos filósofos que investigam a natureza, ou dos médicos, ou de Arquimedes, que estudava os movimentos dos planetas.

De fato são nossas essas invenções — são humanas — porque elas são vistas como algo feito por seres humanos: todas as casas, todas as cidades, inclusive todas as estruturas da terra... São nossas as pinturas, são nossas as esculturas; são nossas as artes, são nossas as ciências e nossos os conhecimentos... São nossas todas as línguas diferentes e os diversos alfabetos.[31]

Manetti celebra os prazeres corporais da vida e também os deleites mais refinados suscitados pelo pleno uso das faculdades mentais e espirituais: "Que prazer provocam nossas faculdades de avaliação, memória e compreensão!". Ele faz o peito do leitor inflar de orgulho — mas são as nossas *atividades* que ele louva, e com isso dá a entender que devemos continuar trabalhando para fazer algo melhor, em vez de pararmos para nos envaidecer. Estamos construindo uma espécie de segunda Criação humana, para complementar a de Deus. E também somos uma obra inacabada. Ainda temos muito o que fazer.[32]

Manetti, Terêncio, Protágoras, K'ung — todos eles ajudaram a urdir as tramas da tradição humanista, ao longo de milênios e em diferentes culturas. Têm em comum o interesse pelo que os seres humanos são capazes de fazer e a esperança de que possamos fazer mais. Dão grande valor ao estudo e ao conhecimento. Pendem para a ética baseada nas relações com os outros e na existência mundana e mortal, e não em uma possível vida após a morte. E todos buscam "se conectar": viver bem dentro de nossas redes culturais e morais, em contato com o grande "ramo de vidas" de que todos emergimos e que é nossa fonte de propósito e sentido.

O pensamento humanista vai muito além, e vamos conhecer diversas tendências e mais tipos de humanistas neste livro. Mas antes de tudo é preciso que uma história paralela seja contada.

Durante todo esse tempo, em paralelo à tradição humanista, houve uma sombra. É igualmente ampla e longa, e podemos chamá-la de tradição *anti-humanista*.

Enquanto os humanistas enumeram os ingredientes constituintes da felicidade e excelência humanas, os anti-humanistas se sentam ao lado deles para listar com igual entusiasmo nossas desgraças e fracassos. Ressaltam nossos inúmeros defeitos e nossa falta de talento e habilidade seja para lidar com os problemas, seja para achar sentido na vida. Os anti-humanistas geralmente detestam a ideia de desfrutar de prazeres terrenos. Preferem argumentar para que mudemos nossa existência de forma radical, virando as costas para o mundo material ou fazendo mudanças drásticas na nossa política — ou em nós mesmos. Na ética, consideram a bondade ou os laços pessoais menos relevantes do que a obediência às regras de uma autoridade superior, seja ela sagrada ou secular. E, longe de exaltar nossas grandes conquistas como alicerce para o progresso futuro, eles têm a impressão de que os seres humanos precisam sobretudo ser rebaixados.

No caso do pensamento confucionista, por exemplo, a filosofia adotada por Mêncio encontrou seu contraponto em outro pensador, Xunzi, que descrevia a essência humana como "detestável" em seu estado natural.[33] Para esse pensador, ela só podia ser melhorada através da remodelagem, assim como acontece quando um carpinteiro aquece a madeira para alterar seu formato. Ele e Mêncio estavam de acordo quanto à utilidade da educação, mas Mêncio a achava necessária para germinar as sementes da virtude que nos eram naturais. Já Xunzi achava que precisávamos dela para mudarmos totalmente nossa forma natural.

O cristianismo também oferecia as duas opções. Alguns dos primeiros cristãos eram extremamente humanistas: para eles, louvar os seres humanos também era uma forma de louvar a Deus, já que, afinal, foi Ele quem nos fez assim. O teólogo do século IV Nemésio de Emesa soa bastante parecido com Manetti quando escreve, sobre o ser humano:

Quem seria capaz de exprimir as vantagens dessa coisa viva? Ela cruza os mares, em contemplação entra nos céus, reconhece os movimentos das estrelas [...] não dá importância demasiada a animais selvagens e monstros do mar, domina todas as ciências, artes e métodos, conversa por escrito com quem deseja e está além do horizonte.[34]

Mas alguns anos depois, o influente colega de teologia de Nemésio, Agostinho de Hipona, formulou o conceito de pecado original, segundo o qual todos nascemos fundamentalmente *errados* (graças a Adão e Eva) e até os recém-nascidos já começam em um estado imperfeito, e o melhor é que passem a vida buscando a redenção.[35]

O ataque mais devastador à autoestima humana foi escrito na década de 1190 pelo cardeal Lotário de Segni, que mais tarde se tornaria o papa Inocêncio III: um tratado intitulado *Sobre a miséria da condição humana*. (Esse tratado foi o principal alvo das obras tardias de Manetti: ele procurou refutá-lo ponto a ponto.) O cardeal realmente conta uma história macabra, narrando a natureza abjeta e torpe da existência humana da concepção em diante. Nunca se esqueçam, ele adverte, que começamos como massas de muco, ciscos e sêmen imundo unidos por um momento de luxúria. Enquanto está no útero, o feto se alimenta de um fluido materno sanguinolento tão repulsivo que é capaz de matar a grama, desgraçar vinhedos e causar raiva em cães. Então ele nasce nu ou, pior ainda, coberto por âmnio. Cresce com o formato ridículo de uma árvore invertida, o cabelo parecendo raízes emaranhadas, o torso como tronco, as pernas como dois galhos. Você se orgulha de escalar montanhas, navegar pelos mares, cortar e polir pedras para criar joias, construir com ferro e madeira, fazer roupas com fios ou ter reflexões profundas sobre a vida? Pois não devia, uma vez que são atividades sem sentido que provavelmente realiza por ganância ou vaidade. A vida real é feita de trabalho árduo, angústia e sofrimento — até que morremos, e depois disso a alma pode acabar queimando no inferno enquanto o corpo sacia a fome das larvas. "Ó ignobilidade vil da existência humana! Ó ignóbil condição da vileza humana!"[36]

O objetivo desse show de horrores é nos despertar através do choque e assim entendermos a necessidade de nos transformarmos. Isso deveria nos fazer virar as costas para o que Agostinho chamou de Cidade dos Homens rumo à Cidade de Deus. O que consideramos prazeres e conquistas neste mundo são apenas vaidades. "Não procure satisfação na terra, não espere nada da humanidade", escreveu o matemático e místico Blaise Pascal muito tempo depois. "Seu bem está somente em Deus."[37] Em palestras entre 1901 e 1902, o filósofo William James analisa como essa jogada em dois passos funciona na religião: primeiro nos deixam inquietos, com a sensação "de que há por natureza *algo errado conosco*". Em seguida, a religião oferece a solução: "a sensação de que *somos salvos do erro* estabelecendo uma ligação respeitável com o poder superior".[38]

Porém, isso não ocorre apenas na religião. Acontece também na política. No século XX, fascistas começaram dizendo que havia algo muito errado na sociedade da época, mas tudo se arrumaria se todos os aspectos das vidas particulares fossem subordinados aos interesses do Estado nacional. Os regimes comunistas também diagnosticaram erros no sistema capitalista preexistente e se propuseram a consertá-los com uma revolução. A nova sociedade talvez precise, durante um tempo, usar da força, mas isso vale a pena porque conduz a população à terra prometida ideológica, um estado de graça em que não existem mais desigualdade e sofrimento. Ambos os sistemas eram oficialmente ateístas, mas apenas substituíam Deus por algo igualmente transcendente: o Estado nacionalista, ou a teoria marxista, além de um culto à personalidade centrado na figura do líder. Confiscavam valores e liberdades humanas corriqueiros e em troca ofereciam ao povo a oportunidade de ser alçado a um nível superior de sentido ou a uma liberdade "verdadeira". Sempre que vemos líderes ou ideologias prevalecendo sobre a consciência, a liberdade e o raciocínio de seres humanos reais com a promessa de algo mais elevado, o mais provável é que o anti-humanismo esteja em ascensão.[39]

Portanto, a oposição entre humanismo e anti-humanismo nunca coincide exatamente com a que se estabelece entre religião e dúvida: assim como alguns ateus são anti-humanistas, a maioria das religiões continua a ter elementos que nos levam a algo bem diferente do modelo erro-salvação. Não raro, há um jogo de malabares. Ao que consta, até Inocêncio III tinha a intenção de escrever um tratado sobre a excelência humana para acompanhar o da miséria — mas, por causa da perseguição aos hereges e do lançamento das cruzadas (duas atividades em que se distinguiu um bocado), ele não teve tempo. Nós, seres humanos, bailamos uma longa dança: pensamentos humanistas e anti-humanistas se contrapõem, mas também se renovam e se estimulam.

Em geral, eles coexistem dentro da mesma pessoa. Eu tenho ambos em mim, sem sombra de dúvida. Quando a situação está ruim no universo humano, com guerras, tirania, intolerância, ganância e depredação ambiental parecendo correr soltas, meu anti-humanismo interno resmunga xingamentos, decretando que os seres humanos são uma desgraça. Perco as esperanças. Em outros momentos, no entanto, ouço (por exemplo) que equipes de cientistas colaboraram para criar e lançar um novo tipo de telescópio espacial — tão potente que nos mostra partes remotas do universo como eram há 13,5 bilhões de anos, relativamente pouco depois do Big Bang — e penso: que animais extraordinários nós somos, capazes de algo assim! Ou contemplo os vitrais azul-celeste da catedral de Chartres, na França, feitos nos séculos XII e XIII por artífices falecidos há séculos: quanta destreza, quanta devoção! Ou simplesmente testemunho um dos atos pequenos ou enormes de bondade ou heroísmo que as pessoas fazem umas às outras todos os dias. Então me torno totalmente otimista e humanista.

Ter esse equilíbrio nas nossas psiques não é ruim. O anti-humanismo tem a serventia de nos lembrar que não devemos ser vaidosos ou complacentes; ele nos mune de um realismo estimulante a respeito do que há de frágil ou infame em nós. Nos recorda que não devemos ser ingênuos e nos prepara para o fato de que, a qualquer instante, nós e nossos pares provavelmente cometeremos alguma bobagem ou perversidade. Força o humanismo a continuar se empenhando para se justificar.

O humanismo, por sua vez, nos resguarda de negligenciarmos os deveres do nosso mundo atual em prol de sonhos com o paraíso, seja na Terra ou em qualquer outro lugar. Nos ajuda a contestar as promessas inebriantes de extremistas e evita o desespero que pode ser provocado pelo excesso de obsessão com nossos defeitos. Em vez do derrotismo que põe a culpa de todos os problemas em Deus, ou na nossa biologia, ou na inevitabilidade histórica, ele nos lembra da nossa responsabilidade humana pelo que fazemos da vida e nos instiga a prestar atenção nos problemas terrenos e no bem-estar comum.

Portanto, sou a favor do equilíbrio — mas de modo geral sou humanista, e acredito que a bandeira do humanismo seja a melhor.

Digo isso com cautela, pois humanistas raramente são de levantar bandeiras. Mas se fossem costurar palavras em uma faixa, essas palavras denotariam três princípios específicos: a liberdade de pensamento, o questionamento e a esperança. Elas adquirem formas diversas, a depender do tipo de humanista que se é — o questionamento significa uma coisa para um acadêmico das ciências humanas e outra para quem faz campanha pela ética não religiosa —, mas aparecem em muitas das histórias humanistas que encontraremos nas páginas a seguir.

Liberdade de pensamento: pois humanistas de diversos tipos preferem conduzir suas vidas de acordo com a própria consciência moral, ou segundo os dados, ou pela responsabilidade social ou política que têm para com os outros, em vez de dogmas que só podem ser justificados em alusão a uma autoridade.

Questionamento: pois humanistas acreditam no estudo e na educação e tentam praticar o raciocínio crítico, que aplicam a textos sagrados e a quaisquer outras fontes consideradas inquestionáveis.

E esperança: pois humanistas acham que, apesar das imperfeições, *é* humanamente possível realizarmos coisas que valham a pena durante nossa breve existência na Terra, seja na literatura, na arte ou na pesquisa histórica, no progresso do conhecimento científico ou no aperfeiçoamento do bem-estar nosso ou de outros seres vivos.

Durante o período em que fiquei trabalhando neste livro, fatos sinistros aconteceram no mundo. Líderes nacionalistas e populistas parecem estar em alta, os tambores das guerras também parecem rufar, e é difícil não cair em desespero quanto ao nosso futuro humano e planetário. Continuo com a certeza de que essas coisas não devem nos levar a abrir mão da liberdade de pensamento, do questionamento e da esperança. Pelo contrário: acho que precisamos deles mais do que nunca. Essa convicção ajudou a nortear tudo o que será lido aqui.

E agora — caso *nós* achemos que estamos em apuros —, vamos nos voltar para o sul da Europa nos anos 1300. Em meio a cenas de caos, doenças, sofrimentos e perdas, uns poucos entusiastas pegaram fragmentos de um passado distante e os usaram para planejar um recomeço. Ao fazerem isso, também criaram algo inédito: tornaram-se os primeiros grandes humanistas literários.

1
A terra dos vivos

OS ANOS 1300
*Petrarca e seus livros — Giovanni Boccaccio, contador de
histórias e intelectual — para eles é tudo grego — o tradutor
desgrenhado Leôncio Pilato — peste — perdas e consolações
— eloquência — remédios para a fortuna — uma visão da luz.*

Se pudesse optar, você provavelmente não escolheria nascer na península Itá-lica no começo do século XIV. A vida era instável, com hostilidades constantes entre cidades e grupos políticos. Um conflito de longa data entre facções co-nhecidas como guelfos e gibelinos foi resolvido, e então os vitoriosos guelfos se dividiram em "brancos" e "pretos" e passaram a brigar entre si. Roma, cen-tro histórico da cristandade, foi abandonada pelo papa sitiado Clemente V: ele fugiu dos inimigos e se mudou para a corte de Avignon, uma cidadezinha sem estrutura que ficava depois dos Alpes e tinha um clima tenebroso. O pa-pado continuaria ali por décadas a fio, deixando a caótica Roma literalmente vegetando em meio às ruínas malcuidadas. A Toscana foi acometida pelo clima ruim e pela fome — e calamidades ainda maiores estavam por vir.

No entanto, de uma forma ou de outra, essa parte sofrida do mundo pro-duziu um surto de energia literária. No decorrer dos anos 1300, surgiram novas gerações de escritores tomadas pelo espírito da recuperação e da revi-talização. Esperavam recuar, ir além dos problemas correntes, ir além até da fundação do cristianismo, para dar as mãos aos escritores do mundo romano, cujas obras haviam caído em diferentes graus de esquecimento. Eram escri-tores que buscavam um modelo antigo de bem viver, baseado na amizade, na sabedoria, na virtude e no cultivo da influência e da eloquência na linguagem. A partir desses elementos, criaram a própria literatura em uma gama de gêneros. A arma deles nisso tudo foi o *studia humanitatis*: o estudo das humanidades.

Sinais de um interesse renovado nos estudos de humanas já tinham aparecido nas décadas anteriores, em particular da parte do visionário cósmico Dante Alighieri — promotor da língua toscana e mestre na arte de se vingar literariamente dos inimigos inventando um inferno vívido onde colocá-los. O verdadeiro ponto de partida desse reinício, entretanto, veio uma geração depois, com dois escritores que, assim como ele, eram da Toscana: Francesco Petrarca e Giovanni Boccaccio. Eles mais ou menos inventaram o tipo de vida que seria, nos dois séculos seguintes, considerado humanista — não que se atribuíssem esse rótulo. Só mais tarde as pessoas começariam a usar com regularidade a palavra *umanisti*; mas como Petrarca e Boccaccio criaram esse perfil, é justo chamá-los por esse nome.

Para chegar lá, os dois deram um primeiro passo similar: se rebelaram contra o estilo de vida que os pais desejavam para eles. No caso de Petrarca, uma carreira no direito; no de Boccaccio, ele poderia escolher entre o comércio ou a Igreja. Ambos, cada um por sua própria conta, escolheram trilhar um novo caminho: a vida literária. A contracultura juvenil pode adquirir diversas formas: nos anos 1300, isso significava ler muito Cícero ou começar uma coleção de livros.

O mais velho deles era Petrarca. Havia nascido em 1304, em Arezzo. Era para ter nascido em Florença, mas seus pais eram da facção branca e a cidade estava dominada pelos guelfos pretos. Eles precisaram fugir com um grupo de refugiados que incluía Dante, outro guelfo branco. Nem os pais de Petrarca nem Dante pisariam na cidade outra vez.[1]

Portanto, Petrarca já nasceu exilado. Sua primeira infância foi vivida entre fugas e refúgios temporários, com alguns intervalos de meses ou de anos entre uma mudança e outra da família. Eram aventuras. Na infância, quase se afogou em uma das viagens: um criado que o segurava, ao atravessarem um rio a cavalo, escorregou e por pouco não o deixou cair. Em seguida, a família inteira quase naufragou nas águas perigosas dos arredores de Marselha. Sobreviveram e chegaram a Avignon, onde o pai arrumou trabalho na corte papal. A família se instalou perto dali, e Petrarca cresceu na cidade e em seus arredores — de que não gostava nem um pouco, embora na adolescência e aos vinte e poucos anos às vezes aproveitasse a vida noturna local. Anos depois, escreveu ao irmão mais novo relembrando ocasiões em que provavam roupas sofisticadas e perfumadas e arrumavam os cabelos em cachos antes de saírem para se divertir.

O pai de Petrarca era tabelião, e, portanto, era natural que o filho fosse preparado para seguir carreira em uma área afim, ligada ao direito. Mas Petrarca odiou sua formação jurídica. Enquanto supostamente estudava com afinco, primeiro em Montpellier e depois em Bolonha, ele gastava boa parte de sua energia colecionando livros. Isso foi muito antes do advento da tecnologia de impressão: a única forma de obter material de leitura era achar manuscritos para comprar, suplicar, pegar emprestado ou transcrever — e ele fazia tudo isso com avidez.

Sofreu um revés quando o pai atirou sua primeira e modesta coleção no fogo, imagina-se que com a esperança de ajudar o rapaz a se concentrar no direito. No último instante, contudo, ele cedeu e salvou dois livros das chamas. Eram o livro de Cícero sobre retórica, que poderia muito bem ser útil para a carreira jurídica, e um volume da poesia de Virgílio, que Petrarca teve permissão para guardar com fins recreativos. Os dois autores perseveraram como astros no céu de Petrarca. Eles continuariam a ser reverenciados por humanistas de eras posteriores: Virgílio com sua beleza poética e reinvenções de lendas clássicas, Cícero com suas reflexões sobre moralidade e política e com a elegância extraordinária de sua prosa latina.[2]

Naquele momento, Petrarca baixou a cabeça — tanto no sentido de estudar como de ser discreto —, mas, quando tinha 22 anos e seu pai faleceu, desistiu do direito e voltou para Avignon para dar início a outro estilo de vida: o literário. Adotou um padrão que seguiria pelo resto da carreira: trabalhava no séquito de uma série de mecenas influentes em troca de segurança financeira e muitas vezes uma casa boa (ou duas) para morar. Os mecenas eram nobres, príncipes regionais ou autoridades da Igreja; para se preparar para este último cargo, ele aceitou tarefas de pouca monta como clérigo. Fez alguns serviços diplomáticos e trabalhos de secretário, mas o mais importante era que produzisse uma torrente de composições agradáveis, lauda-

tórias, estimulantes e reconfortantes. A principal tarefa de Petrarca era fazer o que já adorava fazer: ler e escrever.

E, olha, ele escreveu à beça. Criou tratados, diálogos e narrativas pessoais; minibiografias e celebrações triunfantes e poemas em latim e reflexões consolatórias e invectivas virulentas. Para agradar a si e aos outros, escrevia belos poemas de amor no vernáculo, desenvolvendo e aperfeiçoando sua própria versão do soneto como forma (ainda hoje chamado de soneto petrarquiano). Muitos desses versos homenageavam uma mulher idealizada que ele chamava de "Laura", que dizia ter visto pela primeira vez em uma igreja de Avignon em 6 de abril de 1327 — data registrada nas páginas valiosas de um manuscrito de Virgílio. Sua agonia delirante diante da moça inalcançável e evasiva inspiraria muitas gerações de poetas.[3]

Em meio às obrigações para com os mecenas nas cidades, Petrarca volta e meia via seu trabalho ser recompensado pela oportunidade de viver em belas casas do interior. Esses períodos instigavam ainda mais sua inspiração, já que passava seus momentos de ócio criativo vagando por bosques e trilhas à margem dos rios, encontrando os amigos ou apenas convivendo com seus amados livros. Por volta dos 35 anos, morava em uma casa no vilarejo de Vaucluse, à beira da água cristalina do Sorgue, não muito longe de Avignon. Outros de seus refúgios foram uma casa nas colinas Eugâneas, perto de Pádua, e antes dela, uma casa em Garegnano, perto de Milão, à beira de outro rio, onde podia escutar "passarinhos multicoloridos cantando de vários modos em seus galhos" e fazer experiências botânicas plantando diferentes tipos de loureiros no jardim.[4]

Plantar loureiros era uma escolha carregada de significados, o que provavelmente também se aplicava ao pseudônimo "Laura" dado a seu grande amor. No mundo antigo, poetas eram premiados com coroas de louros por suas realizações. O costume tinha sido ressuscitado recentemente pelo poeta paduano Albertino Mussato, que deu o prêmio a si mesmo.[5] Petrarca recebeu a coroa em uma cerimônia mais formal em Roma, em 1341, depois de passar por uma prova oral sobre seu longo poema *Africa* (sobre o general romano Cipião Africano) e proferir um discurso oficial em louvor da poesia. Lisonjeado, encantado e contente, ele conhecia muito bem o significado do precedente clássico por trás do costume. É preciso dizer que a vaidade nunca foi estranha a Petrarca, e às vezes ele resvalava na pomposidade. O poeta sempre alegava desprezar a própria fama e estar exausto dos muitos admiradores que batiam à sua porta (ou portas). Mas está claro que na realidade ele a adorava. Ele acabou fazendo jus à estatura de seu papel — e era uma estatura considerável, literal e metaforicamente. Uma descrição posterior de Giannozzo Manetti, baseada em relatos de pessoas que o conheciam, dizia que Petrarca era alto e tinha um jeito "majestoso".[6]

Apesar do ar de superioridade, ele também carregou a vida inteira os efeitos psicológicos de sua infância insegura. Junto com os momentos de presunção, ele tinha outros: episódios de depressão, ou *accidia*, uma incapacidade de sentir o que fosse, até mesmo infelicidade. Em certos momentos, tudo lhe parecia incompreensível e duvidoso: na faixa dos cinquenta anos, ele diria em uma carta que "não admitia nada, não afirmava nada, desconfio de tudo menos do que considero um sacrilégio desconfiar".[7]

Em outras épocas, parecia mais seguro de si, e isso se devia em grande medida ao senso de propósito que tirava de sua vocação para a vida literária. Embora fizesse muito tempo que a Igreja empregasse funcionários secretariais, que precisavam ter talento literário, ninguém havia se dedicado tanto ao papel de homem das letras quanto Petrarca. Ao que consta, estava sempre atento aos maiores exemplos do passado clássico: remotos, mas ainda mais fortes pela distância magnífica. Na cabeça dele, haviam lhe destinado tarefas morais.

Quando não estava pensando no passado, ele entrelaçava sua vida e seus escritos à vida dos contemporâneos. Arrumou um vasto grupo de amigos interessantes: homens educados, de vocação literária, às vezes ricos e poderosos. Seu trabalho circulava entre eles — assim seus textos eram lidos por outras pessoas além dos mecenas aos quais os dedicava. Esse grupo também se tornou uma rede muito útil de companheiros caçadores de livros. Sempre que os amigos viajavam, ele lhes dava listas de compras. Ao enviar uma dessas listas a Giovanni dell'Incisa, prior de São Marcos, em Florença, Petrarca lhe pediu que a mostrasse a todos os seus conhecidos na Toscana: "Que se abram os armários e baús dos frequentadores da igreja e de outros homens das letras, pois é possível que surja algo que se preste a apaziguar ou provocar minha sede".[8] Manuscritos, copiados à custa de muita labuta ou emprestados sob riscos, davam a volta na península Itálica cruzando estradas cheias de ladrões; se emprestados, também teriam que fazer o trajeto de volta. O próprio Petrarca vivia em movimento, por causa de seus deveres como trabalhador, bem como por seus compromissos sociais, e aonde quer que fosse, ao ver um mosteiro ao longe ele parava: "Quem sabe lá não há alguma coisa que eu queira?".[9] Ele entrava e pedia para revirar a biblioteca. Quando encontrava um texto importante, passava dias ou semanas no local fazendo sua própria cópia.

Imagine a situação: ter que copiar, à mão, cada palavra de cada livro para acrescentá-lo à sua coleção. Até Petrarca achava exaustivo. Em uma carta, ele fala de ter copiado um longo texto de Cícero que um amigo havia lhe emprestado, e de ter copiado bem devagar para também tentar decorá-lo. Sua mão ficava dolorida e enrijecida. Mas, quando pensava que não conseguiria mais seguir em frente, deparou com um trecho em que Cícero mencionava ter copiado o discurso de alguém. Petrarca se sentiu repreendido: "Corei como um soldado constrangido sendo censurado por um comandante respeitado".[10] Se Cícero conseguia, ele também conseguiria.

Em outros momentos, em vez de exaustão, Petrarca encontrava satisfação no ato da escrita. Era quase um vício. "A não ser quando escrevo, estou sempre atordoado e letárgico", confessou.[11] Um amigo que o viu trabalhando arduamente em um poema épico tentou fazer o que poderíamos chamar de "intervenção". Inocentemente, pediu a ele a chave de seu armário. Ao obtê-la, pegou os livros e os materiais de escrita de Petrarca, jogou-os dentro do móvel e foi embora. Petrarca passou o dia seguinte inteiro com dor de cabeça e no outro dia teve febre. O amigo lhe devolveu a chave.

Em muitos casos, Petrarca não fazia apenas uma cópia mecânica. Além de tentar decorar o que lia, também aplicava sua erudição crescente a cada nova descoberta. Foi um pioneiro na arte da edição mediúnica, usando manuscritos recém-descobertos para criar versões mais completas de textos antigos que antes existiam apenas em fragmentos, fazendo o possível para combiná-los da forma certa. Seu trabalho mais importante nesse gênero foi a edição de Tito Lívio, historiador de Roma cuja enorme obra sobreviveu apenas em partes.[12] (Ela continua incompleta, mas hoje é maior do que na época de Petrarca.) Depois de achar vários trechos novos sob diversas formas de manuscrito, ele os reuniu em um volume junto com suas cópias das outras partes existentes. O livro resultante pertenceria a um grande erudito do século seguinte, Lorenzo Valla (que conheceremos melhor mais adiante); Valla acrescentou mais notas de próprio punho, aprimorando ainda mais a obra. É exatamente isso que gerações de humanistas continuariam a adorar fazer — expandir o conhecimento, usando informações para enriquecer textos e torná-los mais precisos. Foi Petrarca quem lhes mostrou o caminho.

Os escritores que pesquisou volta e meia o encorajavam a fazer esse trabalho, e chegavam a inspirar diretamente sua escrita. Uma de suas primeiras revelações foi especialmente estimulante: a do discurso de Cícero, *Pro Archia*. Proferido em Roma no ano de 62 AEC, era uma defesa do poeta Árquias, imigrante cuja residência na cidade estava prestes a ser negada devido a uma tecnicalidade.[13] O argumento de Cícero era de que "os estudos humanos e literários" fomentados por Árquias davam tamanho prazer e vantagem moral à sociedade romana que, com ou sem tecnicalidade, ele tinha que receber a residência. Petrarca achou o texto integral dessa defesa em um mosteiro em Liège, quando viajava pela região com amigos. Todos tiveram que passar dias esperando enquanto ele fazia uma cópia para levar consigo. Era o texto perfeito para quem embarcasse em uma vida literária, pois indicava que Cícero aprovava esse estilo de vida.[14]

Outra obra de Cícero lhe deu algo mais: um projeto a imitar. Doze anos após a descoberta em Liège, bisbilhotando a biblioteca da catedral de Verona, Petrarca achou três cópias manuscritas de cartas de Cícero, entre elas uma que havia escrito para Ático, seu amigo da vida inteira. As missivas fascinaram Petrarca: mostravam um lado mais íntimo de Cícero, de escritor informal e amigo que refletia sobre dilemas e emoções humanas e reagia a fatos políticos à medida que aconteciam. Petrarca ficou intrigado com a ideia geral de criar uma coletânea: selecionar e ordenar as cartas para elaborar uma obra literária coerente.[15]

Petrarca também foi um missivista prolífico, e também usava as cartas para falar de quase tudo o que lhe interessava. Reagia às ponderações e aos questionamentos dos amigos, fazia incursões a sua coleção de obras em busca de réplicas ou exemplos, discutia projetos de pesquisa e dava conselhos pessoais. Ao encontrar as cartas de Cícero do momento em que este acabava de completar quarenta anos e estava pronto para fazer um balanço de vida, se deu conta de que poderia fazer igual. Poderia resgatar e revisitar as próprias cartas, copiá-las, burilá-las, organizá-las numa ordem satisfatória e depois colocá-las para circular entre quem se interessasse pela leitura — o que, por sua vez, lhe traria mais correspondentes e novos amigos para os quais escrever ainda mais cartas.

Levou quatro anos, mas acabou pondo mãos à obra e produziu uma primeira coletânea longa conhecida pelo título *Familiares*, ou *Epístolas familiares*. Publicaria também outra coletânea: *Seniles*, ou *Correspondências da velhice*. Juntas, formam sua obra mais abrangente e, francamente, a mais agradável, repleta de manifestações de cordialidade, tristeza, preocupação e raiva, além de uma ou outra ostentação, ressentimento e vislumbres oblíquos de seu universo. Algumas das cartas narram histórias extensas, como a que descreve a longa subida que fez ao lado do irmão do monte Ventoux, perto de Avignon, carregando uma cópia das *Confissões* de Agostinho enfiada no bolso para poder ler um trecho do livro no alto do monte.[16] (O destinatário dessa carta foi o amigo que lhe dera o livro de Agostinho: foi assim que Petrarca lhe agradeceu.) Em suma, essas coletâneas de correspondências são ao mesmo tempo um tributo a Cícero e uma criação extremamente pessoal, cheia de vida e espontaneidade.

Ou melhor, *aparente* espontaneidade. Elas são bastante editadas e buriladas; até hoje ninguém tem certeza se ele subiu o monte Ventoux ou apenas criou uma bela fantasia em cima da ideia. As missivas são construções literárias, e volta e meia a literatura é o assunto das cartas. Petrarca suplica por manuscritos e passa adiante as notícias das descobertas alheias; exibe sua erudição com referências clássicas e piadas internas intelectuais. Ao escrever a um amigo para lhe agradecer a hospitalidade, fala de muitas outras pessoas na história da literatura que foram recebidas na casa dos amigos. Ao contar como quase morreu em um rio quando bebê, alude a uma história da *Eneida* de Virgílio, em que o mítico rei Métabo precisa cruzar um rio com a filha bebê, Camila, a caminho do exílio; ele consegue levá-la usando o método insólito de amarrá-la a uma lança e atirá-la do outro lado.[17]

Algumas das cartas eram endereçadas *a* autores clássicos que admirava, como se também fizessem parte de seu grupo de amigos. Em vez de usar a frase com que geralmente se despedia, ele encerrava essas missivas com as palavras "Da terra dos vivos". E agora, lendo sua correspondência, somos nós que estamos (temporariamente) na terra dos vivos enquanto Petrarca fala conosco do outro lado. Na verdade, ele destina uma de suas cartas a nós: a última de sua última coletânea é escrita "Para a posteridade". ("Talvez você tenha ouvido falar de mim, embora isso também seja questionável", começa modestamente.)[18]

Para Petrarca, os livros são sociáveis: "Eles falam conosco, nos aconselham e nos unem com certa intimidade viva e penetrante". Os antigos são tão boa companhia quanto as pessoas que se consideram vivas porque, segundo ele, ainda veem a própria respiração no ar gelado. Os maiores escritores são hóspedes em sua casa: ele troca gracejos com eles. Uma vez, depois de machucar o calcanhar tropeçando em um volume de Cícero que havia deixado no chão, ele pergunta: "O que foi, Cícero? Por que me derrubou?". Teria se ofendido por ter sido deixado no chão? Em outra carta a Cícero, Petrarca ousa criticar algumas de suas escolhas de vida: "Por que você quis se envolver em tantas rixas e escaramuças totalmente inúteis? [...] Suas falhas me enchem de vergonha e dor". Não são cartas de um fã, mas conversas ponderadas com seres humanos falíveis que lutaram contra os problemas da vida. Cometiam erros comuns, assim como qualquer ser humano, mas também eram de uma época que Petrarca considerava mais erudita e mais culta do que o mundo que via em seu entorno.[19]

Sob os gracejos e intimidades de Petrarca, um filete de melancolia atravessa essas cartas ao passado. Os destinatários estavam mortos, e a época deles também havia acabado. Será que tempos, ou pessoas, tão ilustres voltariam a existir? Era o que Petrarca e seus amigos desejavam saber — e o que queriam era ajudar a tornar isso possível.

De todos os amigos com quem Petrarca entabulava conversas sobre livros em suas correspondências, o que mais se destaca é Giovanni Boccaccio.

Ele também tinha ingressado na vida literária por rebeldia juvenil. Nascido em 1313, nove anos depois de Petrarca, nunca foi um exilado, ao contrário do amigo: passaria boa parte da vida bem instalado em Florença e sua família moraria em uma casa ali perto, em Certaldo.[20] No entanto, seu caminho tampouco foi fácil. Pode ser que a mãe tenha falecido cedo; nada sabemos sobre ela, que não participou de sua criação, e ele cresceu com uma madrasta. O pai, via de regra conhecido pelo nome de Boccaccino di Chellino (o primeiro nome, bastante confuso para nós, significa "pequeno Boccaccio"), era um comerciante que queria muito ver o menino seguir seus passos profissionais. Mandou Boccaccio passar seis anos ao lado de um mercador para aprender aritmética, mas não deu certo. Quando o pai cogitou prepará-lo para a Igreja — como "uma boa forma de ficar rico", Boccaccio comentaria mais tarde —, ficou claro que ele tampouco tinha pendor ou aptidão para isso.[21]

Ele se destacava na escrita, sobretudo poesia, com a qual fazia experimentações desde os seis anos.[22] Portanto, assim como Petrarca, Boccaccio passou por um ritual de transição. Rejeitou as aspirações do pai e passou a se dedicar aos estudos literários e humanos. Também como Petrarca, acabaria escrevendo um relato sobre seu caminho rumo às humanidades e faria disso uma lenda pessoal.

Em outros aspectos, eles eram bem diferentes. Boccaccio tinha tantas angústias e complexidades quanto Petrarca, mas eram distintas. Por um lado, muitas vezes ficava na defensiva e era irascível, como se sempre acreditasse estar em desvantagem em relação aos outros. Por outro, era mais generoso com seus elogios do que Petrarca. Boccaccio nunca hesitava em declarar sua admiração por autores novos e antigos. Tinha maravilhas a dizer sobre o próprio Petrarca, bem como (postumamente) sobre Dante, falecido em 1321. Aliás, ele foi o primeiro pesquisador sério de Dante, dando uma série de palestras sobre o autor e escrevendo introduções e uma biografia.[23] Chamava Petrarca de seu "professor, pai e mestre venerado", e dizia que ele era tão ilustre que precisava ser considerado mais antigo do que moderno. Petrarca teria adorado. Seu nome era bem famoso na Europa, continuou Boccaccio, mesmo "naquele cantinho mais remoto do mundo, a Inglaterra".[24]

Porém, na hora de avaliar a própria obra, Boccaccio resmungava que poderia ter sido mais competitivo: teria obtido mais fama como escritor se tivesse recebido mais incentivo desde cedo.[25] É difícil entender do que se queixava, pois foi aclamado por suas obras em um amplo leque de gêneros: ficção, poesia, diálogos literários, coletâneas de mitos e contos e livros de ensaios de vários tipos.

A obra pela qual é mais lembrado atualmente é *O Decamerão*, uma série de cem histórias em vernáculo toscano. Dez narradores, durante dez dias, contam dez histórias cada um — dando a Boccaccio a oportunidade de demonstrar a versatilidade de seu domínio estilístico e criativo. Algumas passagens são histórias pomposas e moralmente edificantes de amor e virtude temperadas por observações sobre a psicologia humana. Outras são uma profusão de luxúrias obscenas e reprimendas cômicas. Trapaceiros dão  golpes em simplórios desafortunados; esposas ardilosas são engenhosas ao trair os maridos. Certas histórias caçoam da preguiça e da corrupção do clero. Em uma delas, uma abadessa é informada no meio da noite que uma de suas freiras está na cama com o amante e logo se levanta para investigar — e sem querer cobre a cabeça não com o véu, mas com o calção do padre com quem ela mesma estava na cama àquela hora.[26] Em meio a essas piadas anticlericais, outras histórias arriscam uma crítica mais séria à influência do cristianismo: em uma, um grande senhor chama os três filhos e, em separado, dá um anel a cada um, como que para dizer que o escolheu como herdeiro. Na verdade, fez duas cópias idênticas do anel original e ninguém sabe identificar qual dos três é o verdadeiro.[27] É uma boa parábola para as alegações conflitantes de judeus, cristãos e muçulmanos, todos crentes de que suas religiões são as verdadeiras, quando na realidade a questão é irresolúvel.

Igualmente abrangente e ousada é a *Genealogia dos deuses pagãos* de Boccaccio, uma compilação de mitos clássicos. Completa, erudita e um bocado caótica, foi reunida através de conversas com pessoas versadas no assunto e análises de livros — tudo muito antes de o estudo da mitologia ou da história adotar algum rigor metodológico. A obra irradia o amor de Boccaccio por tudo que era antigo, mas, em sua conclusão, inclui também opiniões sobre a literatura da época, e o autor faz um relato de sua própria jornada rumo à vida literária.

Enquanto escrevia essa obra e outros livros de diferentes gêneros, Boccaccio também fazia carreira na vida pública florentina.[28] Em momentos diversos, ocupou cargos de tesoureiro municipal, cobrador de impostos e embaixador e atuou em conselhos civis e na secretaria que supervisionava obras públicas. Era mais integrado à sua comunidade do que Petrarca, que era do tipo que se sentia à vontade em qualquer lugar — ou, talvez, em lugar nenhum.

Foi um desses compromissos cívicos que enfim levou Boccaccio a conhecer Petrarca pessoalmente, depois de anos a fio admirando-o de longe. Boccaccio participava da campanha em Florença que tentava convencer descendentes de famílias exiladas a se reinstalarem ali e retomarem o orgulho de serem florentinos.[29] Em 1350, quando Petrarca passava pela região, Boccaccio aproveitou a oportunidade para convidá-lo a ir à cidade e o acolheu em sua própria casa, sem dúvida pondo todo seu charme e generosidade à disposição do escritor. Providenciou que a cidade oferecesse a Petrarca uma cátedra na universidade — uma honraria digna de nota. Petrarca nunca se mudou para Florença e continuou se deslocando de um lugar para outro, passando por Milão, Pádua e Veneza. Boccaccio, depois de tanto esforço, ficou frustrado. Mas superaram esse começo atribulado e acabaram se tornando amigos de longa data. Às vezes Boccaccio visitava Petrarca em uma de suas diversas casas. De modo geral, mantinham a relação por correspondência — repleta de conversas sobre livros, é claro, mas também de manifestações de afeto e algumas reprimendas carinhosas de parte a parte.

Ainda que a diferença de idade não fosse muito grande, Boccaccio considerava Petrarca uma figura paterna, e Petrarca correspondia com satisfação, considerando-o um filho.[30] Parecia achá-lo um filho mais agradável do que seu filho de verdade, também chamado Giovanni. Como tecnicamente era clérigo, Petrarca não podia se casar, mas teve dois filhos, um menino e uma menina. A filha, Francesca, e a família que ela formou acabaram cuidado dele na velhice, mas Giovanni não caiu nas graças do pai. Aos dezoito anos, ele passou um tempo vagabundeando na casa paterna, aparentemente sofrendo de *accidia* similar à que acometia o genitor, mas sem a tendência deste de procurar consolo nos livros. Petrarca o achava irritante e, em uma carta rude e terrível, acabou mandando que fosse embora.

Giovanni Boccaccio, por outro lado, demonstrava um interesse irrestrito por todas as coisas certas: a paixão pela linguagem, a alegria da escrita, a dedicação a encontrar e reavivar a literatura antiga — todos os ingredientes que compunham um estudioso de humanidades do mundo moderno (em seus primórdios). Boccaccio adorava manuscritos e fazia incursões a mosteiros, assim como Petrarca. Ele também tinha feito grandes descobertas,[31] inclusive de outras obras de Cícero, no grande mosteiro beneditino de Monte Cassino. Boccaccio não tinha medo da labuta da cópia.

Em um episódio estranho, contudo, Boccaccio esteve prestes a abandonar tudo. Um monge, Pietro Petroni de Siena, o avisou, em 1362, de que morreria logo se não se livrasse de todas as obras não cristãs de sua biblioteca e não parasse de escrever tais livros. Isso tinha sido revelado a Pietro em uma visão. Assustado, Boccaccio se aconselhou com Petrarca, que acalmou seu pânico. Ele também acrescentou que, se Boccaccio realmente quisesse esvaziar seus baús de livros, que lhe mandasse a lista: Petrarca ficaria feliz em adquiri-los.[32]

Em tom menos egoísta, deu a Boccaccio excelentes argumentos para não agir assim.[33] Se a pessoa ama literatura e é boa nela, disse Petrarca, como poderia ser moralmente correto abandoná-la? A ignorância não é caminho da virtude. Petrarca era bastante devoto, mas não tinha tempo para gastar com a ideia de que a vida cristã era de contemplação não mundana, de leitura apenas de textos sagrados ou de leitura nenhuma. Ele estava do lado do conhecimento, da aprendizagem, da abundância saudável de palavras e ideias. Felizmente (ou infelizmente, do ponto de vista da coleção de livros de Petrarca), Boccaccio logo voltou a si e não abriu mão dos livros. Em sua *Genealogia*,[34] não titubeou em dizer que nada deveria ser considerado "inadequado" para um cristão no estudo de deuses e histórias do mundo antigo. Afinal, estava claro que o cristianismo já havia vencido os deuses antigos, portanto não havia o que temer. Petrarca também escreveu que doutrinas não cristãs — contanto que não contradissessem o Evangelho — eram um "acréscimo considerável à fruição da mente e ao cultivo da vida".[35]

A paixão pela literatura era tão forte em Petrarca e Boccaccio que chegavam a prezar textos que não poderiam ler. O latim deles era perfeito, mas assim como a maioria dos europeus ocidentais da época, não sabiam nada ou quase nada de grego antigo. Alguns medievalistas tinham aprendido a língua, mas a maioria não, e quando copistas monásticos se deparavam com palavras gregas em um texto em latim, a tendência era escreverem *Graecum est, non legitur* — "É grego, não se lê". A expressão ganhou vida própria como "para mim era tudo grego", via *Júlio César* de Shakespeare, em que Casca declara ter ouvido Cícero dizer alguma coisa em grego, mas não faz ideia do quê.[36] No século XIV, falantes de grego só existiam em Constantinopla, nos territórios da Grécia moderna e em regiões do sul da Itália onde havia uma comunidade de falantes nativos. Em qualquer outro lugar, maços de textos de filosofia, ciência, cosmologia e literatura permaneciam inacessíveis.[37]

Entre os autores sedutoramente inalcançáveis para Petrarca e Boccaccio estava Homero, já que na época ainda não existiam traduções para o latim ou o vernáculo. Mas Petrarca se orgulhava de ter uma cópia da *Ilíada*, presente recebido de um amigo grego de Constantinopla. Ao escrever uma carta de agradecimento, ele disse que gostaria muito que o amigo fosse pessoalmente à Itália para lhe ensinar a língua;[38] caso contrário, escreveu Petrarca, Homero permaneceria mudo para ele — "ou melhor, eu surdo a ele. Porém, sinto prazer em sua mera presença e com muitos suspiros o abraço, dizendo, 'Ó grande homem, com que disposição eu não o ouviria!'". (Pode nos parecer uma forma de dizer "Obrigado pelo presente inútil", mas acho que podemos supor que era genuíno o desejo de Petrarca de desvendar a literatura grega.)

Boccaccio, que também tinha livros gregos, bolou uma forma de lidar com o problema. De novo cortejando as autoridades de Florença, como fizera na tentativa infrutífera de arrumar um emprego para Petrarca, ele as convenceu a criar a primeira cátedra de grego da Europa ocidental em 1360 e recrutou um calabrês falante de grego para assumi-la: Leôncio Pilato.[39] Foi uma escolha audaciosa. Leôncio era impulsivo e irresponsável, e na aparência era um homem meio selvagem, de barba comprida e rosto feio — "sempre perdido em pensamentos, rude nos modos e no comportamento", como Boccaccio admitiu.[40] Petrarca já o conhecia e não gostava muito dele. Boccaccio tinha um motivo para ser mais tolerante:[41] Leôncio era uma mina de narrativas mitológicas e históricas gregas, portanto ótima fonte para sua *Genealogia dos deuses pagãos*. Deixou que Leôncio morasse com ele na casa de Florença e o encarregou de fazer uma versão palavra por palavra tanto da *Ilíada* como da *Odisseia*, preparando as obras para que Boccaccio as burilasse, tornando-as mais legíveis.[42] Petrarca observava de longe, implorando a Boccaccio que lhe mandasse novas partes assim que ficassem prontas, pois faria cópias e mandaria os originais de volta — as habituais trocas de correspondência que provocavam ansiedade na época.[43]

Por sorte, nada se perdeu, mas o projeto era demorado e Leôncio se tornava cada vez mais genioso. Em 1363, já morando na casa de Boccaccio havia cerca de três anos, mas com as traduções ainda inacabadas, ele anunciou que estava cansado de Florença e queria se mudar para Constantinopla. Boccaccio o acompanhou no trajeto, indo até a casa de Petrarca em Veneza, e o deixou lá, pois tudo indica que Petrarca esperava que Leôncio se acalmasse com a mudança de cenário e retomasse o trabalho. Não foi o que aconteceu. Passado um tempo, depois de vociferar inúmeras queixas e insultos contra a Itália, Leôncio pegou um navio e foi embora. Petrarca lhe deu uma cópia das comédias de Terêncio como presente de despedida:[44] havia percebido que Leôncio gostava de lê-las, embora Petrarca se perguntasse "o que o grego soturno tinha em comum com o alegre africano". (O próprio Petrarca, que tanto se impacientava com as fraquezas alheias, não estava assim *tão* alinhado com a frase de Terêncio, "nada do que é humano me é estranho".)

Já em Constantinopla, Leôncio mudou de ideia e sentiu saudades da Itália.[45] Escreveu para Petrarca — uma carta "mais confusa e mais longa que sua barba e cabelo", disse o destinatário — pedindo ajuda para organizar e financiar seu regresso. A essa altura Petrarca já estava mais envolvido na vida de Leôncio do que Boccaccio — mas estava num estado de espírito de pai severo e comentou com Boccaccio: "Para onde teve a arrogância de emigrar, que viva tristemente".

Na verdade, Petrarca admitia, ele tinha medo da instabilidade de Leôncio.[46] É compreensível, claro. Mas também é fácil entender por que Leôncio se tornara tão atordoado e ressentido: era tratado como forasteiro aonde quer que fosse e alfinetado pelos dois toscanos, que não paravam de falar de sua cabeleira desgrenhada e se dirigiam a ele como se fosse um bárbaro. Porém, *ele* sabia a língua antiga e literária que almejavam; a língua que, por acaso, tinha criado a palavra *bárbaro*, para começo de conversa.

Por incrível que pareça, Petrarca resistiu mesmo quando Leôncio prometeu levar mais manuscritos de autores gregos, proposta que deveria tê-lo comovido. No final das contas, Leôncio conseguiu organizar a viagem por conta própria e embarcou em um navio em 1366. Mas a jornada acabou muito mal. O navio, depois de passar pelo mar Adriático e quase chegar ao destino, encontrou uma tempestade. Enquanto balançava e submergia, Leôncio se segurava ao mastro, mas as outras pessoas a bordo acharam refúgios mais seguros debaixo do convés. Um raio atingiu o mastro e ele morreu — foi o único que não sobreviveu.

Ao que consta, Petrarca sentiu um pouco de remorso. "O homem infeliz, fosse ele o que fosse, nos amava", escreveu a Boccaccio. Havia falecido "sem ter visto, creio eu, nem um dia sequer de serenidade". Uma última pergunta ocorreu a Petrarca (e não sabemos a resposta). Ele questionava: será que os marinheiros, por acaso, não teriam resgatado alguns dos livros gregos que Leôncio lhe traria?[47]

Petrarca tinha suas faltas de humanidade; Boccaccio era melindroso e difícil. Porém, o que todas essas histórias de colecionar, traduzir e editar livros e trocar correspondência evidenciam é a dedicação total deles ao trabalho e a uma meta fugidia: o resgate dos estudos humanos de priscas eras, que esperavam ver renascidos das profundezas, adquirindo nova vida no futuro.

No entanto, o caminho rumo ao futuro nem sempre era tranquilo.

Em 1347, alguns anos antes de Petrarca e Boccaccio se conhecerem, uma doença tinha começado a circular sem alarde pelo norte da Itália e pelo sul da França;[48] também havia surgido em partes da Ásia e da África e depois chegaria a outras regiões da Europa. A causa era uma bactéria, *Yersinia pestis*, disseminada por pulgas e outros vetores, mas é claro que ninguém sabia disso na época. Outros surtos já tinham acontecido na Europa, mas num passado tão remoto que ninguém reconhecia os sintomas.

Um advogado que morava em Piacenza, Gabriele de' Mussi, os descreveu.[49] Primeiro, a pessoa sentia uma "rigidez gélida" e formigamento, como se "fosse atingida por pontas de flechas". Os bubos desbotados, ou furúnculos, apareciam nas axilas ou na virilha (saltavam dos linfonodos inchados sob a pele) e depois vinha a febre. Havia quem vomitasse sangue. Havia quem desmaiasse. Poucos se recuperavam: a maioria falecia. Devido aos bubos, a doença ficou conhecida como peste bubônica ou peste negra.

À medida que se alastrava, ela primeiro pegava as comunidades de surpresa, mas em pouco tempo, causando mais pavor, as pessoas ficavam sabendo do avanço da doença de cidade em cidade.[50] Tentavam qualquer coisa que lhes passasse pela cabeça para detê-la. Uma tática era evitar os outros, se isolar, manter o máximo de distância possível, pois sabia-se que ela podia ser transmitida pelos adoentados. Não era algo fácil de fazer quando era o marido ou um filho que (como escreveu Gabriele de' Mussi) chamava em tom de lástima:

"Venha cá. Estou com sede, me traga um copo d'água. Ainda estou vivo. Não fica com medo. Pode ser que eu não morra. Por favor, me abraça forte, abraça meu corpo debilitado. Você precisa me segurar nos braços".

As pessoas se esforçavam para manter a calma e o otimismo, acreditando que o medo só as deixaria ainda mais vulneráveis — e que sala de espelhos psicológica não deve ter sido essa![51] Nesse ínterim, os pensamentos às vezes se voltavam para Deus, que parecia estar num ânimo punitivo e necessitado de demonstrações de penitência humana. Procissões foram organizadas, com participantes se flagelando. Às vezes esses eventos viravam pogroms, pois os judeus eram suspeitos de causar a doença. Outras teorias sugeriam que era causada pelo ar ruim emanado pelo solo, ou "superfluidades" que se acumulavam no corpo devido a comidas pesadas.[52] Alguns médicos lancetavam os bubos dos pacientes para que os maus humores pudessem escapar. Um dos que gostavam desse tratamento era Guy de Chauliac, médico do papa que morava em Avignon, Clemente VI.[53] A sorte é que Clemente não foi submetido ao tratamento porque nunca pegou a doença, embora tenha tido a coragem de continuar na cidade por bastante tempo, enquanto outros fugiam. Ele também tentou impedir a violência antissemita e pôr ordem nas procissões de penitentes. Quando os cemitérios e as covas coletivas dos campos se encheram, consagrou Rhône para que os falecidos jogados no rio pudessem chegar ao céu.

A situação em Florença era ainda mais grave. Estima-se que, no fim desse primeiro surto, dois terços da população de 100 mil florentinos tenham morrido. A imagem mais vívida do que deve ter sido a cidade vem de Boccaccio: embora seja provável que não estivesse lá nessa época, ele conhecia pessoas que estavam, e incluiu um relato curto mas horripilante do quadro em seu prelúdio ao *Decamerão*. Ele monta o cenário, já que os dez contadores das histórias são dez jovens nobres abastados que fogem da cidade para esperar o perigo passar e se refugiam em suas casas de campo aconchegantes. Boccaccio descreve exatamente do que fugiam — e pede desculpas aos leitores por relembrar os horrores que ainda estavam frescos na memória e de que muitos provavelmente preferiram se esquecer.[54]

Pelo que nos diz, a cidade desmoronou. As pessoas tinham medo de ajudar os parentes; nem os pais encostavam nos filhos. Com poucas criadas à disposição, damas aristocráticas abriam mão do decoro habitual e deixavam que criados homens cuidassem delas, uma quebra inédita de recato. Corpos

se amontoavam nas casas e ruas; ritos fúnebres se tornavam cada vez mais rudimentares até cessarem por completo. Cadáveres eram transportados sobre tábuas, para serem enterrados em fossas muito fundas.

Em épocas normais, as cidades fechavam seus portões à noite para evitar ameaças externas, mas agora muita gente atravessava os portões em busca de segurança no interior, como fazem os dez jovens de Boccaccio. Ao contrário deles, o que a maioria encontrava não chegava nem perto de ser um idílio pastoral. A peste muitas vezes chegava antes, e os interioranos já tinham abandonado suas lavouras e animais domésticos, largando cachorros e galinhas à própria sorte. Sementes e ferramentas agrícolas, essenciais para as futuras colheitas, eram deixadas para trás porque ninguém esperava voltar a usá-las um dia.

Todos esses detalhes dados por Boccaccio são um terrível revés para os ideais antigos de humanidade honrada e excelente, com vidas bem reguladas, lavouras prósperas e ofícios produtivos, com todos lançando um olhar seguro para o que poderiam deixar para a posteridade. Diante da peste, as artes humanas e invenções técnicas pareciam dispensáveis. A medicina, que tanto melhorava a condição humana, não podia fazer quase nada. As artes civilizadas do governo e da administração tampouco refreavam a peste. Nas palavras de Boccaccio, "toda sabedoria e engenhosidade do homem eram inúteis". A doença desafiava tanto a visão cristã da ordem de Deus quanto a visão clássica de uma sociedade de pessoas capazes e talentosas se beneficiando das ciências e das artes.[55]

Muito antes de Boccaccio, Tucídides, o historiador grego da Antiguidade, havia contado uma história parecida de colapso moral provocado por uma epidemia (devia ser a febre tifoide, ou tifo, mas existem outras teorias) que atingiu Atenas em 430 AEC, no meio da longa guerra travada contra Esparta. Foi uma hora ruim, embora não exista hora boa para essas coisas. Tucídides, que pegou a doença mas sobreviveu, descreveu a desintegração da sociedade ateniense quando ninguém mais acreditava no futuro. As pessoas esbanjavam dinheiro em prazeres momentâneos; infringiam leis, já que não esperavam viver o suficiente para serem julgadas. "Quanto aos deuses, parecia dar na mesma se os cultuavam ou não, pois viam-se os bons e os maus agonizando indiscriminadamente."[56] A história de Boccaccio era semelhante: diante do desastre, as pessoas abandonavam hábitos civilizados porque achavam que a época da civilização estava encerrada.[57]

A situação real provavelmente era mais complexa. O colapso total, assim como a guerra total, cria uma história fascinante, mas, quando ele se avizinha, as pessoas também fazem de tudo para evitar ou mitigar o dano. Assim, no meio da emergência, indivíduos às vezes se apegam a seus cargos e fazem esforços heroicos para manter a população unida. Boccaccio reconhece isso, como seria de esperar, pois, ao que consta, uma pessoa que continuou trabalhando para minimizar o sofrimento em Florença foi seu próprio pai.[58] Como ministro do comércio da cidade, Boccaccino continuou por lá correndo um enorme risco pessoal e trabalhou na distribuição de alimentos. Talvez tenha pegado a doença; é certo que morreu pouco tempo depois, de causa desconhecida. Em outros lugares, as pessoas tentavam criar tratamentos médicos (reconhecidamente sem sucesso), diminuir o contágio ou levar adiante a missão necessária de descartar cadáveres da forma mais eficiente possível.[59] Quando o surto acabou, se esforçaram para retomar a vida.

Assim, a história — como acontece com tudo que envolve o comportamento e a cultura humanos — era complicada do ponto de vista moral, e resistia a ser convertida em fábula graciosa. Como o romancista do século XIX Alessandro Manzoni observou, referindo-se à epidemia da peste de 1630 em Milão:

Em qualquer desventura pública, em qualquer perturbação longa do que pode ser a ordem natural das coisas, sempre encontramos o crescimento, a intensificação da virtude humana; mas infelizmente eles sempre são acompanhados pelo aumento da perversidade humana.[60]

Também se pode dizer o contrário: junto com o pânico ou o egoísmo, vemos atos de coragem — bem como diversas gradações entre um extremo e o outro. O fato de a narrativa de Manzoni se passar durante a epidemia de 1630 mostra quanto tempo a doença levaria para sumir da Europa. Petrarca e Boccaccio sobreviveram a outros surtos. O primeiro, no final dos anos 1340 — o pior deles —, chegou ao fim, mas vieram outros no restante do século e depois dele. A era inteira que consideramos o "Renascimento" na Europa, com a revitalização do pensamento e da cultura clássicos, suas explosões de brilhantismo artístico, o desenvolvimento de uma medicina aprimorada e formas de pesquisa mais produtivas — tudo isso aconteceu enquanto a população morria a intervalos regulares de uma doença que não era compreendida por ninguém. A última epidemia europeia ocorreu em Marselha, em 1720; em seguida, a peste continuou provocando desgraças e mortes em outros cantos do mundo, em especial na China e na Índia, em meados do século XIX. Ela ainda mata, mas agora temos tratamentos mais eficazes.

Quando a primeira onda se abrandou, após aniquilar pelo menos um terço da população da Europa ocidental[61] (e ainda mais em alguns lugares específicos, como Florença), a paisagem humana do continente estava alterada. Também deixou os efeitos pós-traumáticos da depressão, do luto e da ansiedade, todos expressos em termos fortes por Boccaccio e sobretudo por Petrarca.

Petrarca trabalhava em Parma quando a peste começou, e continuou por lá durante a epidemia.[62] Não se contaminou, mas seus amigos, sim. Perdeu um bom amigo que era seu mecenas na época, o cardeal Giovanni Colonna, e (muito depois) ficou sabendo da morte de sua "Laura", em Avignon. Depois que a notícia chegou a seus ouvidos, pegou o volume de Virgílio onde havia registrado o primeiro encontro dos dois e acrescentou mais algumas linhas para documentar o falecimento, que datou como 6 de abril de 1348 — exatamente 21 anos após se conhecerem.[63] Continuou escrevendo poemas de amor, mas eles se tornaram mais sombrios e melancólicos. Também escreveu um poema desesperado em latim dirigido "A ele mesmo", lamentando as mortes por todos os lados, as perdas, as inúmeras covas.[64]

Em uma carta a seu amigo de longa data Ludwig van Kempen, que ele sempre chamava de "meu Sócrates", pergunta: "O que devo dizer? Por onde devo começar? Para onde devo me voltar? Por todos os cantos vemos tristeza, por todos os lados vemos terror". Onde, ele indaga, estão nossos doces amigos? "Que raio destruiu todas essas coisas, que terremoto as derrubou, que tempestade as venceu, que abismo as engoliu?" A humanidade em si tinha sido praticamente aniquilada — por quê? Para nos ensinar a humildade? Talvez precisássemos aprender que "o homem é um animal fraco e vaidoso demais, ele se sente seguro demais ao construir em cima de alicerces frágeis", ou talvez a ideia seja de que ansiemos pelo próximo mundo, pois tudo neste mundo pode se perder.[65]

Mais perdas viriam com as reincidências da doença. Uma delas, em 1361, matou o filho de Petrarca, Giovanni, agora reconciliado com o pai após a briga entre eles. Faleceu com apenas 23 anos.[66]

O mesmo surto também levou embora o "Sócrates" de Petrarca. Ele escreveu sobre essa morte a outro amigo querido com quem se correspondia, Francesco Nelli — mas Nelli também morreu logo depois. Outra pessoa com quem mantinha amizade havia 34 anos, Angelo di Pietro di Stefano dei Tosetti, também faleceu. Petrarca soube quando um mensageiro trouxe de volta uma carta que tinha enviado a Angelo devolvida em silêncio, ainda fechada. Ao escrever para Boccaccio falando das duas mortes, Petrarca disse que já estava entorpecido demais para sentir dor. Convidou Boccaccio a se hospedar em sua nova casa, em um belo cenário, junto ao porto de Veneza; como Boccaccio não respondeu imediatamente, Petrarca foi acometido por um "medo terrível" por ele.[67] Felizmente, estava tudo bem, mas a sensação de pavor sempre rondava as amizades daquela época.

Como sempre, o método de Petrarca para sobreviver a cada uma dessas crises era a literatura. Em 1349, depois do primeiro surto, começou a trabalhar no projeto que havia protelado, de reunir sua correspondência. Também retomou um texto que tinha começado a escrever fazia pouco tempo, o *Secretum*, ou *Livro secreto*.[68] A obra tomou a forma de um diálogo entre ele mesmo ("Francesco") e Agostinho de Hipona, que faz o papel de mentor velho e sábio. Francesco lhe confessa sentir "ódio e desdém pela condição humana, que me pesa tanto que só me resta ser profundamente infeliz". Agostinho o aconselha a recorrer a obras consolatórias clássicas escritas por autores como Sêneca e Cícero, e a fazer anotações criteriosas durante a leitura para se lembrar das recomendações feitas por eles.

O gênero consolatório — popular tanto na tradição cristã como na clássica — era um que Petrarca adorava ler e imitar. A consolação podia vir em forma de uma carta destinada a um amigo ou mecenas que havia sofrido uma perda, se adoentado ou enfrentado algum outro desastre; podia circular para também ajudar outras pessoas. Esses textos eram coalhados de ideias moralmente estimulantes e tinham uma escrita elegante, pois a bela redação já era capaz de melhorar os ânimos.

Era por isso que Petrarca dava atenção a questões de técnica literária mesmo quando oferecia consolação, ou quando parecia estar mergulhado na própria tristeza. Assim, ao escrever para seu Sócrates falando das perdas deles, começa com um lamento desconexo, "Ah, irmão, irmão, irmão", para logo depois acrescentar que sabe que aquela é uma forma heterodoxa de iniciar uma carta, mas no fim das contas também não é assim *tão* heterodoxa: Cícero já tinha feito algo parecido.[69] O leitor moderno pode achar confuso ver Petrarca combinar um lamento sentido a reflexões sobre a forma ciceroniana. Até que ponto ele é sincero se ainda pensa nessas coisas? E como pode achar importante dar um equilíbrio tão habilidoso a suas frases — que raio, que terremoto, que tempestade, que abismo?

Mas jamais teria passado pela cabeça de Petrarca e seus contemporâneos que escrever com precisão e graça, imitando os maiores oradores e escritores latinos, pudesse *diminuir* o impacto do que desejavam dizer. A crença era de que a eloquência latina, entre outros benefícios, ajudaria a pessoa moderna a criar coragem e ser moralmente mais forte.

E nenhum outro autor era um exemplo maior nesse aspecto do que Cícero, que havia refinado a arte de transmitir o que pensava numa linguagem convincente, emocionalmente irresistível, tanto na oratória como na escrita. Usava tipos específicos de arquitetura sintática: um exemplo é seu característico "período", que protela a conclusão deixando a frase se estender em longas espirais vagarosas antes de se encerrar, terminando com as palavras mais importantes. O latim se presta a isso mais do que o inglês porque permite variações na ordem das palavras, mas isso também é possível no inglês. Vejamos uma frase curta de Edward Gibbon, do século XVIII, explicando como acabou escrevendo seis volumes sobre a história romana: "Desprovido de conhecimento original, pouco desenvolto no hábito da reflexão, inábil na arte da redação, resolvi — escrever um livro".[70]

Um exemplo bem mais longo, com força emotiva devastadora, é a "Carta da cadeia de Birmingham", escrita por Martin Luther King Jr. em 1963, em que ele fala sobre escutar sempre que deve "esperar" igualdade e mudança social:

> Mas quando vir turbas odiosas lincharem suas mães e pais à vontade e afogarem suas irmãs e irmãos ao bel-prazer; quando vir policiais tomados de ódio xingarem, chutarem e até matarem seus irmãos e irmãs negros; quando vir a grande maioria de seus vinte milhões de irmãos negros sufocarem na jaula hermética da pobreza em meio a uma sociedade afluente; quando de repente você vir sua língua se enrolar e sua fala gaguejar ao tentar explicar à sua filha de seis anos por que ela não pode ir a um parque de diversões público que acaba de ser anunciado na televisão, e vir lágrimas se acumulando em seus olhos ao ouvir que o parque é fechado a crianças de cor, e vir nuvens agourentas de inferioridade começando a se formar em seu pequeno céu mental, e vir que ela começa a deturpar sua personalidade ao criar uma amargura inconsciente contra os brancos; quando precisar elaborar uma resposta para o filho de cinco anos que pergunta: "Papai, por que os brancos são tão cruéis com as pessoas de cor?" [...].

E assim ele prossegue, nos fazendo *aguardar* a última oração, que, quando vem, é a seguinte:

> *então* você entenderá por que achamos tão difícil esperar.[71]

A estrutura aqui espelha o sentido: a técnica ciceroniana está nas mãos de um mestre da escrita e da oratória — e é usada a serviço de um dos argumentos humanos mais importantes que alguém pode apresentar.

Essa dimensão humana sempre foi importante. O talento retórico era inútil, se não nocivo, caso não fosse acompanhado de virtude e propósito moral: tudo devia ser feito em prol do bem. Cícero fez a distinção entre eloquência virtuosa e a confusão criada por demagogos.[72] Outro retórico que escreveu um manual bastante influente, Quintiliano, frisava que o orador que usasse formas tão potentes *devia* ser uma boa pessoa, por razões filosóficas. Afinal, a língua é "a dádiva que nos diferencia de outros seres vivos", e a Natureza não daria tal dom aos seres humanos se ele só servisse para "dar armas ao crime". Quintiliano também sugere que pessoas com más intenções são tão atormentadas pela angústia que não conseguem se concentrar em atingir a excelência literária. "Mais valeria procurar uma fruta na terra abafada por espinhos e arbustos."[73]

Portanto, usar bem a língua é mais do que acrescentar volteios decorativos: é mexer com a emoção e o reconhecimento alheio. É uma atividade moral, pois ser capaz de se comunicar bem é o cerne da *humanitas* — de ser humano no sentido mais pleno.

Em nenhum outro lugar essa ideia é mais evidente do que na carta de consolação, o mais humano dos gêneros. A humanidade é especialmente notória quando o autor e o destinatário têm experiências em comum, o que os une ao estilo *ubuntu*. O exemplo mais comovente — e mais característico — nas cartas de Petrarca ocorre em 1368, quando escreve para um amigo que tinha perdido o filho havia pouco tempo.[74] Ele dá muitas páginas de exemplos de dor e perda tirados da literatura clássica, mas também fala do fato de seu neto ter acabado de falecer, deixando-o arrasado. ("O amor por esse pequeno enchia meu peito de tal forma que não é fácil saber se já amei alguém esse tanto.") Ele também presta condolências a Boccaccio: "Nós lhe rogamos, imagine sempre um de nós à sua direita e o outro à sua esquerda". O recado transmitido pelos trechos eruditos e pessoais da carta é "você não está sozinho".

Outras formas literárias também ofereciam oportunidades de consolo similar. Ao longo dos anos 1350, a década entre dois dos piores surtos, Petrarca se ocupou de um livro chamado *Remédios para fortunas prósperas e adversas*. Ele o escreveu para o amigo e antigo mecenas Azzo da Correggio, um nobre influente de Parma que tinha caído em desgraça três vezes, nenhuma delas por causa da peste: a esposa e os filhos tinham sido raptados por inimigos, ele precisara se exilar e sofria de uma doença paralisante que o obrigava a ter criados que o ajudassem a andar e a montar a cavalo. Necessitava de todos os pensamentos tranquilizantes e edificantes que pudessem lhe oferecer.

O livro de Petrarca é formado por duas conversas contrastantes, em que a figura personificada da Razão responde às da Tristeza e da Alegria, uma após a outra.[75] A tarefa da Razão é animar a Tristeza com ideias felizes e refrear a Alegria com lembretes de que não deve se empolgar.

ALEGRIA: A aparência do meu corpo é admirada por todos.
RAZÃO: E, no entanto, muito em breve a graça e o viço de seu rosto vão se transformar. Essas madeixas louras vão cair... e a decadência putrefata vai consumir e corroer o marfim impecável de seus dentes... [e assim por diante].

Alguns motivos de celebração são mais fáceis de sufocar do que outros:

ALEGRIA: Tenho elefantes.
RAZÃO: Posso lhe perguntar com que objetivo?

(Não foi registrada nenhuma resposta.)
Na outra metade do livro,[76] a Tristeza diz a que veio:

TRISTEZA: Fui mandada para o exílio.
RAZÃO: Vá de bom grado e será uma viagem, não um exílio.
TRISTEZA: Tenho pavor da peste.
RAZÃO: Por que estremecer ao ouvir falar da peste, já que talvez seja até reconfortante morrer acompanhada de tantas pessoas?

Nem todas as fontes de sofrimento são evidentes, e é mais difícil lidar com dores internas: apesar do leme da nossa razão, perdemos o rumo em mares turbulentos.[77] Mas se nosso sofrimento é profundo, também o é o prazer oferecido pelas melhores partes da vida. A Razão lembra à Tristeza das muitas dádivas que Deus nos concedeu, das belezas naturais do mundo (os córregos gorgolejantes e os passarinhos cantantes) a nossas excelentes conquistas. Capazes de inventar e criar coisas, podemos até nos remendar, fazendo "pernas de madeira, mãos de ferro e narizes de cera", bem como uma invenção relativamente nova: óculos através dos quais enxergar. Nós mesmos somos lindos em nossa humanidade,

com olhos que revelam a alma e "uma testa que resplandece com os segredos da mente". Assim como mais tarde faria Manetti, Petrarca entoa a canção da "excelência do homem". Na verdade, quando um amigo lhe escreve, mais ou menos nessa época, perguntando se ele não gostaria de elaborar algo que valesse como resposta ao tratado de Inocêncio III, *Sobre a miséria da condição humana*, ele responde dizendo que está trabalhando justamente num texto assim — referindo-se à metade positiva de *Remédios*.[78] No todo, não é uma obra que penda para o otimismo, mas sim para o equilíbrio, contrapondo cada um dos lados e nos lembrando de que a história humana não é nem toda boa nem toda má, mas que podemos usar um lado para moderar o outro.

Para isso, precisamos empregar bem nossos talentos para o raciocínio e a sensatez. É sempre inútil confiar na sorte para levar a vida adiante, diz a figura da Razão de Petrarca: a sorte sempre nos deixará na mão.[79] O melhor plano é recorrer ao conforto do estudo, da reflexão e da amizade — que se aprimoram mutuamente. A Razão cita o filósofo antigo Teofrasto: "Ao contrário do resto da humanidade, o erudito não é estrangeiro em terras estrangeiras; depois de perder parentes e amigos íntimos, ele ainda encontra amigos; é cidadão de todos os Estados, e destemidamente menospreza as possibilidades desajeitadas oferecidas pela sorte".

A obra inteira de Petrarca é uma resistência aos caprichos da sorte (e um ataque contra eles), que ele conhecia muito bem por causa da infância instável. Ele escrevia contra a *perda*. Ao descobrir manuscritos e reunir as próprias cartas, bem como ao escrever suas consolatórias e outras obras, ele erguia barreiras contra a ruína das coisas — tanto dos amigos como dos livros.[80]

Boccaccio também tinha a sensação de deixar para trás uma terra devastada. No prefácio de sua *Genealogia dos deuses pagãos*, ele encara os séculos passados como um emaranhado de destruição e desventura.[81] Basta pensar, pedia ele aos leitores, na parca quantidade de obras do passado que sobreviveram e em quantos inimigos elas tiveram: incêndios, inundações, o desgaste do tempo. Reservava uma menção especial a outro fator: os atos deliberados dos primeiros cristãos, que consideravam um dever apagar os rastros das religiões que vieram antes.

Ele e Petrarca se propuseram a reaver o que pudessem desse passado e reformulá-lo, reimaginá-lo, usá-lo para fortalecer a eles mesmos e aos amigos contra a dor — e legar tudo às gerações seguintes, na esperança de que também conseguissem usá-lo para renascer. Em 1341, quando Petrarca apresentava seu poema *Africa* como parte do processo de ser premiado com os louros de poesia, ele falou da própria obra como se fosse um filho entrando no futuro:

> Meu destino é viver em meio a tempestades diversas e confusas. Mas talvez para você, caso, assim espero, viva muito depois de minha morte, exista uma época melhor. Esse sono do esquecimento não há de durar para sempre. Quando a escuridão se dispersar, nossos descendentes poderão retomar a radiância pura de outrora.[82]

Essa história de escuridão e radiância se prolongaria pelo século seguinte. Forjou uma nova forma de enxergar a história europeia. Às suas costas, e ao seu redor, Petrarca percebe a escuridão como um vácuo devorador em que os livros e a humanidade caíram. Em épocas longínquas, ele acredita, os antigos iluminaram o mundo com sua eloquência e sabedoria. Em algum momento do tempo que está por vir, talvez as gerações futuras iluminem o mundo outra vez. A esperança é de transpor esse fosso, preservando o que pode ser descoberto ou copiado, criando variações de velhas formas, e conservando tudo numa existência precária por tempo suficiente para que as luzes tornem a se acender.

2
Erguendo navios

DE 79 EC EM DIANTE, MAS SOBRETUDO OS ANOS 1400
*Novas gerações — perdas e ganhos — Renascimentos do século XII
e de outros séculos — Coluccio Salutati, Niccolò Niccoli,
Poggio Bracciolini e suas mãos humanistas — ruínas romanas
e os navios de Nemi — prisões e naufrágios — mulheres: sim, havia
algumas — educação — Urbino, Castiglione e sprezzatura — cópias
melhores e mais numerosas — tipógrafos, em especial Aldus Manutius.*

Petrarca e Boccaccio tinham definido uma missão para seus sucessores: desenterrar vestígios de sabedoria e excelência, estudá-los, disseminá-los, usá-los para elucidar questões morais e políticas e criar novas obras de semelhante sabedoria e excelência com base nos velhos modelos.

Quando o século XIV estava se encerrando e o XV começando, a tarefa foi de fato assumida com entusiasmo por novas gerações do que podemos hoje chamar, com absoluta certeza, de "humanistas" italianos — descrição que começava a se popularizar, embora nunca se referisse a um grupo formal ou organizado. Este capítulo fala de algumas dessas pessoas. Digo que são algumas, mas o elenco é bastante numeroso: eram caçadores de manuscritos, levantadores de navios naufragados, exploradores, professores, copistas, tipógrafos, cortesãos, colecionadores e escritores, entre outros. Quase todos eram homens, mas um punhado de mulheres também se distinguia nessas atividades humanistas; nós as conheceremos no final do capítulo.

Mas primeiro: Petrarca e Boccaccio tinham alguma razão quanto à escuridão e à destruição? E realmente não houve outros resgatadores luminosos antes deles? Antes de entrarmos na história principal, vamos recuar no tempo por algumas páginas para pensar no contexto geral dessa imagem que tinham deles mesmos.

Como não raro acontece com ideias sobre a história há muito consagradas, a visão dos humanistas de uma Idade das Trevas triste, sombria, enseja em igual medida as reações "Vamos falar a verdade, eles tinham razão" e "Mas, espera aí, não é tão simples assim".

Primeiro: vamos falar a verdade, Petrarca e Boccaccio tinham razão. Grande parte do conhecimento, da tecnologia e da cultura literária haviam se perdido na Europa, e um bocado havia se perdido muito tempo antes. As obras de Demócrito e Epicuro já haviam desaparecido na Antiguidade, por exemplo. Mas o processo de perda se acelerou após a desintegração do Império Romano do Ocidente no século V. Junto com a cultura literária, muitas outras coisas padeceram: técnicas de planejamento de edifícios públicos, boas estradas, sistemas de esgoto e outras instalações urbanas que aumentavam a qualidade de vida deixaram de ser empregadas, até que chegou o dia em que não havia mais ninguém que soubesse como usá-las. Danos ainda maiores foram causados pelo que poderia parecer um espírito admirável de reciclagem, de economia: as pedras de edifícios que caíam aos pedaços eram reutilizadas, e assim esses edifícios se despedaçavam ainda mais e viravam escombros. Textos antigos escritos em papiros desbotavam ou rasgavam naturalmente; os mais novos eram escritos em pergaminhos, que eram mais fortes, mas para produzi-los precisavam de pilhas de pele de ovelha, cabra ou bezerro. Em vez de fabricá-los, era mais fácil apagar os escritos de livros mais antigos, pouco lidos, e reusar a superfície. Adeus, livros mais antigos e pouco lidos.

E nesses casos, Boccaccio tinha certa razão em culpar os primeiros cristãos pela perda de algumas obras antigas.[1] Quando o pergaminho tinha de ser limpo, deixando-o pronto para o uso, obras religiosas de pouca relevância eram uma opção, mas geralmente parecia mais piedosa a escolha de um texto não cristão. No que dizia respeito aos prédios, a necessidade de material reciclável harmonizava muito bem com o desejo de triturar velhos inimigos. Este último deve ter sido um fator quando Benedito, que no século VI fundou a ordem monástica que levaria seu nome, quis erguer uma capela no alto de uma montanha.[2] Escolheu um lugar onde havia um templo de Apolo, com seu bosque sagrado, aplanou tanto o templo como as árvores e construiu o que acabaria sendo o mosteiro de Monte Cassino. No mesmo século, por acaso, no Bamiyan, no que é hoje o Afeganistão, dois belos budas gigantes foram entalhados na encosta de uma montanha. Eles sobreviveriam até 2001, quando o Talibã muçulmano os explodiu, deixando um buraco estilhaçado. Nenhuma religião, e nenhum século, tem o monopólio na destruição de coisas belas. Mesmo a religião não tem esse monopólio: após a Revolução Francesa, secularistas do século XVIII destruiriam tesouros da Igreja em nome do Iluminismo e do Progresso.

Celebrar a luz e o progresso destruindo coisas: essa ideia também não era inédita. Em 384 EC (Era Comum), houve um debate sobre a decisão de retirar estátuas pré-cristianismo do prédio do Senado romano. Algumas pessoas preocupadas com a conservação imploraram ao imperador Valentiniano II que as salvasse, mas o teólogo Ambrósio de Milão insistiu por escrito que ele resistisse a esses pedidos.[3] Afinal, tudo estava melhorando desde a Criação, quando a Terra tinha sido separada do mar e "salva da escuridão gotejante"; ao mesmo tempo, todos nós avançamos da infância à idade adulta — então por que preservar os resquícios de um passado inferior, pré-cristão?

Até então, quanta escuridão, e Petrarca e Boccaccio estavam certos, inclusive ao falar da influência cristã. Mas, espera aí, não é tão simples assim.

Às vezes as bibliotecas monásticas descartavam obras clássicas para abrir espaço para obras religiosas, mas também foi muito graças a elas que tantas obras clássicas sobreviveram. Em geral, cuidavam bem de suas obras não cristãs — e uma das bibliotecas mais excepcionais para elas era a de Monte Cassino, de Benedito. Os livros físicos originais do mundo antigo teriam poucas chances de sobrevivência se não fosse assim. Além de escritos em papiros frágeis, muitas vezes eram enrolados, e era normal que sofressem danos sempre que eram lidos. Pouquíssimas obras nos chegaram nesse formato, embora de vez em quando um desses venha à tona, mesmo hoje. Em 79 EC, quando o Vesúvio entrou em erupção e cobriu Herculano de cinzas, o vulcão soterrou uma vila repleta de pergaminhos.[4] Os rolos foram encontrados no século XVIII, mas a maioria estava tão compactada e danificada que se tornara ilegível. Novas tecnologias atuais possibilitaram a decifração de muitos deles, inclusive de uma obra integral que dávamos como perdida: *Histórias*, de Sêneca, o Velho.

Em grande parte dos casos, entretanto, só temos obras clássicas devido às cópias feitas durante aqueles longos períodos "de trevas" medievais — porque, como ficaria ainda mais evidente após a invenção da tipografia, não há nada melhor para garantir a vida dos livros do que fazer muitas cópias. Essa transcrição aconteceu sobretudo em épocas e locais específicos. Entre os séculos VI e VIII, aconteceu sobretudo nas comunidades monásticas mais remotas da Irlanda e da Grã-Bretanha. Do século VIII em diante, foi o mundo árabe que mais traduziu e preservou uma abundância de materiais, como textos gregos sobre matemática, medicina e filosofia. Em Bagdá, o califado abássida e mecenas particulares encheram uma biblioteca de equipes de tradutores, a certa altura do século IX supervisionados pelo fascinante Al-Kindi, que também escreveu estudos sobre inúmeros assuntos, de terremotos à ética.[5] Al-Kindi tem todo o direito de ser considerado um humanista, em especial do tipo "apenas se conecte!", que se empenha para criar pontes entre tradições. Ele esperava reconciliar a filosofia e a teologia, e as ideias gregas e as islâmicas. Era uma tarefa perigosa, no entanto. Ou porque suas ideias causavam aborrecimentos, ou porque seus rivais invejavam seus feitos, ele foi trancado para fora da própria biblioteca e sofreu agressões físicas. A maioria de seus escritos desapareceu.

Na mesma época, no noroeste da Europa, o imperador Carlos Magno ordenou que os monges de seu território trabalhassem muito em suas bibliotecas, a fim de recuperar informações que, ele disse, tivessem sido "quase esquecidas por negligência de nossos ancestrais" — uma fala que poderia ter saído da boca de qualquer um dos humanistas caçadores de livros que vieram depois.[6] O interesse de Carlos Magno pelos livros é ainda mais surpreendente porque, apesar de saber ler, ele não sabia escrever. Seu biógrafo e contemporâneo Einhard menciona que à noite ele colocava tábuas de cera e cadernos debaixo do travesseiro, para poder praticar caso acordasse, mas que havia tomado essa iniciativa muito tarde na vida; continuou precisando se fiar em escribas.[7]

Não foi um obstáculo para ele. Carlos Magno financiou escolas para meninos e, num ato excepcional, insistiu na formação de suas filhas.[8] Continuou importunando os monges:[9] depois de receber cartas amáveis de mosteiros lhe oferecendo orações, ele destacou os erros de gramática e expressão que cometiam e providenciou que os redatores recebessem um ensino melhor. Para cuidar de suas coleções, recrutou o bibliotecário e professor das ilhas Britânicas Alcuíno de York. Os monges dos territórios de Carlos Magno elaboraram uma caligrafia nova, mais legível, para fazer suas cópias: a minúscula carolíngia ou carolina. Um grande passo em direção a uma leitura melhor, mais clara, mais acessível, ela teve influência direta sobre a letra de mão dos humanistas posteriores e, portanto, serviu de base para a maioria das fontes tipográficas usadas hoje em dia.

Os escritórios monásticos ou eram lugares horríveis, ou eram animados e produtivos.[10] Cada monge beneditino recebia um livro por ano para estudo pessoal, e eles ouviam leituras durante as refeições — embora a Regra de São

Bento decrete que "ninguém deve se aventurar a fazer perguntas sobre a leitura ou sobre qualquer outro assunto, pois poderia incentivar conversas". A Regra também desaconselhava piadas, queixas sobre a escassez de vinho e vanglórias das habilidades pessoais em qualquer arte que fosse. Este último ponto teria excluído boa parte dos humanistas que vieram depois, que amavam se gabar de seu brilhantismo.

No entanto, alguns monges também amavam bravatas. O gramático Gunzo de Novara relembrou uma visita, no ano 960, a St. Gallen — outro mosteiro com uma bela coleção de livros, no que hoje é a Suíça. Ao conversar após o jantar, ele sem querer usou o caso acusativo em vez do ablativo, até certo ponto porque essa era a norma em sua terra natal, a Itália. Os monges reagiram rapidamente àquela aberração, e muitas zombarias alegres se seguiram ao fato. "Um jovem monge [...] sugeriu que tamanho crime contra a gramática latina merecia a vara e outro compôs um verso de improviso para marcar a ocasião!", escreve a historiadora literária Anna A. Grotans.[11] É complicado, lendo isso, imaginar esses monges sagazes e espirituosos perdidos num fanatismo solene.

Já nos anos 1100, havia tantas cópias, estudos e compartilhamento de conhecimento que os historiadores falam em um "Renascimento do século XII".[12] Colaborava o fato de a nova tecnologia do papel já ter chegado à Europa, vinda da China por meio do mundo árabe e da Espanha, permitindo que escrevessem mais sem apagar pergaminhos antigos. O papel era feito de pedaços de pano, e segundo uma teoria esplêndida apresentada recentemente por Marco Mostert, havia mais panos circulando na época porque as pessoas se mudavam do interior para as cidades, e nas cidades era elegante usar roupas íntimas. Como elas se desgastavam mais rápido do que as peças de roupa visíveis, mais grossas, e volta e meia eram descartadas, era fácil conseguir esses panos. Assim, das calcinhas se fez a literatura.[13]

Outros centros de estudos floresceram na Europa: universidades, inspiradas nos institutos acadêmicos do mundo árabe, e catedrais com bibliotecas e escolas anexas, como as de Chartres e Orléans, na França. Construídas com inovações como arcobotantes e cobertas de estátuas e vitrais, eram exibições de habilidade artística e arquitetônica, bem como da vida da mente. Chartres, em especial, era adornada por figuras humanas altas, cinzeladas, serenas, de imensa beleza; figuras similares enfeitavam outras catedrais. Ao visitar a catedral de Basileia, alguns anos atrás, fiquei perplexa diante do belo painel de

Apóstolos da catedral de Basileia.

pedra dos seis apóstolos, datado do começo do século XII: em vez de mostrar sinais de seu martírio, como de hábito, eles seguram volumes encadernados e pergaminhos e estão reflexivos e urbanos, como se flagrados no meio de uma discussão sobre a leitura.

As catedrais formaram eruditos como João de Salisbury, que estudou em Chartres quando jovem e depois se tornou seu bispo e legou a ela sua biblioteca pessoal.[14] Ele fez seis viagens à Itália e lá reuniu manuscritos. Assim como Petrarca seria mais tarde, era um ótimo correspondente, arquivando suas epístolas a colegas e amigos com conversas sobre Cícero, Virgílio, Horácio e Ovídio. Referências clássicas também enchiam seus tratados, que abordavam grandes temas humanistas: *Policraticus* fala do comportamento de cortesãos e sacerdotes e *Metalogicon* discute educação e outros assuntos.[15]

Caso João de Salisbury e Petrarca tivessem se conhecido, se não houvesse dois séculos de distância entre eles, teriam se divertido à beça contando histórias de suas viagens e de seus contatos com os poderosos. (João, que conhecia Tomás Becket da catedral de Canterbury e escapou por um triz de estar lá quando ele foi morto a facadas, sabia uma coisinha ou outra sobre política e as reviravoltas da vida.) Não teriam problema para se comunicar em latim, língua que permitia aos homens educados da Europa transcender espaço e tempo.

O fato de ser tão fácil conceber João e Petrarca conversando lança dúvidas sobre a história simples da chegada das luzes. Muita coisa mudou nos séculos XIV e XV, mas talvez o aspecto mais drástico da mudança seja a *ideia* que Petrarca e seus sucessores faziam deles mesmos: tinham a impressão de carregar um passado perdido, distante, para criar um caminho que os tirasse da escuridão.

Uma coisa é certa: nada teria unido João e Petrarca mais do que a voracidade dos dois pelos livros, assim como uniu Petrarca a Boccaccio — e também às gerações mais novas, cujas histórias vamos retomar agora.

Um fardo que acompanha a formação de uma coleção de livros importantes é a preocupação a respeito de como deixá-la para a posteridade. Petrarca, a certa altura, fez o acordo de que legaria seus livros ao governo de Veneza, para criar as bases de uma biblioteca acessível à população.[16] Mas quando faleceu, na véspera de seu aniversário de setenta anos, em 1374, os livros continuaram nas mãos de sua família, o que indica que algo deu errado no acordo. Mais tarde, os volumes se dispersaram e passaram pelas mãos de vários donos, e assim terminaram em bibliotecas diversas da Europa ocidental, de lugares como Londres, Paris e outras cidades italianas.

Petrarca deixou um presente afetuoso a Boccaccio em seu testamento: "Cinquenta florins de ouro florentinos para um casaco de inverno que ele deve usar enquanto estuda e trabalha à noite". Mas Boccaccio não teve muito tempo para se aninhar no casaco, pois morreu no ano seguinte, aos 62 anos. Sua biblioteca ficou para um frade que ele conhecia, e depois do falecimento do frade, para o mosteiro de Santo Spirito, em Florença, onde os livros ficavam guardados em baús e raramente eram usados, apesar da cláusula em seu testamento de que ficassem à disposição de quem quisesse vê-los.[17]

Agora que "as três coroas de Florença" (como Dante, Petrarca e Boccaccio ficaram conhecidos em uma bela peça de marketing florentino) estavam mortas, seus sucessores se dedicavam à missão de celebrá-los e difundir suas obras. O personagem mais ativo por trás da empreitada era o chanceler de Florença Coluccio Salutati, cuja rede de amigos e correspondentes era tão grande quanto a de Petrarca.[18] Coluccio os pôs para trabalhar na tentativa de localizar quaisquer textos sumidos ou inacabados deixados por Petrarca, principalmente os cadernos em que havia escrito *Africa*, o poema ganhador de louros. Coluccio também estava motivado a aprimorar o epitáfio exageradamente modesto que o próprio Boccaccio tinha elaborado para seu túmulo em Certaldo. O original tinha poucos versos. Coluccio acrescentou mais doze, inclusive a admoestação "Distinto poeta, por que falar de si com tamanha humildade,/ Como se falasse de passagem?".[19] Caso Boccaccio tivesse visto esses acréscimos, sem dúvida ficaria comovido, já que muitas vezes se sentira subestimado em vida, apesar de sua generosidade ao elogiar os outros.

Coluccio também era um grande colecionador, com uma biblioteca de cerca de oitocentos livros, aprimorados por anotações e emendas nas margens. Ele os emprestava a leitores interessados, e de vez em quando iam para o mosteiro de São Marcos, em Florença. Ele também fomentou o estudo do grego em Florença convidando o erudito Manuel Crisoloras de Constantinopla para lecionar a língua — dando início ao grande sucesso dos estudos gregos na Itália e transformando em águas passadas as dificuldades de Petrarca e Boccaccio com a língua.

Outro colecionador com uma bela biblioteca, também de uns oitocentos livros, era Niccolò Niccoli. Uma geração mais novo do que Coluccio, e ainda criança na época do falecimento de Petrarca e Boccaccio, Niccolò cresceu e virou o bibliotecário de Cosimo de Médici — cuja família, depois de fazer fortuna com atividades bancárias e comércio, usou parte da riqueza para apoiar eruditos e artistas. Uma das decisões executivas de Niccolò foi a de desencavar os livros de Boccaccio da guarda negligente de Santo Spirito para torná-los mais acessíveis. Ele também deixou os próprios livros para as coleções dos Médici, sob a condição de que ficassem à disposição de quem quisesse vê-los e até pegá-los emprestados. Os livros da família Médici foram a mola mestra das duas principais bibliotecas de Florença hoje, a Biblioteca Medicea Laurenziana e a Biblioteca Nazionale Centrale.

Assim como Boccaccio, Niccolò era filho de um mercador e tinha passado pelo mesmo processo de rejeitar esse ramo para seguir a carreira literária e acadêmica. Ele se deleitava com prazeres e preciosidades, e vivia rodeado de esculturas, mosaicos e cerâmicas, bem como manuscritos. Não se casou e, a não ser pelos criados, vivia sozinho, mas quando tinha companhia era brilhante, segundo as memórias do vendedor de livros Vespasiano da Bisticci, fonte valiosa a respeito de muitos humanistas da época.[20] "Sempre que participava de uma discussão de homens eruditos, o que fazia com frequência para relaxar, suas histórias divertidas e zombarias ácidas (pois naturalmente transbordava pilhérias) faziam seus ouvintes gargalharem sem parar", escreveu Vespasiano. Giannozzo Manetti também escreveu uma biografia, e observou que Niccolò "realçava sua beleza natural com roupas de qualidade, cor de ameixa". Incentivava grupos de jovens estudiosos a ir à sua casa para ler seus livros, deixá-los na mesa e discutir o que tinham aprendido com eles.[21]

Portanto, a tradição de combinar amizade com bibliomania foi continuada. Niccolò manteve uma correspondência frequente com um amigo mais novo, Poggio Bracciolini, cuja personalidade vívida às vezes cruzava a linha e se tornava "fortemente injuriosa" (de novo Vespasiano) e francamente bombástica. Pelo menos uma de suas brigas foi levada às vias de fato.[22] Mas Poggio era mais afável com Niccolò, e as cartas deles são repletas de conversas alegres sobre livros e gracejos. Para a satisfação de Niccolò, Poggio viajava muito à procura de manuscritos e volta e meia os enviava a ele.

A descoberta mais notável se deu quando Poggio estava com a corte papal no Concílio de Constança, que aconteceu de 1414 a 1418 no que hoje é a Alemanha. O objetivo do concílio era tentar sanar uma confusão pavorosa na Igreja, chamada de Grande Cisma, que surgiu depois de conclaves rivais elegerem um papa em Roma e outro em Avignon (a mesma cidade papal substituta usada no século anterior). Um papa recém-eleito excomungou o outro na mesma hora. Cardeais se encontraram em Livorno para enfrentar a situação, mas o que fizeram foi eleger um terceiro papa, que tampouco recebeu a aprovação de outros lugares. O Concílio de Constança foi mais bem-sucedido. Depois de destituir todos os três, sugeriu um quarto, que conseguiu se estabelecer como Martinho v. Do ponto de vista dos novos intelectuais humanistas, foi uma boa escolha: Martinho gostava desses escritores eloquentes e instruídos e deu a muitos deles cargos secretariais e administrativos.

Nessa época, enquanto trabalhavam para o grupo de representantes romanos, Poggio e seus amigos exploravam mosteiros na vasta região dos arredores de Constança. Petrarca invejaria seus achados. Na abadia de Cluny, eles depararam com mais discursos de Cícero. Em St. Gallen, descobriram várias obras, entre elas um bom trecho do tratado sobre arquitetura de Vitrúvio e algo particularmente desejável: o primeiro texto integral da *Instituição oratória* de Quintiliano — a bíblia da técnica retórica, com seu argumento de que, para ser oradora, a pessoa tem que ser virtuosa.²³ Depois, provavelmente em Fulda, Poggio e seu amigo Bartolomeo da Montepulciano acharam *Sobre a natureza das coisas*, de Lucrécio, um poema longo que apresenta a teoria dos átomos e o ceticismo acerca dos deuses de Epicuro e Demócrito.²⁴ Como outros autores já tinham citado passagens do texto, sabia-se de sua existência, mas supunha-se que a obra completa havia se perdido. Poggio a mandou para Niccolò, que ficou tão extasiado que traiu sua abertura habitual. Ele a guardou por dez anos e só então deixou que alguém, inclusive Poggio, passasse um tempo com o texto.

Em geral, eram mais generosos uns com os outros. Em 1423, quando estava trabalhando como secretário papal em Roma, Poggio convidou Niccolò a se hospedar em seu aconchegante apartamento. "Vamos conversar; noite e dia vamos morar juntos; vamos desencavar todos os vestígios dos tempos antigos."²⁵ A casa devia ser divertida, com as celebrações em que Niccolò usava roupas roxas e o senso de humor irreverente de Poggio. Foi nessa época, em Roma, que Poggio escreveu um livro de gracejos e anedotas, *Facetiae*: uma distração extremamente humanista repleta de duplos sentidos, como na história do mensageiro que pergunta a uma mulher se ela não quer mandar um recado ao marido, que está longe de casa. "Como é que vou escrever", ela responde, "se meu marido levou a pena e deixou meu tinteiro vazio?" O livro circulou bastante e recebeu muitas edições um bom tempo depois da morte de Poggio — foi o primeiro livro de piadas publicado.²⁶

Copiando e escrevendo, Coluccio, Niccolò, Poggio e outros criaram um estilo de caligrafia que refletia seu novo espírito.²⁷ Conhecida como "mão humanista", era baseada na escrita que acreditavam ser da Antiguidade, mas na verdade era apenas a minúscula inventada pelos escribas de Carlos Magno.

Mais simples e legível do que a letra medieval, era perfeita para os leitores, que podiam estabelecer o próprio ritmo e terminar vários livros, em vez de ter que recitar os textos em voz alta, devagar, do púlpito. Os humanistas rejeitaram o estilo mais elaborado,[28] considerando-o "gótico", uma ofensa que insinuava que fosse "bárbaro" — como nas hordas de góticos e vândalos que levaram Roma à sua queda inicial. O estilo antagonista deles demonstrava como se viam: revivendo uma velha simplicidade, varrendo entulhos, levando o conhecimento à luz.

Por falar em entulho, era difícil que não percebessem as riquezas antigas que os rodeava em Roma, ainda que num estado de desmazelo repugnante. Na época, o Coliseu era um amontoado de ruínas. Muitos prédios antigos tinham sofrido incursões por causa de seus materiais. Os arcos da cidade estavam quebrados e meio enterrados em plantações que serviam de pasto para ovelhas. Tudo isso despertava a curiosidade dos humanistas. Petrarca, em várias visitas,[29] fez o possível para conjugar o que via com os relatos que lera nas histórias, mitologias e poesias clássicas. Ele e seu amigo e mecenas Giovanni Colonna, durante uma estadia dos dois, criaram a brincadeira de imaginar cenários. Olhavam em volta e diziam: "Aqui o Circo Máximo e o rapto das sabinas, ali o pântano de Capri e o lugar onde Rômulo desapareceu". Todo dia, ao anoitecer, subiam até o telhado das termas de Diocleciano para apreciar a vista e comparar conhecimentos: Petrarca era mais exímio em história antiga, Colonna, no começo da era cristã. Porém cometiam erros, em certa medida

A mão humanista de Poggio.

porque eram (des)orientados por uma obra bem conhecida datada do século XII ou do início do século XIII: *As maravilhas de Roma*, de Magister Gregorius.

Poggio e seu amigo Antonio Loschi fizeram mais pesquisas e puderam se gabar de terem corrigido Petrarca. O que Petrarca acreditava ser a tumba de Remo, por exemplo, Antonio percebeu se tratar do túmulo de Céstio. (Matthew Kneale comenta: "Não foi uma descoberta muito trabalhosa, dado que o nome Céstio estava escrito na lateral em letras garrafais".)[30]

Poggio escreveu sua própria descrição das ruínas de Roma,[31] mapeando possíveis locais de prédios e ruas antigos no cenário que restava; incorporou tudo de forma bastante conveniente à sua obra de 1448 sobre os caprichos da sorte. Aplicou habilidades arqueológicas similares à vasta zona rural que rodeava a cidade, se debruçando sobre tumbas e escalando arcos para transcrever suas inscrições.

Outras pessoas também estudaram as ruínas romanas, mas o fizeram para aprender técnicas de construção e até planejar melhorias. Dois jovens que viviam de um modo quase selvagem enquanto exploravam a região no começo dos anos 1400 eram tidos pelos locais como caçadores de tesouros indigentes.[32] Na verdade, seus nomes eram Filippo Brunelleschi e Donato di Niccolò di Betto Bardi, que mais tarde ficaria conhecido como Donatello, e eles estavam fazendo pesquisas. Suas próprias inovações, alguns anos depois, transformariam a arquitetura de Florença. Alguns viajantes levaram suas investigações além: Ciríaco de Ancona percorreu a Grécia e a Turquia documentando inscrições.[33] Historiadores como Flavio Biondo (também chamado de Biondo Flavio, e em todo caso as duas palavras têm o mesmo significado — "louro")[34] preferiam conjugar essas investigações presenciais a fontes documentais para criar estudos extensos com títulos como *Décadas de história*, *Roma restaurada*, *Itália iluminada* e *Roma triunfal*. Viajantes medievais também tinham interesse pelas relíquias do passado, mas os mais modernos as encaravam a partir de uma perspectiva verdadeiramente histórica: *como* cada uma dessas ruínas chegou aqui? Quem ergueu as estruturas e quem as destruiu?

Quem também se interessava pelas origens romanas era o arquiteto Leon Battista Alberti, que compilou o livro *Descrição da cidade de Roma* na década de 1440, depois de muitas pesquisas.[35] Na mesma década, participou de um projeto impressionante nos arredores de Roma: a tentativa, com Flavio Biondo e outros, de erguer dois imensos navios antigos do fundo do lago Nemi.

Fazia muito tempo que as pessoas estavam encafifadas com esses navios. Eram vistos nos dias claros, como imagens ondulantes abaixo da superfície. Pescadores locais às vezes encontravam pregos e pedaços de madeira presos às suas redes. Alberti bolou um método que, segundo esperava, possibilitaria o içamento dos navios inteiros e sua inspeção.[36] Equipes de mergulhadores, trazidas do porto de Gênova — "mais peixes do que homens", conforme escreveu Biondo —, nadaram até um dos navios e amarraram nele cordas cujas pontas estavam presas a guinchos na superfície, suspensos por barris que boiavam. As primeiras etapas correram bem. Mas quando os guinchos viraram e o navio começou a subir, as cordas romperam as tábuas apodrecidas e ele voltou a afundar. Algumas partes realmente emergiram, e Biondo e Alberti puderam inspecioná-las. Palpitaram sobre a idade delas, mas não acertaram. Na verdade, os navios eram barcaças de luxo da época do reinado do imperador Calígula. O maior tinha setenta metros, um tamanho absurdo para uso em um lago modesto. Contavam com encanamento, mosaicos e luxos de todos os tipos, sinais dos feitos práticos romanos no auge de sua resplandecência.

Outras tentativas parciais seriam feitas ao longo dos anos. Um mosaico foi removido[37] de um dos deques em 1895 e, depois de várias aventuras, acabou sendo transformado na mesa de centro da sede de um antiquário de Nova York que não sabia de sua origem. Depois a peça foi devolvida ao museu de Nemi, cujo diretor observou: "Se olhar para ele de certo ângulo, ainda se vê a marca de um copo".

O içamento dos navios na íntegra[38] finalmente aconteceu na era de Mussolini — época em que a grandeza de Roma estava muito em voga. Por incrível que pareça, isso foi feito através da drenagem de boa parte do lago, façanha que levou quase cinco anos, de 1928 a 1932, e literalmente sofreu um soluço quando o peso decrescente da água desencadeou uma erupção de lama do fundo do lago. No entanto, a empreitada deu certo e os navios recuperados foram postos em exibição no museu. Infelizmente, ficaram só alguns anos em terra firme. Durante o bombardeio feito pelos Estados Unidos, na noite de 31 de maio de 1944, o museu inteiro pegou fogo, inclusive os navios. Alguns artefatos sobreviveram, entre eles o mosaico que depois faria sua misteriosa jornada rumo a Nova York. Hoje em dia, o museu está firme e forte.[39]

No século XV, a ideia de erguer das profundezas os escombros de navios naufragados que mal eram visíveis era uma metáfora perfeita para todo o projeto

humanista de salvar informações naufragadas ou afundadas. Flavio Biondo a usou em sua *Itália iluminada* para definir sua ideia da missão do historiador.[40] Não reclame, ele escreveu, se não reconstruo os acontecimentos na íntegra, como se resgatasse um navio inteiro. Por favor, me agradeça pelas reconstruções fragmentárias que *podem* ser feitas — "pois trouxe à costa tábuas de um navio imenso, tábuas que boiavam na superfície da água ou estavam quase invisíveis".

Humanistas caçadores de livros e ruínas adoravam essas metáforas. Quando não estavam falando em escombros, incêndios ou escuridão, escreviam que suas obras eram a libertação dos prisioneiros das masmorras. Poggio disse que o manuscrito de Quintiliano[41] que encontrou em St. Gallen estava em uma cela imunda, escura, aos pés de uma torre, como um criminoso de barba suja e cabelo enlameado. "Ele parecia esticar as mãos e suplicar a lealdade do povo romano, exigir que fosse salvo de uma condenação injusta." (A imagem é meio que estragada[42] pelo fato de que Poggio precisou deixar o manuscrito lá. Mas, como fez sua cópia, libertou Quintiliano no sentido mais relevante.) Um amigo de Poggio, Cíncio, ou Cincius, de Roma, bolou algumas falas imaginárias bem eloquentes a serem ditas pelos livros que encontravam: "Vocês, homens que amam a língua latina, não me deixem ser totalmente destruído por essa negligência lastimável. Roubem-me desta prisão em cujo breu nem a luz radiante dos livros é vista".[43]

O jogo de luz e escuridão continuou. O livreiro e biógrafo Vespasiano[44] contrastou a "grande treva" em que pessoas ignorantes vivem ao esclarecimento ou iluminação que os escritores trazem ao mundo. Ecoando os comentários que Petrarca fez a Boccaccio, acrescentou que às vezes a ignorância é considerada sagrada, mas é superestimada como virtude. Talvez chegue a ser uma fonte de mal mundano, ele sugeriu.

À medida que escritores e colecionadores seguiam em frente com a recuperação humanista dos antigos, tirando-os das profundezes e libertando-os das masmorras, os antigos recompensavam seus esforços lançando uma luz moral regenerativa sobre o mundo moderno. Francesco Barbaro, erudito veneziano, escreveu a Poggio[45] depois que este descobriu Quintiliano e outras obras, dizendo que era incrível ouvir falar "de tamanho empenho pelo bem da humanidade, com muitos benefícios que vão durar para sempre" — já que "cultura e formação mental, adaptadas a uma vida boa e abençoada e a um discurso justo", podem trazer enormes vantagens não só a indivíduos mas a cidades, nações e ao mundo inteiro.

Era um trabalho emocionante: salvar a humanidade moderna enquanto se entregavam à própria cobiça da aquisição, se regozijando alegremente ao empilhar livros e outros artefatos. "Tenho uma sala repleta de bustos de mármore",[46] escreveu Poggio, que sonhava achar um espaço maior no interior para poder enchê-lo de ainda mais tesouros. Alguns colecionadores tinham recursos: o cardeal Prospero Colonna, grande financiador do projeto dos navios de Nemi, criou um jardim para esculturas no monte Quirinal. O bônus é que, enquanto o local era escavado, mais antiguidades emergiam da terra. Não é nenhum espanto que Poggio tenha escolhido dedicar ao cardeal sua obra *Sobre a avareza*, que defendia uma ideia antiga: a grande riqueza não era pecaminosa, e sim virtuosa, pois permitia a criação de coisas que melhoravam a qualidade de vida.[47]

O acúmulo de achados continuou, sendo o mais notável deles o dos Médici, em Florença. Ao norte, longe dali, outra coleção era criada por Isabella d'Este, a *marchesa* de Mântua.[48] Ela fez de uma torre do palácio seu escritório particular e galeria, e o encheu de objetos antigos, bem como pinturas recém-

-encomendadas a artistas contemporâneos. Era um raro caso de grande mecenas e colecionadora do sexo feminino.

Mulheres: se ao menos fossem mais numerosas nessa fase da história! Em 1984, a historiadora Joan Kelly-Gadol escreveu um artigo famoso que questionava "Did Women Have a Renaissance?" [As mulheres tiveram um Renascimento?].[49] Não é difícil imaginar a que conclusão chegou. Ela argumenta que a Europa medieval oferecia mais escopo para conquistas, pelo menos para algumas mulheres. Podiam administrar grandes propriedades, principalmente quando seus maridos saíam em cruzadas. Ou vicejavam em comunidades monásticas, como no caso da poeta, dramaturga e historiadora do século X Rosvita de Gandersheim, cujas peças foram encontradas e publicadas com muito entusiasmo na era humanista; ou Hildegarda de Bingen, compositora, filósofa, médica, mística e inventora de uma língua artificial.[50]

O universo dos humanistas do século XV, por outro lado, era mais urbano e menos monástico. Os homens humanistas trabalhavam como preceptores ou secretários em casas de membros do clero ou lares principescos, ou então como oficiais ou diplomatas na esfera pública. Em todas essas funções, o *studia humanitatis* era importante — e geralmente consistia em cinco temas: gramática, retórica, poesia, história e filosofia moral. Aprender a falar e escrever bem, além de entender exemplos históricos e filosofia moral, era a base perfeita para uma vida dedicada à oratória, à escrita, à política e às opiniões sensatas. Mas esse era o problema. Poucos pais sonhariam em dar às filhas uma vida dessas. Mulheres bem-nascidas deviam ficar em casa, numa reclusão recatada, longe da esfera pública. Jamais fariam discursos ou escreveriam cartas elegantes; não havia necessidade de que soubessem latim, e não tinham motivos para estudar a arte de fazer escolhas sábias porque provavelmente não teriam muitas escolhas a fazer na vida. Na falta dessa formação, eram excluídas de quase tudo que era considerado *humanitas*. O que podiam esperar eram as virtudes da castidade e do recato, e para isso não precisavam de muita educação. Algumas das cidades humanistas mais vibrantes, em especial Florença, também eram as que mais pressionavam as mulheres a serem invisíveis.

E, no entanto, algumas mulheres humanistas deixaram suas marcas. Um exemplo excepcional é o da primeira escritora profissional de que temos conhecimento, Cristina de Pisano.[51] Nascida em Veneza em 1364, ela passou boa parte da vida na França, ao que consta recebendo do pai médico um conhecimento razoável de italiano e francês, e talvez também de latim. Casou-se aos quinze anos e teve três filhos. O rumo de sua vida mudou quando o marido e o pai faleceram, deixando em suas mãos a responsabilidade de sustentar, além de si mesma, os filhos e a mãe. Ela se voltou para a escrita, produzindo obras para o rei e para outras pessoas em troca de apoio financeiro. Sua versatilidade era impressionante: além de textos sobre ética, educação, política e guerra — todos assuntos considerados masculinos —, escreveu poemas de amor e alguns versos narrando episódios de sua vida, ilustrando um dos temas prediletos de Petrarca: *A mutabilidade da fortuna*. Em 1405, escreveu *O livro da Cidade das Damas*,[52] coletânea de contos que se valia de uma obra de Boccaccio sobre mulheres na mitologia e na história, mas com o acréscimo de uma defesa das habilidades gerais e da excelência moral das mulheres. Boa parte dessa defesa é feita pela voz da Razão, que, assim como na metade mais positiva de *Remédios para fortunas prósperas e adversas*, oferece ideias animadas para contrabalançar a tristeza. Quando a narradora fica deprimida ao ler as muitas coisas misóginas que os homens escreveram sobre as mulheres, a Razão a alegra. Sugere que se faça a seguinte pergunta: esses homens nunca se enganaram sobre nada? Está claro que sim, já que é tão frequente que se contradigam, que uns corrijam os outros, e é impossível que estejam todos certos. "Permita-me lhe dizer", ela diz, "que todos que maldizem as mulheres fazem mais mal a eles mesmos do que às mulheres por eles difamadas." Ela recomenda à narradora que construa uma "Cidade das Damas" na mente e a encha dos exemplos que vai descobrir de mulheres eruditas, corajosas e inspiradoras. É outro tipo de operação de resgate: mobilizar figuras esquecidas para animar os vivos.

Outras mulheres obtiveram sucesso no final do século: mulheres como Laura Cereta,[53] que escrevia poesia e fez uma coletânea de suas cartas, que ela — assim como Petrarca — difundiu como obra literária. Tinha entre seus correspondentes muitos homens humanistas ilustres: ela enchia as cartas de detalhes de sua vida e de reflexões sobre o porquê de as mulheres precisarem de mais acesso à educação e mais independência no casamento. Outra missivista,[54] Cassandra Fedele, reuniu suas epístolas, junto com uma oração em latim, e mandou a obra a Angelo Ambrogini, conhecido como Poliziano, ilustre preceptor da família Médici. Ele respondeu com uma carta de elogios

Cidade das Damas.

elegantes e paternalistas: que maravilha, ele dizia, encontrar uma mulher que empunhava um bico de pena em vez da agulha, e que colocava tinta no papel em vez de maquiagem no rosto. Ainda era melhor do que ser ignorada, o que lhe aconteceu durante bastante tempo após esse episódio. Uma de suas cartas zombava do grande panegírico de Cícero aos prazeres e benefícios dos "estudos humanos" em seu discurso a favor de Árquias.[55] Ela escreveu: "Embora o estudo das letras não prometa nem ofereça recompensa ou dignidade às mulheres, todas as mulheres deveriam buscar e se dedicar a esses estudos só pelo prazer e deleite que proporcionam". Depois de muitos anos de pobreza na esteira da morte do marido, ela enfim conseguiu o emprego de prioresa em um orfanato de Veneza, aos 82 anos; quando tinha noventa, teve a honra de ser convidada a escrever e proferir um elegante discurso de boas-vindas em latim quando a rainha da Polônia visitou a cidade.

Isso foi em 1556, e a essa altura a ideia de mulheres eruditas talvez parecesse *um pouquinho* menos bizarra que antes, e as mulheres tinham uma chance *um pouquinho* melhor de serem educadas. A poeta Vittoria Colonna[56] usufruiu do acesso à excelente biblioteca de outra mulher, Costanza d'Avalos, a tia do garoto a que Vittoria tinha sido prometida em casamento aos três anos. Na distante Inglaterra, o humanista Thomas More optou por educar as filhas. Henrique VIII também: Mary foi aluna do humanista espanhol Juan Luis Vives, e Elizabeth de Roger Ascham, que tinha arroubos de perplexidade servil diante do intelecto precoce e das habilidades linguísticas da aluna. Mas essas eram as poucas privilegiadas, educadas porque de fato havia a perspectiva de que exercessem uma função política e tivessem responsabilidades morais, e, portanto, fazia sentido que aprendessem a desempenhá-las bem.

É claro que não é porque os garotos tinham uma educação moral mais refinada e mais completa que sempre se revelavam modelos de virtude e sensatez. A formação humanista[57] da época chegou a ser descrita como, acima de tudo, uma técnica para criar figuras públicas arrogantes e desenvoltas sem nenhuma curiosidade intelectual genuína nem pensamentos sérios na cabeça. Existe certa verdade nisso, e percebo que na Grã-Bretanha do início do século XXI a capacidade de disparar citações em latim em meio a atitudes grosseiras ainda levava a pessoa longe.

Porém, o ideal era sem dúvida admirável, diretamente assimilado de modelos reverenciados como Cícero e Quintiliano: para governar bem, a pessoa devia ser capaz de falar bem, raciocinar bem, praticar a moderação e o equilíbrio, e ser imbuída de "humanidade" em todos os sentidos — inclusive com certo conhecimento de como histórias de seres humanos reais haviam se desenrolado no passado.

Bons professores deviam ser capazes de transmitir tudo isso a seus alunos, e não apenas em tese. Deviam ser refinados, cultos, excelentes seres humanos, a fim de dar um bom exemplo. Preceptores humanistas gostavam de se diferenciar de professores universitários medievais à moda antiga, vistos como excêntricos, pedantes e aficionados por silogismos e paradoxos sem sentido como: "Presunto nos faz beber; beber sacia a sede; portanto, presunto sacia a sede".[58] O professor da princesa Mary, Juan Luis Vives, zombava de pedantes como esses, que se achavam muito sagazes e filosóficos mas ficavam sem jeito, gaguejando, quando tirados de seus mundinhos. Não sabiam nada sobre as habilidades mais preciosas da vida:

> Filosofia moral, que nos ensina a respeito da mente e da vida humana, e abrilhanta mentes e modos; história, mãe de todo aprendizado e experiência; oratória, que ao mesmo tempo ensina e norteia a vida e o senso comum; ou a ciência da política e da economia, por meio da qual assuntos públicos e domésticos são regrados.

Esses três pilares humanistas — filosofia moral, compreensão histórica e boa comunicação — eram muito bem praticados nesse mundo, ainda que fosse o mundo rarefeito do séquito real. Vives agradecia a Deus por livrá-lo do pedantismo, e assim lhe permitir descobrir "as verdadeiras disciplinas dignas do homem, e por essa razão geralmente chamadas de humanidades".[59]

Junto com essas disciplinas vinham ambientes agradáveis onde estudá-las. Em Mântua, a família Gonzaga tinha uma escola instalada num belo prado, dirigida por Vittorino da Feltre e conhecida como La Giocosa ou La Gioiosa: a Escola Lúdica, ou Alegre. Em Ferrara, Guarino da Verona e seu filho Battista Guarini instruíam a família Este e seus amigos num cenário igualmente bonito. Para um dos pupilos, Leonello d'Este, Guarino escreveu um louvor ao prazer de ler livros ao ar livre, talvez em um barco no rio.[60] Falava em deslizar, o livro aberto sobre os joelhos, ao largo de vinhedos e lavouras cheias de agricultores cantando. Mas ler em uma biblioteca fechada era quase tão agradável. Um diálogo escrito por outro autor conta com uma cena de Guarino dando conselhos a Leonello sobre a decoração da biblioteca: além de livros, poderia usar também rosas, ramos de alecrim, um relógio de sol, uma lira e imagens de deuses e eruditos. Era melhor não incluir gatinhos ou passarinhos engaiolados, no entanto: suas palhaçadas causavam muita distração.

Imaginar essa biblioteca ideal nos traz à mente outro cenário: o magnífico palácio de Urbino, que ficava um pouco mais adiante na península Itálica. O duque que lá morava, Federico da Montefeltro,[61] começara como um dos pupilos de Vittorino em Mântua. Depois fizera fortuna como *condottiere*, ou soldado mercenário, e de 1454 em diante investiu o dinheiro ganho na construção do palácio dos sonhos, no alto de uma colina, com arquitetura perfeitamente proporcional e decoração que era uma louvação às humanas e à humanidade. Em seu escritório particular havia belas imagens, em madeira colorida, de escritores admirados (Homero, Cícero, Sêneca, Tácito) e de instrumentos musicais, templos clássicos, papagaios e seu esquilo de estimação — nada que causasse muita distração, pois figuras de madeira não saltitavam de um lado para o outro. Sua biblioteca inteira enchia dois corredores, enfeitados com afrescos das Artes e Ciências e uma inscrição em latim que dizia, de sua coleção de livros: "Nesta casa temos opulência, cálices de ouro, abundância de dinheiro, muitos criados, gemas reluzentes, joias esplêndidas, cordões e cintos valiosos. Mas aqui está um tesouro cujo brilho ultrapassa o de todas essas glórias". O fornecedor da maioria desses volumes era Vespasiano da Bisticci, que segundo boatos mantinha sempre 34 copistas ocupados fazendo manuscritos para o duque de Urbino. Em todos os livros, é claro, usavam a caligrafia clara dos humanistas.

A corte de Urbino era conhecida pela vida social, e ali as mulheres *faziam* parte do ambiente, tanto na época do duque original (a duquesa e suas amigas adoravam uma festa) quanto depois. A atmosfera de uma geração um pouco posterior foi capturada pelo conde Baldassare Castiglione, soldado e diplomata que também era dos arredores de Mântua e passou bastante tempo na corte de Urbino, durante as primeiras décadas do século XVI, estudando na biblioteca e se divertindo à beça no circuito badalado. Seu diálogo *O livro do cortesão* evoca essa vida, com suas conversas inteligentes, observações espirituosas e debates sobre amor, eloquência e virtude política, sempre com uma paisagem espetacular como pano de fundo.[62] Pense na atmosfera do *Decamerão* de Boccaccio, com suas reuniões e jogos; porém, em vez de contar histórias libidinosas, os personagens se faziam perguntas como: "Se eu tivesse que ser claramente louco, que tipo de doidice acho que gostaria de exibir?".

Uma dessas provocações era enumerar as qualidades de um cortesão ideal. O grupo discute em quais esportes ele precisaria se destacar. Tênis é bom;

andar na corda bamba é opcional. Acima de tudo, concordam que devia ser corajoso, bem-educado e eloquente, e devia se portar com *sprezzatura*.[63] Isto é, ter uma frieza relaxada, desdenhosa; fazer coisas difíceis como se lhe fossem naturais, não fazer um esforço visível. A palavra, para mim, evoca alguém que joga um manto sobre os ombros, que cai perfeitamente, sem necessidade de que seja preso com alfinete ou rearrumado.

Sprezzatura também era o ideal na atividade literária. Castiglione alega ter escrito seu livro assim,[64] jogando tudo dentro dele como se fosse uma salada e sem nenhuma intenção de produzir uma edição decente, já que para isso teria que se esforçar. Ele nos conta que sigilosamente sua amiga Vittoria Colonna, a poeta, fez o livro circular entre os amigos, até que se tornou tão lido que ele se deu conta de que valeria mais a pena publicá-lo. A verdade é outra: ele se empenhava no trabalho, assim como a maioria dos escritores, e revisou *O livro do cortesão* inúmeras vezes antes de seu lançamento, com grande aclamação, em 1528.

Esse trabalho preliminar sorrateiro fez parte das conquistas de muitos desses eruditos, autores e preceptores. Embora gostassem de dar a impressão de ter nascido nesse meio, muitos tinham origens bem mais modestas do que seus alunos aristocratas. Como Petrarca e Boccaccio, alguns tinham passado pelo ritual doloroso de rejeitar as expectativas dos pais e optar pelo caminho humanista. Encontrar e manter seus nichos de carreira ou mecenato exigia mais labuta e engenhosidade do que eles revelavam, inclusive na manutenção do ar indiferente.

Também não era sempre que se saíam bem na hora de eliminar todos os resquícios da tendência dos professores à loucura. Um erudito e preceptor admirado da corte de Forlì, Antonio Urceo, conhecido pelo apelido de Codro, ganhou aposentos no palácio para viver e trabalhar lá.[65] Um dia, ele saiu deixando uma vela acesa na escrivaninha. Uma pilha de papéis pegou fogo; as chamas se alastraram, e quando ele voltou, encontrou quase tudo destruído, até a obra que estava escrevendo.

Esquecendo-se de todo seu refinamento humanista e *sprezzatura*, Codro saiu correndo da cidade para o interior berrando maldições contra Deus e a Virgem Maria, pedindo ao diabo que levasse sua alma. Seus brados esmoreceram quando desapareceu no mato. Já calmo o bastante para voltar, era noite e os portões da cidade estavam fechados. Ele teve que dormir ao ar livre e de manhã um carpinteiro bondoso o abrigou em sua casa. Codro ficou lá por seis meses, sem retornar ao palácio e sem encostar em livro nenhum — até que por fim seu equilíbrio foi restaurado e ele conseguiu voltar ao trabalho.

Em certa medida, o livro de Castiglione se tornou um grande sucesso porque não tinha circulado em forma de manuscrito entre um número limitado de leitores, como acontecia com escritores anteriores. Seus livros foram impressos.

A prensa, com ou sem tipos móveis, tinha sido criada muito antes, na China e na Coreia:[66] era útil para a prática budista de reproduzir preces em grandes quantidades em troca de mérito. Quando a tecnologia chegasse à Europa, seria logo posta a serviço de uma tarefa similar, a de produzir indulgências papais — isto é, folhas que remitiam a pena a ser cumprida na vida após a morte. Cerca de 10 mil indulgências[67] foram impressas por Johannes Gutenberg, que seria lembrado principalmente por produzir o primeiro livro impresso relevante na Europa: sua notável Bíblia de 1455.

Assim como a maioria das invenções que melhoram a vida humana, a prensa enfrentou ceticismo e resistência. O duque de Urbino não queria nem saber de livros impressos. Um abade beneditino alemão, Johannes Trithemius,[68] escreveu *Em louvor dos escribas*, em que argumentava que os manuscritos eram melhores do que livros impressos e que os monges não deviam abrir mão de escrever, pois era um exercício espiritual muito proveitoso. Em seguida, a fim de atingir um público bem amplo, ele mandou imprimir o livro.

O abade também dizia que o pergaminho era um material mais duradouro do que o papel, e isso é verdade — embora o papel feito de calcinhas tenha sobrevivido lindamente se comparado com as brochuras feitas de papel de polpa de madeira dos anos 1970. Ainda assim, para que obras literárias sobrevivam, a impressão sem sombra de dúvida vence a cópia de manuscritos, pois possibilita que muitas cópias sejam feitas e distribuídas. É só pensar em Boccaccio e Petrarca trocando páginas valiosas da tradução de Homero, ou em Poggio sem conseguir tirar Lucrécio das mãos de Niccolò por dez anos. É verdade que muitos livros impressos também se perderam, mas, em linhas gerais, os livros levam vantagem sobre os manuscritos. O começo da impressão é um grande exemplo da engenhosidade técnica atuando em harmonia com o conhecimento cultural para gerar algo de valor duradouro. Conforme escreveu

Edward Gibbon, desse grupo de trabalhadores mecânicos alemães veio "uma arte que escarnece da destruição do tempo e do barbarismo".[69]

A obra de Trithemius enaltecia as belezas dos manuscritos, mas a impressão também desenvolveu sua própria beleza, sobretudo quando foi projetada para ser simples, limpa e legível. As prensas alemãs usavam uma fonte "escolástica" grossa, que seguiu sendo a preferida em outros lugares para a impressão de obras sagradas. Por vir do norte, era conhecida como fonte "gótica". Mas a demanda por fontes mais suaves também aumentou, para combinar com as características luminosas da literatura clássica redescoberta. O primeiro livro (sobrevivente) impresso na Itália, uma edição de 1465 de *De oratore*, de Cícero, usa essa fonte, embora seus tipógrafos tenham sido os alemães Arnold Pannartz e Conrad Sweynheym. Eles se basearam na "letra humanista", por sua vez baseada na minúscula carolíngia — que ainda se acreditava ser da Roma antiga. O melhor emprego desses traços, no entanto, só veio com o italiano que acabaria publicando o *Cortesão* de Castiglione, Aldus Manutius de Veneza, e seu brilhante gravador de tipos, Francesco Griffo.[70]

Em Ferrara, Aldus Manutius recebeu de Battista Guarini uma educação humanista, e a princípio cogitava a carreira acadêmica. Mas então se viu em Veneza com quarenta anos e descobriu a prensa. A cidade havia se tornado o grande centro italiano dessa tecnologia: na época de Aldus, tinha cerca de 150 prensas em funcionamento e era repleta de bancas de livros. Aldus trabalhou para outros tipógrafos para aprender o ofício, depois abriu o próprio negócio. Quando um dos surtos de peste desse período irrompeu, em 1498, ele adoeceu e fez uma promessa a Deus: se fosse poupado da morte, desistiria da tipografia e entraria para a Igreja. Ele foi poupado, mas repensou a promessa e pediu ao papa uma dispensa especial para descumpri-la com base no fato de depender financeiramente do negócio — como se sacerdotes não ganhassem um bom sustento. Para a sorte da história da imprensa, o papa, Alexandre VI, que não era nenhum estranho a interpretações criativas de regras, lhe fez esse favor.

Aldus se tornou um virtuose dos estilos de impressão. Por um lado, era capaz de extravagâncias para atender a autores que publicavam por vaidade.[71] O exemplo mais extraordinário, em 1499, é *Hypnerotomachia Poliphili* — ou, traduzido em sua versão completa, *Batalha de amor em sonho de Polifilo*. O autor, um monge de sessenta e tantos anos, em tese era anônimo, mas deixou uma enorme pista por meio de um acróstico formado pela primeira letra de todos os capítulos: a frase produzida indicava seu nome, Francesco Colonna. O livro conta, em um híbrido de italiano com latim, a história do herói Polifilo, que perambula por ruínas antigas e prados à procura da amada perdida, Polia. Assim como Aldus, ela tinha prometido, durante uma epidemia de peste, se recolher do mundo caso sobrevivesse — no caso dela, para se tornar uma donzela casta do templo da deusa Diana. Ao contrário de Aldus, ela cumpre a promessa. Mas a parte da castidade se mostra difícil no dia em que Polifilo entra no templo e sofre um belo desmaio no altar: ela o desperta com um beijo. A suma sacerdotisa os flagra e os leva para fora do templo. Polifilo fica feliz, mas, quando tenta abraçar Polia, ela some de seu alcance. E assim termina — pois *foi* tudo um sonho.

Nas palavras do historiador E. P. Goldschmidt, o livro exprime "o embevecimento delirante de um pedante".[72] Ele também comentou: "Assim como outros ótimos livros, esse foi escrito por um lunático". Mas são embevecimentos e loucuras *humanistas*, cheios de alegria na linguagem e na beleza visual. Graças a Aldus, a história foi impressa em uma fonte clara cercada de muito espaço, lúcida, se não no conteúdo, na tipografia. A história é acompanhada de xilogravuras, talvez do artista Benedetto Bordone, que retratam ruínas, procissões e tumbas, com letras repletas de detalhes para agradar aos leitores que colecionavam inscrições.[73]

Outras produções de Aldina eram mais delicadas e restritas em termos de conteúdo. Ele lançou tanto obras modernas quanto clássicos em formato portátil, perfeitas para ler num barco que segue o rumo da correnteza. Livros pequenos não eram novidade:[74] no século I EC, o poeta latino Marcial já recomendava aos leitores desejosos de levar seu livro em viagens que comprassem os "que vinham em pergaminhos que se comprimem em páginas pequenas". Mas agora esses livros ganhavam vida própria como companheiros acessíveis para humanistas itinerantes. Para fazer par com os tipos claros de Aldus, Griffo também criou uma fonte nova, de fácil leitura, o "itálico". Ele fez uma aparição em 1500, em algumas palavras de um frontispício, e passou a ser mais usado em uma edição da poesia de Virgílio datada de abril de 1501.

Virgílio era uma boa escolha, pois era adorado e imitado pelos humanistas. Um dos novos autores que andavam copiando sua sensibilidade pastoril era Pietro Bembo, amigo de Castiglione que também havia passado um tempo na corte de Urbino e, antes disso, na corte de Este, em Ferrara. Ele deu a Aldus seu primeiro livro, *De Aetna* — um exemplo encantador de escrita e impressão humanista em sua melhor forma.[75]

O livro não foi impresso em itálico: foi lançado em fevereiro de 1496, e essa invenção viria dali a alguns anos. Mas as letras são claras e cristalinas e incluem uma excelente inovação: o simpático ponto e vírgula redondo, usado pela primeira vez para indicar quebra ou pausa.[76] Via de regra, as páginas são limpas, uma expressão do ideal de luz e libertação dos humanistas. O visual combina com a elegância divertida da narrativa. Encontramos o autor passeando à margem do rio com o pai, Bernardo, na bela vila que têm nos arredores de Pádua, e lhe contando de sua viagem recente à Sicília. Como parte da viagem, ele e um amigo escalaram o vulcão Etna, parando pelo caminho para contemplar ruínas, moedas gregas e vários tipos de árvores. Pietro reflete sobre as coisas que leu a respeito do Etna nos autores antigos, entre eles o geógrafo Estrabão, que dizia que só se veria neve no alto do vulcão no inverno. Foi surpreendente, diz Pietro, descobrir que não era verdade: mesmo no verão, e

em meio a nuvens de gás sulfuroso e uma ou outra pedra que voava, a neve continuava congelada. Talvez os escritores antigos errassem de vez em quando? E como funcionavam os vulcões, em todo caso? Respiravam como pulmões humanos, inalando vapores e expelindo-os?

Exibindo a mente questionadora de seu autor, junto com o mergulho que deu nas fontes clássicas e na técnica literária, *De Aetna* também é uma mistura pacata de formato impresso e conteúdo. Demonstra algo que foi ressaltado pelo historiador literário do século XX Ernst Robert Curtius: que o temperamento genuinamente humanista "causa deleite tanto no mundo como no livro".[77]

No decorrer dos séculos subsequentes, a impressão serviria tanto ao mundo quanto ao livro: tanto à ciência como às humanidades. Atrairia mestres da eloquência como Pietro Bembo, mas também almas mais pragmáticas que desejavam divulgar suas descobertas o mais depressa e para o mais longe possível. A gráfica de Aldus já acolhia todos esses desejos. Atraía a nata da comunidade erudita da época, se dedicando à sequência inteira de escrita, edição, tradução e elaboração de tipografia e diagramação. Viviam quase como uma comuna, não raro apinhando a casa de Aldus como convidados ou mão de obra, ou ambos. Um dos muitos participantes foi o escritor e erudito nortista Erasmo de Rotterdam, que em 1507 passou oito meses morando com Aldus e se ocupou dos próprios projetos durante a estadia.[78] Em seus *Adágios*, diz que se sentava num canto, escrevia e distribuía as folhas para os tipógrafos à medida que as acabava — atarefado demais para coçar as orelhas, segundo declara.

Aldus pedia aos amigos[79] que examinassem suas coleções de manuscritos, ou as de seus mecenas abastados, para achar mais textos para publicar, ou versões melhores para usar ao editá-los. Começou imprimindo obras clássicas em grego, língua que agora contava com montes de especialistas na Itália. Muitos eruditos gregos tinham se mudado para cidades italianas para lecionar, e houve até um influxo que se seguiu a um fato que chocou cristãos de todos os lugares: a conquista turca de Constantinopla em 1453. Refugiados escaparam, mas em geral tiveram tempo de pegar suas coleções de livros, cheias de obras gregas de filosofia, matemática, engenharia e outros temas. Tudo isso aumentou a abrangência cultural, intelectual e técnica da Itália e alimentou o grupo formado em torno de Aldus. Ele mesmo sabia grego, imprimia livros em grego e fazia reuniões cujas regras decretavam que quem derrapasse ou se esquecesse de falar grego devia pôr uma moeda em um jarro. Sempre que o jarro ficava cheio, Aldus usava o dinheiro para dar uma festa.

À medida que o grupo de colaboradores crescia, crescia também seu leque de leitores. Erasmo disse que Aldus estava concebendo uma biblioteca sem fronteiras, que tinha como seus únicos limites os limites do mundo.[80] Talvez nem isso fosse uma limitação. Além do planeta de fato, os livros de Aldus apareceriam na ilha imaginária de Utopia, conforme descrição feita por Thomas More, amigo de Erasmo: o narrador de *Utopia* distribui aos residentes da ilha cópias de textos gregos em edições portáteis da Aldine, que eles devoram.[81]

Aldus tinha razão em festejar suas conquistas. Em um prefácio à edição de 1509 da *Moralia* de Petrarca, ele inclui versos latinos escritos pelo humanista Jacopo Antiquari de Perúgia, cheios de exuberância: aí vem o Aldus, com gregos em uma das mãos e latinos na outra. Aldus é nosso mel, nosso sal, nosso leite! Espalhem flores pela cidade, jovens! Aldus chegou![82]

Era assim também que os humanistas se imaginavam: trazendo novos ares e flores ao mundo erudito ao mesmo tempo que levavam o mundo erudito para a vida real. Também continuaram desfrutando de suas metáforas prediletas para o que faziam: erguer navios, jogar luz na escuridão, resgatar prisioneiros. Em um dos prefácios de Aldus, à sua edição das *Histórias* de Tucídides, ele fala que estava "publicando — ou melhor, libertando bons livros de suas prisões hostis e sombrias".[83] Ele libertava autores do confinamento, e libertava leitores dos problemas que tinham antes para conseguir pôr as mãos em bons livros.

Ele e seus editores também faziam o possível para livrar os textos de erros. Ao eliminar erros cometidos pelos copistas de outrora, fazendo consultas infindáveis a versões diferentes, começaram a estabelecer um texto padrão para a maioria das obras clássicas disponíveis. Trabalhavam como detetives, juízes e historiadores, desenvolvendo técnicas cada vez melhores para reunir e avaliar indícios. Erasmo comparou o trabalho editorial à pesagem de depoimentos dados por diferentes testemunhas: você insiste, comparando cópias, até que por fim a leitura mais plausível sobressai.[84]

Mas quem passa tempo demais tentando descobrir sinais de que um texto deu errado ou está ilegível, ou identifica alguns como textos inequivocamente fajutos, ou parece estar se divertindo demais ao levar todas essas tarefas a cabo, se arrisca a incomodar pessoas muito influentes. Em vez de parecer um zaranza literário inofensivo, ele pode parecer um herege perigoso, ou um "pagão" provocador. E isso o tornaria um dos assuntos do próximo capítulo: humanistas eruditos, ainda na Itália, ainda basicamente do mesmo período, mas motivados por objetivos mais rebeldes. Ou pelo menos era o que seus inimigos pensavam.

3

Provocadores e pagãos

EM LINHAS GERAIS, DE 1440 A 1550
Lorenzo Valla questiona tudo — cicerolatria, paganismo e Roma — Pomponio Leto e Bartolomeo Platina, que irritaram o papa — Toscana, sobretudo Florença — Pico della Mirandola e o camaleão humano — Leon Battista Alberti e o homem universal — de novo a medida humana — vitruvianos — Girolamo Savonarola ateia fogo às vaidades — saque de Roma — retratos — tudo está em questão.

Quando o imperador Constantino, o Grande, foi acometido pela lepra, por volta de 315 EC, ele já estava preparado para se tratar do jeito convencional, se banhando no sangue de crianças, porém um sonho lhe disse que procurasse o papa Silvestre I. Ele obedeceu: o papa o abençoou e sua lepra desapareceu. Constantino demonstrou sua gratidão concedendo ao papa e seus sucessores o controle sobre todos os territórios ocidentais da Europa, inclusive a península Itálica. O imperador registrou o presente em um documento conhecido pelo nome de Doação de Constantino.[1] Mais tarde, o cenário da assinatura foi imortalizado em um afresco do Vaticano pintado por pupilos de Rafael na década de 1520: podemos parar diante dele e ver com nossos próprios olhos como tudo aconteceu.

Só que não aconteceu — e já se sabia muito bem disso na época da pintura do afresco. A história da lepra era mera lorota, e o documento era falso, ao que consta produzido no século VIII e depois usado para reforçar as reivindicações de terras do papado e ao mesmo tempo justificar o desejo dos imperadores alemães de se declararem os imperadores romanos, sendo Roma a terra sagrada. O documento de doação atraíra uma atenção cética por algum tempo.[2] Mas o desmascaramento mais meticuloso foi feito por um humanista literário do século XV, que pôs toda a efervescência intelectual de seu século para desmontar a história.

Seu nome era Lorenzo Valla, e seu tratado de 1440, intitulado *Sobre a Doação de Constantino*, é uma das obras mais importantes do humanismo. Conjuga um rigoroso ataque erudito com as sublimes técnicas de retórica aprendidas com os antigos, tudo regado ao molho do atrevimento. Todos esses recursos eram necessários a Valla, pois ousava investir contra uma das alegações modernas centrais à Igreja: sua justificativa para ter o poder absoluto sobre a Europa ocidental como um todo. Daí em diante, não precisariam dar grandes passos para questionar outras asserções de autoridade, inclusive a autoridade da Igreja sobre a mente do povo.

Valla parece ter sido um homem destemido, e não havia nada que o convencesse a calar a boca. Ele viajou pela Itália inteira trabalhando para uma série de mecenas e apoiadores — a essa altura vivia em Nápoles —, mas fazia inimigos aonde quer que fosse. O poeta Maffeo Vegio já tinha recomendado que procurasse orientação antes de escrever coisas que magoariam as pessoas, e que controlasse sua "violência intelectual".[3] Isso ele poderia fazer ou não. A energia de Valla irrompia de seu corpo: outro erudito, Bartolomeo Facio, o descreveu resumidamente[4] como alguém que estava sempre de cabeça erguida, nunca parava de falar, gesticulava muito e andava com entusiasmo. (No latim belamente sucinto de Facio, tal descrição é feita em apenas oito palavras: "*Arrecta cervix, lingua loquax, gesticulatrix manus, gressus concitatior*".) Valla admitiu ser convencido:[5] em uma carta, confessou que até certo ponto tinha se incumbido de escrever *Doação* só pelo prazer de demonstrar suas habilidades: "Para mostrar que eu sabia de algo que ninguém mais sabia".

Sua invectiva começa nesse mesmo tom.[6] Ele fala direto ao papa: vou demonstrar, ele declara, que esse documento é ilegítimo e que as reivindicações que se baseiam nele são falsas. Acrescenta ofensas vistosas contra todo mundo que foi engambelado pela fraude: "Sua besta quadrada, seu parvo!" ("*O caudex*, *o stipes!"*). Na verdade, esse jeito de iniciar o debate também é uma estratégia retórica bem calculada, que chama a atenção do leitor. Em seguida, ele passa a argumentações mais focadas. Primeiro usa os métodos dos historiadores, investigando a plausibilidade e os indícios.[7] É *provável*, ele questiona, que um soberano como Constantino tenha doado um território tão grande de seu império? E: alguém já tinha visto algum documento que corroborasse que o papa Silvestre teria aceitado o presente? Em ambos os casos, a resposta era não.

Depois desses golpes de retórica e fundamentação histórica,[8] a terceira e última arma na sequência estratégica é fatal: filologia, ou análise da linguagem. Valla mostra que o latim do documento é incorreto para o século IV. Enumera mancadas anacrônicas, como a de um trecho que conta com a frase "junto como todos os nossos sátrapas" (*"cum omnibus satrapis nostris"*). Os governadores romanos só passaram a ser chamados de "sátrapas" no século VIII. Em outra passagem, usa-se *banna* para falar em "bandeira", mas um escritor pré-medieval teria usado a palavra *vexillum*. O termo *clericare*, no sentido de "receber o sacramento da ordem", tampouco data do século IV. Ele também destaca absurdos como a referência a *udones*, que para os romanos eram "meias de feltro", mas o texto diz que eram feitas de linho branco. Feltro não tem nada a ver com linho, diz Valla, e não é branco. Ele conclui sua argumentação.

Valla sabia que estava em terra firme como exímio latinista (e também helenista: mais tarde, ele traduziria obras de Homero, Tucídides e Heródoto).[9] Seu trabalho mais influente seria um manual de estilo do bom latim, *Elegâncias da língua latina*, no qual gerações de estudantes se fiariam para fazer suas redações. "Como Valla é brilhante!",[10] se entusiasmou um dos muitos alunos que aprenderam com o livro. "Ele arrancou o latim do jugo dos bárbaros e o alçou à glória. Que a terra lhe seja leve e que a primavera sempre reluza em torno de seu túmulo!"

Elegâncias enfrentava a missão de eliminar as cracas medievais que haviam brotado na língua antiga para retomá-la a partir de modelos mais verdadeiros, mais originais. Esse conceito também norteou o projeto *Doação*, só que nesse caso a coisa toda era uma craca. Uma imagem alternativa para esse processo talvez seja a de arrancar ervas daninhas, e foi assim que Valla apresentou um livro escrito pouco antes de *Doação*, uma obra de título notório: *Repastinatio dialecticae et philosophiae*.[11] O nome significa algo como carpir ou escavar a dialética e a filosofia. Defendia que os solos medievais fossem revirados para que se chegasse a um campo mais fértil, onde a verdade pudesse crescer, ainda que para isso fosse necessário pôr de pé autoridades que dormiam pacatamente, como Aristóteles, muito reverenciado nos séculos anteriores. Valla também recuperou os textos que eram mais venerados pelos humanistas de sua época,[12] como a série de *Emendas* que havia feito para os livros sobreviventes de Tito Lívio — da qual ele tinha à mão a cópia editada pessoalmente por Petrarca. Fez isso até com a Bíblia. Em suas *Anotações ao Novo Testamento*,[13] apontava falhas na clássica tradução para o latim do Novo Testamento grego feita por Jerônimo no século IV. De novo empregando sua capacidade de pensar em termos históricos a respeito de processos e origens, Valla não apenas indica erros, mas especula *como* devem ter se imiscuído no texto, por exemplo, devido a uma confusão gerada por letras gregas parecidas.

O risco de ganhar a inimizade de eruditos aristotélicos à moda antiga ou de humanistas modernos, ou das autoridades da Igreja: nada parecia deter Valla. Desses oponentes, o último era o mais perigoso de incitar. É claro que em 1444 ele seria alvo de uma investigação da Inquisição de Nápoles. Seu principal problema não era com a *Doação*, mas com algumas de suas outras opiniões heterodoxas acerca da Trindade cristã e da questão do livre-arbítrio — e da filosofia antiga, nada cristã, de Epicuro, que recomendava às pessoas que vivessem bem e com sensatez no presente, em vez de se preocupar com a vida futura.[14]

Valla tinha escrito em 1431 uma obra sobre esse assunto que flertava com o perigo: um diálogo intitulado *De voluptate* [Sobre o prazer].[15] Eram três oradores se revezando ao opinar sobre o tema. Primeiro, um estoico diz que tudo é desgraça e que não pode haver prazer para os seres humanos. "Ah, se ao menos tivéssemos nascido animais, em vez de homens. Se ao menos não tivéssemos nascido nem de uma forma nem de outra!"

Então um epicurista defende o contrário. A vida é repleta de experiências prazerosas e belas, declara, como ouvir a voz de uma mulher dizendo coisas doces ou provar um bom vinho. (Eu mesmo, ele divaga, tenho adegas cheias das melhores safras de vinho.) Há também prazeres mais profundos, como os de formar uma família, ter um cargo público e fazer amor. (Ele tem muito a dizer sobre este último tópico.) Melhor ainda é a radiância vaidosa da pessoa que se sabe virtuosa: esse é só mais um desses prazeres.

Um terceiro orador defende a perspectiva cristã: o prazer *é* bom, mas é melhor buscar prazeres celestiais do que prazeres mundanos. Os outros deixam que o cristão dê a última palavra e vença a discussão, mas é difícil não perceber o tratamento simpático que o epicurista recebe no decorrer do livro, sobretudo no momento em que o personagem de Lorenzo (isto é, o autor) lhe sussurra, "Minha alma se curva silenciosamente em sua direção".

Aliás, esse fato foi percebido. Como a primeira versão da obra gerou polêmica, Valla fez pequenas alterações, rebatizando personagens, mudando o cenário de Roma para Pavia e trocando o título de *Sobre o prazer* para *De vero bono* [Sobre o bem verdadeiro], que era mais edificante espiritualmente. Ele mandou esta última parte cristã de presente ao papa Eugênio IV, mas com uma carta de apresentação tipicamente insolente: "O que, em nome de Deus, poderia lhe dar mais prazer do que este livro?".[16] Em seguida, ele pedia dinheiro.

Portanto, em 1444 eram inúmeras as razões para a Inquisição de Nápoles querer investigar Valla. Ele foi salvo quase imediatamente, no entanto, porque seu mecenas e protetor, o rei Afonso de Nápoles, conseguiu interromper o processo. O rei tinha uma dívida com ele: Valla fizera parte de seu séquito de cortesãos por um tempo e sempre emprestara sua eloquência em prol dos interesses do rei. Como humanista itinerante, é claro, Valla precisava agradar a seu protetor atual, assim como acontecia a Petrarca. Esse foi um dos principais motivos — além do purismo filológico — para ele escrever *Doação*:[17] na época, Afonso tentava defender seu território das tentativas do papa Eugênio de Roma de avançar sobre suas fronteiras. Ao minar todas as reivindicações territoriais de Roma de modo geral, Valla o ajudava a atingir esse objetivo. Não acho que isso tire o mérito da empreitada: Valla já adorava revisar textos por questão de princípios. Ao emprestar suas destemidas e eruditas contestações à autoridade para desmascarar a fajuta *Doação* e agradar seu mecenas, ele conseguiu também se salvar das consequências de todas as outras contestações destemidas e eruditas que já tinha feito.

Entretanto, o cargo em Nápoles não durou para sempre; os empregos dos humanistas raramente duravam. No fim das contas, Valla achou outro trabalho no último lugar que se esperaria: em Roma, junto ao novo papa, Nicolau V, que sucedeu Eugênio em 1447 e era muito mais favorável a atividades e ideias humanistas do que o predecessor. Agora, Valla tinha um cargo na Cúria (a corte papal) como escritor apostólico, ou escriba. Assim pôde viver em Roma;[18] também seria nomeado professor de retórica em sua universidade e se tornaria o secretário do papa seguinte, Calisto III, que também lhe concedeu o canonicato na basílica papal de São João de Latrão. Seria difícil achar uma série mais típica de cargos humanistas: corte real, Igreja e universidade, tudo harmoniosamente entrelaçado à vida de um homem que ainda assim conseguia se dedicar a pesquisas independentes e ousadas segundo seus próprios termos.

Mas sua vida nunca foi tranquila nem fácil, assim como sua vida póstuma na terra. Quando morreu, em 1457, aos cinquenta anos, a mãe — que sobreviveu ao filho — providenciou uma bela lápide a ser instalada na basílica, com uma inscrição que louvava sua eloquência.[19] A certa altura, provavelmente em meados do século XVI, quando a Reforma deixou a Igreja hipersensível a qualquer um que a tivesse criticado, a tumba foi retirada e colocada em outro lugar, longe da vista de todos. Depois enfrentou indignidades ainda maiores. O historiador alemão Barthold Georg Niebuhr, ao visitar Roma em 1823, ficou perplexo ao ver a lápide de Valla na rua, sendo usada como laje — o mesmo destino de outros pedaços de pedra que não eram suficientemente cristãos. A lápide foi resgatada pouco depois e colocada em um local mais seguro, dentro da basílica, onde está até hoje.

O verdadeiro monumento de Valla é sua obra, mas, assim como a lápide, seus textos foram reutilizados de formas inesperadas. Seu tratado sobre o Novo Testamento[20] parecia ter caído no esquecimento, mas Erasmo achou uma cópia manuscrita na biblioteca de uma abadia e o editou para publicação em 1505 — uma história de descoberta livresca digna de Petrarca, mas dessa vez de uma obra moderna que tinha ficado "presa" só por algumas décadas. A descoberta inspirou Erasmo a fazer uma nova tradução do Novo Testamento. A exemplo de Valla, preferia usar fontes antigas, claras, em geral devido à soberba comum entre os bons estudiosos, mas também porque acreditava que o cristianismo era melhor antes de começar a se preocupar tanto com seu poder institucional.[21]

Nem Erasmo nem Valla teriam levado o argumento tão longe quanto uma nova espécie que surgiu na época de Erasmo: os protestantes. Em seu rechaço à autoridade da Igreja, eles encontraram respaldo no tratado de Valla. Pelo menos foi essa a intenção do alemão Ulrich von Hutten, quando, em 1517, lançou uma nova versão impressa cujo propósito era abertamente antipapal. Não é nenhum espanto que o papa Júlio II tenha sentido necessidade de encomendar o afresco do Vaticano nessa época: era uma forma de enfatizar a história de Constantino simplesmente ignorando o fato de que ela já tinha sido vítima de um arpão humanista.

Mais tarde, com os conflitos religiosos menos proeminentes, outras gerações de intelectuais foram cativadas por Valla só porque admiravam seus métodos e metas. Para elas, ele virou um representante do livre-pensamento no sentido mais geral da palavra — isto é, a insistência em confiar na competência, e não na autoridade, e de explorar *como* textos e alegações tinham se tornado o que eram. Seguiriam seu exemplo ao investigar documentos suspeitos e analisar suas origens e veracidade.[22] Ainda mais tarde, humanistas não religiosos (portanto, "livres-pensadores" em um sentido mais específico) também se enxergariam na atitude desembaraçada de Valla e em sua aparente simpatia pelas ideias de Epicuro.

Mesmo com seu jeito desvairado e belicoso, ele tinha certo encanto, principalmente porque fazia disso uma espécie de filosofia. Em uma carta, ele expôs sua visão do contrarianismo universal, perguntando, "Quem escreve em qualquer área do conhecimento ou da ciência sem criticar seus predecessores?". Aristóteles, por exemplo, foi criticado por seu discípulo e sobrinho Teofrasto. "De fato, pelo que me lembro de minhas vastas leituras, não encontro um autor que, a certa altura, *não* refute nem no mínimo critique Aristóteles." Ao fazê-lo, estão seguindo o modelo do próprio Aristóteles, que também discordou de seu antigo mestre, Platão — "Sim, Platão, o príncipe dos filósofos!". Pensando nos escritores cristãos: Santo Agostinho criticou Jerônimo, e Jerônimo atacou velhas autoridades da Igreja, dizendo que as interpretações delas precisavam ser interpretadas. Médicos trocavam críticas e faziam diagnósticos diferentes. Marinheiros, quando uma tempestade se avulta, nunca concordam quanto ao melhor rumo a se tomar. Quanto aos filósofos: "Que estoico resiste a desafiar praticamente tudo o que um epicurista diz e não acaba sofrendo um revide?". Disputas e contradições, não veneração e obediência, são a essência da vida intelectual. E, fundamentalmente, Valla não disse às pessoas apenas que elas estavam erradas: ele lhes disse *as razões* por que estavam erradas.

Conforme conclui nessa carta: às vezes lutar contra os mortos é um dever, pois esse ato beneficia os que virão depois. E isso também é um dever: é preciso formar os mais novos e, quando possível, "fazer os outros recuperarem o juízo".[23]

Os jovens realmente se congregaram em torno de Valla em busca de suas lições. Poggio Bracciolini, um de seus inimigos, reclamava que Valla dava mau exemplo aos discípulos porque vivia ressaltando os furos até das obras mais reverenciadas, como o clássico manual de retórica chamado *Retórica a Herênio*. Valla parecia se considerar "superior a qualquer escritor antigo", criticou Poggio. Acrescentou, em tom violento, que as pessoas precisavam "não de palavras, mas de porretes, e da clava de Hércules, para abater esse monstro e seus discípulos".[24]

Um dos motivos para Poggio respeitar tanto[25] a *Retórica a Herênio* era que se imaginava que o livro fosse de Cícero, mas na verdade houve um erro de atribuição de autoria. (O verdadeiro autor é desconhecido.) E Poggio era um dos muitos humanistas que consideravam Cícero tão célebre e impecável que seria imune aos ataques de qualquer mortal. Portanto, tomou o partido contrário ao de Valla na longuíssima batalha que envolveu muitas mentes sobre uma questão que agora soa ridícula, mas parecia muito relevante na época. Cícero seria o *único* guia ao estilo latino que deveriam adotar ou poderiam também imitar outros autores clássicos? Alguns humanistas se dedicavam à primeira opção a ponto de jurar — talvez com certa galhofa — não usar em seus próprios escritos nenhuma palavra que não constasse das obras do herói. Se não estava em Cícero, não era latim.

Por trás disso havia toda uma tradição de cicerolatria humanista. Petrarca, que era menos acrítico em sua admiração,[26] se divertiu às custas de um amigo que, ao ouvir ataques ao grande orador, ficou tão abalado que exclamou: "Delicadeza, por favor, tenha delicadeza com o meu Cícero!". Em seguida, o amigo confessou que, para ele, Cícero era um deus. É muito engraçado um cristão dizer isso, comentou Petrarca. O amigo foi logo explicando que era apenas "um deus da eloquência", não um ser divino de fato. Ah!, disse Petrarca, mas se Cícero é um ser humano qualquer, ele deve ter defeitos — e tinha mesmo. O amigo deu de ombros e se afastou.

Essa era parte do problema: tratar Cícero como um super-homem implicava colocá-lo em um patamar comparável ao de Jesus Cristo. Se parece um exagero, pense no sonho narrado por Jerônimo, tradutor da Bíblia, um milênio antes. Vivendo em um retiro de eremita perto de Antioquia, febril por causa da fome e decidido a desistir dos autores clássicos e de todos os prazeres mundanos, Jerônimo sonhou que tinha sido chamado para comparecer diante de Jesus, que serviria de juiz.

"Que espécie de homem é você?", perguntou Jesus.

"Sou cristão", respondeu Jerônimo.

"Você está mentindo", rebateu Jesus. "Você não é cristão, e sim ciceroniano." Ordenou que ele fosse açoitado por isso, e quando Jerônimo acordou, jurou nunca mais ter ou ler um livro que não fosse cristão.[27]

Na realidade, Jerônimo continuou fazendo referências a tais livros em sua obra. Ao comentar sobre isso, Lorenzo Valla teve a generosidade de sugerir que não fazia mal, pois Cristo o proibira apenas de usar a filosofia de Cícero, não de citá-lo ou imitá-lo como obra literária.[28] Valla não tinha aversão à leitura de Cícero. Ele apenas considerava outros modelos literários igualmente válidos, e talvez até melhores — sobretudo Quintiliano, por quem nutria grande admiração.

Todas essas pessoas adoravam os clássicos, mas essa longa série de rixas ciceronianas demonstra o racha que surgia entre dois tipos de humanistas: os que veneravam e imitavam cegamente alguns autores falecidos muito antes e os que não consideravam nada indiscutível, nem mesmo Cícero (ou, aliás, o papa). Não é nenhuma surpresa que Valla estivesse na segunda categoria. Além de seu espírito questionador, ele tinha uma boa razão para abordar os escritores do ponto de vista histórico, em vez de enxergá-los como exemplos atemporais. Se todo mundo de fato começasse a escrever à maneira de Cícero, seria impossível que estudiosos como Valla conseguissem datar um texto usando seus dados intrínsecos. Todos os textos seriam parecidos, e os filólogos estariam liquidados.

Felizmente, sempre haverá derrapadas que entregam os imitadores. Um dos ciceronianos mais radicais era Christophorus Longolius, batizado Christophe de Longueil nos Países Baixos, em 1490. Mas ele traía sua diferença em relação a Cícero sempre que usava o próprio nome, fosse em latim ou no vernáculo, já que Christophorus significa "carregador de Cristo", palavra que Cícero, que faleceu em 43 AEC e não tomou conhecimento de Cristo, jamais poderia ter usado.

O problema de Longolius foi ressaltado em um diálogo satírico de Erasmo, *O ciceroniano*, publicado em 1528, em que dois amigos tentam convencer um terceiro a não entrar na moda e, para isso, fazem uma lista de todos os escritores que tentaram e falharam.[29] Por um instante, acreditam ter achado um caso bem-sucedido em Longolius, mas então se dão conta de que seu nome torna a missão impossível. Erasmo faz graça às custas dos fanáticos, mas também argumenta a sério. Se os ciceronianos não podem falar de temas cristãos, o que isso diz a respeito do sistema de crenças que adotam? O "ciceronismo" talvez seja um sinal de "paganismo" secreto, subversivo, no âmago do mundo cristão moderno.

A palavra *pagão* a princípio significava "camponês" ou "matuto", e era com ela que os cristãos se referiam a todas as religiões pré-cristãs, mas principalmente as que diziam respeito aos antigos deuses romanos. As relações entre as duas tradições sempre foram tensas, o que explica a ânsia dos primeiros cristãos para literalmente erradicar os templos e estátuas romanas da paisagem. Entretanto, a relação foi se acalmando com o tempo. Ficou claro que as tradições pagãs estavam tão entrelaçadas às cristãs na cultura europeia que seria impossível desenredá-las por completo. Até as pedras de Roma eram de origem pagã,[30] e as mitologias romana e grega tinham tantas histórias boas que os artistas, em especial, as achavam irresistíveis — sobretudo quando contavam com deusas do amor emergindo de conchas do mar usando roupas esvoaçantes, translúcidas. Em vez de tentar eliminar a tradição pagã, talvez fosse melhor tentar assimilá-la e cristianizá-la.

Esse processo exigia certa ginástica mental. Petrarca se convenceu de que Cícero, se tivesse tido a oportunidade, *teria* sido um bom cristão.[31] Outros tentavam reinterpretar obras clássicas como profecias da futura religião. Virgílio se prestava bem a esse fim. Sua quarta *Écloga*[32] menciona uma nova era por vir e o nascimento de um menino especial: seria Jesus? E a viagem de ida e volta de Enéias ao submundo da morte, na *Eneida*: seria uma alegoria da Ressurreição? No século IV, a poeta Faltonia Betitia Proba,[33] de uma família importante de pagãos que se converteram ao cristianismo, conseguiu reunir um número suficiente de fragmentos de Virgílio para formar uma narrativa inteira que contava a história da Criação, da Queda e do Dilúvio, bem como a vida e a morte de Jesus. No fim das contas, contudo, o próprio Virgílio ainda teve o azar de ter nascido cedo demais para ser salvo. É por isso que Dante,[34] apesar de confiar nele como seu guia no inferno e no Purgatório, na *Comédia*, não pôde deixá-lo seguir até o Paraíso. Ele nos diz que o lugar que cabe a Virgílio é o Limbo, um primeiro círculo do Inferno, não *muito* desagradável, onde vivem os outros bons pagãos, enquanto maus pagãos como Epicuro (e todos os seus adeptos) são enfiados no sexto círculo.

Os ciceronianos tentaram uma fusão similar de termos pagãos e cristãos para contornar o problema, como se referir à Virgem Maria como a deusa Diana.

Mas a desconfiança ainda pairava sobre eles. Conforme um dos personagens de Erasmo pergunta a outro: você já viu um crucifixo num desses preciosos museus particulares de antiguidades dos classicistas? O mesmo personagem responde: "Não, são todos repletos de monumentos ao paganismo". Se pudessem, ele diz, provavelmente trariam aquilo tudo de volta — "os flâmines e as vestais... as súplicas, os templos e altares, os banquetes em sofás, os ritos religiosos, os deuses e deusas, o Capitólio e o fogo sagrado".[35]

A questão é que Erasmo estava obviamente correto, pelo menos no que dizia respeito a alguns dos primeiros ciceronianos. Durante a década de 1460, vários homens[36] de Roma começaram a se encontrar no que seria chamada de "Academia", uma alusão à antiga "Academia" de Platão, ou escola, em Atenas. No caso dos ciceronianos, seus interesses eram menos voltados para a Grécia do que para o mundo pré-cristão da cidade onde já moravam. A Academia abarcava um bocado de história: o grupo incluía eruditos ilustres com cargos em universidades, e eles proferiam palestras e guiavam passeios pelas ruínas de Roma. Petrarca teria adorado fazer um passeio desses. Talvez Erasmo também participasse, mas ele e Petrarca ficariam chocados com alguns dos eventos noturnos mais extravagantes do grupo. Eles se encontravam no meio das ruínas, vestidos com elegância e usando coroas de louro na cabeça, e encenavam festividades antigas. Também recitavam os próprios poemas em latim, inclusive poemas de amor destinados uns aos outros ou a homens mais jovens. Montavam comédias de Plauto e Terêncio — uma empreitada arriscada, pois o cristianismo desaprovava apresentações teatrais não devocionais desde que Justiniano havia fechado os teatros, no século VI. O principal proponente desses muitos espetáculos era Giulio Pomponio Leto, ou Julius Pomponius Laetus, professor de retórica originário de Nápoles. Ele mesmo escolheu o nome "Laetus": significa "feliz".

Professores felizes cabriolando ao luar, declamando poemas de amor uns para os outros, montando espetáculos teatrais: seria tudo isso... um tanto... cristão? Bem, em sua maioria, os membros da Academia eram funcionários ou tinham algum envolvimento com a corte papal, além de, às vezes, ter outros cargos, então seria de imaginar que sim. Mas muitos intelectuais da cidade tinham cargos remunerados na Igreja e isso não necessariamente queria dizer muita coisa. O relato que um embaixador milanês enviou para casa alegava que suas crenças verdadeiras eram bem diferentes: "Os humanistas negam a existência de Deus e pensam que a alma morre junto com o corpo", ele escreveu, acrescentando que consideravam Cristo um falso profeta.[37]

Com a adulação da Roma da República — da época de Cícero —, também pareciam subversivos sob outros aspectos. Alguns espectadores desconfiavam de que quisessem restabelecer o sistema político republicano, talvez por meio de um motim ou uma revolução. Era plausível:[38] tal façanha já tinha sido ensaiada por um conhecido de Petrarca, Cola di Rienzo, outro entusiasta das ruínas e inscrições da cidade. Depois das primeiras tentativas malogradas, ele conseguiu derrubar os barões que governavam a cidade e se firmou como cônsul ao estilo romano antigo, com certo apoio popular — embora breve, assim como foi sua vida. Em 1353, o clima mudou e uma multidão se aglomerou diante de seu palácio, entoando: "Morte ao traidor Cola di Rienzo!". Ele fugiu disfarçado do edifício e se misturou aos manifestantes, tentando passar despercebido bradando a frase que gritavam, mas foi reconhecido, esfaqueado e levado à forca. Agora, havia quem se perguntasse se os academicistas não cogitavam ver se um golpe parecido não seria mais bem-sucedido na segunda tentativa.

Começou a se formar uma hostilidade em torno deles. De início, permaneceram a salvo em seus diversos cargos secretariais e clericais na Cúria, pois o papa da época, Pio II, era um humanista e estudioso que compreendia o interesse que tinham pela Antiguidade. As coisas mudaram em 1464, quando foi sucedido pelo papa Paulo II. Ele não entendia nada das coisas que interessavam aos humanistas e não tinha respeito por seus estudos e habilidades. Desgostava sobretudo de qualquer sinal de paganismo, apesar do fato de também ter um pendor por procissões luxuosas que misturavam imagens clássicas e cristãs. Um interesse mais aprofundado nos antigos já não fazia seu gosto. Era melhor ser ardentemente ignorante, ele dizia, do que encher a cabeça dos jovens de heresias e histórias de imoralidades sexuais. "Antes de completarem dez anos e irem para a escola, os meninos já sabem milhares de indecências; pense nos milhares de outros maus hábitos que vão aprender lendo Juvenal, Terêncio, Plauto e Ovídio."[39] (Na verdade, ler literatura clássica é desnecessário para a aquisição de maus hábitos: segundo um diálogo sobre a hipocrisia de autoria de Poggio, um pregador volta e meia era tão detalhista em seus sermões contra a luxúria que depois a congregação corria para casa para testar as práticas mencionadas.)

Avesso aos humanistas[40] e querendo economizar seus honorários, Paulo II aboliu seus cargos secretariais e as outras funções que exerciam no Vaticano. Mas como as pessoas que tinham esses postos geralmente pagavam uma quantia para consegui-los, os humanistas reclamaram de calote. Agora que protestavam, pareciam mais rebeldes do que nunca. Um deles, chamado Bartolomeo Sacchi, mas apelidado Platina por causa de sua terra natal, Piadena, foi preso por sua franqueza e passou quatro meses na prisão papal no Castelo Sant'Angelo. Foi solto, mas em fevereiro de 1468 o papa ordenou que vinte membros da Academia fossem reunidos, entre eles, mais uma vez, Platina. Foram acusados de conspiração, heresia, sodomia e outros crimes e jogados nas câmaras de tortura do castelo. Platina ficou com uma lesão permanente no ombro causada pelas cordas, um procedimento horrendo que suspendia as vítimas do chão pelos punhos amarrados às costas, às vezes com o acréscimo de quedas súbitas e outros tormentos.

No começo, Pomponio Leto não fazia parte do grupo de presos, pois estava lecionando em Veneza, mas isso mudou pouco depois. Ele foi detido em Veneza, acusado de sodomia porque andava escrevendo poemas eróticos para os alunos do sexo masculino; as autoridades venezianas o extraditaram para Roma, onde as denúncias foram alteradas. Assim como os outros, foi acusado de heresia.

Agora, todos enfrentariam um longo martírio, confinados às suas celas, sem saber como aquilo acabaria. O único consolo que tinham vinha do compassivo carcereiro Rodrigo Sánchez de Arévalo, que entregava suas cartas, escrevia obras consolatórias destinadas a eles e permitia que voltassem a se reunir. Pomponio escreveu, agradecido: "O cativeiro não é nada em meio a conversas entre amigos".[41] Rodrigo demonstrou admiração pelo fato de que, numa situação tão desanimadora, eles ainda conseguissem não só escrever mas fazê-lo com as belezas estilísticas habituais. Conforme já vimos nas cartas de Petrarca, contudo, os humanistas não viam nada de estranho em exprimir seus sofrimentos com o máximo de elegância. O culto ao silêncio inarticulado ou místico — assim como o culto à ignorância — não os atraía. Exercitar a eloquência era ratificar os valores pelos quais sofriam perseguição.

Alguns deles foram soltos no final do mesmo ano, mas de novo Platina levou a pior: ele continuou preso até março de 1469. Nenhuma das acusações contra eles foi provada; tampouco surgiram indícios subsequentes de ativida-

Platina e o papa Sisto IV com a coleção da Biblioteca Vaticana.

des subversivas. Poucos anos depois desses acontecimentos, a situação deles melhorou bastante com outra mudança de papa, para Sisto IV. Ele permitiu que retomassem seus cargos na Cúria. Um tempo depois, Platina também seria contratado como bibliotecário da Biblioteca Vaticana. Nesse ínterim, pôde reiniciar suas atividades literárias. Publicou um livro de receitas no qual vinha trabalhando fazia um tempo, com o título bastante epicurista de *Sobre o prazer certo e a boa saúde*;[42] um de seus pratos, enguia grelhada *à l'orange*, era tão convidativo que Leonardo da Vinci o pintou no afresco da Última Ceia. Platina também escreveu a longa história de todos os papas, culminando numa descrição mordaz de seu antigo perseguidor, Paulo II.[43]

O grupo acabou retomando suas reuniões e atividades, mas com um pouco mais de discrição. Ele foi relançado em 1477 como uma fraternidade cristã leiga, o que lhe dava um ar mais respeitável. Ainda assim, seus membros continuavam com os encontros ocasionais nas ruínas, em busca de cabriolas comedidas.[44]

Se os humanistas romanos tendiam a permanecer ligados, de uma forma ou de outra, aos interesses da Igreja, os que viviam mais adiante na península, na Toscana, tinham outra série de obrigações e diferentes tipos de senhores para agradar. (Tipicamente propensos a flanar, é claro, certos humanistas tinham períodos e obrigações em ambos os lugares.) Os humanistas toscanos eram mais propensos a trabalhar em cargos puramente privados, de preceptores e secretários, ou a ganhar empregos municipais, diplomáticos ou políticos nas grandes cidades da Toscana. Essas cidades geralmente se apresentavam como faróis da liberdade, da abertura e da harmonia. Sua imagem idealizada foi retratada nos afrescos que Ambrogio Lorenzetti fez no final dos anos 1330 para a cidade de Siena, ressaltando o contraste entre o bom e o mau governo. Um cenário mostra a cidade repleta de foliões dançantes e comerciantes felizes, rodeados de campos férteis e camponeses bem alimentados. Era o resultado de um bom governo. O cenário oposto é de campos desertos, que só não estavam abandonados porque tropas avançam umas contra as outras, e de uma cidade macabra e destruída: é o mau governo em ação. Preferir um bom governo a um ruim equivale a preferir a ordem ao caos, a paz à guerra, a prosperidade à fome e a sensatez à burrice.

Que Florença fosse, de todas as cidades toscanas, o epítome da "boa" opção era o argumento do chanceler humanista da cidade, Leonardo Bruni. No seu *Em louvor da cidade de Florença*,[45] escrito por volta de 1403, ele caracteriza a comunidade em termos de sua liberdade e capacidade de criar uma doce harmonia interna, como as cordas de uma harpa. "Não há nada nela que seja fora de ordem, nada que seja desproporcional, nada que seja desafinado, nada que seja incerto." Seus cidadãos superam os outros em todas as suas conquistas. São "diligentes, generosos, elegantes, agradáveis, afáveis e, acima de tudo, civilizados". E, como escreveu em outro texto,[46] os estudos humanistas — isto é, "as melhores e mais distintas áreas de conhecimento e as mais adequadas à humanidade" — naturalmente florescem nessa cidade:

Quem é capaz de nomear um poeta, desta era ou de era anterior, que não fosse florentino? Quem, senão nossos cidadãos, trouxe de volta à luz e à prática a arte da oratória, que estava completamente perdida? Quem, senão nossa cidade, reconhece o valor das letras latinas, que estavam menosprezadas, prostradas e quase mortas, e fez questão de que elas fossem ressuscitadas e restauradas?

Ele reserva uma menção especial à forma com que "até o conhecimento do alfabeto grego, considerado obsoleto na Itália havia mais de sete séculos, foi resgatado pela nossa cidade para que pudéssemos contemplar grandes filósofos e oradores admiráveis".

O próprio Bruni teve muito a ver com isso, pois era especialista em grego e tradutor desse idioma. Seu principal interesse era pelo historiador Tucídides — que, entre muitos outros materiais, tinha lançado uma versão do famoso discurso do líder ateniense Péricles em 430 AEC. Em meio à guerra que travavam com Esparta, Péricles se dirigiu aos cidadãos para honrar a memória dos soldados mortos e elogiar Atenas em termos que seriam praticamente copiados por Bruni em sua louvação de Florença. De acordo com Tucídides,[47] Péricles começa indagando, de fato, por que somos muito mais maravilhosos do que nossos inimigos. Resposta: ao contrário dos espartanos, obcecados por treinamentos militares e disciplina, nós construímos Atenas com base na liberdade e na harmonia. Os espartanos se isolam, mas nós fazemos negócios com o mundo. Eles embrutecem os filhos para torná-los mais resistentes, mas nós educamos os nossos para a liberdade. Eles são hierárquicos, mas em Atenas todo mundo participa livre e igualmente dos assuntos da cidade. O que Péricles nem cogita mencionar é que nesse caso "todo mundo" exclui mulheres e pessoas escravizadas. Ele só menciona as mulheres em suas últimas palavras, quando lembra às viúvas de guerra da plateia que nada disso se aplica a elas, já que a única virtude feminina é não ser falada pelos homens, seja de forma elogiosa ou crítica.

Florença também tinha mulheres e escravizados que nem falavam em público nem eram mencionados oficialmente. Via de regra, a realidade das duas cidades não era exatamente como descrita. Longe de ser harmoniosa, Atenas passava por desordem pública, peste e motins, e acabou perdendo a guerra para os espartanos. Florença também era um emaranhado de conflitos dinásticos, tramoias, mudanças de regime e insegurança geral. Porém, nos dois casos, o ideal humanista[48] era central para suas identidades — e não há dúvida de que Florença realmente virou um lugar dinâmica, artística e intelectualmente ativo ao longo do século XV, coalhado de personagens exuberantes e muito simpáticos às atividades dos humanistas.

Os mais ilustres desses personagens formaram um círculo ligado aos Médici na época em que a família estava de fato no controle da cidade. Vários membros desse círculo, assim como seus equivalentes romanos, adotaram o nome platônico de "Academia" e faziam reuniões como um grupo semiformal. Eram incentivados e sustentados por Lorenzo de Médici, "o Magnífico", que também era um connoisseur, colecionador e poeta humanista, bem como homem de negócios, homem de ação e líder político.[49]

Uma figura central no grupo era Marsílio Ficino,[50] que traduziu as obras de Platão a partir de manuscritos da coleção da família Médici, além de escrever sua própria análise, *Teologia platônica*, promovendo uma filosofia que misturava cristianismo e platonismo. Platão era outro desses "pagãos" azarados por terem nascido antes de Cristo, porém falava da harmonia do cosmos e de um "bem" ideal, algo que alguns cristãos consideravam um prognóstico de sua própria teologia. Embora não fosse nem de longe o primeiro a explorar essa ideia, Ficino trouxe um novo estilo de erudição à empreitada. Além disso, estava disposto a fazer declarações ousadas sobre o papel dos seres humanos no universo. Destacando as realizações humanas em literatura, criatividade, conhecimentos e autonomia política, ele pergunta: "Quem negaria que o homem tem, por assim dizer, quase o mesmo gênio do Autor dos céus? E quem negaria que o homem também poderia criar os céus, caso conseguisse obter as ferramentas e o material celestial...?". Era uma afirmação e tanto: se simplesmente tivéssemos as ferramentas certas e as matérias-primas (algo confessadamente difícil em ambos os casos), poderíamos nos igualar a Deus em seu papel de Criador.

Especulações parecidas foram feitas por outro membro da Academia de Florença: o elegante jovem aristocrata e colecionador de livros Giovanni Pico della Mirandola. Ele lia muito, tanto obras que seguiam a tradição cristã como as que não seguiam, mergulhando em ideias esotéricas e místicas de todos os tipos. Depois de reunir material sobre esses temas, ele foi a Roma, em 1486, com o objetivo de organizar uma conferência gigantesca em que os presentes debatessem novecentas hipóteses ou proposições elaboradas por ele. O evento não se concretizou: a Igreja não gostou da ideia e tratou de silenciá-la. Pico fugiu correndo para Florença por medo de ser silenciado também. Mas as hipóteses permaneceram, e ele ainda havia escrito um discurso introdutório a elas que mais tarde ganharia um título retumbante: *Discurso sobre a dignidade do homem*. Durante séculos, foi considerado uma espécie de manifesto em defesa do ponto de vista humanista florentino, uma encarnação do momento em que a pesquisa na área de humanas dos eruditos literários se tornou algo maior: uma visão filosófica da humanidade irrestrita, universal, que altivamente encarava o cosmos de igual para igual.

Especialistas recentes em Pico tentaram atenuar essa visão que se tem sobre ele,[51] argumentando que na verdade ele tinha mais interesse no misticismo arcano e lembrando aos leitores que a parte do título sobre a "dignidade do homem" não era invenção dele. Essa restituição do *Discurso* de Pico a seu contexto original foi uma contenção valiosa ao excesso de entusiasmo. Porém, é impossível negar o impacto emocional provocado por suas primeiras páginas, nas quais Pico, assim como Ficino, manifesta uma perspectiva ambiciosa das habilidades humanas. Ele faz isso — como Protágoras já fazia muito antes dele — contando a história da origem humana.

No princípio, declara a versão de Pico, Deus criou todos os seres. Ele pôs cada um em sua própria prateleira, por assim dizer, lhes destinando lugares condizentes com o fato de serem plantas, animais ou criaturas angelicais. Mas também fez os seres humanos, e para eles não impôs uma área predefinida. Deus disse a Adão: em vez de lhe dar uma essência ou espaço específicos, vou lhe dar as sementes de qualquer forma de ser. Cabe a você escolher quais cultivar. Caso opte pelas sementes mais rasteiras, você ficará parecido com um animal ou até uma planta. Se escolher as sementes mais elevadas, talvez ascenda à estatura dos anjos. E se quiser as intermediárias, viverá sua própria natureza humana, variável. Assim, diz Deus: "Como não o criamos nem do céu nem da terra, nem mortal nem imortal, você, como livre e extraordinário artífice de si mesmo, pode tomar a forma que preferir". Pico comenta: "Quem não se maravilharia diante desse nosso camaleão?". E: "Quem admiraria qualquer outro ser mais do que esse?".[52]

Esse trecho é o mais inesquecível da obra de Pico, sem sombra de dúvida, e isso não é uma surpresa: esse camaleão brilhante, mutante, nos oferece uma imagem emocionante de nós mesmos. É muito mais animadora do que a obra de literatos pacientes que copiavam manuscritos e faziam auê por causa do latim ciceroniano. Porém, na realidade, Pico não estava distante deles. Ele também tentava produzir um trabalho erudito, interdisciplinar, analítico, misturando materiais de diversas tradições filosóficas e teológicas. Assim como os seres humanos em geral podem ser o que quiserem ser, ele insinua, os eruditos devem ter a possibilidade de adotar os saberes e conhecimentos que lhes forem necessários, de qualquer fonte que seja, cristã ou não. Dá para entender por que a Igreja considerou a ideia de sua conferência em Roma intragável.

Entretanto, também precisamos questionar: havia mesmo a possibilidade de existir esse prodígio multifacetado, autodeterminado, livre, equilibrado? Quantos camaleões humanos perambulavam por Florença?

Sem dúvida, se alguém tivesse a expectativa de encontrar um deles, um bom lugar onde procurar seria Florença. Entre os vários candidatos a exemplos de humanos cheios de dons que volta e meia se encontravam na cidade estavam Leonardo da Vinci, o versátil gênio artístico e científico, e o arquiteto Leon Battista Alberti. A bem da verdade, foram esses os dois nomes escolhidos pelo historiador do século XIX Jacob Burckhardt quando estava procurando exemplos da figura considerada a mais característica da época: o *uomo universale*, ou "homem universal", que poderia ter qualquer forma e realizar quase qualquer coisa em uma sociedade fluida, em constante transformação.[53]

A escolha de Leonardo faz algum sentido, dado seu leque impressionante de interesses. (Voltaremos a ele em instantes.) Leon Battista Alberti também parece uma boa opção, em especial se lermos uma descrição contemporânea entusiasmada de seus feitos, escrita por um autor anônimo que — hoje já temos praticamente certeza — era ninguém mais ninguém menos que o próprio Alberti. Ele é retratado, não sem razão, como um homem de inúmeras facetas, talentoso em todas as esferas da vida, extraordinário em todos os seus atributos, menos na modéstia.[54]

Ele realmente tinha muitos motivos para ser convencido. Além de projetar edifícios e pintar quadros, escrevia tratados importantes sobre as artes da pintura, da construção e da escultura.[55] Era um exímio topógrafo e bolou novas técnicas para elaborar um estudo das ruínas de Roma.[56] Escreveu poemas em latim, uma comédia teatral sobre deuses gregos e um livro intitulado *Jogos matemáticos*. Uma área de conhecimento servia ao aprimoramento das outras, como demonstrou ao usar seu talento matemático para desenvolver regras para criar uma ilusão de perspectiva nas artes visuais.[57]

Essas façanhas são bem documentadas, mas a biografia vai além. Alberti lutava, cantava, praticava salto com vara, escalava montanhas. Na juventude, tinha força suficiente para lançar uma maçã por cima de uma igreja e pular nas costas de um homem sem tomar impulso. Era tão resistente à dor que, aos quinze anos, depois de machucar o pé, manteve a calma e ajudou um cirurgião a dar os pontos.

Também cultivava dons mais sutis. Montando a cavalo sem chapéu (algo incomum), aprendeu a aguentar friagens na cabeça e a enfrentar inclusive os ventos brutais do inverno. Aplicando o mesmo princípio aos ventos frios da vida social, ele "se expôs deliberadamente a impudências desavergonhadas só para aprender a ter paciência".[58] Adorava conversar com todo mundo que encontrava em busca de conhecimento. Chamava amigos a sua casa para conversar sobre literatura e filosofia, "e a esses amigos ele também ditava textos breves enquanto pintava seus retratos ou fazia a estátua de cera de um deles". Em todas as situações, tentava ter um comportamento virtuoso: "Ele queria que tudo na sua vida, todos os gestos e todas as palavras, fosse, bem como aparentasse ser, a expressão de um merecedor da boa vontade dos homens bons". Ao mesmo tempo, ele dava valor à *sprezzatura*, "somando arte à arte para fazer o resultado parecer desprovido de artifícios", em especial no que dizia respeito a três atividades importantes: "Como a pessoa caminha pelas ruas, como cavalga, e como fala; nesses atos, deve se empenhar ao máximo para ser intensamente agradável a todos". Em meio a tudo isso, ele "tinha um jeito alegre e até, na medida em que a dignidade lhe permitia, um ar satisfeito".

Alberti, portanto, era um ótimo exemplo de ser humano esplêndido, realizado, livre, no auge de seus dias. É verdade que *era* excepcionalmente talentoso. Mas o que estamos evocando aqui é algo que vai além: é a imagem ideal do ser humano em geral. Todas as qualidades destacadas são as da *humanitas*: excelência intelectual e artística, virtude e firmeza moral, sociabilidade, boa oratória, *sprezzatura*, a cortesia de ser "agradável a todos". Junto com isso vem sua excelente condição física: as capacidades mentais se refletiam nas proporções do corpo. Ao ler sua descrição, nos vem à mente outra imagem dessa época: a do "homem vitruviano".

O homem vitruviano é uma figura masculina de proporções perfeitas, olhar firme e boa compleição cuja origem é puramente matemática.[59] Ele ilustra as distâncias que deveriam existir entre partes do corpo humano: do queixo à raiz do cabelo, do punho à ponta do dedo médio, do peito ao topo da cabeça. Ao calcular essas proporções no século I AEC, Vitrúvio estava menos interessado na questão anatômica do que na arquitetura: acreditava não haver melhor base para o formato de um templo do que as dimensões do corpo masculino. Assim, o ser humano — como diria Protágoras — seria literalmente tomado como *medida*, ou critério. Vitrúvio explicou seu método de obtenção de dados. Se um homem se deitar de costas com braços e pernas esticados, e se traçarmos um círculo tendo seu umbigo como ponto central, a circunferência encosta nos dedos das mãos e dos pés. Também pode-se criar um quadrado a partir da envergadura de seus braços e da extensão de seu corpo quando ele junta os pés.

Artistas dos séculos XV e XVI faziam o possível para que esse ideal vitruviano se concretizasse. Até desenhistas de fontes tipográficas[60] faziam suas letras segundo o corpo vitruviano. Michelangelo Buonarroti seguiu a temática do templo criando uma fachada para a igreja de San Lorenzo, em Florença, alicerçada nessas dimensões — mas nunca a construiu, pois não conseguiu o mármore que queria.[61]

O mais celebrado foi o desenho feito por Leonardo da Vinci por volta de 1490, mostrando um homem em duas posições simultaneamente, com suas medidas em quadrados suaves. O homem está dentro de um círculo cujo centro é seu umbigo, bem como dentro de um quadrado. Ele franze a testa, mas está sereno; tem uma bela cabeleira, e vira um pé para o lado para mostrar que suas dimensões são condizentes com as do resto do corpo. Ele é perfeito — se não levarmos em conta que tem braços e pernas demais.

O desenho original de Leonardo está muito bem guardado na Gallerie dell'Accademia, em Veneza, mas a imagem desencarnada percorreu uma longa extensão da história e da geografia, representando a confiança, a beleza, a harmonia e a força humanas. Tornou-se um ícone instantâneo do conceito de "Renascimento" e de "homem universal": é um par visual com o camaleão altivo de Pico. Até o símbolo internacional do movimento humanista moderno traz consigo seus ecos: a imagem do "Humano Feliz", elaborada por Dennis Barrington em 1965, é uma simples forma humana de braços erguidos de maneira similar, cheia de confiança, sinceridade e bem-estar.[62] (O mais interessante é que a Humanists UK já abandonou a imagem em prol de um símbolo mais fluido que lembra uma linha dançante — escolhida por ser uma figura que segue o próprio ritmo em vez de ficar parada à nossa frente, esperando ser mensurada. O símbolo está no final do último capítulo deste livro, na página 336.)[63]

Na verdade, o que distingue a imagem de Leonardo das de outros homens vitruvianos é que ela *não* se sujeita a medidas simétricas: as formas não são concêntricas. Leonardo obtive a beleza visual e a verossimilhança do desenho deslocando o quadrado para baixo. O meio do círculo fica no umbigo, mas

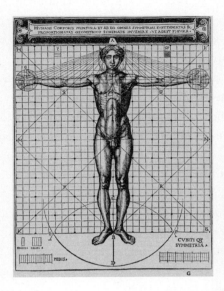
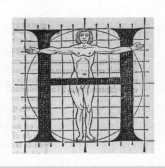
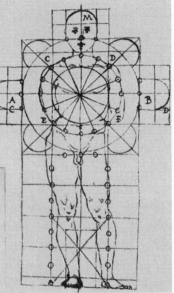
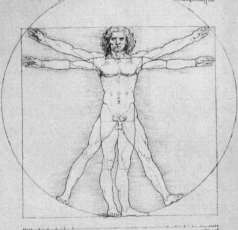

o meio do quadrado fica em algum ponto da base do pênis do homem. Além disso, as pontas superiores do quadrado furam o raio do círculo. Ele precisou ajustar as proporções, pois nem seres humanos "ideais" são um conjunto exato de quadrados e círculos. Muitas correspondências existem de fato: em geral, em um homem de ombros largos, a distância da ponta dos dedos de uma mão até a ponta dos dedos da outra é mais ou menos igual à sua estatura. Mas, sem ajustes, um homem vitruviano real ficaria um bocado esquisito, como provam outros exemplos, como o da tradução italiana de Vitrúvio ilustrada por Cesare Cesariano em 1521.[64]

O recado aqui é de que os seres humanos de verdade, mesmo os que cabem no padrão dominante de masculinidade musculosa, são caracterizados por uma harmonia nada perfeita. São sutilmente descentrados. Um ser humano ideal, harmonioso, é tão passível de ser encontrado quanto uma cidade ideal, harmoniosa (ou até um camaleão harmonioso). Immanuel Kant chegou mais perto da verdade ao escrever, três séculos depois: "da madeira torta de que é feita a humanidade, é impossível fabricar algo reto".[65]

Outro jovem, mais ao norte da Itália, também havia iniciado sua carreira intelectual estudando filosofia platônica, além de medicina: Girolamo Savonarola. Nascido em Ferrara em 1452, em uma família de médicos, ele tinha tudo para seguir a profissão. Como parte dos estudos, escrevia poesia de veia petrarquiana e ensaios sobre os diálogos de Platão. Mas ouviu a voz de Deus, abandonou a faculdade de medicina e rasgou seu trabalho sobre Platão.[66]

O que Deus lhe disse, na verdade, foi: destrua essas vaidades! Esse apetite por conhecimento, a poesia, a leitura de filósofos pagãos — é tudo uma grande futilidade, uma presunção e uma distração da piedade, e é preciso extirpá-lo. Nenhuma questão mundana é tão importante quanto se preparar para a morte e o céu. Estando neste mundo, como Savonarola diria mais tarde, temos que ser "como o mensageiro que chega à hospedaria e, sem tirar as esporas nem nada, come às bocadas e [...] diz, 'Vamos, vamos logo, vamos em frente!'".[67]

"Em frente" ele foi. Savonarola largou a família sem avisar nada e percorreu a pé os cerca de cinquenta quilômetros que separam Ferrara de Bolonha. Chegando lá, apresentou-se no mosteiro dominicano da cidade. Foi aceito, e depois escreveu ao pai contando o que tinha feito. Para explicar suas motivações, pediu ao pai que lesse um tratado que escrevera sobre a necessidade de repudiar todas as coisas mundanas.[68]

Após fazer seus votos monásticos,[69] Savonarola descobriu que, afinal de contas, tinha um talento bastante mundano: era brilhante em inspirar as pessoas com seus sermões. Tentou aprimorar ainda mais esse dom procurando aulas de eloquência e oratória humanistas — artes de origem pagã, mas que imaginava que lhe seriam úteis. O professor que abordou, Giovanni Garzoni, o rejeitou rudemente, o que não deve ter aumentado o apreço de Savonarola pela empreitada humanista como um todo. Ele passou a se açoitar regularmente e ficou com uma aparência assombrada, com testa enrugada e olhar penetrante, que combinavam bem com seu narigão e tornavam suas palavras ainda mais impactantes. Em 1482, ele se mudou para o convento de São Marcos, em Florença, onde passou a lecionar para noviços; em seguida, passou alguns anos na estrada, pregando em outras cidades, antes de ser chamado de volta a Florença por ninguém mais ninguém menos que Lorenzo de Médici.

Nessa época, Lorenzo enfrentava uma doença artrítica, talvez uma espondilite anquilosante; ele morreria pouco depois.[70] O fato de estar em uma situação extrema talvez explique por que procurou um extremista como Savonarola para lhe servir de guia espiritual até o fim. Porém, muitos outros humanistas de seu círculo também ficaram fascinados com Savonarola, inclusive Pico e Ficino.[71] Encantaram-se com seu papo de acabar com a corrupção que havia invadido o cristianismo; como vimos com Valla, os humanistas volta e meia se interessavam por eliminar a corrupção, tanto de textos como da moral. Havia também o forte carisma de Savonarola, que parecia hipnotizar todo mundo; os humanistas se deixaram seduzir sem pensar que eles, e tudo aquilo que tanto estimavam, poderiam facilmente se tornar um de seus alvos. Essa possibilidade só ficou mais evidente quando ele propôs tor-

nar mais recursos financeiros acessíveis aos pobres — tirando os fundos da universidade. Nem todos os humanistas tinham vínculos com a instituição, mas ela representava os princípios do aprendizado e da erudição de forma geral. Vem à mente o fato de alguns intelectuais ocidentais do século XX terem se apaixonado pelo comunismo totalitário sem pensar no que o regime poderia fazer contra eles.

A simpatia de Savonarola pelos pobres era mais compreensível, já que condenava o elitismo e a ganância dos clérigos. Tinha granjeado uma grande plateia para seus sermões no São Marcos e na catedral de Florença — onde poderia ser ouvido por 10 mil pessoas sob a bela cúpula criada no começo do século por Filippo Brunelleschi.

Ele foi arrebanhando mais seguidores, que começaram a fazer procissões pelas ruas cantando e lamentando, e se tornaram conhecidos como *piagnoni*: grandes pranteadores. Bandos de crianças, *fanciulli*, eram organizados para marchar empunhando faixas e arrecadar dinheiro. Investiam contra pedestres, principalmente mulheres que acreditavam não estarem vestidas com o devido recato, e iam de porta em porta exigindo "vaidades". Como escreveu uma testemunha, ao descrever as cenas de 16 de fevereiro de 1496:

> Tão imensa era a graça que se derramava de seus lábios que todos iam às lágrimas, e até mesmo os seus inimigos lhes entregavam tudo, aos prantos, tanto homens como mulheres, diligentemente vasculhando tudo, jogos de baralho, gamão, tabuleiros de xadrez, harpas, alaúdes, sistros, címbalos, gaitas de foles, saltérios, perucas, véus (que na época eram enfeites de cabeça femininos muito lascivos), pinturas e esculturas infames e lúbricas, espelhos, pó de arroz e outros cosméticos e perfumes lascivos, chapéus, máscaras, livros de poesia no vernáculo ou em latim, e qualquer outro material de leitura infame, além de livros de partituras. Essas crianças inspiravam medo onde quer que fossem vistas, e quando desciam uma rua, os perversos desciam outra.[72]

Nos anos seguintes, as procissões culminaram em fogueiras.[73] Uma enorme pirâmide de oito faces era construída de antemão, seu interior abastecido com lenha para alimentar as chamas; depois, as vaidades coletadas pelas crianças eram apoiadas ou penduradas em fileiras nas laterais. Todos os objetos — espelhos, vidros de perfume, quadros, instrumentos musicais — eram arrumados

"de forma diversificada e distinta a fim de deleitar os olhos", conforme explicou uma testemunha.[74] (Os que queimavam vaidades tampouco careciam de senso estético.)

Savonarola não foi o primeiro a tramar esse espetáculo. Fra Bernardino da Siena e Fra Bernardino da Feltre haviam ateado fogo a livros e outros objetos uma década antes, em Florença, com este último declamando frases de efeito como "Sempre que lemos o ribaldo Ovídio crucificamos Cristo!".[75] As fogueiras de Savonarola contavam com autores modernos e clássicos. E quando os livros eram belamente escritos e encadernados, melhor ainda: entre as obras de sua fogueira de 1498 estava uma coleção de Petrarca "adornada com ilustrações em ouro e prata".[76]

Ele também adoraria ter feito a mesma coisa com certos tipos de pessoa.[77] Preconizava castigos horrendos para "sodomitas" — a homossexualidade era oficialmente ilegal na Florença da época, mas raramente era punida de fato. Ele acreditava que a legislação devia ser aplicada "sem piedade, de modo que essas pessoas sejam apedrejadas e queimadas". Até certo ponto, conseguiu convencer os legisladores da cidade: incidentes leves que antes valiam uma multa agora acarretavam uma série cada vez mais intensa de atrocidades contra os criminosos reincidentes, que primeiro eram expostos no pelourinho, depois marcados a ferro quente e por fim queimados vivos. Como os funcionários públicos demonstravam ter preguiça de impor esses horrores (afinal, as multas eram mais lucrativas), Savonarola esbravejou: "Queria vê-los fazer uma bela fogueira desses sodomitas na *piazza*, duas ou três, homens e mulheres, porque também há mulheres que praticam essa depravação abominável".

No final, Savonarola foi abatido pelo destino que tanto desejava que se abatesse sobre os outros. Ele criou atrito na Igreja, não exatamente pelas fogueiras ou as procissões, mas por alegar ser guiado por visões, em especial uma em que a Virgem Maria lhe disse que os florentinos deviam se arrepender de seus atos. Visões pessoais, sobretudo quando combinadas a anticlericalismo, equivaliam a uma objeção ao direito da Igreja de mediar todas as experiências religiosas. Em 1497, o papa o chamou a Roma para que se explicasse, e como se negou a ir, foi excomungado. As autoridades florentinas não queriam briga com as romanas, portanto prenderam Savonarola e o torturaram com as cordas até que assinasse a confissão de que tinha apenas fingido ter visões. Após mais uma série de interrogatórios e julgamentos, ele foi condenado à morte. Em 23 de maio de 1498, foi enforcado com dois outros homens, depois queimado no cadafalso. As cinzas foram transportadas em carroças e jogadas no rio para que não sobrassem restos mortais. Até La Piagnona, o sino de São Marcos que chamava seus seguidores para os sermões, foi colocado em uma carroça, chicoteado pelas ruas e depois banido da cidade. Mas Savonarola continuou vivo nas lembranças humanas, mais difíceis de se apagar.[78] Os dois maiores historiadores da geração florentina seguinte sofreram o impacto de suas vivências nesse período: Francesco Guicciardini era filho de um *piagnone* e é possível que tenha sido *fanciullo*; o outro, Nicolau Maquiavel, tinha visto Savonarola pregar.[79] Maquiavel tentou entender como alguém que conseguira instigar a paixão do povo tivera um fim tão ruim e chegou à conclusão de que o principal problema era que Savonarola não tinha sido capaz de se aproveitar dessa paixão montando um exército particular.

Podemos até sentir alguma empatia por Savonarola, justamente por sua história ter acabado de forma tão desonrosa e por sua crítica salutar à corrupção da Igreja e sua defesa do bem-estar dos pobres. Ele dava uma voz eloquente a reivindicações verdadeiras. Assim como Valla, não tinha medo de desafiar a enorme instituição cuja autoridade era imposta com base em fundamentos dúbios. E para sermos *muito* generosos com Savonarola: ele queria evitar a danação dos florentinos após a morte.

Mas era um homem violento, cujo desejo de matar sodomitas era homicida, e que usava seu talento para a oratória para provocar um furor raivoso de falso moralismo nos ouvintes. Mandava os seguidores juntarem quaisquer objetos que demonstrassem amor ao corpo e à mente humanos, tudo que fosse refulgente e decorativo e belamente elaborado, todos os jogos divertidos, todos os livros encantadores, todas as bugigangas insinuantes, todos os símbolos de alegria terrena. Reunia essas coisas com a mesma dedicação dos grandes colecionadores humanistas — e as queimava. Todos esses resultados da habilidade humana e da beleza foram convertidos em dióxido de carbono e depósitos de cinzas.

Quanto à sua filosofia de modo geral, Thomas Paine a resumiria séculos depois, ao dizer que tem quem pareça considerar uma demonstração de humildade chamar "a terra fértil de estrumeira e todas as bênçãos de vida pelo desagradável nome de vaidades".[80] Na verdade, na opinião de Paine, isso mais parecia ingratidão.

A violência contra a arte e o povo varreu outras partes da península Itálica no final do século, com as invasões das tropas francesas, que tomaram o território de Nápoles, defendido com tanta competência por Valla e sua filologia, e em 1495 assumiram seu comando sem precisar travar nenhuma batalha. O avanço das tropas sobre o resto da península causou muitos traumas. O maior choque para Roma veio algumas décadas depois, em 1527, quando ex-soldados amotinados do imperador Carlos v romperam suas defesas e saquearam a cidade. Muitos desses soldados eram seguidores de Martinho Lutero, líder da Reforma Protestante: um rebelde muito mais exitoso contra as autoridades da Igreja do que Savonarola jamais conseguiria ser. Sem receber o pagamento que lhes era devido, recolheram o dinheiro e os tesouros que acharam e destruíram as coisas que não lhes eram úteis. Percorreram as ruas atacando os moradores que tiveram o azar de cruzar com eles e arrastaram relíquias para fora das igrejas. Entre as pichações nas paredes do Vaticano, ainda hoje há a palavra "Lutero" rabiscada no gesso sob um afresco de Rafael.[81]

Muitos livros também foram destruídos na cidade, tanto da Biblioteca Vaticana como de coleções particulares. Depois que sua biblioteca foi arruinada, o humanista Jacopo Sadoleto escreveu a Erasmo: "É inacreditável, toda tragédia e prejuízo que a destruição desta cidade trouxe à humanidade. Apesar de suas depravações, era ocupada sobretudo pela virtude. Um paraíso de humanidade, hospitalidade e sabedoria é o que Roma sempre foi".

Um dos que perderam a biblioteca pessoal foi Paolo Giovio, médico do papa Clemente VII.[82] Ele ajudou Clemente a fugir lhe emprestando sua capa para cobrir a batina branca característica de papa quando debandaram do Vaticano por uma passagem secreta rumo ao Castelo Sant'Angelo: justamente o lugar onde a Igreja havia torturado Platina e outros membros da Academia seis décadas antes.

Mais tarde, Giovio saiu da cidade e, se refazendo de tudo o que havia acontecido, passou um tempo na ilha de Ísquia, onde Vittoria Colonna fez um retiro para os amigos, com os velhos divertimentos humanistas para confortá-los.[83] Passavam os dias contando histórias, de novo como os nobres refugiados do *Decamerão*, e travando debates elegantes, assim como os cortesãos de Castiglione em Urbino. Giovio publicaria as discussões em uma obra chamada *Homens e mulheres notáveis de nossa época*.

No mundo real, muito havia mudado, para os humanistas e para todos. As agonias de Roma em 1527 chocaram a Europa católica inteira. Uma coisa era um humanista zombar e alfinetar a autoridade romana, mas aquela situação dava o que pensar: se até a antiga e venerável cidade podia ser atacada daquele jeito, como alguém se sentiria seguro aonde quer que fosse? O resto dos anos 1500 confirmou esses temores, pois a guerra religiosa e o caos devastaram a Europa.

Graças a essas experiências, bem como outras provocações ao entendimento que os europeus tinham da vida — particularmente o encontro com o "novo" mundo do outro lado do Atlântico e a explosão da quantidade de informações impressas a que tinham acesso agora —, os humanistas do século XVI se tornariam cada vez menos ingênuos em sua reverência ao passado e cada vez mais interessados na complexidade social, na falibilidade humana e nos impactos dos acontecimentos de grande porte na vida dos indivíduos. O espírito questionador, encabeçado por Valla e outros eruditos humanistas que se recusavam a se limitar a fontes aprovadas, ganhava mais terreno. O interesse no camaleão humano mutante demonstrado por um Pico ou Ficino se manteve, mas se tornou menos teológico e mais pragmático. Os historiadores Nicolau Maquiavel e Francesco Guicciardini, por exemplo, desenvolveram uma atitude valente, investigativa: refletiram sobre as causas das mudanças históricas e as razões *por que* as pessoas se comportavam como se comportavam.

Uma curiosidade similar pela complexidade humana motivou a retomada de outro gênero centrado nos seres humanos: a biografia, com seus questionamentos sobre causas e consequências nas vidas individuais. Paolo Giovio era um desses novos biógrafos, porém seu trabalho era mais brando do que o dos historiadores. Voltou para o norte, para sua terra natal nos arredores do lago de Como, e construiu uma vila, como todo mundo faz quando quer ficar longe de confusões e discórdias. Baseou seu projeto em descrições de vilas antigas da região cujos donos haviam sido uma dupla formada por tio e sobrinho, Plínio, o Velho, e Plínio, o Jovem. Este chegara a escrever que a janela de seu quarto era tão próxima do lago que poderia usá-la para pescar: uma ideia maravilhosa.[84] Não era isso o que Giovio queria, mas ele transformou sua vila em uma janela ainda mais extraordinária para a vida. Usou-a para abrigar um museu, aberto à visitação e repleto de retratos de pessoas que ele esperava que inspirassem imitações. Também publicou um livro[85] com esses retratos e escreveu breves textos que acompanhavam cada xilogravura. A coleção original da vila não sobreviveu, mas cópias dos retratos foram pintadas por Cristofano dell'Altissimo a pedido de Cosimo I de Médici. Hoje, essas obras estão nas paredes do Primeiro Corredor (ou Corredor Leste) da Galeria Uffizi, em Florença, ocupando uma posição tão honrosa que muita gente, na pressa de ir ver os Botticelli, nem repara que elas estão ali.

Uma noite, durante um jantar, Giovio mencionou que gostaria de dedicar um volume aos artistas modernos de sua época. Quem estava sentado a seu lado era o pintor Giorgio Vasari, que conhecia *todo mundo* do universo da arte.[86] Ideia esplêndida, ele disse. Mas por que não chamar um especialista de verdade para assessorá-lo? Os outros convivas replicaram: devia ser *você*, Giorgio!

Foi ele, então, e o livro *Vidas dos grandes pintores, escultores e arquitetos*, de Vasari, foi lançado em 1550. Era uma preciosidade, repleta de fofocas e elogios capazes de construir reputações, mas também era um estudo de técnicas escrito por um profissional em atividade. (A obra de Vasari inclui afrescos gigantescos, um bocado desleixados, mas ele também fez pinturas menores, e uma delas é um retrato cronologicamente extravagante de um grupo de seis poetas toscanos, com o centro dominado por Dante e Petrarca, com Boccaccio à espreita entre seus ombros.)[87] Com *Vidas*,[88] Vasari fez mais do que todo mundo para fomentar a ideia de que um "renascimento" havia acontecido desde a época desses poetas: assim, sugeria a concretização do sonho de Petrarca, ainda que na arte visual, e não na literária. Mas Vasari também percebia um renascimento no universo acadêmico: ele comparava seu projeto às realizações dos novos historiadores, mais sutis,

> que entendem que a história é de fato o espelho da vida humana — não apenas uma narrativa seca dos acontecimentos [...] mas um meio de enfatizar os juízos, opiniões, decisões e planos dos seres humanos, bem como a razão para seus atos bem e malsucedidos: este é o verdadeiro espírito da história.

Os atos dos seres humanos, a dificuldade de formar boas opiniões, a incerteza de todas as coisas — esses temas continuariam fascinando os escritores do século XVI. Eles teriam que encarar a cisão religiosa da Europa ocidental e a revelação de que o mundo era muito maior e diverso do que imaginavam os antigos. Isso levaria alguns à refinada compreensão da existência da incerteza e da complexidade. Alguns também se dariam conta de que não havia nada mais complexo e fragmentado do que cada ser humano.

Veremos aonde tais ideias os levaram. Mas primeiro vamos falar de corpos.

4

Rede maravilhosa

DE MODO GERAL, DE 1492 A 1559
*Livros e corpos — Girolamo Fracastoro e seu belo poema sobre
uma doença tenebrosa — Niccolò Leoniceno: textos ruins matam
pessoas — botânicos e anatomistas — a morte se alegra em
socorrer a vida — Andreas Vesalius e sua obra-prima humanista
— embora tenha ignorado uma coisa — tudo está em movimento.*

Assim como uma cidade forte como Roma poderia ser invadida e transforma-da em um caos maculado, depauperado, o ser humano poderia ser invadido e destruído por doenças. Esse é o ponto de partida de uma jornada poética através de um assunto não muito glamuroso: *Sífilis, ou a doença francesa*, livro publicado pelo médico humanista Girolamo Fracastoro em 1530, mas escrito um tempo antes e influenciado pelos desastres sofridos pela península.[1] O autor se dirige à Itália: "veja", diz ele, "como você era feliz e pacata — amada pelos deuses, fértil, abastada —, porém agora sua terra foi pilhada, seus lo-cais sagrados profanados e suas relíquias roubadas". Isso nos traz à mente o provável destino de um rapaz bonito se a sífilis atacasse seu rosto e corpo e arruinasse sua mente e espírito.

Ao dizer tudo isso, o poema de Fracastoro atinge o contrário de seu ob-jetivo: transforma um assunto feio em belos versos virgilianos. Assim como Boccaccio no prelúdio pestilento do *Decamerão*, Fracastoro começa o livro amontoando desgraças, mas logo cede aos prazeres de contar histórias. Ele nos oferece rios mágicos de mercúrio correndo no subterrâneo, praias reluzentes de pó dourado, o ar cheio de passarinhos de cores vivas e as tribulações de um pastor ingênuo — tudo como subterfúgio para apresentar possíveis curas para a sífilis. Servindo-se dos conhecimentos mais avançados da medicina da época, explora uma série de abordagens que culminam no remédio que ele considera o mais passível de dar certo: a casca de guaiaco, ou madeira de guaiaco, extraída de uma árvore florífera encontrada no Novo Mundo.

O que eu amo no poema de Fracastoro é sua mistura, típica desse período, de investigação genuína do mundo e elegância literária, com a qual ele se deleita em causa própria. Lembra o diálogo *De Aetna*, de Pietro Bembo — e, vejam só, o poema é dedicado a Bembo. Os leitores de inglês que não sabem latim têm à disposição duas boas traduções através das quais apreciar a imagística de Fracastoro. Tenho um grande apreço pela tradução de Geoffrey Eatough, lançada em 1984, que, apesar de ser em prosa, se esbalda no amor voluptuoso de Fracastoro pelas palavras. Vejamos seu conselho dietético para os sifilíticos:

Evite miúdos tenros, a barriga de porco curva de gordura e, infelizmente, o lombo do porco; não se alimente de lombo de javali, por mais que mate muitos ao sair para caçar. Ademais, não se deixe tentar por pepinos, que são de difícil digestão, nem trufas, e tampouco sacie a fome com alcachofras ou cebolas luxuriosas.[2]

E eis aqui seu panegírico final ao guaiaco:

Aclamo a grande árvore plantada com uma semente sagrada pelas mãos de Deus, com belos cachos, estimados por suas novas virtudes: esperança da humanidade, orgulho e nova glória de um mundo estrangeiro; árvore felicíssima [...] você também será enaltecida sob nossos céus, em qualquer lugar que com a nossa canção as Musas façam-na se propagar através dos lábios dos homens.[3]

Além de dar asas a seu talento literário,[4] Fracastoro era um médico atuante, com o desejo sincero de ajudar as pessoas a se recuperarem. Infelizmente, o guaiaco, indutor da sudorese, tem pouca serventia contra a sífilis.[5] (Porém, hoje em dia ele tem outro uso: por sua reação química à hemoglobina, indica a presença de sangue na urina ou nas fezes.) Mas Fracastoro só podia se basear nos materiais da época. Assim como qualquer pesquisador e médico atual, ele estudava a literatura especializada, tentava se destacar na área e se empenhava para atingir o objetivo geral da medicina: reduzir o sofrimento e melhorar a vida humana. Mas fazia isso em hexâmetros.

Mitigar o tormento dos companheiros é uma meta humanista no sentido mais amplo, e em geral o exercício da medicina se escora nos mundos da ciência e dos estudos humanistas. Usa pesquisas quantitativas (muito mais agora do que na época de Fracastoro), mas também relatos dos pacientes sobre o que sentem: um médico profissional tem que saber ouvir e conversar bem com esses pacientes. A medicina conta com fenômenos observados e vivenciados. Mas também se fia nos livros: o conhecimento é transmitido de profissional a profissional por meio da educação e do compartilhamento de experiências. Assim como outras ciências, recorre explicitamente às humanidades, sobretudo à história, para refletir sobre o próprio passado e refinar seus métodos. Muito mais que as outras ciências, se vale das ideias contemporâneas prevalecentes sobre quem

e o que somos como seres humanos, e de modo geral como seres vivos. Em troca, a medicina ajuda a *mudar* o que somos, à medida que conhecemos melhor (tomara) nosso organismo e, assim, nos tornamos mais aptos a interferir um pouco nos nossos processos e químicas essenciais.

É por isso que, em seu livro de 1979, *Humanism and the Physician* [Humanismo e o médico], Edmund D. Pellegrino declara que a medicina "está na confluência de todas as ciências humanas".[6] E o cientista e educador do século XIX T. H. Huxley (que vai aparecer de novo em um capítulo mais adiante) dizia que o estudo da fisiologia humana era a melhor base para *qualquer* tipo de educação:

> Não existe um lado do intelecto que não recorra a ela, não existe área do conhecimento humano na qual ela não lance suas raízes ou em que seus galhos não se enfiem; assim como o Atlântico entre o Novo e o Velho Mundo, suas ondas quebram na costa dos dois mundos, do corpo e da mente.[7]

O humanismo e a medicina se misturam: este capítulo é um estudo de caso de como as habilidades humanistas se entrelaçaram às primeiras tentativas modernas de se examinar pessoas reais. Poderia ser lido como um interlúdio, mas também é um divisor de águas na nossa história, pois os humanistas europeus estavam se tornando menos subservientes aos antigos, investigando melhor o mundo real e pesquisando a vida física e mental, perguntando que tipo de criaturas somos nós e o significado de termos um corpo humano.

Eu disse que o objetivo da medicina é aliviar o sofrimento, mas, infelizmente, durante boa parte da história ela não atingiu essa meta, e sem querer chegou a piorar as coisas. Algumas práticas eram desnecessariamente invasivas, como as incisões para verter sangue, feitas devido à crença de que ele havia se tornado tóxico ou precisava ser diluído. A ingestão de substâncias como esterco ou "múmia" (fragmentos de restos humanos, às vezes misturados com betume) era tida como boa justamente devido a sua repugnância. Os enfermos que tiravam a sorte grande recebiam tratamentos apenas inúteis, em vez de arriscados. Ideias de regimes também variavam: evitar miúdos de porco era bom em certos momentos, mas Petrarca foi aconselhado pelos médicos a evitar todos os legumes, frutas e água potável — recomendações nada saudáveis para a maioria das situações hoje em dia. Não surpreende que Petrarca só tivesse críticas violentas contra os médicos, embora tivesse alguns deles como seus melhores amigos. Desprezava sobretudo os que mais se gabavam de sua erudição humanista: "São todos instruídos e corteses, capazes de conversar extremamente bem, argumentar vigorosamente, fazer discursos bastante fortes e cativantes, mas a longo prazo são capazes de matar de forma um bocado artística".[8]

Uns trinta anos depois desses comentários de Petrarca, Geoffrey Chaucer incluiu em seus *Contos da Cantuária* um médico que achava que o melhor remédio para a peste era ouro — se ministrado a ele mesmo sob a forma de uma moeda. "Pois se ouro em pó faz bem ao coração,/ Então, é bom ter do ouro a devoção".[9] O preâmbulo de Chaucer a esse comentário é uma lista das sumidades estudadas pelo médico: Hipócrates, Dioscórides, Galeno, Rasis, Avicena. É um bom resumo do cânone da medicina antiga. Os dois primeiros são pioneiros gregos; os dois últimos eram os grandes estudiosos persas Al-Rāzī e Ibn Sīna. O nome mais influente da lista era o do meio: Galeno, médico do imperador de Roma no século II EC e autor que falava de praticamente qualquer área do exercício da medicina, de anatomia a patologia passando por dieta e psicologia.

Todos esses autores eram inteligentes, criteriosos e cheios de bons conselhos, mas todos tinham seus defeitos. Além disso, como acontecia em outros campos, seus textos haviam se fragmentado e se corrompido pelas repetidas cópias. Como ao longo de muitos séculos o grego tinha sido ilegível para a maioria dos europeus ocidentais, a tendência era que os autores gregos chegassem ao latim por meio do árabe, dobrando a possibilidade de erros de tradução. Nos anos 1400 e 1500, novas gerações de humanistas usaram suas habilidades filológicas para retraduzir os autores lançando mão das fontes mais fiéis que conseguissem encontrar. Promoviam seus trabalhos com as imagens de sempre, de fuga da prisão: um médico se regozijou no prefácio porque, graças a ele mesmo, Hipócrates e Galeno tinham sido "salvos da escuridão perpétua e da noite silenciosa".[10]

Mais do que em outras áreas do conhecimento, os humanistas da medicina tinham um senso de urgência quanto à necessidade de tais trabalhos. É improvável que alguém morra porque um verso de Homero foi mal interpretado. O fato de um documento jurídico ou político falso ser levado em consideração, como aconteceu com a Doação de Constantino, pode gerar consequências relevantes, mas não é diretamente responsável pelo falecimento de ninguém. Mas um texto de medicina distorcido pode ser letal.

O primeiro a defender veementemente esse argumento foi Niccolò Leoniceno, em seu *Sobre os erros de Plínio e outros escritores médicos*, cuja primeira edição é de 1492. O livro *História natural*, de Plínio, o Velho,[11] é uma compilação feita no século I de informações de segunda mão sobre ervas e saúde, entre outros assuntos, e era comum que as pessoas confiassem demais na obra, embora o próprio Plínio não alegasse ter feito controle de qualidade. Os humanistas o amavam tanto quanto seus antecessores medievais. Petrarca encheu seu manuscrito de Plínio de anotações, e uma cópia que hoje está na Biblioteca Bodleiana da Universidade de Oxford conta com notas de Coluccio Salutati, Niccolò Niccoli e Bartolomeo Platina. Para os humanistas, o apetite de Plínio por dados diversos era bem-vindo, e se perceberam erros, eles tiveram a cortesia de pôr a culpa nos copistas, não no autor.[12] Leoniceno, no entanto, pôs a culpa toda no autor.[13] Ele disse que poderia fazer um livro inteiro só com os erros de Plínio, principalmente no que dizia respeito à identificação das plantas medicinais. A questão não é só das palavras, ele escreveu, mas das coisas. E a saúde e a vida das pessoas dependem da correção da linguagem médica.

Assim como seu predecessor Lorenzo Valla,[14] Leoniceno não tinha medo de atacar sumidades antigas quando sentia que a verdade era importante. Também como Valla, preferia afastar os leitores das más versões e fazê-los recorrer a fontes mais antigas, mais autênticas. No caso dele, seria preciso examinar as plantas de fato. Assim ele encerra seu tratado:

> Por que a natureza nos concedeu olhos e outros sentidos se não para vermos e investigarmos a verdade através de nossos próprios meios? Não devemos nos privar, seguindo sempre os passos alheios, de percebermos algo por nossa conta: seria como ver com os olhos alheios, ouvir com os ouvidos alheios, cheirar com o nariz alheio, compreender com a mente alheia e decretar que nada somos além de pedras se submetemos tudo ao juízo alheio e nada decidimos por nós mesmos.[15]

Apesar dessa defesa do que agora nos parece ser uma abordagem empírica moderna, Leoniceno ainda era humanista. Ele se exprime com as elegâncias habituais; não vê conflito entre ser um bom filólogo e um bom investigador do mundo real — na verdade, as duas coisas combinam bem. Afinal, Lorenzo Valla também analisava questões de plausibilidade e veracidade na vida real, bem como questões puramente linguísticas. Mas nenhum deles acreditava na veneração excessiva das autoridades pelo mero fato de serem autoridades.

Leoniceno colecionava manuscritos, e também fazia coisas bastante humanistas: era cortesão e trabalhava a cargo de mecenas endinheirados. Desenvolveu sua carreira enquanto atuava como médico dos duques da família Este, em Ferrara, cuja corte intelectualmente vivaz agora era presidida por Afonso I e sua esposa, Lucrécia Bórgia — muito amiga dos humanistas. Leoniceno dedicou seu pequeno tratado *Sobre as dipsas e várias outras serpentes* a Lucrécia, talvez insinuando com *muita* delicadeza que ela teria um interesse especial pelo veneno das espécies que na literatura antiga eram chamadas de dipsas.[16] (As serpentes que agora recebem esse nome nada têm de venenosas.) Em 1497, 33 anos antes de Fracastoro, ele também lançou uma obra sobre a sífilis, sem dúvida outro assunto de certa relevância na corte. Como os bons escritores de divulgação científica hoje em dia, ao mesmo tempo que conseguia se comunicar bem com o público leigo, Leoniceno dava continuidade ao seu trabalho de especialista. A combinação das carreiras editorial e científica foi coroada quando, aos 86 anos, ele lançou a própria edição de obras seletas de

Galeno com comentários, publicada pelo tipógrafo humanista francês Henri Estienne, em 1514.

A essa altura, comparar livros a plantas estava ficando mais fácil graças à criação de jardins botânicos nas cortes e nas cidades universitárias da Itália. Esses jardins ficavam abarrotados de humanistas. Em Ferrara, o médico da corte Antonio Musa Brasavola recolhia plantas da zona rural e sinônimos multilíngues para seus nomes nos livros.[17] Em Bolonha, Ulisse Aldrovandi acumulava enormes tomos de história natural baseados em seu museu particular de espécimes e escrevia comentários sobre textos antigos.

Enquanto os botânicos-filólogos comparavam plantas e palavras, os demais pensadores críticos aplicavam um princípio similar a outros assuntos. Eles começaram a comparar os livros de anatomia aos corpos humanos que alegavam descrever.

Fazia muito tempo que as pessoas entendiam que olhar os corpos por dentro era uma boa ideia, quando possível. Galeno era totalmente a favor. Mas na prática era complicado, já que as autoridades religiosas e políticas dos mundos romano, cristão e islâmico declaravam o ato ilegal. Galeno precisou usar espécies não humanas como ovelhas e macacos-berberes para suas dissecações.[18] Mais tarde, no início do século V, uma longa sombra foi lançada pela opinião de Agostinho[19] de que a dissecação anatômica era errada por ignorar a harmonia holística do corpo vivo — embora um conhecimento mais aprofundado de anatomia pudesse ajudar a impedir que esse corpo vivo harmonioso caísse morto. Como o manifestante pró-anatomia do século XIX Thomas Southwood Smith diria: "A questão é se devemos permitir que o cirurgião adquira conhecimento operando o corpo dos mortos ou se ele deve obtê-lo praticando no corpo dos vivos".[20]

No final do século XIII, havia quem já tivesse começado a desafiar o banimento das dissecações, sobretudo em Bolonha, onde Mondino de Liuzzi usava cadáveres de criminosos executados para ensinar anatomia aos estudantes. Outros seguiram seu exemplo. Com o tempo, as regras foram afrouxadas, e aos professores de anatomia eram concedidos alguns poucos corpos humanos por ano. Como as oportunidades eram limitadas, era importante que todo mundo tivesse uma boa visão, e por isso foram construídos teatros feitos com esse propósito. Ainda existe um desses, datado de 1590, na Universidade de Pádua: uma sala desconcertante de tão apertada, com galerias estreitas e ovais que

 se erguem em volta da mesa central. Os alunos se debruçavam nos balaústres: não tinham onde se sentar. Com o calor e a fumaça das tochas que iluminavam o ambiente, e o odor do cadáver aberto, que apodrecia lentamente enquanto passava pelas etapas de dissecação, não era incomum que os alunos da classe desmaiassem. Os balaústres e os ombros dos colegas os impediam de caírem de cabeça no cenário lá embaixo.

Mesmo hoje, agradável, limpo e vazio, o teatro de Pádua nos lembra um dos círculos do Inferno de Dante. Diferente da versão dantesca, entretanto, esse não era um espaço que merecesse uma inscrição avisando a todos que abandonassem suas esperanças ao adentrá-lo. Pelo contrário, a questão ali era a esperança. As palavras escritas na entrada do teatro de Pádua são *Mors ubi gaudet succurrere vitae*: "Onde a morte se alegra em socorrer a vida".

Nas primeiras fases desse novo método educativo, o cadáver, embora formidavelmente real e firme na aparência, ainda deveria obedecer ao livro. Um cirurgião ou barbeiro simplório fazia as incisões, um "ostensor" apontava cada órgão e de um lugar mais elevado o professor ficava na tribuna recitando (geralmente) Galeno.

Mas veja que constrangedor: o corpo às vezes se recusava a cooperar. Por exemplo, Galeno descrevera um órgão na base do cérebro de nome *rete mirabile*, ou "rede maravilhosa". Na vida, sua suposta função era injetar "líquidos vitais"

no sangue, que então os distribuiriam aos nervos; o processo deixaria um resíduo mucoso que depois de excretado pelo cérebro escorreria pelas narinas. (É bem provável que todos identifiquemos a substância: talvez sua familiaridade tenha tornado a tese mais crível.) Mas os ostensores coravam por sua incapacidade de apontar a *rete mirabile* quando o gesto se fazia necessário. O professor parisiense Jacobus Sylvius ficava se perguntando se não teria existido na época de Galeno, mas se degenerado a ponto de sumir nos humanos modernos.[21]

A verdade é que seres humanos não têm esse órgão.[22] Os cães, sim. Golfinhos também. Girafas têm esse órgão para se

proteger de oscilações na pressão sanguínea quando abaixam a cabeça para tomar água. Mas nos seres humanos ele inexiste. É provável que Galeno o tenha visto ao dissecar ovelhas. Alguns observadores começaram a sugerir essa possibilidade, em especial Giacomo Berengario da Carpi, um professor de Bolonha que escreveu: "Me esforcei muito para descobrir essa *rete* e sua localização; dissequei mais de uma centena de cabeças basicamente à procura dessa *rete* e ainda hoje não a compreendo".[23]

O golpe final foi desferido por um ex-aluno brilhante de Sylvius: Andreas Vesalius, nascido Andries van Wesel em Bruxelas, em 1514.[24] Além de anatomista, Vesalius era um inovador especialista em educação, escritor, editor de textos clássicos e criador de uma das obras mais incríveis da história da imprensa — em suma, era o perfeito humanista, mas do tipo que submetia as autoridades antigas a escrutínios e testes.

Começou suas pesquisas quando era um jovem estudante em Leuven, onde à noite, junto com um amigo, pulava às escondidas os muros da cidade para recolher partes facilmente divisíveis das vítimas de execução que ficavam expostas à beira das estradas como alerta e estavam apodrecendo. Ele e o amigo as usavam para diversos tipos de atividades edificantes. Ainda em

Leuven, Vesalius também escreveu uma exegese de Al-Rāzī, corrigindo erros de terminologia que haviam sido introduzidos no texto a partir de traduções anteriores e tentando identificar as substâncias a que o autor se referia: um projeto ao estilo Leoniceno.[25]

Ele foi estudar em Paris e depois em Pádua, onde de tão precoce foi contratado para lecionar cirurgia e anatomia no dia seguinte à formatura. Imediatamente se pôs a inventar formas melhores de preparar os cadáveres para as explicações educativas e, ao contrário dos outros, insistia em fazer as incisões enquanto dava a aula expositiva. As anotações sobreviventes feitas por um aluno mostram como ele ia de parte em parte do corpo ao longo de vários dias, correndo contra o tempo e a decomposição, como era sempre o caso dos dissecadores.[26]

Para minorar esse problema e oferecer a possibilidade de um estudo mais vagaroso, ele começou a criar enormes ilustrações impressas. Primeiro fez um conjunto de seis plaquetas, de tamanho suficiente para mostrar os órgãos com nitidez. Ele ainda incluía a *rete mirabile*;[27] mais tarde, Vesalius confessou ter usado um animal não humano como fonte, pois lhe constrangia admitir que não tinha achado esse órgão.

Essa sensação mudaria à medida que ganhava autoconfiança. Alguns anos depois, estava fazendo suas dissecações em Bolonha, junto com o colega Matteo Corti. Em geral, Vesalius fazia o papel de humilde incisor e ostensor enquanto Corti lia os textos. Irritado com a lealdade de Corti às fontes consagradas, Vesalius não parava de interrompê-lo para ressaltar quais partes do corpo diferiam das descrições, até que os dois anatomistas começaram a bater boca em volta do corpo aberto, na frente de observadores.[28] (Imagino um atirando rins e clavículas no outro, mas sou dessas.)

Por fim, em 1543, Vesalius produziu sua obra-prima: *De humani corporis fabrica*, ou *A estrutura do corpo humano*, em que repudiava o conceito de *rete* humana de uma vez

Cópia de Vesalius dos trabalhos de Galeno sobre a respiração.

por todas.²⁹ Punha a culpa nele mesmo e em outros anatomistas pelo excesso de confiança em Galeno: "Não direi mais nada sobre os outros; prefiro me admirar da minha própria tolice e da fé cega nos escritos de Galeno e de outros anatomistas".³⁰ Ele termina essa parte do texto incentivando estudantes a se fiarem nos próprios exames minuciosos e a não tomarem a palavra de ninguém, nem a dele mesmo, como verdade absoluta.

É um bom conselho, já que Vesalius não acertou em tudo. Um erro dele foi não ter conseguido identificar corretamente o clitóris, descrevendo-o como parte dos lábios.³¹ Foi outro anatomista de Pádua, Realdo Colombo, quem o corrigiu.³² Realdo sabia até para o que ele servia, o que sugere que o tenha notado em outros contextos que não a mesa de dissecação. Ele lhe deu o nome de *"amor Veneris, vel dulcedo"* ("amor de Vênus, ou coisa do prazer"), detalhou seu papel nas experiências sexuais femininas e comentou: "Não tenho palavras para exprimir o quanto me espanta que anatomistas famosos não tenham suspeitado de coisa tão adorável, aperfeiçoada com tanta arte visando tal utilidade".

Com algumas exceções, a *Fabrica* de Vesalius se distingue pela minúcia, a descrição dos métodos de preparo dos corpos e a avaliação criteriosa de erros cometidos por sumidades clássicas.³³ E, além disso tudo, é também uma obra soberba em termos de produção editorial e artes visuais humanistas. Foi impressa em um tipo claro, bastante legível, e conta com 83 folhas de ilustrações, desenhadas segundo as orientações de Vesalius por Jan van Calcar e gravadas por diversas mãos. As gravuras foram feitas na Itália, em blocos de madeira de pereiras, e depois transportadas por uma firma mercantil até o outro lado dos Alpes, que as entregou ao tipógrafo escolhido por Vesalius em Basileia, Joannes Oporinus. O autor foi logo atrás, disposto a observar todas as etapas da operação. Ele também marca presença no livro em si, que inclui seu retrato com uma expressão bastante solene e desafiadora enquanto exibe os músculos do braço, e a gravura da folha de rosto o mostra dissecando um corpo em um teatro anatômico apinhado. Apesar dos balaústres, alunos e autoridades célebres — bem como Galeno, Hipócrates, Aristóteles e um cachorro — quase tropeçam em volta dele na ânsia de enxergar. A obra inteira é cheia de detalhes estilísticos: querubins voam em torno das maiúsculas, um esqueleto se curva sobre uma tumba para contemplar um crânio, um homem musculoso demonstra agonia inclinando a cabeça para trás. Muitas das figuras são retratadas diante de um pano de fundo natural ou dos prédios clássicos meio arruinados que tantos humanistas adoravam. Fazem pose de heróis, sobretudo quando demonstram a estrutura dos músculos.

É comovente ver esses seres humanos tão dignos e ponderar que provavelmente os modelos foram criminosos executados ou pessoas carentes que morreram na miséria sem nenhuma influência sobre o destino de seu corpo.[34] É quase certo que jamais escolheram acabar numa folha daquele jeito: até o século XIX, muita gente resistia à ideia de ser dissecada. Uma das razões era a crença na ressurreição física após a morte: ninguém queria ascender aos céus de torso oco ou com uma cortina esvoaçante de nervos e músculos retalhados. A perspectiva de ajudar estudantes de anatomia a adquirir conhecimento — longe de ser algo que desse "alegria", como declara o lema em Pádua — era considerada um forte dissuasor de crimes, quase na mesma medida que a execução.

Esses anônimos desventurados, porém, realmente possibilitaram que outras pessoas vivessem. E ali estão eles, em um dos livros mais magníficos da história, com plena dignidade, afinal: contundentes, musculosos e belos. Parecem, muitos deles, ter sido esculpidos por Michelangelo.

Existe um bom motivo para essa similaridade: fascinado pela musculatura e pela força física, bem como pela dignidade humana, Michelangelo estudou bem a anatomia, a fim de aperfeiçoar sua arte. Era amigo de Realdo Colombo,[35] e eles planejavam fazer um livro juntos. A ideia não se concretizou, mas é provável que o livro de anatomia de Realdo, lançado postumamente, deva algo à colaboração dos dois.

Outros artistas já haviam conduzido estudos anatômicos, e o maior exemplo é Leonardo da Vinci. Pesquisador sério, ele fez investigações aprofundadas da mecânica e da beleza e harmonia das formas corporais. No começo da

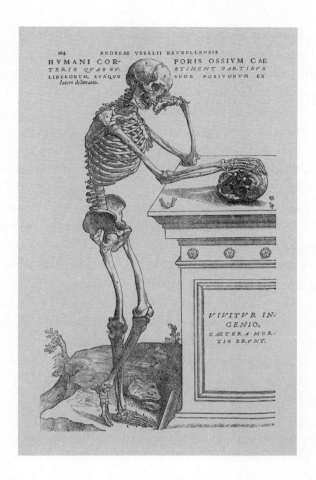

carreira, fez desenhos detalhados de partes do crânio humano e de uma perna musculosa. Mais tarde, ao estudar os extremos da vida humana, dissecou uma criança de dois anos e um homem de cem. Este último, um indigente no hospital beneficente de Santa Maria Nuova, em Florença, disse a Leonardo, em suas palavras quase finais, que se sentia bem, apesar da fraqueza. Leonardo escreveu: "Eu o dissequei para descobrir a causa de uma morte tão doce".[36]

Assim como fez com muitos de seus trabalhos, Leonardo guardou os resultados para si, fazendo anotações em cadernos, e por isso poucos de seus contemporâneos se deram conta do seu pioneirismo em várias ciências. Ele também tinha um conhecimento melhor de cultura clássica do que insinua sua sempre citada autodefinição como *omo sanza lettere* (homem iletrado): havia recapitulado o latim para compensar o fato de tê-lo aprendido mal na juventude e tinha um número razoável de livros (inclusive uma cópia de Plínio).[37] Leonardo pretendia escrever um tratado inteiro sobre anatomia, mas acabou parando na esquematização: "Esta obra deve começar com a concepção do homem, descrever a forma do útero e como a criança vive dentro dele [...]. Depois você explicará quais partes crescem mais que outras após o nascimento da criança, e dará as medidas de uma criança de um ano. Depois descreverá o homem e a mulher adultos, com suas medidas",[38] e assim por diante, presume-se que até a fase centenária.

Como manual de anatomia, seria extraordinário por ser também uma *narrativa* da vida do corpo humano. Artistas e anatomistas sabiam muito bem que não temos uma forma imutável ao longo da vida. Ao contrário da imagem do *homem vitruviano*, não existe um modelo único, estático, de como é um ser humano. Nascemos, nos desenvolvemos, decaímos. Como disse Lucrécio, tanto espírito quanto corpo têm "um nascimento e um funeral".[39] Entre uma coisa e outra, tudo está em movimento. A mente sem dúvida está. Apesar de nos enaltecermos como seres espirituais, nossos conscientes tendem a ser confundidos pelo álcool ou debilitados por doenças. Até a sábia mais inteligente pode enlouquecer se uma pedra cair em sua cabeça. Lucrécio e sua maior fonte, Demócrito, observavam como a mente e o corpo são afetados pelos sentidos e pelos acontecimentos no decorrer da vida; lembravam que, um dia, todos chegaremos ao fim com a dissolução pacífica e silenciosa de nossos átomos. Escritores dos séculos XVI e XVII levaram adiante a reflexão sobre essas ideias; uma nova consciência se formou em torno deles. Em última análise, ao que parece, nem livros nem corpos são completamente dignos de confiança.

5
Material humano

PRINCIPALMENTE ANOS 1500
Do outro lado dos Alpes, com os humanistas do norte — Conrad
Celtis — Rodolphus Agricola — Desidério Erasmo, que promoveu
a vida civilizada e as amizades entre muitos — Michel de
Montaigne, que mudou o rumo do humanismo — romancistas.

Foi por pouco que Vesalius e seus blocos de madeira não enfrentaram um engarrafamento na viagem pelos Alpes, de tantos artistas, médicos e literatos que faziam o trajeto. O intercâmbio de visitantes entre norte e sul era norma fazia bastante tempo. Italianos iam para o norte por curiosidade ou em busca de novos mecenas para bajular e entreter. Os nortistas iam para o sul para adquirir aquelas coisas italianas desejáveis: uma coleção de livros, as melhores experiências universitárias que existiam, os métodos de pesquisa mais recentes e uma camada extra de verniz humanista nos modos e na linguagem. Munidos desses conhecimentos, voltavam para suas terras loucos para dividir suas descobertas com os outros e aplicar os métodos aprendidos à própria história e cultura.

Encontramos um dos primeiros exemplos de como essa troca funcionava — e aqui recuamos um pouquinho no tempo — ao mergulharmos na vida de Conrad Celtis, ou Celtes, nascido em 1459 e batizado Konrad Pickel. (Assim como diversos humanistas, ele adotou uma versão latinizada do nome.) Ele fugiu da terra natal, a cidadezinha bávara Wipfeld, se jogando em uma jangada de madeira que iria para o rio Meno, estudou nas universidades de Colônia e Heidelberg e depois passou dois anos viajando pela Itália. Lá se enturmou com os humanistas de Veneza, Pádua, Ferrara, Bolonha, Florença e Roma — principalmente com os membros das Academias dessas duas últimas cidades. Depois voltou para o norte e teve uma carreira ilustre lecionando em uma série de universidades, criando as próprias Academias em diversos lugares. Ele tentou transmitir sua experiência aos compatriotas, ralhando com os alunos por suas bebedeiras e aconselhando os outros professores a aprenderem a falar corretamente em vez de "gritarem feito gansos".[1]

Porém, Celtis também nutria grande interesse pela literatura germânica, que o enchia de orgulho. Foi ele quem descobriu as peças manuscritas da freira do século x Rosvita de Gandersheim no mosteiro de St. Emmeram, em Regensburg, e os divulgou. Também ajudou Hartmann Schedel a revisar seu colossal estudo histórico e geográfico, *Crônica de Nuremberg*. E editou para publicação uma obra recém-descoberta do historiador romano Tácito, *Germânia*, na qual o autor expressava sua admiração pelo jeito simples, sincero e sensualmente selvagem dos povos germânicos.

Todas essas atividades eram típicas do humanismo italiano, só que aplicadas a materiais de outro território. Mas Celtis também promovia outras formas de estudo. Incentivava todos os conhecidos a melhorar de nível intelectual, não somente em suas atividades literárias como em áreas que hoje consideramos científicas:

Descubra a natureza do Caos amorfo [...]. Descubra com a mente elevada as causas de coisas individuais: investigue o sopro dos ventos e as correntes do mar bravio [...]. Descubra por que os buracos negros da terra produzem enxofre e veios de metais claros, e por que termas quentes curam o corpo dos enfermos [...]. Aprenda alguma coisa sobre os diversos povos do mundo e suas diferentes línguas e costumes.[2]

Um apetite similar por várias formas de conhecimento surge no conselho dado por um nortista dos Países Baixos, Rudolf ou Rodolphus Agricola, nascido Roelof Huysman. (Ambas as formas de seu sobrenome significam "agricultor".) Ao escrever a um outro professor, ele recomendou pedir aos alunos que pesquisassem "a geografia e a natureza das terras, mares, montanhas e rios; os costumes, fronteiras e circunstâncias das nações que há sobre a terra; [...] as propriedades medicinais de árvores e ervas", e assim por diante. Era preciso, claro, que estudassem temas literários e morais, pois os ajudariam a viver bem. Mas aprender sobre "as coisas em si" valia a pena só pelo fato de serem muito *interessantes*.[3]

A voracidade dessas listas provocava zombarias, e é claro que em 1532 instigou a sagacidade ferina do satírico francês François Rabelais. Ele fez seu gigante fictício, Gargântua, apresentar ao filho, Pantagruel, uma ementa parecida que deveria levar para a universidade. Aprenda grego, em seguida latim, depois hebraico, e também caldeu e árabe. Estude história, aritmética, música; saiba "de cor todos os belos textos da Legislação Civil e os compare à filosofia moral". Estude a natureza: "que não haja mar, rio ou córrego cujos peixes lhes sejam desconhecidos. Conheça todos os pássaros do ar, todas as árvores, arbustos e moitas das florestas, todas as ervas do solo, todos os metais escondidos no fundo do útero da Terra". Estude medicina, e "por meio de dissecações frequentes adquira um conhecimento integral desse outro mundo que é o Homem [...]. Em suma, quero ver em você um abismo de erudição". Ele acrescenta: "Percebo que até os bandoleiros, carrascos, mercenários e cocheiros de hoje são mais instruídos do que os professores e pregadores da minha época. Até as mulheres e crianças almejam a glória e o maná celestial do bom aprendizado".[4]

Na verdade, o próprio Rabelais dominava um bocado desses assuntos, pois tinha sido monge, era poliglota, advogado formado e médico atuante:[5] ele produzira edições acadêmicas de Galeno e Hipócrates e se envolvera em pelo menos uma dissecação pública. Agricola tinha uma gama igualmente formidável de feitos. Ele parece outro Leon Battista Alberti na vastidão de seus méritos e no charme de seus modos. Agricola ficou dez anos na Itália, onde não só lecionou retórica como tocou órgão em igrejas; passou boa parte de seu tempo no círculo do duque de Este. Seu ouvido para a música provavelmente o ajudava na hora de aprender idiomas: quem o conhecia comentava que sua pronúncia era ótima. Ele falava francês, italiano, alto e baixo alemão, o frísio de sua terra natal e, é claro, latim e grego. Já no final da vida, ele somou a isso um pouco de estudo do hebraico. Também tinha talento para desenhar: às escondidas, observava rostos na igreja (enquanto tocava órgão?, eu me pergunto) e depois os reproduzia perfeitamente a carvão. Era bonito e tinha proporções vitruvianas, de acordo com as descrições dos amigos: "Seu físico era grande e forte e

era mais alto do que a maioria, com ombros e peito largos, que harmonizavam com as outras partes de seu corpo, da cabeça aos pés, portanto, considerando-se seu corpo inteiro, ele era uma visão impressionante". Todos o adoravam, e sua influência sobre os outros era muito maior do que poderíamos deduzir por suas publicações relativamente esparsas, não muito empolgantes.[6]

Sabemos principalmente que causou impressão em um garoto de uns catorze anos, aluno de uma escola de Deventer, nos Países Baixos, que Agricola visitou em 1480.[7] É provável que Agricola tenha ido lá para falar com os estudantes. Não sabemos o que falou; talvez tenha seguido a mesma linha dos conselhos contidos na carta que acabei de citar.[8] Talvez tenha até chegado a acrescentar, como na carta, que os estudantes não deviam confiar demais no que aprendiam na escola. É muito mais importante estudar história, poesia e filosofia usando as fontes originais, bem como textos religiosos, e acima de tudo aprender a suprema habilidade: como viver bem.

Seja lá o que Agricola tenha dito nesse dia, o adolescente o levou a sério. O nome dele era Desidério Erasmo, ou Desiderius Erasmus — e, pelo que sabemos, ele *realmente* recebeu esse nome, e não o adotou mais tarde. Ele cresceu e virou o humanista nortista mais ilustre do século. É um de nossos dois assuntos principais neste capítulo; o outro é o escritor francês Michel de Montaigne, outro fruto da influência transalpina. Montaigne era de uma geração mais nova, e isso fez a diferença em sua sensibilidade. A Europa de Erasmo era a do final dos anos 1400 e início dos anos 1500 — uma época de transformações sociais drásticas que ele testemunhou muitas vezes horrorizado. Já Montaigne se veria nesse mundo transformado desde o começo: a instabilidade era uma constante para ele. Deixando de lado as diferenças, os dois tinham temperamentos parecidos, caracterizados pela tolerância e por um grande amor à vida da mente; tenho certeza de que gostariam muito da companhia um do outro caso tivessem se conhecido.

Erasmo e Agricola também poderiam ter estabelecido uma bela amizade se tivessem se reencontrado quando adultos e iguais.[9] Infelizmente, Agricola faleceu precocemente. Foi uma morte súbita, algo comum no período e que poderia ter sido evitado em uma época em que a medicina estivesse mais avançada. A caminho de sua casa em Heidelberg, depois de outra viagem à Itália, ele foi acometido por uma infecção renal e teve febre. Não havia tratamento eficaz contra tais infecções, e essa o matou. Tinha apenas 42 anos; Erasmo tinha dezenove na época e estava tentando decidir o que fazer da vida.

* * *

    Desidério Erasmo é lembrado como um dos humanistas mais multifacetados que já existiram, autor de traduções, diálogos, diatribes, tratados teológicos, manuais de escrita, guias de estudo, coletâneas de provérbios, passatempos divertidos e uma quantidade espantosa de cartas. Criou um círculo de correspondentes e amigos equiparável ao de Petrarca.[10] Em comparação com Petrarca, podia se valer de duzentos anos a mais de estudos nos quais se basear, além de ter um continente cada vez mais bem conectado para explorar. Ele não questionava a fé cristã, pois era muito devoto — mas a isso ele somou uma profunda crença na importância de viver bem e com sabedoria *neste* mundo. Defensor dos princípios da paz e da amizade, também era muito preocupado com os bons modos e o comportamento civilizado. Acreditava piamente nos benefícios da educação e na ideia de que a literatura e os estudos poderiam ajudar as pessoas a prosperar em momentos perturbadores e complicados.

Dessa longa lista de contribuições culturais, nenhuma pareceria muito plausível quando ele nasceu, em Rotterdam, provavelmente em 1466. Ele era bastardo: os pais, embora vivessem em idílio doméstico, não podiam se casar porque seu pai era padre. Entretanto, fizeram questão de dar a Erasmo e a seu irmão mais velho a melhor educação possível. Ou seja, eles frequentaram uma série de instituições monásticas, culminando com a de Deventer, dirigida por uma comunidade chamada Irmãos da Vida Comum.

Os monges de Deventer eram respeitadíssimos e a comunidade era conhecida de longa data por suas excelentes cópias de manuscritos. Mas Erasmo acabou odiando essa escola e as que vieram antes. Uma das razões era o clima violento. Nessa época, era visto como normal, e até essencial, bater nos alunos, mas Erasmo ficara traumatizado com uma escola anterior, pois bateram nele só para testar se aguentava bem, e não porque tivesse feito algo errado. Conforme escreveu, "este incidente destruiu todo o amor que eu tinha aos estudos e jogou minha jovem mente em uma depressão tão profunda que quase fui consumido pelo desgosto".[11] Os monges de Deventer provavelmente eram menos arbitrários, mas aos olhos de Erasmo também queriam arrancar a alma dos meninos, o que seria um ótimo preparativo para seguirem a vida monástica.[12]

Na realidade, isso acabou por incutir em Erasmo uma aversão vitalícia a crueldades e intimidações de qualquer tipo. Ele concordaria com um comentário tecido séculos depois por E. M. Forster, quando este descreve as desgraças de sua educação no internato: "A pior peça que me pregou foi fingir que era um mundo em miniatura. Pois me impediu de descobrir que o mundo pode ser adorável, delicioso e bondoso, e que boa parte dele é inteligível".[13]

Esse era outro motivo para Erasmo ter uma opinião ruim sobre sua educação: o desinteresse e a irrelevância das atitudes dos monges para o mundo real. Era uma queixa comum dos humanistas dizer que essas instituições eram antiquadas, pedantes e desconectadas da realidade. Para Erasmo, assim como para Agricola, e depois para Forster, a mente jovem precisa ser libertada dos sistemas de conhecimento sem sentido, sem utilidade, ensinados por mestres tacanhos de índole obsoleta que não fazem ideia de como viver.

Erasmo chegou a essa conclusão pouco a pouco. De início, cumpriu o percurso esperado e ordenou-se em outro mosteiro. Escreveu até um tratado em louvor da existência monástica: *O desprezo do mundo.* Mas escreveu outro por volta da mesma época, com o título ousado de *Antibárbaros,* que atacava monges sem educação e sua tendência a ignorar temas humanistas como filosofia moral, história e o bom latim. Parece que Erasmo estava testando diferentes argumentos e demonstrando sua versatilidade literária. Foi através do talento para a escrita que conseguiu fugir, pois o bispo de Cambrai o empregou como secretário para que o acompanhasse em suas viagens. Depois dessa partida, Erasmo nunca voltou ao mosteiro. O bispo também providenciou sua licença para que fosse a Paris estudar na Universidade Sorbonne.

A experiência tampouco foi satisfatória, e por razões similares. A Sorbonne era um bastião da escolástica medieval numa época em que as outras universidades europeias aos poucos se tornavam mais receptivas a ideias de ensino humanistas. Não em Paris: ali, os professores ainda pareciam uns esquisitões ineptos para a vida social, preocupados com paradoxos e silogismos. Além do mais, o alojamento de Erasmo era repulsivo e ele era paupérrimo. A falta de condições de vida civilizadas consolidou outro aspecto da atitude de "desprezo pelo mundo" que agora Erasmo rejeitava. Ele achava que a educação precisava ensinar a pessoa a se sentir *à vontade* no mundo, sintonizada com os outros seres humanos, capaz de fazer amigos, agir com sensatez e dividir a luz do conhecimento, mas tratando todos com cortesia. Isto é, ela tinha que incentivar o desenvolvimento da *humanitas*.

Então ele também foi embora de Paris e adotou um padrão de vida que continuaria seguindo pelo resto da vida: a de humanista itinerante. Ganharia a vida como erudito, escritor, editor-assistente, professor e uma espécie de consultor geral humanista em instituições de toda a Europa. Não foi fácil: ele não tinha moradia fixa e, como muitos outros humanistas, continuava dependendo de fazer agrados àqueles que o financiavam. Mas intelectualmente, de modo geral, era uma vida de liberdade.

De suas estadias em diversos países, várias foram na Inglaterra. Em uma delas, de 1509 a 1514, ele lecionou tanto em Oxford como em Cambridge — universidades que a essa altura atenuavam as ementas medievais para dar um espacinho à luz humanista. Erasmo colaborou com esse processo. Também trabalhou com o humanista inglês John Colet na elaboração do currículo da escola que Colet acabava de inaugurar na catedral de St. Paul. Outro inglês que virou um grande amigo durante essa temporada foi Thomas More, o advogado e político que mais tarde teve um entrevero fatal com o rei Henrique VIII. Percebe-se a exuberância de sua amizade com Erasmo pela leitura dos dois livros que escreveram um em homenagem ao outro. O livro de Erasmo, *Elogio da loucura — Moriae encomium*, um trocadilho com o nome de More —, é um surto imaginativo malicioso que contém algumas ideias audaciosas, mas como o autor as coloca na boca da "Loucura", elas podem ser rejeitadas sem problemas. A sátira política de More, *Utopia*, é um relato de viagem à sociedade de uma ilha imaginária que trata a religião com condescendência, com uma atitude quase epicuriana, e adota concepções excêntricas de compartilhamento de empregos e casas. Erasmo lhe deu uma ajuda valiosa na redação e na publicação do livro.

Com base em suas experiências na elaboração de programas educacionais na Inglaterra,[14] Erasmo produziu uma série de tratados sobre a formação dos jovens na vida humanista e técnicas de estudo. Assim como Celtis, entre outros, ele achava vital que os estudantes adquirissem bons modos — isto é, formas de exprimir solidariedade e consideração pelos outros. Sua obra de 1530, *De civilitate morum puerilium*, ou *Boas maneiras para garotos*, é um resumo do que fazer e o que não fazer para se ter um comportamento civilizado.[15] Não limpe o nariz na manga, e sim o assoe num lenço — não muito alto, pois barridos só convêm a elefantes. Caso sinta necessidade de espirrar, vire o rosto para longe das pessoas e, quando lhe desejarem saúde (ou quando supor que desejaram, já que você não as ouvirá enquanto espirra), tire o chapéu como gesto de agradecimento. Quando cuspir, mire de forma a não atingir as pessoas. Cuide dos dentes, embora seja desnecessário branqueá-los com pó. "Escová-los com urina é costume dos espanhóis." Não jogue o cabelo de um lado para o outro feito um cavalo alegre. Para lidar com gases intestinais, as opiniões divergem: há quem diga que é preciso contrair as nádegas para impedir sua saída, mas "não faz parte dos bons modos causar mal a si", portanto tenha consideração e se afaste dos outros, ou ao menos disfarce o barulho com uma tossida. Ao fazê-lo, mantenha uma expressão tranquila e relaxada no rosto. "A testa também deve estar jovial e lisa, indicativa de consciência limpa e mente aberta: não vincada por rugas, um sinal de velhice; não irresoluta como a de um porco-espinho; não ameaçadora como a de um touro."

O objetivo é algo parecido com o ideal da compostura casual de Castiglione, mas a intenção principal não é salientar a atitude arrojada da pessoa. A meta, na verdade, é tornar a vida alheia mais agradável. É um método para a pessoa *não* se isolar do mundo, como faziam os professores esquisitos da Sorbonne e os irritadiços monges. É saber como deixar as companhias à vontade e assumir seu lugar em uma sociedade via de regra agradável, conviver com a humanidade em todos os sentidos. Isso até nos torna humanos. "Os modos fazem o homem", afirma até hoje o lema do Winchester College e do New College, que ficam em Oxford — uma frase que data de alguns séculos antes, a bem da verdade.[16]

É óbvio que a educação e a *humanitas* não se resumem apenas à pessoa parecer à vontade e peidar em silêncio. Erasmo também ensinava os hábitos necessários para ter uma vida *intelectual* satisfatória, e nesse quesito nada é mais importante do que ter uma mente munida de um quadro de referências o mais amplo possível.[17] Isso nos traz mais bom senso e a capacidade de nos expressarmos com discernimento e elegância. Ele recomenda a leitura de bons livros e uma técnica popular naquela época: agrupar as anotações por assunto, para o estudioso se lembrar do que leu e fazer combinações proveitosas de ideias. Se não houver papel à mão, pinte as anotações na parede, ou as entalhe na vidraça da janela. O importante é construir um tesouro — o sentido literal de tesauro — na cabeça, para que sempre se possa recorrer a ele.

Ele criou vários materiais para formar tesouros em sua obra *Do estilo abundante* ou, em latim, *De copia*, que evoca tanto as cópias como a abundância. (A insinuação da "abundância" também se faz presente na palavra *copioso*.)[18] Esse tratado elenca maneiras de diversificar e expandir o que queremos dizer, segundo um princípio do retórico Quintiliano: "A natureza se deleita sobretudo da variedade". Pode-se, por exemplo, desenvolver o relato de um acontecimento examinando suas causas ou consequências, ou explorando detalhes vívidos relacionados a ele. Erasmo dá um exemplo tirado de Plutarco, que realmente se esmerou para achar formas de descrever a barcaça de Cleópatra, famosa pelo luxo. Boa parte do texto de Erasmo consiste em listas de expressões e variações para exprimir conceitos como "costumeiro", "dúvida" e "adulação". O número 195 pode ser muito útil caso seu papagaio morra:[19]

mortem obiit: ele encontrou seu fim.
vita defunctus est: ele encerrou sua vida.
vixit: sua vida acabou.
in vivis esse desiit: ele deixou de estar entre os vivos...
concessit in fata: ele chegou ao fim a que estava destinado.
vitae peregit fabulam: ele fez sua última cena em vida.

Erasmo sem dúvida trouxe muita abundância à sua obra. Seu método em expansão, vicejante, é mais notável em uma coletânea de *Adágios* em que ele tece comentários sobre citações e expressões batidas como "não deixar pedra sobre pedra" e "estar no mesmo barco". A primeira versão, que conta com 818 adágios, na edição final passa a ter 4251.[20] Alguns dos comentários se tornaram tão longos que viraram livros separados, que incluíam mais reflexões pessoais junto com glosas eruditas da literatura. Criados como um exercício literário, os *Adágios* se expandiram e viraram um retrato da mente volumosa de Erasmo. São atravessados por sua personalidade: sardônicos, eruditos, generosos com seu conhecimento e informados por muitos anos de viagens, leituras e amizades.

Estes foram os três grandes temas de sua vida, e um alimentava o outro. As viagens lhe trouxeram um sem-número de amigos; os amigos lhe traziam novos projetos, cargos e ideias para novos estudos; que, por sua vez, induziam mais viagens. E assim por diante. Ele ia aonde as oportunidades o levavam, às vezes ficando mais tempo, às vezes apenas de passagem. Conforme disse uma vez: "Meu lar é onde está a minha biblioteca".[21]

Uma das estadias mais longas de Erasmo foi na cidade suíça de Basileia. Era uma ótima cidade para humanistas, pois tinha uma universidade excelente e muitas editoras — e por isso Vesalius a escolheria para fazer sua edição de *Fabrica* em 1543. Durante um período um pouquinho anterior à estadia de Erasmo, o principal tipógrafo humanista da cidade era Johannes Froben, que também era muito erudito e, como Aldus Manutius em Veneza, tinha uma comunidade livresca. Erasmo se mudou para a casa de Froben e escreveu para um amigo, muito animado:

> Todos sabem latim, todos sabem grego, a maioria também sabe hebraico; um deles é um exímio historiador, outro é um teólogo experiente; um tem talento para a matemática, outro é um antiquário ávido, outro é jurista [...]. Eu nunca tinha tido a sorte de conviver com companheiros tão talentosos. E isso para não falar de como são generosos, como são felizes, como se dão bem![22]

Ele admirava Froben por sua dedicação entusiasmada à vida literária: "Foi um deleite vê-lo com as primeiras páginas de um livro novo nas mãos, de algum autor que ele aprovava. Estava radiante de prazer".[23]

Erasmo levou consigo os trabalhos que tinha em andamento, inclusive os últimos acréscimos aos *Adágios*, e também deu início a um projeto importante para Froben: uma nova tradução do Novo Testamento para o latim, que rompesse com aquela consagrada, do século IV, feita por Jerônimo. O trabalho era condizente com as outras empreitadas intelectuais de Erasmo: ele procurava não só aprimorar a educação geral dos europeus mas também apurar a excelência moral e a qualidade de suas vidas espirituais, retomando as fontes originais. Era tão relevante para os cristãos ter uma boa versão das Escrituras, baseada nas últimas pesquisas, quanto era para os classicistas ter bons textos de seus autores antigos. Novos estudos, ele pensava, revigorariam a fé das pessoas — em vez de miná-la, como alguns pareciam temer.[24]

A possibilidade de retraduzir o texto bíblico foi em certa medida inspirada por nosso velho amigo Lorenzo Valla, que tinha destacado os furos de Jerônimo em suas *Anotações ao Novo Testamento*, insinuando que algumas das verdades que a Igreja considerava imutáveis poderiam ser resultantes de erros humanos. Erasmo conhecia muito bem as ideias de Valla. Na juventude, havia preparado uma versão condensada do manual de estilo de Valla,[25] *Elegâncias*, um trabalho irrepreensível — Valla simplificado. As *Anotações* eram mais polêmicas, mas Erasmo tinha achado uma cópia delas em uma abadia perto de Leuven[26] e providenciado sua publicação em 1505. Agora pegava as conclusões de Valla e voltava ao testamento em grego para elaborar a nova edição, bilíngue, em grego e latim.[27] Ela foi lançada por Froben em 1516 e, como de praxe, Erasmo continuou revisando o texto a intervalos regulares depois disso — porque é claro que estava sujeito a erros, como qualquer ser humano. Ao desabafar sobre seu incômodo com quem fazia objeções, ele disse que não devia ter aceitado nada daquilo para começo de conversa, exclamando: "Teria sido muito mais cristão deixar as brigas de lado e deixar que cada um desse o possível ao bem comum e aceitasse de bom grado o que foi oferecido!".[28]

Infelizmente, deixar as brigas de lado era justamente o que *não* acontecia na Europa da época. Depois de Martinho Lutero anunciar suas 95 teses anticlericais em Wittenberg, em 1517, e de sua subsequente ruptura com Roma, o papa o excomungou e a Europa ocidental iniciou seu longo caminho de conflitos religiosos. Séculos de guerras intermitentes, sangrentas, complicadas por batalhas políticas, destroçariam comunidades e trariam sofrimento, em geral para pessoas que não se espera que sejam muito atingidas pela teologia.

Erasmo e depois seus admiradores e seguidores se manifestavam contra tal destruição sempre que possível, mas geralmente acabavam descobrindo que pouco podiam fazer para impedi-la.

Nas fases iniciais, Erasmo demonstrou certa simpatia pela posição de Lutero, pois achava que a Igreja devia ter sido mais sensata e sensível ao lidar com as contestações à sua autoridade. O que se ganha, indagou em 1519, quando as pessoas saem logo berrando "heresia" em momentos como esses?

> O que não é agradável, o que não compreendem é heresia. Saber grego é heresia. Falar com polidez é heresia. O que eles mesmos não fazem é heresia [...]. Quem não enxerga o que esses homens defendem e qual rumo estão seguindo? Depois que os freios de seus entusiasmos perversos se afrouxarem, eles vão começar a esbravejar indiscriminadamente contra todos os homens bons.[29]

Em contrapartida, ele também repudiava a agressividade de Lutero, um contestador e lutador nato. Erasmo não fazia esse estilo, e achava que faria mais sentido "mitigar, por meio de tratamento cortês, uma questão aguda por natureza, do que acrescentar má vontade à hostilidade".[30] Cortesia, óbvio, era tudo para ele: mais do que mero verniz social, era a base do respeito mútuo e da concórdia. Ele e Lutero também tinham divergências teológicas, sobretudo quanto à questão do livre-arbítrio humano.[31] (Erasmo, ainda coerente com a postura da Igreja, acreditava que o ser humano poderia escolher o próprio caminho, para o bem ou para o mal; Lutero pensava que não temos tal liberdade e que nossa única via de salvação era a graça de Deus.)

A aversão crescente de Erasmo à atuação de Lutero gerou momentos difíceis com Froben,[32] que trabalhava em uma série de obras de Lutero — um ótimo projeto editorial no momento em que sua rebeldia era o grande assunto em boa parte da Europa. Incomodado em uma Basileia cada vez mais favorável à Reforma, Erasmo se mudou de novo, desta vez para Freiburg im Breisgau, outra cidade universitária, mas que continuava serenamente católica. Ele não fazia segredo de sua predileção pela tranquilidade. "Quando papas e imperadores tomam decisões acertadas, eu os sigo, o que é divino; se decidem errado, eu os tolero, o que é seguro."[33] Erasmo era corajoso, mas sua coragem era de outro tipo: preferia ser discreto, mas promover argumentos em favor da paz com calma e persistência.

O que detestava mais que tudo era a guerra.[34] Já antes da Reforma, tinha usado seu *Elogio da loucura* para descrever a guerra como um monstro, uma fera selvagem e uma peste. Seus *Adágios*, de 1515,[35] contam com uma longa entrada em que discute uma declaração de Vegécio: *Dulce bellum inexpertis* — três palavras claras em latim que são árduas de traduzir: "A guerra é doce para quem não a vivenciou". Aqui e em seu *Petição de paz*, de 1517, Erasmo expõe os motivos para evitar guerras. O mais fundamental, na opinião dele, é que ela contradiz nossa *verdadeira* humanidade, que deveríamos nos esforçar para desenvolver e consumar.

Assim como tinham feito Protágoras e Pico,[36] ele comunica sua visão sobre a natureza humana por meio de uma narrativa imaginária. Imagine, ele diz, a Natureza chegando ao mundo humano e vendo um campo de batalha repleto de soldados. Ela exclama, horrorizada:

> Onde foi que vocês arrumaram essa crista ameaçadora que usam na cabeça? Esse elmo reluzente? Esses chifres de ferro? Essas cotoveleiras duras? Essas couraças escamosas? Esses dentes de latão? Essa armadura laminada? Esses dardos mortais? A voz mais que selvagem? O rosto mais que bestial?

> Essas não são características dos seres humanos. "Eu fiz de vocês criaturas quase divinas", diz a Natureza. O que deu em vocês para se transformarem nessas bestas?

Erasmo nos leva para passear pelo corpo e pela mente, ressaltando cada uma das características que obviamente são mais condizentes com uma vida de bondade e auxílio mútuo do que de lutas. O touro tem chifres e o crocodilo tem couraça, já nós temos pele macia, braços que abraçam, e "olhos afáveis, reveladores da alma". Rimos e choramos, revelando nossa sensibilidade. Temos o poder da fala e o raciocínio, e assim nos comunicamos.

Temos até uma atração natural pelo amor ao aprendizado, que "tem o imenso poder de criar amizades".

É claro que, como somos livres, podemos optar por ignorar essas afinidades. Mas, se seguíssemos as sugestões da nossa humanidade natural, nos sairíamos muito melhor. Erasmo evoca uma cena reminiscente do afresco de Lorenzetti, em Siena, *A alegoria do bom governo*: campos bem arados, rebanhos pastando, trabalhadores erguendo prédios novos ou reformando os antigos, todas as artes florescendo, os jovens estudando, os idosos aproveitando o descanso. É uma vida de paz, e ele a define belamente como "amizade entre muitos".

Em vez de vivermos assim, no entanto, estamos sempre desencadeando o furor da guerra e suas consequências horrendas: estupros, pilhagens de igrejas, "as safras pisoteadas, as lavouras incendiadas, os vilarejos pegando fogo, o gado afugentado". Isso não é amizade, mas assassinato entre muitos.

Então por que agimos assim? A explicação de Erasmo é a mesma sugerida pelos afrescos de Siena: maus governos. As guerras começam porque os governantes são tolos ou irresponsáveis e fustigam os piores sentimentos humanos. Advogados e teólogos, que deveriam buscar soluções pacíficas, só pioram as coisas. A situação se agrava e acaba ficando tarde demais para contê-la. A guerra é um erro grave: é a incapacidade de sermos humanos. Na história de Protágoras, Zeus dá aos seres humanos as habilidades necessárias para que tenham uma sociedade feliz, mas cabe a nós desenvolver e refinar essas habilidades para que tenham alguma serventia. Erasmo concordava com essa ideia. O que nos é necessário já faz parte da nossa natureza, porém ainda temos que aprender a administrar nossas relações, a sociedade e a política. Isso nós aprendemos uns com os outros, e devemos sempre passar essas lições adiante. Essa é uma das principais razões por que a educação, sobretudo acerca das artes cívicas e civilizadas, é tão essencial para a visão humanista do mundo.

Analistas posteriores observaram,[37] com tristeza, que Erasmo parecia subestimar a verdadeira força da atração humana pela violência, a irracionalidade e o fanatismo — provavelmente devido à sua personalidade cordial. Imune à emoção da batalha e à embriaguez das ideias radicais, ele simplesmente não conseguia entender por que os outros as achavam tão pujantes. Ele não era nenhum Maquiavel em sua leitura do mecanismo psicológico (ou político, ou econômico) capaz de provocar uma guerra. Outros humanistas, de outras épocas, tiveram uma incapacidade similar, e muitos se viram impotentes, sem entender por que todo mundo parecia ter enlouquecido. No entanto, não estavam sempre enganados: às vezes o espírito erasmiano volta, ao menos por um tempo, e quando isso acontece, em geral é uma reação aos casos de sofrimento motivados pelo seu contrário.

Assim como muitas pessoas que geralmente são pacatas, Erasmo também era dado à teimosia, e seus amigos celebravam essa sua característica. Em 1536, com seu aniversário de setenta anos se aproximando e a saúde fragilizada, ele estava às raias de aceitar uma proposta da rainha Maria da Hungria, regente dos Países Baixos, de que voltasse — depois de passar a vida inteira perambulando — a morar perto de sua terra natal, em Brabant. Antes, porém, ele tornou a passar um tempinho em Basileia. Estava lá quando, em julho, teve um surto de disenteria e morreu. Os amigos de Basileia providenciaram seu enterro na igreja monástica da cidade; criaram uma placa em sua homenagem com o símbolo e o lema de Término, o deus romano das fronteiras e dos limites. Fazia muito tempo que Erasmo tinha adotado sua máxima: *Concedo nulli*, ou "Não me rendo a ninguém".

Assim como aconteceu com outros humanistas da nossa história, a verdadeira homenagem e a vida após a morte de Erasmo estão no legado de suas ideias: sobre educação (tema em que os conselhos e princípios erasmianos permaneceram muitíssimos influentes), sobre religião (seus tratados teológicos bem como suas traduções foram canônicos por bastante tempo) e sobre o movimento pela paz e a cooperação internacional.

Um dos exemplos mais admiráveis deste último é um programa inaugurado em 1987 e gerido pela União Europeia. Ele possibilita que estudantes viajem e estudem fora de casa e que suas qualificações tenham a mesma validade em todos os países da comunidade. O programa passou por um longo período de desenvolvimento e seus defensores precisaram ter um bocado de teimosia, particularmente a educadora italiana Sofia Corradi, que bolou a ideia em 1969 e ficou dezoito anos fazendo campanha por ela. No momento em que escrevo este livro, mais de 10 milhões de alunos já participaram, se beneficiando imensamente da oportunidade de morar em vários países, aprender idiomas e fazer amizades e contatos profissionais que talvez durem pelo resto da vida.

O nome oficial desse programa é European Region Action Scheme for the Mobility of University Students [Plano de Ação da Comunidade Europeia para a Mobilidade de Estudantes Universitários], agora com um "+" acrescido ao final. Que coincidência feliz que por acaso a sigla deles seja Erasmus+.[38] Assim, o programa honra o legado do grande pioneiro da Europa pela paz, pelo entendimento mútuo, pela inovação educacional, pelo compartilhamento de conhecimento e experiência, pela livre movimentação e sobretudo pela "amizade entre muitos".

Enquanto Erasmo agonizava, um menino de três anos no sudoeste da França recebia uma formação incomum de um pai que tinha sido completamente cativado pela nova abordagem humanista. O nome do filho era Michel Eyquem de Montaigne: ele acabaria tendo uma educação humanista, sobressairia nela, a viraria do avesso, a desconstruiria e lhe daria um rumo totalmente novo.

Tudo começou com o pai. Em termos de humanismo, Pierre Eyquem nunca tinha sido muito refinado. Mas tinha estado na Itália, confessadamente como soldado nas guerras de invasão francesas, e talvez esse não tenha sido o jeito mais erasmiano de conhecer o país. No entanto, é provável que tenha assimilado um pouco do espírito italiano — e também erasmiano — porque, quando nasceu seu filho mais velho, Michel, ele resolveu dar-lhe um início de vida latinizado. Ele se propôs a tornar o menino algo que não se via há mil anos: um falante *nativo* de latim. Seu método era chamar um preceptor alemão que soubesse latim, mas não francês, e proibir todo mundo, inclusive os criados, de usar qualquer outra língua que não o latim quando o menino estivesse por perto. Nem os ciceronianos mais empedernidos tinham sonhado em fazer isso.

O resultado desses primeiros anos foi que Montaigne cresceu e escreveu um leque vasto, erudito, abrangente de literatura humanista — em francês.[39] Ele explicou ter optado por essa língua porque o francês era um idioma efêmero, mutável, moderno, que poderia desaparecer completamente do mundo, ao contrário da língua supostamente eterna dos antigos. Já que ele também era efêmero e mutável e sem dúvida nenhuma desapareceria do mundo dali a alguns anos, a escolha lhe parecia conveniente.

Um gosto similar pela instabilidade e pelo movimento contínuo inspirou seu livro: *Essais* (palavra cunhada por ele, que significa "ensaios" ou "tentativas"), publicado em 1580 e depois ampliado. As palavras fluem, tomam rumos inesperados e se contradizem; tropeçam em digressões que às vezes se estendem por várias páginas. Elas acompanham as mudanças de opinião de

Montaigne à medida que lhe surgem novas ideias. O livro também documenta as excentricidades de sua existência física: um dia ele se sente exuberante porque o sol o alegra; no dia seguinte está ranzinza e com um calo no pé. Em um texto, relembra o dia em que quase morreu após ser derrubado pelo cavalo e examina o que é ficar à beira da morte, em um estado semiconsciente. Outros ensaios são penosamente minuciosos a respeito de sua dieta, doenças, hábitos sexuais e processo de envelhecimento.

Os interesses de Montaigne tanto pelo corpo quanto pelas mudanças nos fazem questionar se ele não andava lendo a filosofia epicurista, e é óbvio que sim. Sua cópia de *Sobre a natureza das coisas*, de Lucrécio, existe até hoje, e como é repleta de anotações e marcas na margem, sabemos que ele leu o livro com atenção.[40] Mas ele também teria absorvido a ideia da natureza transitória e imprevisível da vida humana através da situação geral ao seu redor. Ele viveu em uma época de agitação política e religiosa — consequências a longo prazo das primeiras comoções testemunhadas por Erasmo no começo do século. No caso de Montaigne, isso durou toda a sua vida adulta: a França emendava ondas de guerra civil desencadeadas pela religião e pelas tramoias de facções políticas em busca do poder. A cisão entre católicos e protestantes dividiu comunidades e famílias, inclusive a dele: ele ficou do lado católico, mas tinha irmãos que viraram protestantes.

Caso Erasmo estivesse vivo para testemunhar tudo isso, chegaria às raias de perder as esperanças. O espírito beligerante de um Lutero ou um Calvino (teólogo ainda mais intransigente que morava em Genebra e foi muito influente na França protestante) parecia ter vencido. Era uma daquelas épocas em que os fanáticos são admirados pela solidez de suas ideias enquanto os que preferem a tolerância ou o meio-termo são vilipendiados. Montaigne, assim

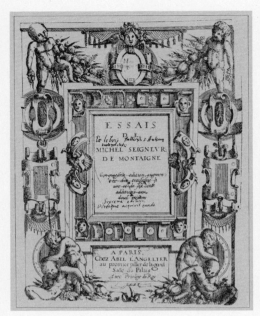
como Erasmo, era fanaticamente não fanático. Não tinha tempo para a ideia de que "damos gosto ao céu e à natureza cometendo massacres e homicídios, crença adotada universalmente por todas as religiões".[41] Ele também respeitava o deus dos limites, procurando em tudo o caminho do meio, e de modo geral buscava pôr em prática as estratégias da franqueza e da reconciliação.

A aversão de Montaigne pela violência o fazia abominar a tendência vigente de queimar hereges, bruxas e qualquer um que imaginassem estar em conluio com o diabo. Como ele disse, era "pôr um preço muito alto nas próprias conjecturas assar um homem vivo por causa delas"[42] —ou *pagar* um preço alto por elas. Assim como Erasmo, preferia seguir o caminho da prudência e gostaria de ter ficado longe de discórdias políticas. Não era fácil, pois ocupou os cargos de magistrado e depois de prefeito de Bordeaux, além de ser amigo do futuro rei Henrique IV. Também tinha inúmeros deveres práticos para cumprir em seu vinhedo, herdado com a morte do pai. No entanto, entre uma e outra obrigação angustiante, Montaigne escapava para sua torrezinha de pedra, em um canto da propriedade, e escrevia.

Era complicado se esquivar da política, mas e da religião? Nisso sua atitude era bem diferente da de Erasmo. O humanista antecessor tinha uma ligação profunda com a filosofia e a erudição religiosas. Montaigne parecia não pensar muito no assunto. Não demonstrava interesse em fazer leituras minuciosas, editar ou retraduzir as Escrituras, nem em revitalizar o cristianismo para elevar o padrão moral da Europa. Nascido católico, declarava-se feliz em acreditar no que a Igreja o mandasse acreditar. Isso, ele explicou, o ajudou a permanecer ileso e sereno durante as guerras.[43]

O melhor retrato de sua verdadeira religião, se é isso o que ela é, está quase no final do último ensaio do livro:

Amo a vida e cultivo-a tal como aprouve a Deus nos outorgá-la [...]. Aceito de bom grado e reconhecido o que a natureza fez por mim, e alegro-me e sinto-me satisfeito com isso. Somos injustos com esse grande e todo-poderoso Doador ao recusarmos Seu dom, anulá-lo e desfigurá-lo.[44]

E se essa declaração resume a teologia de Montaigne, outro trecho do mesmo ensaio exprime sua filosofia:

Não há nada tão belo e legítimo quanto agir como um homem deve agir, nem ciência tão árdua como saber viver esta vida. E de nossas doenças a mais selvagem é desprezar nosso ser.[45]

Esses pensamentos, junto com todo o espírito cético, literário e civilizado dos *Ensaios*, fazem de Montaigne um dos grandes humanistas da história. Mas ele não era um humanista comum.

Para começar, os trechos que acabo de citar têm certa peculiaridade, pois foram retirados do final de um livro em que Montaigne passa centenas de páginas desmascarando todas as pretensões humanas à racionalidade ou à excelência.[46]

Seria possível imaginar algo tão ridículo quanto a ideia de que essa criatura miserável e insignificante, que não é dona nem de si, que está exposta aos ataques de todas as coisas, se diga mestra e imperadora do universo, sendo que não tem nem o poder de conhecê-lo, que dirá de comandá-lo?

Montaigne desfere um golpe até mesmo contra Protágoras, dizendo que ele deve ter dado boas risadas ao fazer do "homem a medida de todas as coisas", quando, assim como todos nós, não conseguia nem chegar a uma medida definitiva de si mesmo.[47]

Além disso, para um humanista, sua relação com os livros era bem diferente daquela que passamos a esperar de Petrarca em diante. Montaigne não conhecia os clássicos de cabo a rabo, e o amor que tinha por seus autores prediletos era profundo. Criou sua própria coleção de livros e os abrigava nas estantes feitas sob medida para o interior redondo de sua torre. Também mandou que pintassem citações nas vigas do teto da torre, assim poderia sempre levantar a cabeça e vê-las — como se levasse a ideia de Erasmo, de entalhar anotações nas instalações dos ambientes, ao pé da letra. Terêncio ocupava um lugar de honra com sua frase *Homo sum, humani nihil a me alienum puto*: "Sou humano, nada do que é humano me é estranho". Os *Ensaios* são repletos de citações clássicas pungentes feito cravos em uma laranja. Seria impossível o livro ser ainda mais livresco do que já é, ou imergir ainda mais na cultura humanista.

Entretanto, Montaigne rechaça toda a devoção humanista no que concerne à leitura. O autor diz que no momento em que se entedia com um livro, ele o deixa para lá. Os livros que mais o aborrecem são os mais venerados: ele é bem direto e declara Cícero "puro vento". Por pouco não ouvimos os suspiros dos humanistas que conhecemos nos primeiros capítulos. Virgílio é bom, mas Montaigne se pergunta se o poeta não poderia ter feito um esforço para dar uma atualizada em certas passagens da *Eneida*. Também não tinha muita paciência para os estudos da retórica e da eloquência. É legal falar bem, "mas não é tão bom quanto eles dizem ser; e me aborreço com a ideia de ocuparmos nossa vida inteira com isso".

Ele prefere livros que melhorem a *vida* e expandam sua compreensão das muitas pessoas que viveram no passado. Biografias e livros de história são bons, pois mostram o ser humano "mais vivo e inteiro do que em qualquer outro lugar — a diversidade e verdade de suas qualidades internas no conjunto e no detalhe, a variedade de formas como se compõe, e os incidentes que o ameaçam". As peças teatrais de Terêncio também trazem "à vida os movimentos da alma e o estado de nossas personalidades; a todo instante nossos atos me remetem a ele".[48] Montaigne não foi o único humanista a procurar conexões pessoais com os livros, mas é excepcional em sua insistência de que os livros *em si* não o atraem. (Ele por acaso os lê aos montes, constrói estantes para eles e tem centenas de citações à mão e literalmente sobre sua cabeça.)

Montaigne era humanista, sem sombra de dúvida: os *Ensaios* retomam sempre os temas humanistas clássicos do discernimento moral, da cortesia, da educação, da virtude, da política, da elegância da escrita, da retórica, das belezas dos livros e textos e da pergunta se somos excelentes ou desprezíveis. Mas, ao refletir sobre cada um desses assuntos com um olhar cético e questionador, ele os desmonta. Quando já estão espalhados ao seu redor, aos pedaços, ele os recompõe de um jeito mais interessante, mais desconcertante e mais instigante do que antes.

Portanto, ele escreve como moralista, mas um moralista que admite a falibilidade e consegue escapar de todas as regras morais coerentes. Ele é político, mas expressa suas opiniões por meio de evasivas, da insistência pela privacidade e da recusa à obediência. Ele tem uma teoria educacional, mas é um sujeito que não tem tempo para escolas, exercícios ou compulsões retóricas de qualquer tipo. No que diz respeito à etiqueta, ao estilo, à virtude e a quase tudo, ele volta e meia tece comentários do tipo "mas eu não sei" ou "contudo" antes de adotar um ponto de vista imprevisto.

Esses pontos de vista em geral derivam de seu respeito pela diversidade e variedade, "eu acredito e concebo milhares de formas contrárias de vida", ele escreve.[49] Essa crença o torna um defensor das viagens como a melhor forma de conhecer algumas dessas formas variadas. Por causa de seus compromissos na terra natal, ele não podia se mudar tanto quanto Erasmo. (Além disso, odiaria dever favores a patrões e mecenas, como acontecera com Erasmo e muitos outros humanistas; Montaigne deu a sorte de ter sua independência garantida pela herança de bens.) No entanto, ele conseguiu fazer uma visita importante, de dezoito meses, a territórios alemães, suíços e italianos no começo da década de 1580: este foi seu programa Erasmus. Ele usou a temporada para mergulhar na atmosfera de cada lugar e conhecer o máximo possível de gente. A fim de aprender alguma coisa das culturas mais remotas, encheu sua biblioteca de relatos de viagem. Chegou a ter uma breve conversa com alguns brasileiros do povo tupinambá que tinham cruzado o Atlântico em um navio francês. Perguntou, com a ajuda de um intérprete, o que tinham achado da França;[50] eles responderam, entre outras coisas, que ficaram chocados ao ver ricos se empanturrando nos banquetes enquanto "as metades" mais pobres passavam fome ao lado deles. Isso jamais aconteceria na sociedade deles, afirmaram em tom de desaprovação. Montaigne apreciou o lembrete de que o pressuposto da superioridade europeia sobre outras culturas não era inquestionável: ele sempre poderia ser visto no sentido inverso. (Não que ele tenha parado de comparecer a banquetes ou de dá-los.) Seu amor por perspectivas diversas era tão grande que ele escolheu a palavra *diversité* para encerrar a primeira edição dos *Ensaios*: "E nunca houve no mundo duas opiniões parecidas, como tampouco dois pelos ou dois grãos. Sua qualidade mais universal é a diversidade".[51]

Porém, o projeto dos *Ensaios* também se fia na crença de que todo mundo compartilha uma humanidade essencial, comum. Montaigne diz que todos somos portadores da condição humana em sua "forma integral". É por isso que podemos nos reconhecer nas experiências e personalidades dos outros, por mais divergências que tenhamos em relação a suas atitudes ou formação cultural. Essa ideia faz parte de sua justificativa para escrever tanto sobre si mesmo: ele é um exemplo comum de ser humano, que por acaso ele conhece intimamente. "Pode-se ligar toda a filosofia moral tanto a uma vida ordinária e privada como a uma vida de mais rico estofo."[52]

É essa elaboração por extenso de sua humanidade essencial que faz do livro um avanço na escrita humanista. É um livro *humano*, tanto no sentido tradicional, de ser uma obra de erudição cavalheiresca, como num sentido novo, revolucionário, ao mesmo tempo filosófico e pessoal. Sua humanidade traz outro benefício. Ao escrever um livro desse estilo, Montaigne sabe que não precisa de escrúpulos por ignorar questões teológicas. "Apresento conceitos que são humanos e são meus simplesmente como conceitos humanos considerados em si mesmos", ele escreve.[53] Ele segue adiante, dizendo que ouviu críticas a outros escritores por serem muito "humanos", visto que omitem quaisquer considerações à esfera divina. Fazem muito bem: ele pretende agir da mesma forma. Que deixemos a escrita divina para suas fileiras, ele diz, assim como a realeza se isola dos plebeus. Somos, portanto, livres para escrever como seres humanos, e falar de seres humanos. Foi o mais perto que chegou de escrever um manifesto por si e pelos inúmeros ensaístas e romancistas que viriam depois.

Montaigne não fundou nenhuma escola formal de pensamento: não buscava o rigor filosófico e não promovia dogmas. Porém, seu impacto na literatura foi imenso. O século seguinte ao dele, o XVII, viu uma explosão de ensaios pessoais escritos de acordo com seu modelo: reflexivos, céticos, espirituosos, autocomplacentes, às vezes impiedosamente críticos e via de regra dedicados ao espírito do livre-pensamento no sentido mais amplo. O mundo moderno ainda está cheio desse tipo de escrita. Sempre que curtimos os desabafos aparentemente espontâneos de sentimentos ou pensamentos de alguém, na internet ou fora dela, caracterizados por graus menores ou maiores de erudição e profundidade, estamos colhendo um pouquinho da vida após a morte de Montaigne.

Esse mesmo espírito digressivo, explorador, pessoal, também permeou outros gêneros, produzindo o que o crítico do século XIX Walter Pater chamaria de "o elemento *montaignesco* na literatura".[54] Embrenhou-se principalmente em um formato de grande sucesso: o romance. É possível considerar o próprio Montaigne um romancista, mas do tipo que conta só com um personagem central — ele mesmo —, além de papéis coadjuvantes para quem ele encontra na vida ou nas leituras. Ele foi o pioneiro do fluxo de consciência que faria parte dos romances modernos muito antes de experimentos modernos conscientes que seguem esse caminho surgirem no século XX. Os grandes romances psicológicos e sociais dos séculos XVIII e XIX são verdadeiras cachoeiras de fluxo de consciência. Ele nos possibilita pegar carona no interior de vários personagens, adotando seus pontos de vista enquanto refletem sobre os acontecimentos ou interagem uns com os outros, e à medida que são alterados por suas experiências. O espírito da abundância montaignesca geralmente triunfa: vemos a textura suntuosa da existência humana se desenrolar com o tempo. O livro *Tom Jones*, de Henry Fielding, publicado em 1749, começa sua história prometendo ao leitor que a "provisão" (como numa conta de restaurante) que lhe é oferecida é nada menos do que a "NATUREZA HUMANA". É verdade que é só um prato — mas não tema que ele seja monótono: "Aqui, reunida sob um único nome, há uma variedade tão prodigiosa que seria mais fácil um cozinheiro experimentar todas as diversas espécies comestíveis de animais e legumes do mundo do que um autor exaurir um tema tão vasto".[55]

Romances posteriores mergulharam ainda mais na cabeça dos personagens, chegando a níveis virtuosísticos em *Guerra e paz* e *Anna Kariênina*, de Tolstói, e *Middlemarch*, de George Eliot. Este último — um romance humanista em diversos sentidos, intelectualmente sofisticado e com um revezamento constante entre os personagens — foi descrito pelo psicólogo William James como "mais repleto de material humano do que qualquer outro romance já escrito".[56] Essa declaração também é uma boa forma de descrever os *Ensaios* de Montaigne: um livro sobre todo o *material humano*.

George Eliot acreditava que a leitura de ficção imaginativa trazia benefícios morais verdadeiros, pois ampliava nossa esfera de compaixão, ou o que hoje chamaríamos de "empatia". Em um ensaio, ela declara: "A maior vantagem que devemos ao artista, seja ele pintor, poeta ou romancista, é a ampliação de nossas afinidades [...]. O retrato da vida humana que um artista é capaz de nos dar surpreende até os banais e egoístas, obrigando-os a prestar atenção ao que lhes é diferente, e podemos dar a isso o nome de matéria bruta do sentimento moral".[57]

Ultimamente, algumas pesquisas têm corroborado esse argumento, sugerindo que a leitura de ficção nos leva a sermos mais empáticos e tomarmos decisões morais mais generosas. Outros analistas discordam, e alguns chegam a questionar se a intensificação da empatia seria algo bom, já que às vezes a razão é um norte melhor para a ação. A questão toda, neste momento, se encontra num estado montaignesco de complexidade e indefinição.[58]

Mas existe também outro fator. Apenas compreender e se solidarizar com os sofrimentos alheios não nos leva muito longe. Seria bem melhor evitarmos que tais sofrimentos existam. George Eliot acreditava nisso, assim como um bocado de escritores contemporâneos a Montaigne e a ela: pensadores a que volta e meia atribuímos o título de "iluministas". Está na hora de eles entrarem na nossa história.

6
Eternos milagres

1682-1819

Os iluministas — Tudo o que é: é certo? — Voltaire, Denis Diderot e outros — ateus e deístas — sentimento de solidariedade e gosto moral — o conde de Shaftesbury — Pierre Bayle — prisões e aventuras manuscritas — Malesherbes, o censor que salvava livros — Thomas Paine e a era da razão — David Hume, o impiedoso e amistoso.

Em Lisboa, por volta das nove e meia da manhã de 1º de novembro de 1755, o comerciante inglês Thomas Chase sentiu tudo tremer. Foi até o último andar de sua casa para ver o que acontecia lá fora. Os edifícios eram muito próximos: ao esticar o braço para se equilibrar na parede do vizinho, ela escapou de sua mão. Não era a casa do vizinho que desmoronava, era a dele. Ele despencou daquela altura toda e se viu no chão, pasmo por ainda estar vivo.[1]

Outros tiveram menos sorte. Três terremotos aconteceram em sequência naquela manhã e, quando acabaram, entre 30 mil e 40 mil pessoas haviam morrido, além de mais 10 mil nas redondezas. Barcos que estavam no porto foram levados pelos maremotos. Incêndios irromperam por todos os lados. Os tremores foram sentidos até na França e na Itália; até na Escócia e na Escandinávia consta que as águas dos lagos se ergueram e desabaram.

O fato também provocou impacto psicológico na Europa inteira. A Lisboa do século XVIII era uma cidade próspera, cosmopolita e segura de si, era um polo de comércio internacional. Como no caso de Nova York após os ataques ao World Trade Center, em setembro de 2001, muita gente achava inacreditável um lugar tão auspicioso ficar tão avariado tão rápido.

Quem ficava sabendo da notícia tentava entendê-la — inclusive Johann Wolfgang von Goethe, de apenas seis anos, em Frankfurt, que ficou amedrontado e desorientado ao ouvir os adultos debatendo o assunto. Mais tarde, esse acontecimento se fundiria em sua memória a uma intrusão mais restrita das forças naturais, ocorrida no verão seguinte, quando uma tempestade de gra-

nizo quebrou as janelas dos fundos da casa de sua família, e "todos os criados da casa nos conduziram em frenesi até uma passagem escura onde, ajoelhados, se puseram a soltar uivos e lamentos terríveis numa tentativa de apaziguar a deidade enfurecida".[2]

Mas *por que* essa deidade lhes infligia tais coisas? Assim como no caso da peste no século XIV, teólogos e pregadores tinham explicações prontas para o que acontecera em Lisboa. O jesuíta Gabriel Malagrida declarou que o terremoto era um castigo para aqueles que se entregavam ao prazer da música ou frequentavam teatros e touradas.[3] Falando em nome dos jansenistas — inimigos figadais e rivais da ordem jesuíta —, Laurent-Étienne Rondet argumentou que tinha sido um castigo de Deus... aos jesuítas. Ele demonstrara sua reprovação ao fato de terem tramado a destruição da abadia jansenista de Port-Royal-des--Champs, cinquenta anos antes[4] — apesar do tempo que já havia transcorrido desde então e de a abadia ficar bem longe de Lisboa.

Filósofos consideravam outra hipótese. Mesmo que o desastre não tivesse sido uma ordem específica de Deus, ainda poderia ser explicado como uma parte de seu plano geral ou de uma investida para equilibrar o universo. Eles lançaram mão da tradição da "teodiceia": a tentativa de explicar e justificar os atos de Deus, sobretudo quando são claramente odiosos para os seres humanos. Agostinho exortava seus leitores a superar as emoções pessoais, a fim de enxergar "o plano inteiro, em que essas pequenas partes, que nos são tão desagradáveis, encaixam-se para criar um projeto de beleza ordenada".[5] Em 1710, essa ideia foi transformada por Gottfried Wilhelm Leibniz em um argumento formal: Deus poderia ter nos dado um mundo sem essas coisas, mas não deu, então é de imaginar que soubesse que esses outros mundos possíveis seriam piores a longo prazo. E se este é o melhor mundo possível, qualquer coisa que aconteça é para o bem, ainda que não pareça ser. Esse raciocínio foi apresentado como uma filosofia do otimismo: *tudo está bem*. Quem expressou de forma suscinta uma ideia similar foi o poeta Alexander Pope, algumas décadas depois, em seu poema *Ensaio sobre o homem*: "TUDO O QUE É, É CERTO".[6]

Apesar dos filósofos, os seres humanos que enfrentavam experiências traumáticas continuavam insistindo em suas perspectivas pessoais. Chaucer narrou a história de Dorigen, uma mulher bretã cujo marido marinheiro está no mar bravio.[7] Ao ver as ondas se quebrarem nas rochas da costa, ela reconhece que os eruditos talvez defendam que "tudo é feito pelo bem". Se dependesse dela, entretanto, ela mandaria cada uma das rochas ao inferno para garantir a segurança do marido. É uma reação bastante humana: quem lhe negaria o direito de bradar, agoniada, contra toda a teodiceia do mundo?

Na esteira do terremoto de Lisboa, o direito ao protesto foi defendido por outro tipo de filósofo: o poeta, dramaturgo, enciclopedista, polemista, historiador, satirista e ativista francês François-Marie Arouet, mais conhecido como Voltaire.

Quando soube do terremoto, ele se sentiu como os outros: cheio de dúvidas e angústias. Tentava imaginar como devia ter sido estar lá, esmagado como uma formiga ou agonizando no meio dos escombros.[8] Seu sentimento de solidariedade e sua razão se rebelaram contra qualquer tentativa de explicar tais desgraças. Como era poeta, seu ímpeto

natural foi o de escrever um poema, "Sobre o desastre de Lisboa", questionando por que as pessoas aceitavam ou até mesmo justificavam essas coisas.[9] Não seria mais natural rejeitá-las com o máximo de veemência? O problema ressurgiu mais tarde, em seu *Dicionário filosófico*, em uma entrada intitulada "Bom, tudo é".[10] É muito bom, ele escreveu, observar um belo cálculo renal crescer dentro do meu corpo, me maravilhar quando resiste às tentativas dos cirurgiões de removê-lo, torna-se tóxico e por fim me mata de dor. Isto é, pode ser bom em abstrato. Mas não me peça para amar o cálculo renal ou interpretá-lo ao estilo "tudo é bom". Permita-me pelo menos erguer meu punho fraco contra o sofrimento. Em outras palavras: a medida humana é tão válida quanto a divina.

A resposta mais eloquente de Voltaire a Lisboa tomou a forma de uma novela filosófica de 1759: *Cândido, ou o Otimismo*.[11] Cândido é um jovem herói ingênuo em quem o mestre Pangloss incute o lema de que tudo está bem neste melhor dos mundos possíveis. Mas então tudo que poderia dar errado de fato dá errado, para ele, Pangloss e todo mundo. Pangloss é quem mais sofre: primeiro está no meio do terremoto, depois é quase enforcado (e dissecado) por heresia. Escapa, mas é pego e confinado às galés em um navio turco. Apesar de tudo, ele insiste, a princípio alegremente, depois com uma dificuldade crescente, que tudo está bem.

Enquanto isso, Cândido passa por suas próprias desventuras e começa a duvidar completamente da teoria. Essa "mania de insistir que está tudo bem quando a situação vai de mal a pior" não é tão otimista quanto dizem por aí, ele entende. É mais uma filosofia do desespero, porque (como Voltaire explicou não no livro, mas em uma carta) sugere não haver espaço para progresso.[12] Um otimista de verdade torceria para as coisas melhorarem e talvez até procurasse jeitos de melhorá-las com as próprias mãos. Não temos como evitar os terremotos, mas podemos estudá-los e construir prédios mais seguros, que não desmoronem tão facilmente. Gerações posteriores ampliariam tais façanhas: sismólogos aprenderam a prever os feitios dos terremotos e tsunamis com uma precisão cada vez maior. Especialistas de outras áreas também podem quebrar cálculos renais com litotrícia, criar antibióticos para prevenir infecções, instalar sonares em navios e monitorar padrões climáticos para ver a aproximação de tempestades e levar os navios ao porto antes do pé-d'água.

Voltaire termina *Cândido* com todos os personagens indo morar juntos em um lote de terra. Em vez de continuar procurando justificativas cósmicas, Cândido diz apenas, "é preciso cultivar o nosso jardim".[13] Pode-se ter a impressão de que Cândido deseja se isolar do mundo e ficar recluso, mas Voltaire sem dúvida pretendia algo mais ao estilo: que todos nós trabalhemos para melhorar as coisas em qualquer pedaço da Terra que ocupemos.

Muito depois de Voltaire, E. M. Forster fez distinção entre dois tipos de reação a um desastre no romance *The Longest Journey* [A jornada mais longa].[14] Uma criança morre após ser atingida por um trem porque o sistema de alertas de um cruzamento não funcionou. Um grupo de pessoas, discutindo o destino da alma da criança, desafia um jovem filósofo a dizer algo profundo que explique o significado de uma morte tão chocante. (É a pergunta que sempre se faz aos filósofos: então o que tudo significa, hein?) Ele retruca: significa que as autoridades civis precisam construir uma ponte adequada, bem arquitetada, acima dos trilhos e se livrar do péssimo cruzamento. "Então a alma da criança, como vocês a chamam... bom, nada teria acontecido à criança."

Essa, resumindo em uma palavra, era a filosofia de Voltaire e de seu círculo intelectual — e essa palavra poderia ser "progresso", "aperfeiçoamento", "razão" ou "iluminação", a depender da ênfase que se queira dar. O princípio da "luz", embutido na última dessas palavras, deu origem aos nomes mais tarde usados para designar tais pensadores e suas opiniões em várias línguas europeias: *les Lumières*, em francês, *Aufklärung*, em alemão, *Illuminismo*, em italiano, *Enlightenment*, em inglês. Eram poucos os pensadores que se atribuíam esse rótulo, mas de fato tinham propensão a usar o discurso de luz e escuridão — reminiscente daquele promovido pelos humanistas mais antigos, os que reviravam almoxarifados de mosteiros em busca de livros. Esses humanistas se achavam os resgatadores que traziam a literatura ao mundo de luz radiante da prensa e da liberdade de leitura; os novos iluministas acreditavam estar trazendo *as pessoas* para a luz. Esperavam, através do aperfeiçoamento do bom senso, de uma ciência e tecnologia mais eficientes e de sistemas políticos mais benéficos, ajudar os outros seres humanos a sair ao sol e ao ar livre e viver com mais coragem e alegria.

A filosofia deles, de aperfeiçoamento pragmático, racional, também poderia ser descrita por outro termo, embora ele só tenha sido inventado depois: "meliorismo", baseado na palavra latina para "melhor".[15] Ele começou a aparecer na língua inglesa em meados do século XIX. George Eliot foi uma das primeiras pessoas a adotá-lo, e em uma carta de 1877 ela menciona que já o usara. Sem dúvida combinava com sua visão de mundo. Ao discutir o meliorismo de Eliot, sua biógrafa Rosemary Ashton o definiu como "a crença de que o mundo não é nem o melhor nem o pior dos mundos possíveis, e de que ele pode ser até certo ponto aprimorado, e o sofrimento pode ser mitigado, pelo menos em partes, pelo esforço humano". Ou, como Theodore Besterman, o biógrafo de Voltaire, escreveu a respeito de seu objeto de estudo: Voltaire "afirma que a condição humana pode melhorar, e convida a humanidade a tomar essa iniciativa".[16]

Essa atitude e o pendor para valorizar a medida humana mais do que a sujeição mística ao destino são duas características que unem o espírito do Iluminismo ao humanista. Nem todos os iluministas são humanistas, e vice-versa: existem diferenças de ênfase entre os dois conjuntos de ideias, e de qualquer modo os indivíduos de cada uma das duas categorias são bastante diversos. Porém, via de regra, os pensadores iluministas e os humanistas compartilham a tendência a olhar mais para este mundo do que para o próximo, e mais para a humanidade do que para a divindade. Ambos consideram o uso da razão e o entendimento científico, bem como o aperfeiçoamento da tecnologia e da política, o melhor caminho para uma vida melhor.

Essas crenças estão por trás[17] do produto mais famoso do Iluminismo: a *Enciclopédia*, obra em vários volumes e suntuosamente ilustrada que Denis Diderot e Jean le Rond d'Alembert lançaram juntos em 1751. Nas etapas posteriores, ela foi editada quase exclusivamente pelo infatigável Diderot, que também escreveu cerca de 7 mil entradas. (Ainda assim, não foi o colaborador mais prolífico: esse título é de Louis de Jaucourt, redator de mais ou menos 17 mil entradas, ou 28% da obra. O tema de muitas de suas contribuições era a medicina, ao que consta porque estava prestes a dar os toques finais em um dicionário de medicina bastante completo de sua autoria quando perdeu o manuscrito no mar.)

Os colaboradores da *Enciclopédia* elaboraram verbetes de filosofia, religião, literatura e muitos outros temas humanistas, bem como sobre máquinas, artes, ferramentas, sistemas de engenharia e dispositivos de diversos tipos. D'Alembert era matemático e médico; Diderot era filho de um mestre da cutelaria: os dois achavam os inventos práticos benéficos para a vida humana. Diderot também tinha uma visão filosófica a respeito do projeto.[18] Sob a entrada "Enciclopédia", ao expor as ideias que o norteiam, ele diz que o objetivo geral foi escrever sobre o mundo — esse grande círculo da realidade —, mas sempre mantendo o "homem" no centro do círculo de tópicos, já que, como seres conscientes, somos nós que os juntamos na nossa mente. Os humanos são o polo; gira à nossa volta a roda do conhecimento, à disposição de todos — ou pelo menos de todos capazes de bancar a compra do livro.

Alguns pensadores iluministas tinham uma visão ainda mais elevada de onde a tecnologia poderia nos levar. Nicolas de Condorcet era um estatístico e teórico político que aplicava sua habilidade matemática a todos os projetos de melhoria da vida que lhe passavam pela cabeça, da análise do voto democrático ao planejamento de canais e à mensuração da tonelagem dos navios. Ele achava que aumentar o conhecimento geraria condições políticas e sociais cada vez melhores, o que acabaria por produzir um mundo de felicidade total, racional, e de igualdade entre os sexos, raças e classes. A superstição e o sacerdócio desapareceriam à medida que a educação melhorasse e a sociedade se tornasse mais iluminada em todos os sentidos — até que "tiranos e escravos, padres e seus instrumentos idiotas ou hipócritas" fossem relegados apenas aos livros de história (e a algumas peças teatrais educativas, encenadas como um lembrete do quanto era bom terem escapado desse passado).[19]

Voltaire se empolgava menos com perspectivas do futuro: defendia que precisávamos cultivar nossos jardins e ver o que aconteceria. Porém, compartilhava da esperança humanista generalizada: de que o ser humano poderia ter mais controle sobre seu destino e organizar sua vida de forma mais racional e tolerante, mais conducente ao bem-estar. Em suma, as pessoas poderiam ser mais felizes. E em certos casos, poderiam estar mais vivas, pois não teriam sido vitimadas por doenças, má engenharia, terremotos ou a violência dos fanáticos.

Um dos principais caminhos para o aperfeiçoamento, segundo alguns dos autores do Iluminismo, seria pensarmos a religião de outra forma.

Alguns deles foram longe nessa direção, acreditando que as crenças religiosas estavam erradas quanto ao funcionamento do universo e que, em termos psicológicos, eram mais nocivas do que boas para os seres humanos. Um franco materialista e ateu, grande amigo de Diderot, era Paul-Henri Thiry, barão d'Holbach. Ele escreveu em sua obra de 1770, *O sistema da natureza*, que o povo devia ser incentivado a fugir da "névoa da escuridão" em que a religião o mantinha — aí está o contraste entre luz e escuridão mais uma vez. Em certa medida, ele chegou a essa conclusão por experiência própria. Enquanto a esposa agonizava, um padre fora à cabeceira de sua cama e lhe dera um sermão sobre os perigos do inferno. Holbach testemunhou o terror dela ao ouvi-lo.[20] Ele se convenceu de que, como Epicuro e Lucrécio tinham dito muito tempo antes, a crença em deuses e na vida após a morte deixava as pessoas amedrontadas e infelizes. Conforme escreveu Holbach, "longe de servir de consolo para os mortais, longe de cultivar a razão do homem, longe de lhe ensinar a ceder sob as mãos da necessidade, a religião se empenha para tornar a morte ainda mais amarga, para fazer seu jugo parecer mais pesado, para encher seu cortejo de um bando de fantasmas horrendos e tornar terrível seu avizinhamento". Ademais: "ela conseguiu, enfim, convencer o homem de que sua existência é apenas uma jornada através da qual ele chegará a uma vida mais importante". Mas podemos nos libertar aprendendo a melhorar nosso entendimento do mundo — isto é, aprendendo a enxergá-lo como algo essencialmente material.

O próprio Holbach parecia um bom exemplo desse efeito libertador: era um entusiasta irreprimível, que tinha uma coleção enorme de espécimes da história natural para seus estudos diurnos e uma coleção igualmente enorme de bons vinhos e comidas para seu salão noturno, no qual recebia colegas *lumières* duas vezes por semana. Do grupo todo, ele e Diderot eram conhecidos como os maiores ateus, embora Diderot tivesse receio de se assumir publicamente.

Outros pensadores iluministas não eram ateus, e alguns aderiam a religiões formais, porém quase todos acabaram conquistando a inimizade de autoridades teológicas e políticas. O filósofo e historiador Pierre Bayle, por exemplo, era protestante — mas sua versão da religião se traduz melhor na resposta que dizem ter dado quando lhe perguntaram sobre o assunto: "Sou um bom protestante, e no sentido pleno do termo, pois, do fundo da minha alma, protesto contra tudo o que é dito e tudo o que é feito".[21]

Alguns se afastaram de crenças religiosas institucionais sem se tornarem totalmente ateus: foi o caso de Voltaire. Ele fez campanha contra os males causados pelo fanatismo religioso,[22] sobretudo no afã de reabilitar a memória de um protestante, Jean Calas, torturado e executado sob a falsa acusação de que teria assassinado o filho para impedi-lo de se converter ao catolicismo. A campanha foi um sucesso: ela aconteceu tarde demais para salvar Calas, mas ajudou sua família e proporcionou um foco para a causa da tolerância de modo geral. Pode-se dizer que a tolerância *era* a religião de Voltaire. O que ele era acima de tudo, no entanto, era *deísta*.

O deísmo, predominante entre intelectuais europeus a partir do final do século XVII, começou com a crença de que o universo é tão grande e complexo que deve ter tido um Criador igualmente grandioso e competente. Mas isso não é sinal de que o Ser Supremo tem muito interesse nos detalhes cotidianos da gestão planetária ou das questões humanas. Alguns deístas também retribuem o favor não tendo muito interesse no Ser Supremo.

Assim, podemos protestar contra pedras nos rins e naufrágios, pois é natural que o façamos, mas não faz sentido esperar que tal Ser ligue para isso ou mesmo repare nas nossas orações e queixas. Se acharmos formas complexas de justificar desastres, ele tampouco vai perceber. Ele não vai fazer milagres especiais para nos converter. Não vai — e este é um desvio crucial da ortodoxia cristã — mandar seu Filho primogênito para nos salvar. Trata-se de um mito puramente humano. Por outro lado, e isso nos traz certo conforto, ele tampouco vai mandar terremotos ou doenças para demonstrar sua reprovação mesquinha a espetáculos musicais ou às atitudes dos jesuítas.

E se ainda quisermos milagres, tem milagre maior do que a existência desse mundo lindamente organizado e variado que nos rodeia? Como escreveu Voltaire: "Um milagre, no sentido pleno da palavra, é algo admirável. Nesse sentido, tudo é milagroso. A ordem prodigiosa da natureza, a rotação de 100 milhões de globos em volta de 1 milhão de sóis, a atividade da luz, as vidas dos animais são eternos milagres".[23]

Entretanto, se quisermos diminuir o sofrimento humano e melhorar nossa sorte, precisamos fazer isso sozinhos. (Na verdade, via de regra, *foi* isso o que as pessoas fizeram, fossem quais fossem suas crenças. Para citar o humanista do século XIX Robert Ingersoll: "Em todas as épocas o homem rezou pedindo socorro e depois se socorreu sozinho".)[24]

O deísmo era quase tão desconcertante para as autoridades da Igreja quanto o ateísmo. Ele não dava espaço à mensagem cristã de redenção e sacrifício pessoais, nada dizia sobre uma vida após a morte e contradizia ou ignorava quase todas as histórias narradas depois da primeira página da Bíblia. As autoridades o reprimiam à altura, pois acreditavam que era perigoso. Também reprimiam outras versões teológicas de tendência similar, como as derivadas das ideias do filósofo do século XVII Baruch de Espinosa. Ele havia declarado que Deus era tão universalmente incutido em tudo o que nos cerca que poderíamos *quase* considerá-lo idêntico à Natureza. Só com um bisturi afiadíssimo podemos distinguir essa declaração da afirmação de que a única coisa que existe é a Natureza. Espinosa já tinha sido excomungado[25] de sua comunidade judaica em Amsterdam antes mesmo de lançar livros — um castigo brutal, já que os amigos e a família foram proibidos de falar com ele ou ajudá-lo de qualquer forma. Mais tarde, suas obras também foram banidas pelas autoridades protestantes e católicas.

A força humanista dessas ideias tinha menos a ver com o conteúdo teórico do que com suas consequências para nós. Se as orações e os rituais são irrelevantes e se nada acontece fora da ordem geral da natureza, nossas vidas são problemas totalmente humanos. O que perdemos em atenção pessoal e milagres, nós ganhamos na vantagem de sermos os responsáveis pelo nosso mundo, aptos a melhorar as coisas se assim desejarmos, sem comentários vindos de cima.

O resultado para a ética é substancial. Se queremos viver em uma sociedade bem dirigida, pacata, precisamos criar e manter essa sociedade. Em vez de recorrermos aos mandamentos divinos para dirimir questões morais, também precisamos desenvolver nosso próprio sistema de ética generosa, bondosa, mutuamente benéfica. Podemos tentar elaborar nossas próprias regras — como "faça aos outros o que gostaria que fizessem a você" ou "trate todos os seres humanos como um fim, não como um meio para atingir um objetivo" ou "escolha a atitude que traga mais felicidade ao maior número de pessoas". Essas são ferramentas úteis para a reflexão moral, mas não equivalem a um conjunto de mandamentos literalmente escritos por Deus em tábuas. Nossas vidas morais continuam sendo complexas e pessoais — e humanas.

Humanistas e iluministas foram, portanto, cativados por uma velha ideia: de que a melhor base para esse mundo humano, moral, está na nossa tendência espontânea a reagirmos uns aos outros com o sentimento de solidariedade: "compaixão", ou empatia, ou a sensação de inter-relação representada por *ren* e *ubuntu*. Foi o que Condorcet chamou de "uma suscetibilidade delicada e generosa que a natureza implantou no coração de todos e cujo florescimento depende apenas da influência favorável da iluminação e da liberdade".[26]

Humanistas mais antigos já tinham falado desse sentimento de solidariedade moral: Michel de Montaigne o considerava especialmente forte nele mesmo, e não somente em relação a outros seres humanos.[27] Ele não suportava ver alguém torcer o pescoço de um frango para servi-lo no jantar e deduzia que "existe certo respeito, e uma obrigação geral de humanidade, que nos afeiçoa não só aos animais, que têm vida e sensações, mas até a árvores e plantas". Quando via alguém chorar, ou mesmo imaginava alguém chorando, seus olhos ficavam marejados. Acima de tudo, ficava angustiado ao testemunhar torturas e execuções judiciárias normais na época, que às vezes presenciava porque faziam parte de seus deveres oficiais.[28] Era como se ele fosse permeável, absorvendo os sentimentos dos outros e os fundindo aos seus.

A propósito, dado que os seres humanos realmente parecem predispostos a tais reações, é difícil compreender por que alguém se regozijaria ao pensar nos outros sofrendo no inferno. Porém, isso não parecia ser um problema para teólogos antigos como Tertuliano, que escreveu que ver opressores anticristãos queimarem seria mais divertido para os cristãos do que circo, teatro e pista de corrida juntos.[29] É bem verdade que na época em que disse isso, os cristãos já tinham sofrido tanta perseguição que era compreensível sua sede de vingança. Mas no século XII ainda vemos o monge Bernard de Cluny prometendo: "Assim como o agrada agora observar os peixes brincarem no mar, você não se lamentará ao ver sua prole no inferno".[30] Tudo indica que uma grande operação psicológica teria que ser realizada em cristãos compassivos e virtuosos após sua morte para que pudessem ver os filhos e as filhas sendo torturados sem nem esboçar reação. No século XIX, essa já era uma das características que mais afastavam as pessoas do cristianismo. Charles Darwin declarou que, em certa medida, tinha perdido a fé religiosa porque era incapaz de entender como alguém poderia sequer *desejar* que a história do inferno fosse verdadeira,[31] e o filósofo John Stuart Mill disse: "não vou chamar de bom nenhum ser que não o seja quando aplico esse epíteto às demais pessoas; e se um ser desse pode me condenar ao inferno porque não o chamo de bom, prefiro ir para o inferno".[32] Para ele, a versão humanista da bondade era tão abrangente que era melhor que até Deus a obedecesse.

As bases de um sistema ético fundamentado no sentimento de solidariedade e numa espécie de "bom gosto" moral foram reunidas em 1699 pelo filósofo inglês Anthony Ashley Cooper, o terceiro conde de Shaftesbury.[33] Ele também era deísta e via o universo como um lugar benigno e harmonioso (a ponto de Voltaire zombar dele no verbete "Bom, tudo é" de seu dicionário). Para Shaftesbury, tudo está interligado, inclusive os seres humanos, e isso explica nossa capacidade de reagirmos com empatia aos outros. Essa reação, por sua vez, é a semente a partir da qual podemos cultivar uma vida moral totalmente desenvolvida. É crucial dizer que esse cultivo moral não requer um sistema de crenças específico, já que emerge da nossa própria essência. Precisamos apenas aprimorar nosso bom gosto moral, assim como podemos desenvolver um bom gosto para as artes. O processo depende acima de tudo do prazer: quando fazemos algo bom pelos outros, eles gostam de nós e nos aprovam — e esse é um sentimento agradável, portanto fazemos mais coisas boas. Com o tempo, pode ser que a pessoa vire o que os franceses chamavam de *honnête homme*, literalmente um "homem honesto": culto, humano, equilibrado, à vontade no mundo — uma pessoa com *humanitas*. *Uma investigação acerca da virtude ou do mérito*, de Shaftesbury, onde ele defende esses argumentos, impressionou leitores franceses, em especial Diderot,[34] que fez uma tradução tão livre e criativa que o texto passou a ser tão dele quanto do filósofo inglês. Diderot a publicou, mas como precisava ser cauteloso por causa dos censores franceses, a obra não saiu nem com o seu nome nem com o de Shaftesbury na folha de rosto, e o local de impressão foi falsamente declarado como Amsterdam.

Essas precauções eram necessárias porque apresentar uma defesa da origem humana do sentimento moral era muito arriscado na França católica e politicamente autoritária da época. A moralidade baseada no ser humano insinuava a falta de necessidade de uma autoridade externa para conduzir nossas escolhas éticas. Isso preocupava a classe política dominante, bem como a religiosa, porque sugeria um Estado de anarquia moral em que o povo poderia seguir as próprias ideias. Não daria certo: para haver um Estado coeso, era preciso unidade, não pluralismo; conformidade, não independência; hierarquia, não individualidade. Além disso, a palavra *ateu* ainda era considerada sinônima de "alguém desprovido de moral". Se a sociedade tolerasse esse tipo de gente, o resultado

seria o colapso. (Por isso o filósofo inglês John Locke defendia a tolerância religiosa em muitos casos, mas não para ateus, pois promessas e juramentos não exerceriam influência sobre eles: "Pois a subtração de Deus, mesmo que apenas em pensamento, a tudo dissolve".)[35]

Os rebeldes, no entanto, achavam que não precisava ser assim.[36] Pierre Bayle escreveu um livro em 1682 com o título enganosamente ameno de *Vários pensamentos por ocasião de um cometa*. Ele se referia ao cometa visto pela primeira vez no final de 1680, que muitos consideraram um sinal de intervenção divina nas questões humanas. Bayle atacava essa ideia e pensava em como os seres humanos poderiam viver bem sem tal intervenção. Talvez algumas pessoas ainda fossem moralmente boas sem reconhecer autoridades religiosas — e além do mais, ele dizia, até uma sociedade inteira composta de gente assim pode ser moralmente boa. Quiçá essa capacidade humana de viver segundo os próprios valores morais e relações sociais fosse a única coisa necessária, com cada um sendo norteado pelo desejo inato de ser benquisto e bem-visto pelos outros.

Bayle sabia que não tinha como publicar um livro desses na França, e também sabia que, como protestante conhecido por suas opiniões heterodoxas, talvez fosse até mais sensato sair do país.[37] Buscou refúgio nos Países Baixos, onde lançou o livro anonimamente e com um falso colofão de Colônia para se resguardar ainda mais. Ele se instalou em uma comunidade já bem estabelecida de refugiados; amigos o ajudaram a arrumar um cargo de professor.

Mas as autoridades francesas tinham outro jeito de comunicar a crença de que a moralidade, a Igreja e o Estado precisavam ser defendidos.[38] Como não conseguiram deter Pierre, prenderam seu irmão Jacob. Ele ficou encarcerado em condições tenebrosas, até morrer cinco meses depois. Quando Pierre soube do acontecido, teve um enorme choque emocional.

Essas ameaças bem planejadas de prisão, importunação, exílio, queima de livros e coisas piores eram companheiras constantes dos autores franceses iluministas. Voltaire passou temporadas na prisão e se exilou na Inglaterra ainda jovem, depois de cometer a insensatez de incitar um nobre francês a lhe fazer ameaças de violência. O exílio veio a calhar, porque o pôs em contato com cientistas e filósofos morais ingleses. Entre outras coisas, converteu-o à prática da inoculação contra a varíola — uma nova moda na Inglaterra e um bom exemplo do meliorismo em ação. A experiência toda lhe serviu de material para um livro de sucesso, *Cartas inglesas*. Mas o livro continha materiais inaceitáveis, como trechos em que criticava o sistema de censura francês. O aborrecimento com essa acusação de que a liberdade de expressão estava sendo suprimida foi expressa com a queima de *Cartas* nos degraus do Palais de Justice de Paris. Alguns anos depois, seu *Dicionário filosófico* também foi queimado, tanto na Paris católica como na cidade soberana calvinista de Genebra, cujas políticas eram igualmente repressivas. Voltaire tomou a precaução de morar perto da fronteira da França com Genebra, assim poderia correr de um lugar para o outro a depender de quem o estava perseguindo.[39]

Diderot também cumpriu sentença, no seu caso na prisão da fortaleza de Vincennes, em 1749.[40] Escrevia cartas em tom humilde, implorando por liberdade e prometendo parar de publicar os tipos errados de livros; só foi solto meses depois. Ele e Voltaire estavam decididos a evitar tais provações, se possível. Nenhum dos dois deixou de escrever, mas eles — e outros escritores do mesmo tipo — adotaram um leque de dissimulações e truques para evitar apuros.[41] Eles imprimiam suas obras fora da França e as contrabandeavam para dentro do país, geralmente através de poucos exemplares transportados por viajantes em malas de fundo falso e afins. Usavam títulos enganosos, se protegiam no anonimato e sob pseudônimos. Às vezes seus livros circulavam apenas por meio de manuscritos — gerando um ressurgimento das técnicas antigas, pré-imprensa, de cópia e distribuição, com todos os riscos de perdas e danos que isso acarretava.

Nos Países Baixos, no século anterior, Espinosa também havia se valido da circulação de manuscritos.[42] Poucos de seus livros foram lançados enquanto era vivo, mas sua grande obra, *Ética*, foi passada de mão em mão entre seus amigos, mas somente sob a forma de manuscrito. No leito de morte, ele pediu a esses amigos que usassem uma barcaça para mandar um baú cheio dessa papelada para Amsterdam, onde seria possível fazer mais cópias e traduções, e se tudo desse certo uma edição impressa póstuma. Isso foi feito enquanto tanto as autoridades protestantes como as católicas da Holanda, depois de ouvirem boatos do que estava acontecendo, os perseguia sem trégua. Os católicos chegaram a recrutar um rabino de Amsterdam para tentar descobrir onde estavam os manuscritos. Três cães de caça religiosos, portanto, estavam em seu encalço, mas nenhum deles conseguiu localizar os manuscritos a tempo de impedir sua publicação.

A única coisa boa que se pode falar sobre a opressão — para contrabalançar a miséria e as perdas que causou — é que ela estimulava a criatividade. O barão d'Holbach publicou *O sistema da natureza*[43] enviando o manuscrito para o irmão de seu secretário, que fez uma nova cópia e destruiu o original para impossibilitar que reconhecessem a caligrafia. Em seguida, o irmão embrulhou e selou o manuscrito novo e o mandou para um amigo em Liège. O amigo o repassou a um editor em Amsterdam, Marc-Michel Rey, que o lançou com o nome de outro autor, o finado escritor francês Jean-Baptiste de Mirabaud.

Voltaire também revestia seus escritos de mistério:[44] *Cândido* havia sido publicado sob o pseudônimo de "Sr. le Docteur Ralph", se passando por uma tradução do alemão. Em seguida, ele se divertiu escrevendo para os amigos, perguntando se não podiam lhe arrumar uma cópia do livro infame de que tanto ouvia falar. Em outros casos, imprimiu suas obras no exterior, mas vez por outra elas eram interceptadas quando tentavam contrabandeá-las. Ele se queixou: "Hoje em dia, nenhum livro entra na França pelos correios sem ser apreendido pelas autoridades, que já faz um tempo vêm construindo uma bela biblioteca e em breve se tornarão, em todos os sentidos, homens de letras".[45]

Por ironia do destino, um dos principais encarregados da censura nessa época *era* um homem de letras, além de um iluminista: Guillaume-Chrétien de Lamoignon de Malesherbes.[46] O que ele realmente queria fazer da vida era se dedicar ao seu amor pela coleção de plantas e refletir sobre classificação botânica. Mas se viu na linha de frente, dando conselhos políticos a Luís XV e assumindo o papel de diretor de publicações, o que o tornava o censor-chefe, que comandava mais de uma centena de pessoas que passavam o dia inspecionando livros e livretos, procurando alguma coisa suspeita. Mas alguns dos autores desses livros eram amigos de Malesherbes, e ele respeitava suas motivações para escrevê-los. Em um tratado sobre liberdade de imprensa de 1788, ele ressaltou o problema do excesso de censura: geralmente são os autores mais radicais que a desafiam, ao passo que muitos escritores com pontos de vista mais moderados e socialmente benéficos são dissuadidos de exprimi-los, em detrimento do discurso público bem informado, bem equilibrado.

Quando era chamado a censurar ou obstruir as obras dos amigos, Malesherbes obedecia, mas ao mesmo tempo encontrava maneiras de ajudá-los. Isso aconteceu com a *Enciclopédia*, que, após o lançamento de apenas dois volumes, foi banida por ordem do rei por conter material que visava minar tanto a moralidade como a autoridade real e suscitar um espírito de independência, revolta e descrença. Todas as outras obras que estavam em elaboração foram apreendidas. Malesherbes recebeu a tarefa de fazer uma batida na casa de Diderot, o

165

LAMOIGNON DE MALESHERBES;
Ministre d'Etat en 1776 et en 1788 Defenseur de Louis XVI en 1793

que poderia trazer à tona materiais ainda mais perigosos, mas ele teve um encontro secreto com Diderot na véspera e se ofereceu para esconder esses materiais na própria casa, o único lugar em que ninguém cogitaria procurá-los. Mais tarde, ele também negociou um novo sistema de censura, através do qual os outros volumes da *Enciclopédia* poderiam passar por um processo de aprovação prévia: não era o ideal, mas era melhor do que serem proibidos após o lançamento. O rei chegou a recobrar a tolerância pela obra, incentivado pelo fato de que sua ex-amante favorita, Madame de Pompadour, a defendia: ela dizia querer procurar informações sobre o local de origem da seda de suas roupas. O quarto volume da *Enciclopédia* aparece, junto com livros de Voltaire e outros autores, como acessório no belo retrato dela pintado por Maurice-Quentin de La Tour.[47]

Quanto aos outros manuscritos de Diderot que não sobreviveriam ao processo de censura prévia, de modo geral ele se absteve de até mesmo tentar publicá-los.[48] Entre seus trabalhos que só foram lançados após sua morte estão *O passeio do cético* (uma série de discussões entre um ateu, um deísta e um panteísta), *A religiosa* (uma denúncia da vida monástica obrigatória) e *O sobrinho de Rameau* (um diálogo que aborda vários assuntos, como música, moralidade e prazer). Este último só sairia em francês em 1821, em uma versão porcamente retraduzida de uma tradução alemã feita por Goethe em 1805 — por sua vez baseada em uma cópia feita do original. Só muito depois, em 1891, foi que se descobriu o original em uma barraquinha de livros de segunda mão. É irônico que Diderot, que na *Enciclopédia* tanto louvava a imprensa, entre outras tecnologias modernas, tenha sido forçado a se contentar com os métodos dos monges medievais em relação a boa parte de sua obra.

Ele também viveu outra situação penosa: quando a publicação da *Enciclopédia* foi retomada, descobriu que, às escondidas, seu editor vinha cortando

trechos de todos os verbetes, retirando tudo o que pudesse ser incômodo —
e em seguida destruindo os manuscritos para que fosse impossível reaver os
trechos perdidos. Depois do choque, Diderot jamais recuperou o entusiasmo
pelo projeto.[49]

Entretanto, pelo menos ele e Voltaire passaram pela vida sem correr muitos riscos. Não foi o caso de Malesherbes, que não foi morto nem pela Igreja
nem pela monarquia. Ele foi assassinado por um novo grupo de autoridades
repressivas: os oficiais do Terror, depois da Revolução Francesa.

A essa altura, Malesherbes já estava aposentado — enfim dedicando seu
tempo à botânica —, mas em dezembro de 1792, aos 71 anos, ele fez um re-
torno surpresa a seu cargo a fim de apresentar a defesa e a súplica por misericórdia do rei capturado, Luís XVI.[50] Foi um ato corajoso, mas não deu resultado porque o rei foi guilhotinado mesmo assim. Malesherbes se isolou em
seu sítio, mas se recusou a fugir da França. Um ano depois — o Terror agora
a pleno vapor —, foi preso com quase toda a família sob a acusação de cons-
pirar para ajudar *émigrés*. Eles passaram alguns meses presos, depois foram
guilhotinados um a um. O primeiro a morrer foi o genro de Malesherbes. Em
22 de abril de 1794, sua filha, a filha *dela*, Aline, e o marido de Aline foram
guilhotinados e Malesherbes foi obrigado a assistir. Depois o pescoço dele
também passou pela navalha. A mesma coisa aconteceu à sua irmã e a seus
dois secretários; só seu criado pessoal foi poupado.

Outros pensadores iluministas também tiveram um destino cruel porque
se opuseram à execução do rei. Uma dessas pessoas foi a ativista feminista e
antiescravidão Olympe de Gouges, que propôs a Declaração dos Direitos da
Mulher e da Cidadã à Assembleia Francesa em 1791, insistindo que os muito
alardeados novos direitos humanos fossem concedidos tanto aos homens quanto às mulheres. Seus argumentos foram ignorados e ela foi decapitada em 3 de
novembro de 1793.[51] Um dos ideólogos responsáveis, Pierre-Gaspard Chaumette, explicou qual fora seu erro: "O esquecimento das virtudes de seu sexo
a levou ao cadafalso". (Ele mesmo morreria no cadafalso alguns meses depois.)

Outra vítima, embora não tenha sido de fato guilhotinado, foi o sujeito que
acreditava na evolução humana por meio do aperfeiçoamento matemático e
do sentimento de solidariedade: Condorcet.[52] Ele também argumentava que o
pleno direito à cidadania deveria ser concedido às mulheres, e, igualmente, não
chegou a lugar nenhum. Escreveu sua obra principal — *Esboço de um quadro*

histórico dos progressos do espírito humano — apresentando sua teoria do progresso às pressas por medo de ser encarcerado ou coisa pior, enquanto estava escondido com uma amiga. Tinha sido favorável à revolução, mas como não concordava com seu nível de violência e sobretudo com o assassinato do rei, também entrou para a lista proibida. Em março de 1794, preocupado com a possibilidade de colocar a anfitriã em risco, ele foi embora de seu esconderijo e tentou desaparecer no interior se disfarçando de camponês. Foi detido e jogado na prisão local, onde no dia seguinte foi encontrado morto, mas nunca se soube ao certo se foi suicídio ou assassinato. Hoje, é uma experiência esquisita ler o *Esboço*, publicado postumamente, com sua perspectiva radiante de um futuro totalmente racional, sem opressão, desigualdade, violência ou burrice política de qualquer tipo, e refletir sobre as circunstâncias de sua escrita. Mas é claro que era esse o objetivo. Como é consolador, ele declara, para um filósofo aflito meditar sobre o futuro da humanidade "avançando a passos firmes e seguros pelo caminho da verdade, da virtude e da felicidade!". E também: "Tal contemplação é um refúgio em que a lembrança de seus perseguidores não o alcançam; ali ele vive em pensamentos, com os direitos naturais e a dignidade restituídos ao homem, e se esquece de que o homem pode ser atormentado e corrompido pela ganância, o medo ou a inveja".[53]

Um último autor aprisionado (mas não executado) por sua defesa da clemência ao rei foi Thomas Paine, amigo de Condorcet, conhecido tanto na América como na França pelos textos a favor da revolução.[54] Apesar da origem inglesa, ele tinha cidadania americana, e foi isso que o salvou. Depois de sua detenção em dezembro de 1793 e dos dez meses passados no cárcere, imaginando que seria executado a qualquer momento, ele foi libertado: um novo representante americano na França, James Monroe, tinha garantido sua soltura.

No dia em que foi mandado para a prisão, Paine estava finalizando a primeira parte da obra intitulada *A era da razão*, em que apresenta argumentos em prol de um deísmo iluminado e tolerante, e contra a religião convencional. Ele conseguiu entregar o manuscrito a um amigo quando foi capturado. Agora a salvo, abrigado na casa de Monroe, ele poderia retomar o trabalho e terminar a segunda parte do livro.

Entretanto, a primeira parte, escrita às pressas, é a mais convincente e eloquente. (A segunda é composta basicamente de referências bíblicas que respaldam seu argumento.) Que espantoso, Paine escreveu, pensar que a Igreja executou Galileu por estudar o céu — o mesmo céu que, em sua beleza e ordem, é uma prova vívida do poder de seu Criador. Achava inacreditável "que existisse uma coisa de nome *religião* que considerasse *irreligioso* estudar e contemplar a estrutura do universo que Deus fez". As reflexões de Paine eram tipicamente deístas, assim como seu repúdio à ideia de que Jesus teria sido enviado à Terra para garantir a redenção individual aos seres humanos. As escrituras que descreviam a crucificação, em especial, eram consideradas por Paine histórias cruéis, "mais condizentes com o gênio sombrio de um monge na cela, por quem não é impossível que tenham sido escritas", do que com alguém que "respirasse o ar livre da criação". E as instituições da Igreja, estabelecidas mais tarde para promover essas histórias, eram ainda piores: eram "invenções humanas criadas para aterrorizar e escravizar a humanidade, além de monopolizar poder e renda".[55]

Os princípios promovidos por Paine eram humanistas: seja grato à vida, não cultue o sofrimento, seja tolerante com os outros e tente lidar com os problemas da forma mais racional possível. Ele resumiu seu credo de humanista iluminista: "Acredito na igualdade entre os homens, e acredito que os deveres religiosos consistem em fazer justiça, amar a misericórdia e tentar fazer nossos pares felizes".[56]

A era da razão, com sua mensagem de solidariedade, igualdade, felicidade e a celebração iluminada do magnífico cosmos,[57] proporcionou a Paine algumas experiências nem um pouco felizes. Um condutor de diligência, depois de ler reportagens insultuosas sobre o livro nos jornais, se recusou a deixar que o autor embarcasse em seu coche, que ia de Washington para Nova York, em 1802. Na véspera de Natal do mesmo ano, um desconhecido tentou atirar na cabeça de Paine em sua casa em New Rochelle, Nova York, e errou a mira por um triz. Quando Paine morreu (de causas naturais),[58] seu desejo de ser enterrado no cemitério quacre — ele era de origem quacre — não foi cumprido, já que sua comunidade o rejeitava. Ele foi sepultado no terreno da própria casa. O caso teve uma continuação bizarra: o jornalista de política inglês William Cobbett exumou os restos mortais de Paine em 1819 e os levou para a Inglaterra porque queria dar ao autor um sepultamento mais adequado. Mas alguma parte do plano deu errado e Cobbett ficou com os restos até sua morte, depois da qual eles sumiram. Jamais foram encontrados.

A era da razão continuou ganhando leitores na América e na Grã-Bretanha — apesar de sempre ter sido ignorada, na melhor das hipóteses, pelo establishment. No pior dos casos, era banida. A Grã-Bretanha a considerou blasfema: publicá-la era ilegal, assim como publicar as outras obras de Paine. Mesmo quando não a achavam blasfema, era considerada politicamente subversiva. Alguns editores persistiram e chegaram a produzir edições baratas para leitores da classe trabalhadora — mais uma questão preocupante, pois parecia bem provável que inspirassem motins de verdade em vez de um tipo mais seguro, mais cavalheiresco de heresia.

O grande defensor de Paine na Grã-Bretanha era Richard Carlile, socialista e deísta. No total, passou cerca de dez anos na prisão por suas edições, que incluíram coleções acessíveis dos livros de Paine. Em 1819, Carlile foi julgado por publicar tanto suas experiências no Massacre de Peterloo (um ataque de cavalaria letal contra manifestantes de St. Peter's Field, Manchester) e *A era da razão*, de Paine. Para desafiar as regras quanto a este último livro, Carlile tentou um truque astucioso no tribunal. Como parte de sua defesa, recitou a obra na íntegra, fundamentando a iniciativa na ideia de que era importante para a compreensão dos princípios do caso. O plano era que, depois disso, tudo o que fosse dito no julgamento pudesse ser publicado legalmente sob a forma de transcrição — junto com o texto inteiro de *A era da razão*. Se tivesse sido bem-sucedido, ele teria entrado para a história do humanismo com um dos maiores golpes já desferidos contra a censura, mas infelizmente não deu certo: a transcrição nunca foi lançada.[59]

Richard Carlile foi considerado culpado e cumpriu dois anos na Prisão de Dorchester. Sua esposa, Jane, continuou operando a gráfica durante sua ausência. Depois ela também foi sentenciada por isso e mandada para Dorchester. A irmã dele, Mary Ann Carlile, assumiu a responsabilidade pela gráfica — e também acabou sendo mandada para a prisão. Os três dividiram a cela. Richard passava o tempo escrevendo obras que ou contrabandeou, ou guardou para depois. Uma de suas criações dessa época foi *An Address to Men of Science* [Um discurso aos homens da ciência], na qual argumentava que a educação deveria ter como base ciências como astronomia e química, e não a religião ou os clássicos, apresentando cedo às crianças a ideia de que somos seres corpóreos e fazemos parte da natureza.[60]

E assim a batalha de sagacidade continuou: à medida que as celas das prisões se enchiam de pensadores heterodoxos, eles iam criando subterfúgios novos e mais complexos, artifícios e engodos, usando sobretudo o talento para a cópia dos antigos humanistas.

Mas a situação também os obrigava a levar uma vida perturbadora devido à desonestidade que adotavam. Não podiam ser francos; era difícil para todos eles ser um *honnête homme* ou *femme*. Era normal que precisassem escrever "esotericamente", combinando um sentido ostensivo para os que estavam de fora com um sentido oculto para os iniciados. Eles se tornaram esquivos e alusivos por necessidade, não por escolha. Como Shaftesbury observou, em 1714, quem não pode ser direto, fala por ironias: "Foi o espírito opressor que despertou o zombeteiro".[61]

Agindo assim, perderam um pouco da integridade e puseram a si mesmos e a outras pessoas em risco. Ter que fingir acreditar no que não se acredita, escreveu Paine, é muito pior do que a descrença cabal: é uma "mentira mental", e isso tem seu preço.[62] Ateus e livres-pensadores eram acusados de não ter moral — mas na verdade a moralidade que tinham era minada regularmente pela perseguição que sofriam. Se a maioria deles conseguiu manter um pouco de sua *honnêteté* intacta apesar de tudo, foi — pode-se dizer — nada menos que um milagre.

Para os que achavam que uma pessoa sem religião não poderia ser boa, um exemplo era especialmente desconcertante: o do filósofo iluminista escocês David Hume. Ele era muito *legal*.

Isso era igualmente desconcertante sob outro aspecto, pois do ponto de vista intelectual Hume também era o pensador mais implacável de sua época. Seu *Tratado da natureza humana*, lançado entre 1739 e 1740, basicamente destruiu o restinho de confiabilidade ou segurança que um ser humano poderia sentir a

respeito da vida, ou da experiência, ou do mundo. Ele nos diz que é impossível termos certeza de que uma causa gere uma consequência, ou de que o sol vai nascer no dia seguinte, ou de que temos alguma identidade pessoal coerente. *Sentimos* que são causas e identidades reais, coerentes, mas são apenas sensações, provocadas pelo hábito e pela associação de ideias. O filósofo e radialista do século XX Bryan Magee resumiu bem as ideias dele, dizendo: "O que Hume tipicamente nos diz, quando o procuramos com um problema, é o seguinte: 'É pior do que você pensa'".[63]

Havia também suas investidas contra a fé convencional. Contam-nos histórias de milagres, ele diz — o paralítico que se levanta e anda, aparições de santos, preces atendidas. Mas pare e pense. O que é mais verossímil? Já aconteceu algo que realmente contradissesse todas as outras experiências que você teve acerca do funcionamento da natureza? Ou alguém cometeu um erro, mentiu, inventou, distorceu o relato, ou disse algo que seus ouvintes entenderam mal? Ele sugere a aplicação de um princípio básico: de que "nenhum testemunho é suficiente para comprovar um milagre, a não ser que o testemunho seja tal que seu falseamento seria mais milagroso do que o fato que tenta demonstrar".[64] (O divulgador científico Carl Sagan, que veio muito depois, explicou a ideia de forma muito mais simples: "Alegações extraordinárias exigem provas extraordinárias".)[65]

Imagine, continua Hume, que alguém declare ter visto um homem morto ressuscitar.[66] Como não se trata de algo normal, o acontecimento contradiz tudo o que sabemos sobre corpos mortos. Se aplicarmos o teste, temos que perguntar o que é mais provável: que essa bizarrice tenha acontecido ou que exista um erro na narrativa. Como escrevia para um público de cristãos cuja fé se baseava em grande medida na história da Ressurreição, ele escolheu um ótimo exemplo.

Esse fato claramente chocou a primeira pessoa a quem Hume apresentou o argumento, e isso não é nenhum espanto, pois tratava-se de um jesuíta. Hume estava hospedado no La Flèche, na França, pois era um lugar barato para viver enquanto escrevia o *Tratado*, e se dava bem com os jesuítas da faculdade, que permitiam que ele usasse a biblioteca. Nessa ocasião, um deles estava lhe contando um acontecimento milagroso que diziam ter acontecido na comunidade. Ao ouvir a história, o princípio do teste passou pela cabeça de Hume, e ele o exprimiu. O jesuíta ponderou por um instante e disse que era impossível que ele tivesse razão, porque, se assim fosse, o princípio seria usado contra as histórias do Novo Testamento e contra os milagres modernos. É bem óbvio que Hume já havia considerado essa possibilidade e estava em paz com ela.

No começo, sua intenção era incluir o argumento dos milagres no *Tratado*, mas lhe faltou coragem. Ele só seria apresentado em sua reformulação posterior da filosofia do *Tratado*, chamada *Investigações sobre o entendimento humano*.[67] Ele guardou outros de seus escritos por mais tempo ainda, entre eles ensaios sobre a questão moral do suicídio e a imortalidade da alma. Escreveu *História natural da religião*, mas protelou o lançamento por anos a fio, e sonegou completamente uma série de *Diálogos sobre a religião natural*, em que os participantes comparam seus pontos de vista divergentes quanto ao tema.[68] Uma das questões que debatem é a possibilidade de esperar um bom comportamento dos ateus. Um dos oradores diz (como tudo indica que Voltaire pensava) que talvez fosse útil as pessoas acreditarem na vida após a morte, pois assim teriam motivação para serem boas.[69] Outro discorda. Se fosse verdade, ele indaga, por que a história era tão cheia de narrativas de perseguição, opressão e guerras civis religiosas? "Se o espírito religioso fosse mencionado em alguma narrativa histórica, sem dúvida depararíamos depois com os detalhes das desgraças que o acompanham. E não há período mais feliz ou mais próspero do que aquele que nunca é observado ou mencionado."

Apesar das precauções tomadas por Hume, todos os moradores de sua cidade natal, Edimburgo, bem como os *lumières* da França, pareciam saber que ele era, no mínimo, um livre-pensador extremamente cético.[70] Seus apelidos eram "o Ateu" e "o Grande Infiel". Devido à infâmia que isso lhe trouxe, seus opositores impediam que ele ocupasse cargos em universidades tanto em Edimburgo como em Glasgow, e ele foi destituído do posto de bibliotecário da Faculdade de Advogados de Edimburgo. Poderia ter sido pior: não fazia muitas décadas que Thomas Aikenhead, um estudante de vinte anos da mesma cidade, tinha sido executado por blasfêmia porque havia desdenhado de histórias bíblicas e dito que "Deus, o mundo e a natureza são uma coisa só".[71]

E no entanto, contrariando sua reputação alarmante, Hume encantava quase todo mundo que conhecia com seu bom caráter e extrema simpatia. Outro de seus apelidos era *le bon David* — o bom David. Seu conterrâneo James Boswell escreveu: "Se não fosse por seus textos infiéis, ele seria amado por todos". Em certa ocasião, quando o arquiteto Robert Adam quis convidar Hume para jantar com sua família, em sua casa em Edimburgo, sua mãe hesitou: "Eu ficaria contente em receber qualquer um de seus amigos, mas espero que você jamais traga o Ateu para tirar minha paz". Pouco depois, em outro jantar, Adam chamou Hume sem revelar sua identidade. Depois que os convidados foram embora, a mãe comentou que todos eram agradáveis, "mas o homem robusto e jovial que se sentou ao meu lado era o mais simpático". Adam declarou: era o Ateu! "Bom", ela respondeu, "você pode chamá-lo sempre que tiver vontade."[72] David Hume era a prova viva e risonha do argumento defendido por seu porta-voz nos *Diálogos*: "O mínimo traço de honestidade e benevolência inatos causa mais impacto na conduta dos homens do que as opiniões mais pomposas, sugeridas por teorias e sistemas teológicos".[73]

Ele havia se tornado tão simpático — e também havia se tornado aquele "homem robusto e jovial" — depois de se submeter a uma espécie de terapia para contrabalançar o excesso de batalhas fúteis travadas com a filosofia durante a juventude. Depois de quebrar a cabeça com problemas filosóficos insolúveis, ele ficou abatido e escreveu a um médico pedindo orientação. O médico sugeriu que abandonasse a filosofia e tomasse uma dose de clarete por dia, além de fazer cavalgadas leves. Hume tentou e em pouco tempo se tornou, conforme escreveu, "o sujeito mais forte, resistente, saudável que você já viu na vida, de pele corada e semblante alegre".[74]

Manteve essa robustez mesmo quando retomou as leituras filosóficas, muito porque agora abordava os textos de forma mais construtiva, partindo da "natureza humana" em vez de tentar elaborar teorias em cima de fundamentos abstratos. Assim como Montaigne, ele começou pela medida humana: observando a si e aos outros e adotando suas experiências e comportamentos como material para questionamentos.

Hume também lembrava Montaigne em outros aspectos, em especial na mistura surpreendente de ceticismo intelectual renitente com bom humor tolerante.[75] Pode-se escutar a voz de Montaigne, por exemplo, quando Hume nos diz, no final do desolador primeiro livro do *Tratado*, que seu conteúdo o levou a um lugar tão estranho que agora ele se sente um monstro ("Onde estou eu, ou o que sou? De quais causas extraio minha existência e a qual condição vou retornar? Nas graças de quem preciso cair, e a ira de quem devo temer? Quais seres me cercam?") —, para em seguida concluir que não há motivos para preocupação. Talvez a razão não possa ajudá-lo, mas a Natureza o cura prontamente de sua "melancolia e delírio", distraindo-o com os prazeres cotidianos da vida. "Eu janto, jogo uma partida de gamão, converso e me divirto com meus amigos."

Restabelecido, ele de fato retomou suas especulações, e as partes restantes do *Tratado* exploram questões de emoção e moralidade. Assim como Montaigne e Shaftesbury — e assim como seu amigo Adam Smith, que também escreveu sobre o tema —, Hume coloca na "empatia", ou sentimento de solidariedade, a base da moralidade. Quando alguém sente uma emoção, é possível que ela fique evidente em seu rosto ou sua voz. Ao vê-la ou ouvi-la, sinto uma repetição da emoção, fundamentada nas vezes em que a experimentei no passado. Nossas mentes funcionam como "espelhos umas das outras", ele diz: um jeito muito montaignesco de falar. Hume parece antever algo parecido com o entendimento moderno dos "neurônios-espelhos". Porém se baseava em uma tradição que a essa altura já estava consagrada na psicologia moral. Assim como seus antecessores, ele levou a ideia até o fim para criar uma teoria da ética. Por espelharmos emoções, ele explicou, em geral ficamos mais felizes quando imaginamos que os outros também estejam felizes, o que nos deixa mais propensos a aprovar o que instiga um florescimento geral entre nossos semelhantes.[76]

Outra característica que Hume tinha em comum com Montaigne (e com Erasmo) era a tendência a ser audacioso em seus pensamentos, mas cauteloso no comportamento. Não era um Lorenzo Valla da vida; não era nem um Voltaire. Aproveitava uma vida alicerçada em amizades e atividades intelectuais, e não em escândalos e conflitos. Uma vez, escreveu para uma amiga: "Eu poderia cobrir o Assoalho de um Salão com os Livros e Livretos que já foram escritos contra mim, e aos quais nunca dei Resposta, não por Desdém (pois pelos Autores de alguns deles, nutro respeito), mas pelo Desejo de Tranquilidade e Sossego".[77]

Consequentemente, continuou escondendo os escritos que poderiam lhe tirar o sossego. Desde o começo, quando decidiu excluir o argumento dos milagres do *Tratado*, ele admitiu, "é um exemplo de Covardia, pela qual culpo a mim mesmo".[78] Mais tarde, em 1757, ele lançou uma série de *Quatro dissertações* sobre diversos temas, mas no último instante excluiu dois textos: os que falavam de suicídio e da imortalidade da alma. Havia cópias cortadas à mão, com outros ensaios inseridos para substituí-los. Na terminologia bibliográfica, foram "cancelados" — termo que ultimamente adquiriu um sentido cultural mais abrangente, que descreve o que acontece a uma pessoa ou obra que seja considerada inaceitável para a suscetibilidade pública e forçada a se calar ou se retrair. Hume cancelou o próprio trabalho, mas não o destruiu e não parou de escrevê-lo.[79]

Em outros aspectos, era de um destemor extraordinário. James Boswell se impressionou com sua despreocupação com o fato de não esperar uma vida após a morte celestial.[80] Boswell resolveu interrogá-lo, como costumava fazer com os famosos: ele seguiu seu amigo Samuel Johnson, anotando tudo o que dizia, inclusive os comentários sobre religião. Boswell também visitou Voltaire e o colocou contra a parede: "Exigi dele uma confissão sincera de seus verdadeiros sentimentos". Quando Voltaire declarou que seus verdadeiros sentimentos eram o amor pelo Ser Supremo e o desejo de ser bom, a fim de imitar o "Autor da Bondade", Boswell admitiu, "fiquei comovido; fiquei pesaroso. Duvidei de sua sinceridade. Eu o acossei com veemência: 'Você está sendo sincero? Está sendo sincero de verdade?'". Ele respondeu que sim.

Um dia, então, ouvindo na igreja um sermão sobre a consolação da fé, Boswell pensou que precisava se lembrar de perguntar a Hume como ele conseguia ser tão benevolente sendo incrédulo. Talvez fosse útil saber, para o caso de sua fé minguar. Seria "humano" da parte de Hume lhe oferecer qualquer conselho que pudesse dar.[81]

Quando teve a oportunidade de puxar o assunto, em 1776, as circunstâncias estavam piores do que Boswell poderia imaginar. Hume tinha acabado de saber que tinha um tumor letal no abdômen, tão grande que o sentia através da pele, e sabia que iria morrer por causa dele. Boswell queria, mais do que nunca, descobrir como aguentava essa ausência de futuro.[82]

Ao visitar o filósofo, Boswell o encontrou na sala, magro e adoentado, sem o vigor de antes. Mas Hume estava animado e confirmou sem rodeios que estava à beira da morte. Boswell perguntou sobre sua fé. Hume afirmou que a havia perdido muito antes. "Ele declarou categoricamente que a moralidade de todas as religiões era ruim, e, eu de fato acredito, não foi jocoso quando disse que, ao saber que um homem era religioso, ele concluía que era um crápula." Boswell achou incrível que Hume falasse daquele jeito com a morte batendo à porta.[83]

Boswell perguntou a Hume (estou parafraseando a paráfrase que ele fez de si mesmo): "não é possível que exista uma vida futura, afinal?".

"É até possível que um carvão posto numa fogueira não queime", retrucou Hume, aludindo a seus argumentos filosóficos sobre causas e milagres; "mas é improvável."

"Sim, mas a ideia de aniquilação não o perturba mesmo assim?", questionou Boswell.

"Nem um pouco", disse Hume.

Essas respostas, por outro lado, alegraram Boswell: "A afabilidade do sr. Hume era tamanha que não havia solenidade nenhuma na cena; e por um tempo a morte não pareceu sombria". Por outro lado, ele ficou desanimado: "Fui embora com impressões que me incomodaram por um bom tempo". Se um homem à beira da morte podia falar assim, como qualquer uma das visões prevalecentes sobre os ateus poderia ser verdadeira — de que eram ruins; de que no fim sempre recorriam à religião porque não davam conta de viver sem ela; de que eram incapazes de heroísmo ou nobreza?

Mais tarde, quando Boswell estava falando de Hume com Samuel Johnson, este se recusou a acreditar. "Ele mentiu", disse Johnson. "Foi a vaidade de que o vissem tranquilo. A mentira é mais provável do que a implausibilidade de um homem não temer a morte."[84] Assim, Johnson teve a astúcia de usar o argumento do milagre proposto por Hume contra ele. Mas Boswell foi ainda mais astuto em perceber os verdadeiros motivos de Johnson para tamanha rispidez: muitíssimo propenso a angústias acerca da morte e da firmeza de sua fé, ele precisava se esforçar muito para sustentar sua certeza.

Enquanto isso, em Edimburgo, Adam Smith ficava ao lado do amigo Hume à medida que sua saúde piorava, e mais tarde ele publicaria um breve relato dessas últimas semanas. Hume também escreveu um curto livro de memórias, *Minha vida*, depois publicado por Smith, e não parou de revisar suas outras obras. Recebia muitas visitas de amigos e com eles jogava uíste, seu novo jogo de cartas preferido. Às vezes parecia tão normal que os amigos mal acreditavam que estava morrendo. "É verdade", dizia Hume. "Estou morrendo tão rápido quanto meus inimigos, se é que os tenho, gostariam, e com tanta alegria e serenidade quanto desejariam meus melhores amigos." Brincava que procurava desculpas para convencer o barqueiro Caronte a adiar seu trajeto até a terra dos mortos (segundo outra mitologia na qual, é claro, ele não acreditava). "Bondoso Caronte, estou corrigindo minhas obras para uma nova edição. Me conceda mais um tempinho para que eu possa assegurar que o Público receba as alterações."[85]

Entre as obras que atualizou estavam seus textos sobre religião e dúvida, há muito tempo guardados em segredo. Ele fez o possível para providenciar sua publicação póstuma. Primeiro perguntou se Smith não poderia se encarregar da missão, mas como Smith ficou nervoso, Hume o desincumbiu. Alterou seu testamento para deixar a seu editor de praxe, William Strahan, o pedido de que lançasse os *Diálogos* dali a dois anos, e os ensaios cancelados "Do suicídio" e "Da imortalidade da alma" a seu critério. Assim como para muitos humanistas, essas questões de publicação e público leitor na Terra *eram* o estilo de imortalidade que interessava a Hume.[86]

No entanto, Strahan nunca lançou esses trabalhos.[87] *Diálogos sobre a religião natural* só seria publicado em 1779, mas anonimamente e numa edição organizada pelo sobrinho de Hume, não por Strahan. Os ensaios sobre suicídio e imortalidade foram lançados aos poucos, também em edições anônimas e não autorizadas, mas a publicação adequada, com o nome de Hume, só foi editada no século XIX.

Caronte tampouco obedeceu aos desejos de Hume. Não tinha como esperar para sempre — Hume jamais pararia de fazer emendas e o livro jamais ficaria pronto. Então venha, disse Caronte, "por favor, entre em um dos barcos". Hume morreu em 25 de agosto de 1776, demonstrando até o fim, segundo seu médico, nada além da "serenidade feliz da mente".[88] Uma multidão se aglomerou em frente à sua casa quatro dias depois, para ver o caixão ser transportado até o cemitério debaixo de chuva forte. Boswell acompanhou o cortejo, observando-o de longe, mas prestando sua homenagem. Ouviram alguém dizer: "Ah, ele era ateu". Ao que outra pessoa respondeu: "Não importa, era um homem *honesto*".[89]

Smith concordava, e concluiu seu relato da morte de Hume dizendo: "Sempre o considerei, tanto enquanto estava vivo como após seu falecimento, o que havia de mais próximo da ideia de um homem completamente sábio e virtuoso que a natureza da fragilidade humana permitiria existir".[90]

Prudente e heroico em igual medida, amado por sua afabilidade mas formidável em suas investidas contra o raciocínio de má qualidade, apreciador das distrações mas dedicado ao aperfeiçoamento das ferramentas intelectuais e morais disponíveis à mente humana: *le bon David* era o exemplo perfeito de *lumière* — e de homem das *humanitas*.

7
Campo para todos os seres humanos

1405-1971
Universalidade, diversidade, raciocínio crítico, conexão moral:
quatro ideias que moldaram o humanismo e foram por ele
moldadas — Mary Wollstonecraft, Harriet Taylor Mill e o mais
amplo e mais sublime — Jeremy Bentham, Oscar Wilde e ser
feito para as exceções — Frederick Douglass e a eterna vigilância
— E. M. Forster de novo — conectando os fragmentos.

Dito isso, *perfeito* não é a palavra certa para Hume (nem para ninguém, aliás).

Quase todos os humanistas que apareceram neste livro até agora tinham uma séria limitação: aplicavam suas ideias de humanidade ou *humanitas* quase exclusivamente a homens brancos, fisicamente aptos, com comportamentos condizentes com o gênero — isto é, a pessoas mais ou menos parecidas com o homem vitruviano de Leonardo. Só esse subconjunto da espécie poderia almejar ser um "homem universal". Qualquer outro tipo era tratado como falho ou inferior, talvez abaixo da linha da humanidade.

Os pensadores humanistas nem de longe estavam sozinhos nessas suposições, comuns à maioria dos intelectuais europeus da história. Alguns dos humanistas da era iluminista tinham uma tendência especial, no entanto, a falar dessas questões com um enganoso ar de segurança científica. Hume era um deles: em uma nota de rodapé que ganhou notoriedade, garantia que pessoas não brancas eram "naturalmente inferiores" e culturalmente não produziam nada comparável às criações europeias. "Não há manufaturas engenhosas, não há artes, não há ciências." Na esteira de uma crítica tecida por James Beattie, que o acusava, junto com outros filósofos, de pensar que "todos os costumes e pontos de vista que não estejam de acordo com a praxe da Europa moderna são bárbaros", Hume acabou revisando a ofensa, empregando-a somente aos que eram de origem africana — o que não melhorou a situação.[1]

Vários autores do Iluminismo tiveram falhas de discernimento similares, inclusive um de quem não esperaríamos tal coisa: Condorcet. Em termos gerais, ele condenava veementemente o colonialismo, o racismo e o sexismo e imaginava a humanidade inteira dividindo um futuro iluminado. No entanto, não achava que todos os seres humanos *começavam* no mesmo nível na escadinha da evolução e se perguntava se todas as culturas chegariam ao topo dela: talvez simplesmente sumissem sem que sua perda impactasse o quadro geral do progresso.[2]

Havia também a questão das mulheres. Um dos pensadores políticos mais radicais da época era Jean-Jacques Rousseau — até ele escrever sobre a educação de meninas e se transformar no mais ranzinza dos velhos conservadores. Em seu tratado pedagógico *Emílio*, diz que as meninas não precisavam estudar filosofia nem ciência porque só tinham que saber como agradar ao marido.[3] (E não estava sendo irônico.) Voltaire achava que mulheres davam boas cientistas: ele dividia seus estudos sobre física newtoniana e outros temas com sua amiga e amante, a matemática e tradutora Émilie du Châtelet. Porém, depois que ela faleceu, ele considerou um elogio escrever o seguinte: "Perdi aquele que durante 25 anos foi meu melhor amigo, um grande homem, cujo único defeito era ser mulher".[4]

De modo geral, esses autores do Iluminismo estavam apenas levando adiante uma tradição mais antiga, a de combinar brilhantismo acerca de alguns assuntos com idiotice a respeito de outros. Na Grécia antiga, por exemplo, Platão aprovava a educação feminina, mas também pensava que as mulheres eram reencarnações de homens que tinham sido covardes ou imorais numa vida passada. (Poderia ser pior: os mais incapazes renasciam como mariscos.)[5] Aristóteles escreveu as obras de ética e política mais fundamentais da Europa, mas apenas no contexto dos homens gregos livres: todas as outras pessoas eram inferiores. Ou seja, as mulheres, é claro, mas também aqueles que categorizava como os que por natureza haviam nascido para a escravidão. A forma de identificar tal pessoa, de acordo com Aristóteles, era a seguinte: "Alguém é [...] escravo por natureza se é apto a se tornar propriedade de outrem (e por essa razão realmente se torna propriedade de outrem) e se participa da racionalidade a ponto de compreendê-la caso venha dos outros, embora seja incapaz de raciocinar por conta própria". Esta última oração foi escrita sobretudo para distinguir pessoas escravizadas de animais não humanos, incapazes de sequer reconhecer a racionalidade ao vê-la. Com essa ressalva, seu argumento principal era de que seria possível notar os que eram feitos para serem escravizados pelo fato de estarem escravizados. Para eles, era evidente, "a condição de escravos era benéfica e justa". Aristóteles esclareceu ainda mais a situação comparando a escravidão à dominância igualmente natural dos homens sobre as mulheres.[6]

A teoria dos "escravos por natureza" de Aristóteles foi usada para justificar séculos de escravidão. O filósofo Juan Ginés de Sepúlveda aplicou seus princípios no século XVI para defender o abuso dos espanhóis contra os povos do Caribe e da América Central, dizendo que, como eram frutos de outra Criação, podiam ser tratados como animais domésticos.[7] Em um discurso de 1844, o cirurgião do Alabama Josiah Clark Nott justificou a escravidão norte-americana se referindo a essa teoria das origens diferentes, e arrematou com um floreio — tirado não de Aristóteles, mas de Alexander Pope. Foi uma frase muitíssimo conveniente de *Ensaio sobre o homem*, com o acréscimo de uma tipografia ainda mais enfática: "Uma verdade é clara: TUDO O QUE É, É CERTO". Na verdade, boa parte dos argumentos de Aristóteles também se resumia a isso — só que Nott supostamente escrevia como cristão.[8]

Com efeito, sobre a questão da humanidade, algumas instituições cristãs tinham antecedentes melhores do que os filósofos seculares. Agostinho foi muito influente ao declarar em seu *A Cidade de Deus* que todos os seres humanos, por mais diversos que fossem, tinham a mesma origem — embora tenha escolhido como exemplos histórias antigas de corridas com cabeças de cães e um pé gigante que podia ser usado como guarda-chuva. Mesmo essas pessoas devem ter alma humana; portanto, podem ser salvas se forem apresentadas às doutrinas do cristianismo. Do que se depreendem duas coisas: a escravidão é ruim e as atividades missionárias são boas. Essa teologia foi confirmada em 1537, quando o papa lançou um preceito declarando que escravizar pessoas nas Américas era errado.[9] Entretanto, o debate não se encerrou. Cristãos continuaram procurando maneiras de defender a prática, geralmente negando que povos diferentes *tivessem* uma origem em comum. Mas, aos poucos, várias denominações tomaram o partido dos abolicionistas. Os quacres foram os pioneiros; em seguida vieram os movimentos conduzidos pelos anglicanos evangélicos e outros, todos ressaltando o princípio da humanidade compartilhada universalmente. A ideia foi transmitida de um jeito mais impactante em uma medalha feita em 1787 por Josiah Wedgwood para a Society for Effecting the Abolition of the Slave Trade [Associação pela Efetivação da Abolição do Comércio de Escravos]: ela mostra um homem negro acorrentado, de joelhos, perguntando, "Não sou um homem e um irmão?".

No que dizia respeito à reivindicação das mulheres à humanidade e à liberdade, o cristianismo pendia mais para o caminho do "Tudo o que é, é certo". Os homens olhavam para as mulheres que conheciam, em especial as refinadas, da alta sociedade, e não detectavam nenhum sinal de sucesso educacional ou sofisticação: os interesses femininos pareciam frívolos, e o comportamento delas era recatado e submisso. Consequentemente, era sempre "benéfico e justo" para elas continuarem como estavam: isto é, sendo criadas com uma educação básica, frívola, e tendo seus mínimos atos de autoafirmação imodesta reprimidos.

Parece surpreendente que os humanistas da era iluminista não tenham rompido com tais raciocínios com uma frequência maior. Afinal, se gabavam de questionar criticamente as ideias que recebiam, e muitos também davam valor à "empatia" e à solidariedade como bases da moralidade. Na maioria das situações, acompanhavam Terêncio: "Sou humano, nada do que é humano me é estranho". No entanto, volta e meia se dispunham a acrescentar exceções ao fim da frase.

Nem todos eram assim, porém, e alguns ampliaram suas perspectivas. Algumas das principais vozes humanistas se manifestaram a favor da ideia de que todo mundo compartilhava uma humanidade essencial, e por razões que tinham a ver com a vida *neste* mundo, e não com a possibilidade de salvação na próxima. Foi graças às crenças humanistas na razão e no meliorismo que Voltaire defendeu a tolerância a religiões diferentes, Condorcet e Olympe de Gouges defenderam a inclusão de mulheres e raças não europeias na ideia de libertação humana da Revolução Francesa, e seu colega iluminista Jeremy Bentham defendeu o que hoje chamamos de direitos LGBT+.

Esses pioneiros, e outros que vieram depois, promoveram argumentos baseados principalmente em quatro grandes ideias humanistas. A primeira delas é a que foi mencionada há pouco: de que estamos todos unidos na nossa humanidade, e, portanto, nada do que é humano é estranho.

A segunda ideia, ao contrário, enfatiza não a universalidade, mas a diversidade. Sim, somos todos humanos, mas também experimentamos a vida de formas diferentes por causa da cultura, da situação política e de outros fatores — e essas diferenças deveriam ser respeitadas e celebradas.

O terceiro princípio é a valorização do questionamento e do pensamento crítico. Para um humanista de qualquer estirpe, nada a respeito da vida humana deveria ser considerado evidente ou aceito por causa de autoridades e tradições. O que É talvez NÃO seja o certo, e deveria ser posto em dúvida.

O quarto é a crença comum de que a melhor forma de suprir nossa vida moral, que é central para a nossa humanidade, é procurarmos jeitos de nos conectarmos e nos comunicarmos.

Universalidade, diversidade, pensamento crítico, conexão moral: todos esses valores são amplamente defendidos nos dias de hoje, porém menos do que um humanista gostaria. Todos se baseiam em partes da tradição humanista com que já deparamos: da medida humana de Protágoras à *diversité* de Montaigne, passando pelo pensamento crítico de Valla e a ética calcada na empatia de Shaftesbury ou Hume.

Nesse ínterim, a influência também corria no sentido inverso: enquanto os humanistas promoviam tais ideias e exploravam uma forma mais nova e mais receptiva de pensar sobre a humanidade, essa nova forma de pensar ajudava a reformular o significado de ser humanista. Os humanistas se tornaram menos elitistas e mais favoráveis às diferenças culturais. Alguns tentavam questionar mais as próprias suposições. Continuaram usando o velho talento para as investigações críticas e a eloquência, mas aplicando-o a novas áreas de pesquisa.

Vamos visitar essas quatro ideias, uma por uma — dando saltos no tempo ao longo do capítulo —, e ver que tipo de mudanças os humanistas de diversas épocas estavam preparados para cogitar.

Só de uma pessoa reivindicar aquele primeiro elemento, a humanidade igualitária, já era um grande atrevimento — sobretudo se a reivindicação viesse do tipo errado de pessoa.

Em 1900, a especialista em cultura clássica Jane Harrison escreveu um ensaio com o título "*Homo sum*",[10] as primeiras palavras da máxima de Terêncio. Era uma provocação, pois *homo* era invariavelmente traduzido como "homem" (embora em latim signifique "humano": homem adulto é *vir*). No entanto, ali estava uma mulher, usando a palavra para falar de si mesma! Seu argumento, é claro, era de que tinha tanto direito quanto os homens de usá-la e de ter acesso ao amplo leque de possibilidades na vida que vinham junto com ela. A tradutora de Dante e romancista Dorothy L. Sayers repisou o argumento em sua palestra de 1938, de título ainda mais forte: "Mulheres são humanas?".[11] Ela elucidou

183

a questão dando exemplos. As pessoas perguntam: as mulheres deveriam usar calças? Tem quem ache que não, por acreditar que as calças ficam melhores nos homens do que nas mulheres. Mas Sayers acha calças mais confortáveis. "Quero me divertir como ser humano, e por que não?" (Se o exemplo parece estranho, pense no escárnio com que foram recebidas no século anterior as pantalonas epônimas de Amelia Bloomer, que livravam as mulheres de peças de roupa tão inconvenientes que elas mal conseguiam se sentar direito, que dirá fazer algum exercício físico.) Eis outra questão discutida por Sayers: as mulheres deveriam frequentar a universidade? Tem quem diga que não, pois ao que parece as mulheres em geral não querem estudar Aristóteles. Mas o problema é que *Sayers* quer estudar Aristóteles.

É óbvio que, para a universidade ser acessível a uma mulher, tem que haver uma luta coletiva. E ela aconteceu: foi necessário um bocado de campanha para que as primeiras universidades aceitassem estudantes do sexo feminino, a começar pelas nove alunas aceitas na vanguardista Universidade de Londres, em 1868. Outras seguiram o exemplo, mas foi preciso ainda mais ativismo para convencê-las de que as alunas deveriam receber diplomas por seus estudos. Sayers não obteve diploma nenhum ao terminar a graduação em Oxford, em 1915; teve que esperar até 1920, quando a universidade cedeu e ela conseguiu pegá-lo junto com o diploma do mestrado. Na época de sua palestra, em 1938, Cambridge ainda resistia, e continuaria assim por mais dez anos.

AMELIA BLOOMER, ORIGINATOR OF THE NEW DRESS—FROM A DAGUERREOTYPE BY T. W. BROWN.—(SEE PRECEDING PAGE.)

Mas o argumento dela não era de que as mulheres não deviam se dar ao trabalho de lutarem juntas.[12] Era de que a *razão* para a luta continuava sendo individual: era para que cada uma pudesse fazer o que quisesse da vida. Os homens sempre perguntavam: "O que as mulheres querem?". A resposta é: "Como seres humanos, elas querem, meus bons homens, exatamente o que vocês querem para si: ocupações interessantes, uma liberdade razoável para seus prazeres e uma válvula de escape

184

emocional que baste". Querem ter acima de suas cabeças o mesmo vasto céu de possibilidades que os homens têm, não uma redoma menor para as damas.

Essa ideia já tinha sido externada com bastante eloquência em um artigo de 1851 escrito pela feminista Harriet Taylor. As pessoas, ela declarava, falam das mulheres como se houvesse para elas um "campo adequado". Mas:

> Negamos a qualquer parcela da espécie o direito de decidir por outra parcela, ou de um indivíduo decidir por outro indivíduo, qual é e qual não é seu "campo adequado". O campo adequado para todos os seres humanos é o mais amplo e mais sublime que sejam capazes de almejar. O que ele é, nós não podemos determinar sem total liberdade de escolha.[13]

O confinamento a um campo restrito é o que acontece sempre que as pessoas são circunscritas a uma gama específica de atividades desde o nascimento, em especial por algum motivo ligado à classe social, à casta, ao grupo étnico ou a outros fatores. Se, assim como Platão, você acredita em reencarnação e na transmigração de almas, bom, pelo menos pode se consolar com a esperança de ter um status melhor na próxima vida. Mas se, como a maioria dos humanistas, você acha que *esta* é a vida que interessa, então é inaceitável perder as alternativas "mais amplas e mais sublimes" nesta vida por causa de estereótipos. Recusar tal limitação é fazer uma alegação filosófica implícita: a de que a humanidade universal é de todos nós. Foi isso o que Montaigne disse — somos todos portadores da condição humana em sua forma integral —, embora sua disposição para aplicar esse princípio à situação das mulheres variasse. (Tudo em Montaigne variava.)

Depois da reivindicação de humanidade, segue-se outra: a de que todos deveríamos poder almejar o leque inteiro de virtudes humanas, não o conjunto de virtudes específico do nosso grupo. Tal reivindicação tem grande relevância para os humanistas, visto que dão muita ênfase às questões de virtude de modo geral: eles querem saber o que significa ser um bom ser humano. Talvez o leitor se recorde de uma menção anterior a Péricles dizendo aos homens livres atenienses, em 430 AEC, que eles eram excelentes porque eram harmoniosos, responsáveis e politicamente ativos — só para acrescentar que isso não valia para as mulheres, que tinham como sua única virtude jamais serem mencionadas por quem quer que fosse.[14] Esta foi a norma ao longo de milênios:

em vez das correntes predominantes da excelência humana, às mulheres era oferecido um córrego de virtudes secundárias negativas — modéstia, silêncio, placidez, inocência, castidade. Todas elas são caracterizadas pela *ausência* de uma qualidade positiva (autoconfiança, eloquência, responsabilidade ativa, experiência e... bom, deixo a você a decisão sobre qual é o oposto virtuoso da castidade, mas, seja qual for, sem dúvida é mais divertido). Essas negativas são as "virtudes de seu sexo"[15] que Olympe de Gouges foi acusada de esquecer, e que diziam tê-la levado ao cadafalso durante o Terror.

A questão da virtude foi abordada por sua colega de feminismo durante o Iluminismo revolucionário, a inglesa Mary Wollstonecraft. Seu *Reivindicação dos direitos da mulher*, de 1792, começa com a declaração: "Primeiro vou considerar as mulheres criaturas humanas, que, assim como os homens, foram postas na terra para desenvolver suas faculdades". Em seguida, ela destaca que as mulheres só podem desenvolvê-las se tiveram acesso a toda a gama de qualidades humanas. É verdade que deveres diferentes às vezes recaem sobre as mulheres, sobretudo os que dizem respeito à maternidade (e ela descobriu logo o que isso acarretava, pois pouco depois se tornou mãe solo de uma filha do desprezível Gilbert Imlay). Mas, ela argumenta, por mais que esses deveres sejam diferentes, ainda fazem parte dos "deveres *humanos*".[16]

Para serem totalmente humanizadas em termos de virtude, as mulheres também precisavam de uma educação totalmente humanizadora. Wollstonecraft tinha coisas mordazes a dizer sobre a educação feminina de sua época, em especial nas classes supostamente privilegiadas. Elas tinham aulas de comportamento, de algumas habilidades domésticas e dos muitos jeitos de flertar para atrair um marido: assim, quase sempre, viravam seres bastante limitados. "Confinadas então a gaiolas como a raça emplumada, só lhes resta se emplumarem e se empertigarem com uma majestade ridícula, de poleiro em poleiro." Em vez disso, esperava ver uma educação que capacitasse as mulheres a crescerem como adultas e assumirem uma responsabilidade de adultas pela própria vida. Como escreveu, "meu desejo é ver as pessoas do meu sexo se transformarem em agentes morais".

O principal ingrediente para que isso se concretizasse era a liberdade — como está dito de forma mais explícita em *A sujeição das mulheres*, livro publicado em 1869 por John Stuart Mill, o segundo marido de Harriet e um grande feminista. Na obra, ele convida os leitores do sexo masculino a se lembrarem do momento arrebatador de suas vidas em que atingiram a maioridade e de repente adquiriram o direito de decidir os próprios passos como adultos. Você não se sentiu "duas vezes mais vivo, duas vezes mais humano, do que antes?", ele pergunta. Mas as mulheres passam a vida inteira sem poder ter essa sensação. O que não é muito diferente de dizer, no fim das contas, que elas jamais podem ser plenamente humanas.[17]

Portanto, o campo inteiro, e a condição integral de Montaigne, deveria estar à disposição de todos, sem restrições por causa das características particulares de alguém. No entanto, a particularidade também era relevante para os humanistas.

Talvez essa ideia pareça contraditória. Mas aquele primeiro conceito — a universalidade — e esse segundo conceito — a diversidade ou particularidade — nunca foram de fato paradoxais. Na verdade, funcionam melhor quando misturados. Sem diversidade, a universalidade seria uma abstração vazia: haveria nela até mesmo um quê de desumano. A diversidade sem a ideia de humanidade universal isolaria todos nós, nos deixaria com poucas possibilidades de contato. Uma aprimora a outra. E quando essas premissas somem em uma sociedade opressiva, normalmente somem juntas. Regimes que desrespeitam as diferenças humanas também tendem a ser incapazes de reconhecer os "espelhos" universais nas vidas humanas, através dos quais enxergamos nós mesmos *e* os outros.

Pense, por exemplo, nas experiências que alguém deve ter ao conviver com uma deficiência. Se você vive em uma sociedade que reconhece a humanidade universal, pode contar que seja feito o possível para suprir sua vontade de usufruir de sua humanidade e "desenvolvê-la" plenamente — no plano mais essencial, garantindo que, caso use cadeira de rodas, você possa entrar nos prédios sem dificuldades. Subjacente a isso está aquele reconhecimento espelhado da experiência alheia: é óbvio que, assim como todo mundo, você quer ir aos lugares, fazer coisas, explorar seus interesses e participar integralmente do mundo.

Mas uma sociedade que respeite o princípio da diversidade também pode reagir à sua experiência procurando ampliar seu conceito do que *significa* uma vida humana plena. Dan Goodley defende isso em seu livro de 2021 *Disability and Other Human Questions* [Deficiência e outras questões humanas]: sociedades que são capacitistas também são propensas a montar um "tipo autocongratulatório de humanidade autossuficiente" como ideal geral.[18] (Pensamos de novo no musculoso homem vitruviano, sozinho.) É possível que essa sociedade tome menos providências para atender a necessidades diferentes em outras áreas da vida e adote um modelo econômico mais cruel, baseado na "autossuficiência" para todos. Uma sociedade que questione seu capacitismo, em contrapartida, talvez aprenda a dar mais ênfase à colaboração e ao coletivo e esteja mais atenta à "natureza perigosa, precária, diversa e instável da humanidade".

A sexualidade é outra área em que um modelo único, exclusivista, do que é "natural" causa mais mal do que bem. A questão foi investigada no início do século XIX por um filósofo e teórico da política, o iluminista Jeremy Bentham.[19] Ele é mais famoso por conceber um sistema ético que oferece uma alternativa à fundamentação de escolhas morais em leis divinas ou em ideias espúrias como "repugnância para a Natureza". Para Bentham, a Natureza não acha nada repugnante; já as pessoas, sim. E o fato de algumas pessoas não gostarem de uma ideia, ou não a desejarem para si, não faz com que estejam erradas.

JEREMY BENTHAM.

Bentham prefere propor um teste: se eu fizer uma coisa, ela (até onde sei) vai deixar todos os envolvidos mais felizes ou mais infelizes?[20] Trata-se do "cálculo felicífico", ou cálculo da felicidade, e é um passo essencial no sistema ético conhecido como utilitarismo. Seu processo de aplicação é invariavelmente dificultado, é óbvio, por questões como: quem toma a decisão, como exatamente funciona esse cálculo e o que é infelicidade e felicidade. Como ferramenta, é falível, mas, quando funciona, não só é eficaz como é humanista, já que põe as pessoas, não as leis, no cerne da situação. E não só as pessoas. Bentham estendeu o princípio ao bem-estar animal, dizendo: "A questão não é 'Eles *raciocinam?*', tampouco 'Eles *falam?*', mas 'Eles *sofrem?*'".

Em um tratado intitulado "Of Sexual Irregularities" [Das irregularidades sexuais] e em outros textos curtos,[21] ele aplicou o cálculo a práticas consensuais minoritárias, como (embora ele não fale isso com todas as letras) a homossexualidade. Para Bentham, as únicas perguntas que valem nesses casos é: faz mal a alguém? Causa sofrimento? Se não — se deixa os envolvidos felizes e não faz mal a ninguém (a não ser por uma "repugnância" autoinfligida) —, então qual é o problema? A única coisa que importa é que aumente a quantidade de felicidade no mundo, em vez de diminuí-la. O utilitarismo por vezes é considerado frio, porém esse me parece um princípio de vida generoso e muito bonito.

Bentham nunca teve medo de fazer seu próprio caminho e ficou famoso pela excentricidade no jeito de vestir e pensar. (A excentricidade é outro bom teste para o cálculo de felicidade: no caso dele, parecia deixá-lo feliz e não fazia mal a ninguém.) Em testamento, declarou que parte de seu corpo deveria ser dissecada em prol da ciência médica, e outra parte transformada em efígie, ou "representação", para inspirar e alegrar amigos, admiradores e gerações futuras — claramente um ganho de felicidade, embora eu não tenha certeza de que ele tenha levado em consideração os vermes decepcionados do cemitério.[22]

Contudo, nem esse homem indomável acreditava, após escrever "Of Sexual Irregularities", em 1814, que poderia lançá-lo. Assim — como inúmeras obras humanistas —, seus escritos sobre esse tema continuaram sob a forma de manuscritos até enfim serem impressos, duzentos anos depois, em 2014.

A cautela é compreensível. Atos homossexuais entre homens ainda eram ilegais, e o efeito negativo dessas leis sobre a felicidade humana ficaram ainda mais evidentes no final do século, em 1895, quando o dramaturgo, frasista e esteta Oscar Wilde foi mandado para a prisão, onde passou dois anos, justamente pela "repugnância para a Natureza" que Bentham pretendia desacreditar.[23] Além da liberdade, Wilde perdeu quase todos os bens devido aos custos processuais que lhe foram impostos. Em um leilão caótico na rua, em frente à sua casa, sua coleção de livros, louças finas, móveis e outras preciosidades — todos objetos do tipo que Savonarola chamaria de "vaidades" — foram vendidos ou, em alguns casos, saqueados. Wilde fez trabalhos forçados em Pentonville, onde trabalhou em um moinho acionado por passos e desfiando estopas: um castigo que propositalmente destruía os dedos, ao desfiar velhas cordas alcatroadas que seriam transformadas em selantes fibrosos. Depois, foi transferido para o Cárcere de Reading, cujas condições eram um pouquinho melhores. Foi uma viagem humilhante. Quando esperava com sua escolta para trocar de trem na Clapham Junction, foi reconhecido e ridicularizado pela multidão. A experiência de ter perdido tantas coisas — sua coleção, sua dignidade, sua liberdade — mudou para sempre sua personalidade, tornando-o mais soturno, com sua exuberância silenciada.

Mas talvez não completamente. Quando enfim foi solto, ele fez o percurso de volta passando pela Clapham Junction, não algemado, mas ainda acompanhado de agentes penitenciários. Dessa vez, enquanto aguardavam, Wilde viu plantas brotando perto da plataforma; abriu os braços para elas, exclamando: "Ah, belo mundo! Ah, belo mundo!". O carcereiro lhe disse: "Sr. Wilde, não se entregue desse jeito. O senhor é o único homem da Inglaterra que falaria desse jeito numa estação de trem".[24]

Era mesmo. Mas como escreveu em *De Profundis* alguns meses antes, ainda na cadeia: "Sou desses que são feitos para as exceções, não para as leis".[25]

Junto com o entrelaçamento de universalidade e diversidade, nossos humanistas também valorizam um terceiro atributo: eles fazem o possível para raciocinar criticamente, em vez de aceitar uma situação só por sempre ter sido como é. Eles perguntam *como* essas situações se desenrolaram e questionam se, às vezes, o que É NÃO É O CERTO, AFINAL.

Muito tempo atrás, alguns humanistas levantaram essa questão a respeito das mulheres. Fazer listas de figuras femininas ilustres da história ou da mitologia virou uma brincadeira de bom gosto, e a primeira grande lista foi *As mulheres famosas*, de Boccaccio, escrita no início de 1360.[26] O diálogo de Paolo Giovio, *Homens e mulheres notáveis da nossa época*, de 1527, citava o estadista humanista Giovanni Antonio Muscettola, que afirmava que as mulheres poderiam ser tão inteligentes quanto os homens se lhes ensinassem "as boas artes e virtudes extraordinárias".[27] Seus corpos são feitos do mesmo sangue e tutano, declara, e elas têm "a mesma ânsia de vida": por que suas mentes seriam diferentes? Montaigne, em seus melhores momentos,[28] fez observações parecidas sobre as mulheres terem alguns comportamentos não por natureza, mas por causa de papéis e expectativas sociais.

Todas essas opiniões vieram de homens, mas enquanto isso as mulheres também vinham promovendo tais argumentos. Cristina de Pisano, a humanista pioneira que já conhecemos, fez deles o cerne de seu *O livro da Cidade das Damas*, de 1405.[29] A figura da Razão indaga, "você sabe por que as mulheres sabem menos do que os homens?", e ela mesma responde, "é porque são menos expostas a uma ampla gama de vivências, já que têm que ficar em casa o dia inteiro para cuidar da família". Então compara mulheres a aldeãos de comunidades montanhesas isoladas: elas podem até parecer ingênuas e tapadas, mas é só porque viram pouco do mundo.

Mais tarde, essa se tornou a base da crítica de Mary Wollstonecraft à educação feminina, e as feministas do século XX a colocaram à prova por meio de experimentos. Virginia Woolf imaginou o que a vida poderia ter guardado para uma irmã de William Shakespeare, nascida com os mesmos talentos, mas sempre impedida de exercitá-los e excluída.[30] Simone de Beauvoir, em sua obra de 1949, *O segundo sexo*, acompanha a vida de uma mulher da infância à velhice, passando pela adolescência e a maturidade, mostrando como sua autoconfiança e sua ideia de si mesma são abaladas em todas as etapas por expectativas e pressões sociais. Em uma bela explicação, ela diz: "Ninguém nasce mulher: torna-se mulher".[31]

Todos esses são exemplos de pensamento crítico e genealógico: a busca de origens e causas. John Stuart Mill, em *A sujeição das mulheres*, diz que não podemos simplesmente saber o que cada sexo é "de verdade", porque nunca existiu uma sociedade em que as mulheres não fossem influenciadas pelo domínio masculino. Isso distorce as mulheres, como plantas de estufa forçadas a adquirir certa forma ou tamanho. (E distorce os homens também.) Enquanto isso, "os homens, com essa incapacidade de reconhecer sua própria obra que caracteriza uma mente não analítica, acreditam indolentemente que a árvore cresce por si mesma, e não do modo que eles as fizeram crescer".[32]

Mas faz parte da tradição humanista que se tente não "acreditar indolentemente" em nada sem uma análise prévia. O humanista faz perguntas, como Lorenzo Valla ao inspecionar os documentos que estavam à sua frente: de onde vieram? Qual é a fonte das provas que estão sendo apresentadas? A que interesses servem? Mill elogiou seu mentor Bentham por fazer essas perguntas a respeito de tudo: chamava Bentham de "o grande questionador de coisas consagradas" e "o grande *subversivo*, ou, no linguajar dos filósofos continentais, o grande *crítico*, pensador de sua era e nação".[33] As mesmas coisas poderiam ser ditas sobre Mill, de modo geral. Ele estabelecia conexões — por exemplo, entre as razões dadas para justificar a escravidão e as razões que serviam para justificar a opressão das mulheres.[34] Nos dois casos, consta que muita gente não conseguiu entender o argumento latente acerca dos seres humanos em geral: as pessoas são influenciadas por suas vivências e formação. Essa incapacidade de entendimento, para Mill, era o maior empecilho que existia ao avanço social.[35]

No entanto, o volume de pensamento exigido não deveria ser tão colossal. O grande abolicionista e autobiógrafo Frederick Douglass defendeu o argumento com uma força e clareza memoráveis em seu discurso de Quatro de Julho de 1852, dizendo: "Não há homem sob a abóbada celestial que não saiba que a escravidão é errada *para si*". Essa única frase destrói volumes inteiros de argumentações falhas — a começar pela de Aristóteles.[36]

Por trás da aparente simplicidade do comentário há uma análise crítica profunda — e uma experiência muito pessoal. Frederick Douglass tinha vivido os efeitos dessas falácias em seu corpo e mente. Sabia o que a escravidão e o tratamento desumanizante causavam às pessoas, pois tinha passado por isso.

Nascido em Maryland em 1817 ou 1818, era filho de uma mãe escravizada, Harriet Bailey, e um homem branco desconhecido (provavelmente um capataz ou talvez o próprio "senhor"). Douglass nunca foi reconhecido por esse pai e foi separado da mãe muito cedo, pois ela foi mandada para outra propriedade a trinta quilômetros de distância. Ele só reviu a mãe quatro ou cinco vezes, nas raras noites em que ela saía às escondidas e percorria esse enorme trajeto no escuro, passava algumas horas com o filho e voltava para, ao amanhecer, estar nos campos para fazer o trabalho do dia seguinte. Caso se atrasasse um só instante, sofreria a tortura do açoite. Tempos depois, Douglass foi enviado para uma casa ainda mais brutal. As crianças ficavam descalças e tinham poucas roupas de cama e peças de vestuário; comiam uma papa de farinha de milho da sarjeta, feito porcos, e não recebiam educação.[37]

Enquanto crescia, Douglass fez várias tentativas de fugir para o Norte e era sempre pego, até que um dia conseguiu. Depois de se libertar, passou a escrever e falar de sua experiência com uma eloquência e força devastadoras.

Escreveu três obras autobiográficas, e a *Narrativa da vida de Frederick Douglass, um escravizado americano*, de 1845, ainda é um clássico americano. Também é um clássico da literatura humanista em diversos sentidos. É uma história sobre educação; é uma história de livre-pensamento no que diz respeito à religião (Douglass era cristão, mas detestava a hipocrisia dos pregadores sulistas que defendiam a escravidão). E é a história de um ser humano emergindo da tentativa de desumanizá-lo.

Entre as outras obras de Douglass há uma carta aberta a seu ex-senhor (o segundo), Thomas Auld, escrita no décimo aniversário de sua fuga.[38] Ela inclui uma tentativa de fazer com que Auld pense em seus atos com um raciocínio crítico ao menos rudimentar: ele pede que imagine se seus papéis se invertessem e reflita sobre causas e consequências. Douglass lembra a Auld da intensidade dos abusos que sofreu, trazendo à tona principalmente uma vez em que foi recapturado e arrastado por mais de vinte quilômetros sob a mira de uma arma para ser vendido "como um animal no mercado", com as mãos amarradas — "esta mão direita, com que agora escrevo esta carta [...], apertada contra a esquerda". Como Auld se sentiria, ele indaga, se essa dor e essa humilhação fossem impostas a, digamos, a filha de Auld, Amanda — raptada durante a noite, levada embora, torturada, seu nome escrito em um livro contábil como se fosse uma propriedade? Encontraria uma forma de justificar a situação, de dizer que era natural?

Como Douglass afirma também, em *My Bondage and My Freedom* [Minha servidão e minha liberdade],[39] nada no universo humano é do jeito que é por necessidade ou por natureza. Ele aplica esse princípio até a senhores de escravos brutais, que, sugere, poderiam ser humanos e respeitáveis caso vivessem em outro contexto. No sentido moral e humano, a instituição da escravidão também os havia arruinado: "O dono de escravos, bem como o escravizado, são vítimas do sistema escravagista". Conforme vimos antes, muito depois o arcebispo Desmond Tutu diria algo parecido sobre o apartheid da África do Sul, e James Baldwin também disse isso em 1960: "É uma regra terrível, inexorável, que uma pessoa não pode negar a humanidade de outra sem diminuir a própria".[40] Comumente, disse Douglass, "o caráter de um homem deve muito de seu matiz e contorno à cor e à forma das coisas que o rodeiam".[41]

Somos moldados por nosso meio. Por outro lado, ainda temos uma liberdade essencial — o que significa que também podemos nos empenhar para *mudar*

essas forças formativas. Foi justamente o que Douglass dedicou sua vida a fazer, continuando a viajar, a escrever e sendo incansável em suas campanhas pelo movimento abolicionista. Como orador, tinha um impacto considerável, e não só por suas palavras. (Como já sabiam Cícero e Quintiliano, a oratória nunca é só uma questão de palavras.) Douglass tinha uma voz cativante, e um talento tão imenso para imitar as vozes dos senhores de escravos e de outros inimigos que a plateia rolava de rir.[42] Mas era capaz de passar da comédia ao melodrama num piscar de olhos. Sua aparência ajudava: era alto, de beleza notável, e fazia bom uso desse fator, sobretudo através de fotografias. Achava essa nova arte muito curiosa: deu quatro palestras sobre o assunto e posou para pelo menos 160 retratos, tornando-se um dos americanos mais fotografados de sua época.[43]

Além de tudo isso, tinha um belo domínio da técnica retórica — um poder que devia a um raro golpe de sorte ocorrido quando tinha sete ou oito anos de idade. No que ele acabou considerando a grande reviravolta de sua vida, mandaram-no viver em Baltimore por um tempo, com membros da família Auld. O ambiente urbano lhe oferecia oportunidades ligeiramente melhores de aprendizado, e a dona da casa, Sophia Auld, lhe ensinou o básico da leitura até seu marido pôr um ponto-final nas lições, dizendo que ensinar um menino escravizado a ler só aumentaria seu descontentamento. Tinha razão: ao ouvir esse comentário, Douglass teve um lampejo instantâneo: "Entendi o caminho da escravidão à liberdade".[44] As aulas foram interrompidas, mas ele continuou exercitando a leitura e a escrita pedindo ajuda a meninos brancos nas ruas dos arredores.

Nesse meio-tempo, deparou com um livro que mudou sua vida: *The Columbian Orator: Containing a Variety of Original and Selected Pieces; Together with Rules; Calculated to Improve Youth and Others in the Ornamental and Useful Art of Eloquence* [O orador colombiano: Contém diversos textos originais e selecionados; inclui regras; pensado para ajudar jovens e outros a se aperfeiçoarem na arte ornamental e útil da eloquência], de Caleb Bingham. A obra era recheada de exemplos de linguagem eloquente para serem estudados e imitados, muitos deles visando promover ideias sobre a abolição e a justiça social de modo geral. Um diálogo contava com uma discussão sobre a questão da escravidão entre o senhor de escravos e um homem escravizado recapturado depois de três tentativas de fuga. O escravizado defendia tão bem seu ponto de vista que o senhor acabou convencido a libertá-lo voluntariamente. Esse conto exageradamente otimista persuadiu o jovem Douglass tanto do valor de falar bem como de estar do lado da verdade. Sua alma foi despertada "para a vigilância eterna".[45]

Quando adulto, Douglass elaborava seus discursos e escritos usando técnicas de eloquência tiradas de diversas fontes — inclusive os modelos grego e romano propostos em *The Columbian Orator*, mas não só eles. Tinha predileção pelas estruturas ciceronianas, como as longas frases em que o final era protelado, e o recurso chamado "quiasma", em que as duas partes de uma frase são invertidas, como em: "Vocês já viram como um homem virou escravo; agora vocês verão como um escravo virou homem". Em sua autobiografia, Douglass realmente enche suas velas retóricas com essa apóstrofe dirigida aos navios que avista ao longe, na baía de Chesapeake:

> Vocês foram soltos de suas amarras, e estão livres; estou preso às minhas correntes, e sou escravo! Vocês se movimentam alegremente ante a leve ventania, e eu tristemente ante a um açoite ensanguentado! Vocês são os anjos de asas suaves da liberdade, que voam pelo mundo; estou confinado a tiras de ferro![46]

Ele não refreia os efeitos vívidos. Aqui, ele investe contra as igrejas sulistas:

Temos ladrões de homens atuando como pastores, açoitadores de mulheres como missionários, e saqueadores de berços como frequentadores das igrejas. O homem que brande o couro de vaca manchado de sangue durante a semana toma o púlpito no domingo [...]. O sino do leiloeiro de escravos e o sino que anuncia o culto da igreja repicam em harmonia".[47]

A eloquência — como os humanistas dos séculos anteriores e oradores de todas as culturas sempre souberam — é de vital importância para os seres humanos. A linguagem em geral é nosso alicerce: é a base de nossa vida social e moral. Ela nos possibilita desenvolver nossas críticas intelectuais ao mundo existente em detalhes, aplicar a elas nossas melhores ponderações e fantasiar em palavras de que outra forma as coisas poderiam ser — e assim convencer os outros dessas fantasias e ponderações.

A linguagem também exerce uma função importante ao nos conectar ao que o arcebispo Desmond Tutu chamava de "ramo da humanidade". Nós nos comunicamos e nos *conectamos* uns aos outros. E essa é a quarta das ideias que ajudaram os humanistas a ampliarem suas áreas de interesse.

Enquanto os anti-humanistas estavam ocupados dizendo "O que é, é certo", uma boa opção de lema rival para os humanistas seria o que já vimos antes neste livro: "Apenas se conecte!", de E. M. Forster.

A frase aparece em seu romance de 1910, *Howards End*, no qual uma história complicada se desenrola entre duas famílias burguesas, os Schlegel e os Wilcox, e o casal Bast, da classe trabalhadora, cuja vida se entrelaça a deles. O chefe da família Wilcox, Henry, é um valentão crítico e hipócrita. Observando da perspectiva da outra família, Margaret Schlegel pondera que ele não *percebe* as coisas. É alheio às "luzes e sombras que existem na conversa mais cinzenta, os indicadores, os marcos, as colisões, os ilimitados pontos de vista". Ele não enxerga o que conecta essas coisas, nem as pessoas cujas vidas são impactadas por elas. Portanto, não liga os próprios defeitos (um caso que teve com a sra. Bast e uns conselhos profissionais catastróficos que deu ao marido dela) às consequências que tiveram para os outros — ou às coisas que os outros fizeram reagindo a elas. E, portanto, conclui Margaret em suas reflexões: "Apenas se conecte! [...] Chega de viver em fragmentos". Mais tarde, ela o confronta diretamente: "Terá de ver a ligação nem que isto o mate, Henry! [...] Um homem que arruína uma mulher para seu prazer [...]. Dá um mau conselho financeiro e depois diz que não é o responsável. Você é um desses homens".[48] Era isso o que Frederick Douglass estava dizendo a Thomas Auld quando o instava a comparar os sofrimentos dos negros escravizados à vida mimada de sua família, ou quando contrastava as belas reflexões dos pastores de domingo às torturas impostas nos outros dias. Em sua campanha, Douglass sempre tentava traçar esses paralelos — e por isso, ao contrário de muitas pessoas, era a favor de que o movimento abolicionista endossasse a batalha das mulheres pelo direito ao voto.[49]

Forster também fez o possível para aplicar o princípio da integridade à própria vida. Escreveu a um amigo, em 1915: "Minha defesa em qualquer Juízo Final seria: 'Eu estava tentando conectar as coisas e usar todos os fragmentos com que nasci'".[50] Mas não era fácil, em especial pela dificuldade de se assumir gay — esse era o contexto de seu comentário. Atos homossexuais ainda eram ilegais na Grã-Bretanha: Forster, depois de escrever um romance chamado *Maurice*, sobre um homem gay bem parecido com ele, estava encarando a realidade de não poder se arriscar a publicá-lo.

A ideia para o livro havia surgido dois anos antes, quando fizera uma visita ao autor Edward Carpenter, que — surpreendentemente — não escondia de ninguém que vivia com o parceiro, George Merrill. Dividindo a casa em uma floresta idílica, eram vegetarianos da contracultura que cortavam a própria lenha, e Carpenter escrevia livros. Suas obras defendiam os direitos das mulheres, uma educação melhor em termos de sexualidade e mais aceitação da diversidade sexual. Em *Love's Coming-of-Age* [A maioridade do amor], publicado em 1896 (quando Oscar Wilde ainda estava preso, portanto), Carpenter propunha uma compreensão mais fértil, menos *fragmentada* da vida humana, que integrasse a parte sexual de nossas existências ao resto, em vez de tratá--la como algo que não deveria ser mencionado. Para Carpenter, essa exclusão empobrecia a vida. Acarretava uma "*diluição* da natureza humana". Seria muito melhor se a sexualidade fosse um tema ensinado nas escolas, não apenas com a difusão de informações básicas sobre o corpo, mas sobretudo com a discussão de algo mais importante, o "elemento *humano* no amor".[51]

Carpenter e Merrill acolhiam de bom grado as visitas em sua clareira alegre no meio do mato, porém havia exceções. Um missionário que ia de porta em porta e havia perguntado se eles não queriam ir para o céu foi banido por Merrill com a resposta: "Você não está vendo que *estamos no céu aqui* e não *queremos* nada melhor? Então mete o pé!".[52]

A recepção a Forster foi mais calorosa. Mais tarde, ele diria que a ideia para *Maurice* tinha surgido na íntegra quando Merrill, em um momento de galanteio, lhe deu um tapa na bunda.[53] O gesto converteu Forster — não à homossexualidade em si (ele já tinha plena consciência dela), mas à ideia de que era possível alguém viver alegre e assumindo publicamente todas as partes de sua vida, em vez de esconder algumas sob uma obscuridade vexaminosa. Ele se pôs a trabalhar quase de pronto no romance, que narra a história do entendimento gradual de sua sexualidade pelo herói, desde a época de estudante até ele enfim encontrar o amor com um homem da classe trabalhadora, Alec Scudder (talvez inspirado em Merrill, que também era da classe trabalhadora).

Esse aspecto de classe é relevante no livro. De novo fazendo conexões, Forster explora a relação entre classe e sexualidade em um período em que homens gays mais abastados precisavam sempre se precaver para não serem chantageados. Maurice e Alec têm que descobrir como deixar de lado esses medos. Enquanto isso, Maurice também deixa de lado a aceitação cega de seus privilégios, que o levara a dizer, sem pensar, que os pobres "não sentem como nós. Não sofrem como sofreríamos, se estivéssemos em seu lugar".[54] Compreende que os outros seres humanos têm suas vidas interiores, assim como ele. Faz a conexão.

Forster havia passado por revelações similares. Não tinha vivenciado nenhum preconceito de classe ou a pobreza, mas desenvolveu uma forte percepção dos estragos que geravam. Abordou o assunto (de forma bastante estabanada, dizem alguns) em *Howards End*, quando o ambicioso Leonard Bast se vê excluído do ambiente cultural a que outros acreditam ter direito inato.[55]

No que dizia respeito às mulheres, o talento de Forster para a conexão precisou competir com sentimentos mais complexos. Em um caderno do fim da vida, ele escreveu que ficava feliz em apoiar os direitos políticos das mulheres contanto que ele mesmo pudesse ficar longe delas.[56] Sem dúvida a atitude de evitar a companhia feminina tinha muito a ver com o fato de lhe ser negada a companhia masculina que *ele* desejava. Ele também se cansou[57] de ter que sempre centrar seus romances em casos de amor heterossexuais, que o entediavam. Essa deve ter sido uma das razões por que acabou desistindo de escrever romances.

Apesar disso, Forster escrevia personagens femininas ótimas e estava atento àquele desejo pelo "campo" mais pleno descrito por Harriet Taylor Mill. Seu romance de 1908, *Um quarto com vista*, mostra a protagonista Lucy Honeychurch ávida por liberdade e pela chance de viver como indivíduo, e não daquele modo elevado e vazio de uma dama de romance medieval, à espera de um cavaleiro:

> Ela também se enamora dos ventos fortes, e vastos panoramas, e das extensões verdes do mar. Ela observou o reino deste mundo, o quanto é repleto de riquezas, e belezas, e guerras — um canto radiante, construído em torno dos fogos centrais, espiralando rumo aos céus vazantes. Os homens, declarando que ela os inspira, se deslocam alegremente pela superfície, travando encontros muito agradáveis com outros homens, felizes, não porque são másculos, mas porque estão vivos. Antes que o espetáculo se rompa ela gostaria de abandonar o título venerável de Mulher Eterna e entrar nele como seu eu transitório.[58]

O que Forster jamais esqueceu, em meio a toda essa conexão e universalidade, era que classe, raça e sexualidade *importam* mais do que a maioria de seus colegas seria capaz de admitir. Numa palestra no congresso internacional de escritores em Paris, em 1935, inspirada pela supressão de outro romance de temática gay (bem mais sombrio), *Boy* [Garoto], de James Hanley, Forster observou que o senso de liberdade inglês era ao mesmo tempo forte e limitado. "É restrito pela raça e é restrito pela classe. Significa liberdade para o homem inglês, mas não para as raças súditas de seu Império."[59] Dentro da Inglaterra, significa liberdade para os abastados, mas não para os pobres. E é extremamente limitada no que concerne à sexualidade.

Era tão limitada que, depois de escrever *Maurice* num ímpeto de franqueza e honestidade, Forster não quis publicá-lo.[60] Virou mais um daqueles manuscritos que conhecemos no decorrer da nossa história: escondido, copiado em diferentes versões, quase desaparecido. Ele mandou que o texto fosse datilografado, mas por precaução deu partes diferentes a dois datilógrafos, assim (ele achava) os dois não captariam o sentido total da obra. Isso é que é fragmentação e falta de conexão!

O livro ficou na gaveta de Forster por seis décadas; vez por outra, ele o pegava para fazer acréscimos ou revisões. Só depois de sua morte, em 1970 — três anos depois de a homossexualidade ser descriminalizada na Inglaterra e no País de Gales para homens com mais de 21 anos —, foi que *Maurice* chegou às mãos dos editores, sendo lançado no ano seguinte.

Conexões, comunicações, elos morais e intelectuais de todos os tipos, bem como o reconhecimento da diferença e o questionamento de regras arbitrárias: tudo isso forma a rede da humanidade. Possibilitam a cada um de nós uma vida satisfatória na Terra, em qualquer contexto cultural em que estejamos inseridos, e também a tentarmos entender uns aos outros da melhor forma possível. É mais provável que incentivem uma ética de prosperidade terrena, ao contrário dos sistemas de crenças que concebem almas frustradas com a esperança de que seus destinos sejam corrigidos em uma vida após a morte. O humanista moderno sempre prefere dizer, junto com Robert G. Ingersoll, que o lugar de ser feliz é *aqui*, neste mundo, e para ser feliz é preciso tentar fazer os outros felizes.

A velha Regra de Ouro, associada a várias religiões e à moralidade secular, tem muito a nos oferecer nesse quesito: "Faça aos outros o que gostaria que fizessem com você". Ou, em sua forma invertida, mais humilde, e mais acolhedora da diversidade: *não* faça aos outros o que não gostaria que fizessem com você.

Não é perfeita, mas uma boa regra da prática humanista é dizer que, se você não gosta que lhe digam para se calar e ficar invisível, ou não gostaria de ser escravizado e sofrer abusos, ou de ser impedido de entrar nos lugares porque ninguém pensou em instalar uma rampa, ou de nem sequer ser considerado um ser humano, é grande a probabilidade de que os outros também não fiquem muito felizes com todas essas coisas.

Ou, nas palavras de K'ung-fu-tzŭ: "O caminho do Mestre é fazer o possível para consumar a própria humanidade e tratar os outros com a consciência de que eles também são cheios de humanidade".[61]

8
O desenvolvimento da humanidade

BASICAMENTE OS ANOS 1800
*Filhotes de urso e mudas de plantas — três grandes humanistas
liberais falam de educação, liberdade e prosperidade — Wilhelm von
Humboldt, que queria ser completamente humano — John Stuart Mill,
que queria ser livre e feliz — Matthew Arnold, que queria doçura e luz.*

Quando Simone de Beauvoir escreveu "Ninguém nasce mulher: torna-se mulher", seu intuito era dar uma nova roupagem a ideias mais antigas, expressas por especialistas em educação como Erasmo, que declarou que "o homem certamente não nasce, mas se torna homem". Erasmo citava uma lenda antiga tirada de Plínio: ao nascer, os filhotes de urso eram massas informes e adquiriam a forma de ursos por meio das lambidas da mãe. Talvez os seres humanos também precisassem ser moldados até adquirirem a forma humana, se não física, pelo menos mentalmente.[1]

A ideia valia uma reflexão da parte dos professores, pois os tornava importantíssimos. Eles realmente *faziam* seres humanos! Mas havia quem preferisse dizer que os seres humanos — embora precisassem da orientação de bons educadores e boas influências — se saíam melhor quando desenvolviam suas "sementes" de humanidade naturais de dentro para fora. As duas características do desenvolvimento não eram contraditórias: o estudante ainda necessitava de um bom professor que incentivasse seu crescimento e repelisse as más influências. Mesmo se a função dos professores fosse principalmente estimular e guiar, em vez de moldar, ainda tinham razões para se orgulhar do próprio trabalho. Seria possível até enxergá-los como condutores de toda a evolução futura da humanidade. Se cada geração recebesse uma educação melhor do que a anterior, e assim gerasse novos professores, estaria cumprida a grande meta do Iluminismo: o progresso. O filósofo prussiano Immanuel Kant promoveu essa ideia em uma série de palestras sobre educação no final do século

XVIII: ao ajudar cada indivíduo a atingir o apogeu de sua capacidade, o professor também ajuda, de modo geral, a "fazer a humanidade germinar de suas sementes".[2] Seria bem difícil superar essa função em escala de importância.

Perspectivas similares acerca da educação como propulsora da humanidade sobreviveriam durante todo o século XIX, a princípio na Prússia e em outros territórios onde se falava alemão, depois em outros cantos, quando outros países tomaram conhecimento dessas ideias (literalmente) progressistas. A abordagem pode ser resumida em duas palavras alemãs. Uma é *Bildung*,[3] que significa "educação", mas com a implicação extra da criação ou formação de uma imagem, já que vem da raiz *Bild*, "retrato". *Bildung* sugere a criação ou formação de uma pessoa, geralmente um homem jovem. À medida que ele vai crescendo, as experiências de vida e a influência de mentores o ajudam a desenvolver plenamente sua humanidade, até ele estar pronto para assumir seu lugar como personagem completo na sociedade adulta.

A outra palavra era *Humanismus*.[4] Por incrível que pareça, foi só no alemão usado a partir do século XIX que essa palavra emergiu como um substantivo que descrevia todo um campo de atividade e filosofia de vida. Havia *umanisti* à beça na Itália de séculos antes, mas o que faziam ainda não era sintetizado no termo *umanesimo*. A princípio, o vocábulo em alemão se referia principalmente a um método educativo baseado sobretudo nos clássicos gregos e romanos: esse é o contexto do primeiro uso registrado do termo pelo pedagogo Friedrich Immanuel Niethammer, em 1808. Depois, ele se alargou, passando a englobar a área toda de história, linguagem, artes e pensamento moral, bem como de educação. Em meados do século XIX, os historiadores alemães também já o utilizam retroativamente para falar dos italianos de outras épocas: é uma palavra de muito destaque no livro publicado em 1859 pelo professor de Leipzig Georg Voigt, *O renascimento da Antiguidade clássica, ou o primeiro século de humanismo* — uma enorme pesquisa que começa com um capítulo sobre Petrarca e o coloca como a encarnação da "*humanitas*, tudo o que é especificamente humano no espírito e na alma do homem".[5] Também surge como tema em *A cultura do Renascimento na Itália*, do historiador suíço Jacob Burckhardt, lançado no ano seguinte, embora Burckhardt não gostasse muito dos colecionadores de livros e filólogos.[6] Tinha mais interesse em figuras como a de Leonardo da Vinci, o "homem universal" multidimensional, versátil, de sua época. Agora os educadores do norte se perguntavam se seriam capazes de produzir figuras assim, ou bem parecidas, por meio de um novo sistema educacional. Precisava ser uma educação voltada para a diversidade, ou a completa harmonia humana, e não com a função tacanha de inculcar habilidades.

A primeira pessoa que de fato teve a oportunidade de botar a ideia em prática em grande escala foi Wilhelm von Humboldt, que em 1809 foi encarregado pelo governo prussiano de replanejar o sistema educacional inteiro para uma nova era. A educação prussiana adquiriria a reputação de ser rigorosa e organizada, porém o homem que a inventou era espantosamente incomum sob diversos aspectos, norteado por um grande amor pessoal à liberdade e à cultura humanista. Suas ideias — as que conseguiu promover quando estava vivo, bem como as que precisou guardar na gaveta durante um tempo — inspirariam outros educadores e pensadores da Europa, inclusive na Grã-Bretanha. Influenciariam, em especial, dois escritores ingleses, aos quais vamos voltar mais adiante neste capítulo.

Mas primeiro, Wilhelm von Humboldt. Além do trabalho educacional, era colecionador de arte, linguista sério e um personagem com uma vida sexual sem dúvida excêntrica. Ficou curioso para saber que tipo de arte ele colecionava e quais línguas estudava? Continue lendo.

A "germinação" de Humboldt aconteceu em uma situação bastante privilegiada. Ele nasceu em 1767 e sua família era dona de Tegel, uma mansão do século XVI lindamente instalada à beira de uma lagoa nos arredores de Berlim. Foi educado por professores particulares, assim como seu irmão Alexander. Apesar de ser dois anos mais novo que ele, e apesar de se empenhar muito pouco em seus livros, Alexander chamava mais a atenção. Wilhelm era mais quieto, mais "retraído", como ele mesmo confessava, já Alexander era vivaz e extrovertido.[7] Alexander acabou virando explorador e cientista, famoso pela intrépida expedição de cinco anos pelas Américas do Sul e Central e por *Cosmos*, seu livro de ciências em vários volumes; ele teria literalmente centenas de coisas batizadas em sua homenagem, de montanhas a plantas, passando por pinguins. Johann Wolfgang von Goethe falaria sobre ele, ainda inebriado após uma das visitas de Alexander: "Que homem ele é! [...] É como uma fonte com inúmeras bicas, sob as quais basta você segurar uma vasilha; jorros refrescantes e inexauríveis estão sempre caindo".[8]

Wilhelm também tinha seu charme, mas fluía como um rio sereno, em vez de jorrar feito uma fonte. Embora também nutrisse certo interesse por ciências e história natural, se empolgava mesmo com as humanidades, principalmente línguas, artes e política. Nessas áreas, e com seu jeito "retraído", tornou-se tão aventureiro e tão rebelde quanto Alexander, decidido a viver sob os próprios holofotes. Era estudioso, mas não solene: mais tarde, a filha o descreveria como habitualmente "alegre e espirituoso" e diria que ele sempre demonstrava "bondade e gentileza irretocáveis".[9] Ele também receberia homenagens. Mas seu nome batizaria escolas e universidades, não pinguins.

Quando os dois meninos cresceram, frequentaram a universidade juntos, estranhamente acompanhados do preceptor de ambos. Em 1789, duas coisas ocorreram na vida de Wilhelm. Quando ele e outro preceptor estavam viajando pela França, a Revolução Francesa irrompeu. Eles correram para Paris, assim Wilhelm poderia ter a experiência educativa de testemunhar os acontecimentos. O que viu não o converteu à política revolucionária, mas ele ficou impressionado com a atmosfera de liberdade que havia no ar, bem como com a pobreza extrema ainda muito evidente na cidade. Isso levou Wilhelm a escrever: "Como são poucas as pessoas que estudam a miséria humana em toda sua vastidão horrível, e no entanto que outro estudo é mais necessário do que esse?".[10] A opinião de que era essencial estudar a vida e a experiência humanas perdurou.

O outro fato de 1789 se originou de seu próprio raciocínio, e não de eventos externos. Ele expôs seus pensamentos em um tratado, "Da religião", escrito quando ainda era estudante. A obra discutia uma controvérsia: se o Estado tinha o direito de dizer às pessoas no que deviam acreditar, ideia outrora considerada obviamente verdadeira (ao menos pelas autoridades), mas questionada durante todo o longo período do Iluminismo por filósofos como John

Locke e Voltaire. O jovem Humboldt também estava disposto a questioná-la. Dois anos depois desse primeiro tratado, ele incorporou suas conclusões a uma obra política mais extensa: *Ideias para uma tentativa de definir os limites legais do governo*. Essa é uma tradução literal do título alemão, mas o livro saiu em inglês em duas versões, chamadas *The Sphere and Duties of Government* [A esfera e os deveres do governo] e *The Limits of State Action* [Os limites da ação estatal].[11] Não importa o que se faça, o título continua pouco sedutor. O conteúdo, entretanto, era audacioso.

O tema de Humboldt era o Estado no papel autodeclarado de árbitro moral e ideológico da vida da população. As autoridades governamentais, ele diz, parecem achar que têm a obrigação de impor uma religião ou dogma à sociedade, pois caso contrário tudo viraria imoralidade e caos. Humboldt discordava, e tinha razões humanistas para isso. Ele tinha uma perspectiva humanista da moralidade: acreditava que suas sementes jaziam em nossa predisposição natural para a bondade e a solidariedade. Tais instintos requeriam orientação e desenvolvimento, mas não precisavam ser substituídos por ordens impostas pelo Estado. Para Humboldt, princípios como amor e justiça harmonizavam-se "com doçura e naturalidade" com nossa humanidade, mas, para que essa harmonia tivesse algum efeito, era necessário que tivesse um campo livre para atuar. Se o Estado impõe princípios morais por meio da ditadura, obstrui o desenvolvimento natural das pessoas. Assim, na verdade, um Estado que fixa uma fé específica nega a seu povo o direito de ser totalmente humano.

Portanto, Humboldt recomenda que o Estado *se restrinja*, pelo menos em questões de moralidade e humanidade individuais. As pessoas também deveriam poder explorar essas coisas por conta própria — mas com uma condição. Caso seus atos invadissem o desenvolvimento ou o bem-estar alheio (digamos, por meio de comportamentos violentos ou destrutivos), o Estado deveria intervir para refreá-los. Assim, Humboldt defende o princípio fundamental do liberalismo político. O governo não existe para dizer às pessoas com quem devem se casar, no que devem acreditar ou o que dizer, ou como cultuar, mas principalmente para garantir que suas escolhas não façam mal aos outros. Não precisamos de um plano moral grandioso da parte do Estado: precisamos que ele nos propicie as condições básicas para termos uma vida digna e nossa liberdade.

E, para Humboldt, princípios similares se aplicam à educação. O caráter humano se desenvolve melhor quando "germina da vida interior da alma, em vez de lhe ser imposto ou lhe ser importunamente sugerido por alguma influência externa". Para que isso se concretize, precisamos de bons professores humanistas, mas não precisamos de regras invasivas feitas pelo Estado, nem as desejamos.[12]

Essa não é uma filosofia que tenda a agradar a regimes tradicionalistas. (Tampouco tem muito o que oferecer aos revolucionários: o mais provável é que queiram uma transformação radical de todos os aspectos da sociedade, o que mais cedo ou mais tarde significa a intromissão nas vidas sossegadas e nas escolhas pessoais de seus indivíduos.) Pode parecer estranho que as autoridades tenham incumbido o autor desse livro de planejar um grande programa nacional de educação. Porém, quase ninguém sabia que ele tinha escrito o livro, pois era uma obra impublicável. Ele tentou imprimi-la com a ajuda de um amigo,[13] o dramaturgo Friedrich Schiller, mas Schiller conseguiu apenas que algumas partes fossem lançadas em formato de periódico. O livro como um todo acabou como as obras humanistas volta e meia acabavam: passou décadas a fio na gaveta do autor. De vez em quando, Humboldt dava uma olhada no texto e fazia emendas, mas, de modo geral, o texto ficou guardado, esperando.

Nesse ínterim, ele virou uma figura ilustre do Iluminismo. Viajou a Europa assumindo cargos governamentais e diplomáticos: em momentos diversos, morou em Roma, Viena, Praga, Paris e Londres. Essa carreira sólida foi o que o tornou uma boa opção quando surgiu o projeto de educação prussiana, em 1809. Humboldt se dedicou a ele sistematicamente — mas parece que também o viu como uma oportunidade de enfim pôr em prática algumas de suas ideias liberais. Suas reformas associavam o amor à *Bildung* com a crença de que os jovens desenvolveriam melhor sua "humanidade" se pudessem ter o máximo de liberdade.

No que dizia respeito aos grupos de menos idade, ele achava que todo mundo deveria partir da mesma base universal.[14] (Isto é, todos os meninos, já que, assim como aconteceria em qualquer outro lugar do mundo, ele não cogitou incluir as meninas no sistema.) Em vez de os filhos da classe trabalhadora serem imediatamente treinados para exercer uma atividade profissional, eles começariam com a *Bildung* universal, cujo objetivo era a formação de caráter. A educação em todos os níveis não visaria primeiramente a aquisição de uma série de habilidades, mas a criação de seres humanos com responsabilidade moral, uma vida interior fértil e receptividade intelectual ao conhecimento.

Tendo tudo isso, as pessoas poderiam seguir, pelo caminho correto, o rumo que escolhessem para sua vida.

Quem tivesse aptidão para a vida acadêmica poderia avançar ao nível superior. Era esperado que quem chegasse à universidade conseguisse conduzir boa parte de seus estudos com autonomia, buscando conhecimento mais por meio de seminários e pesquisas independentes do que através da escuta passiva de palestras. A educação universitária, disse Humboldt, seria "uma emancipação do ato de ser ensinado".[15] Mesmo depois que os alunos se formassem, sua educação não estaria encerrada. Ele acreditava no aprendizado contínuo, e não em terminar a escola e esquecer tudo o que tinha sido aprendido.

Sob certos aspectos, essa era uma opinião bem típica da época, em especial por não levar em conta as meninas. Em certa medida, porém, soa parecida com algumas das experiências educativas radicais de meados do século XX — mas estas levariam a parte da liberdade um bocado além. O princípio de Humboldt não era de que "vale tudo": ele procurava possibilitar e cultivar o desenvolvimento de humanos genuinamente harmoniosos, multifacetados. Sua visão da humanidade e da liberdade permaneceu no âmago do sistema educacional prussiano e acabou influenciando as ideias de educação em outros lugares. Foram levantadas questões com que ainda lutamos hoje em dia: *para que* serve a educação humanista? Se o objetivo é criar cidadãos equilibrados, responsáveis, como quantificar essa meta? Como justificá-la financeira ou politicamente? Qual é a relação certa entre o aprendizado de habilidades úteis e os benefícios mais nebulosos de uma *Bildung* abrangente? Quanta liberdade o estudante deveria ter, e qual é a relevância da presença do professor na vida do aluno? E como atribuir um valor à educação continuada depois dos anos de formação profissional? Essas perguntas vão além da teoria educacional e tocam em questões mais profundas sobre o que queremos da vida de modo geral.

O próprio Humboldt amava levar adiante seu aprendizado contínuo. Nada o deixava mais feliz do que sair quietinho para fazer pesquisas para algum projeto intelectual — e o tema de suas pesquisas, via de regra, de uma forma ou de outra, era aquela coisa fugidia: o *humano*. Conforme escreveu em uma carta:

Há somente um apogeu na vida: ter mensurado em termos de emoção tudo o que é humano, ter chegado às borras do que o destino oferece, e continuar tranquilo e pacífico, dando liberdade para que uma nova vida tome a forma que queira dentro do coração.[16]

Essa busca lhe dava tanto prazer que, talvez por ingenuidade, imaginava que também seria gratificante para muitos outros — ele sabia, porém, que ela só poderia ser instigada, jamais forçada. A vida deveria tomar forma *livremente* dentro de cada um de nós. E, além de aplicar sua fé na liberdade à educação, ao governo e à crença religiosa, Humboldt a aplicava à vida pessoal.

Ele era casado com Caroline von Dacheröden (ou "Li", como sempre a chamava); tinham filhos e pareciam viver felizes. Mas tanto as ideias dele quanto as atitudes dos dois fugiam às convenções. No tratado secreto sobre o papel do Estado, Humboldt já havia sugerido que a liberdade também deveria significar a confiança na capacidade do povo de tomar suas decisões sobre casamento e sexualidade — de novo, contanto que não fizessem mal a ninguém, e contanto que a situação fosse consensual. De resto, cada casamento deveria poder seguir seu rumo, assim como cada indivíduo. Cada matrimônio tem sua personalidade: ela nasce da personalidade dos dois envolvidos. Obrigá-lo a corresponder a regras externas era vão. A missão do Estado, como sempre, era proteger as pessoas de males e permitir que agissem como bem entendessem.[17]

Assim, Caroline tinha seus amantes, e às vezes passava mais tempo com eles do que com o marido. E Wilhelm acalentava sua vida fantasiosa. Mencionei que sua sexualidade era heterodoxa: só sabemos disso porque ele escreveu sobre o assunto — não em textos publicados, é claro, mas no diário, onde anotava seus devaneios. O que o fascinava era a ideia de lutar para subjugar mulheres muito fortes da classe trabalhadora em diversas situações. Uma mulher, por exemplo, chamou sua atenção quando ele a viu trabalhando na barca que cruzava o Reno. Às vezes ele representava esses enredos com prostitutas, mas às vezes apenas fantasiava. O que torna a questão tão interessante é que, ao escrever sobre o assunto, ele também refletia sobre a origem e o efeito que tinha em sua psicologia. Muito antes de Sigmund Freud fazer essa ideia parecer uma obviedade, Humboldt se perguntava em seu diário se tais desejos poderiam elucidar outros aspectos da natureza humana. Ele especulava que ter uma imaginação sexual tão vívida também teria ajudado a formar seu caminho na vida: ela o tornara mais "retraído". Também alimentava sua curiosidade pelas relações humanas e pelo "estudo do caráter como um todo" — o principal objetivo de sua carreira intelectual.[18]

Então, o sistema educacional prussiano deve alguma coisa às excentricidades sexuais de Humboldt? Sim, em certo sentido! Mas mais interessante ainda é que os dois lados de sua vida demonstram como estava absorto na questão geral da natureza humana em toda sua complexidade e mutabilidade.

Os traços incomuns de sua relação com Caroline tiveram outra consequência auspiciosa: como era normal estarem longe, temos uma correspondência volumosa entre os dois, o que não teríamos caso um estivesse sempre na sala e outro no escritório. As cartas dele para ela são uma fonte magnífica, coalhadas de reflexões sobre a humanidade, a educação e seus outros objetos de pesquisa. Ele era um bom correspondente de modo geral — era um daqueles missivistas copiosos, à altura de Petrarca, Erasmo e Voltaire. Por ter vivido em vários lugares da Europa, conhecia pessoas por todo lado e estava sempre interessado nelas, apesar da introversão. Como disse em uma de suas cartas a Caroline:

> Quanto mais alguém busca seres humanos na vida, e os encontra, mais rico, mais autossuficiente, mais independente se torna. Mais humanizado, mais prontamente comovido diante de tudo o que é humano, em todas as facetas de sua natureza e em todos os aspectos da criação. Esse é o objetivo, querida Li, ao qual minha natureza me conclama. É isso que vivo e respiro. Nisso, para mim, está a chave de todo o desejo. [...] Quem, ao morrer, puder dizer a si mesmo, "compreendi o máximo que me foi possível do mundo, e o transformei na minha humanidade", cumpriu sua meta.[19]

Depois de todas essas experiências, no entanto, o que mais gostava de fazer era voltar para Tegel, sua casa — que ele e Alexander haviam herdado dos pais. Wilhelm reformou a casa de cima a baixo no começo dos anos 1820, fazendo dela uma mansão em estilo neoclássico. Era ali que ele e Caroline passavam tempo juntos. Formaram uma coleção de artes, que contava principalmente com um estilo muito popular nos territórios germânicos da época: cópias em gesso de importantes esculturas clássicas e estátuas de Roma e da Grécia. Wilhelm aproveitava a companhia dos filhos, e mais tarde dos netos. Ele lia, escrevia e estudava.

Mais do que tudo, se dedicava à sua maior paixão intelectual: o estudo da linguagem. Considerava essa a chave para o estudo da humanidade, já que somos criaturas culturais que vivemos basicamente em um mundo de símbolos, ideias e palavras. Ele escreveu para Caroline: "É só por meio do estudo da linguagem que se entra na alma, que se chega à fonte de todos os pensamentos e emoções, a vastidão total das ideias, tudo o que diz respeito ao homem, acima e além de tudo o mais, até mesmo da beleza e da arte".[20]

Um dos benefícios de seus empregos em outros países era a oportunidade de imergir em seus idiomas. Aprendeu basco quando estava na península espanhola e em seus arredores e trabalhou em inscrições etruscas durante a estadia em Roma. Também estudou línguas faladas em lugares mais remotos: islandês, gaélico, copta, grego, chinês, sânscrito. Alexander lhe trazia materiais de suas viagens para que Wilhelm aprendesse alguma coisa sobre as línguas indígenas americanas.[21]

Com o passar do tempo, Alexander fazia visitas cada vez mais frequentes a Tegel — lugar que evitava quando era mais jovem. Ele aparecia e divertia a família de Wilhelm com histórias e notícias políticas do mundo exterior. Wilhelm, por sua vez, gostava de afirmar que nunca lia os jornais: "Você acaba sabendo do que é importante e pode se poupar do resto". O contraste entre os irmãos está mais claro do que nunca: um olhava para fora, o outro para dentro; um seguia o fluxo dos acontecimentos correntes, o outro mergulhava em longos e profundos estudos culturais.[22]

Caroline faleceu em 1829, e os anos restantes de Wilhelm em Tegel foram dedicados a seu último projeto: o estudo do kwai, a língua indonésia clássica de Java, poética e sacerdotal. Sua intenção era analisá-la, e começou escrevendo uma introdução que acabou ficando tão longa quanto um livro padrão. Discutia sua teoria geral da linguagem: com a abordagem holística que lhe era característica, ele considerava a língua uma expressão da visão de mundo de cada cultura.[23]

Mas seu tempo se esgotou e ele nunca finalizou o resto do livro. Cinco anos após a morte de Caroline, sua saúde começou a se deteriorar. Sua filha Gabriele von Bülow se mudou da Inglaterra, onde morava, para ajudá-lo, trazendo junto seus filhos; como bom linguista, Humboldt ficou impressionado com a facilidade com que os meninos cosmopolitas misturavam alemão e inglês na fala. Em março de 1835, uma febre o deixou semiconsciente, e ele também passou a enunciar murmúrios multilíngues, em francês, inglês e italiano. A certa altura, disse claramente: "Deve haver alguma coisa depois — algo ainda por vir — a ser revelado — a ser...". A família se reuniu em torno dele em seus derradeiros dias. Em 8 de abril, pediu que tirassem um retrato de Caroline da parede e o pusessem nas mãos dele. Beijou os dedos e os pousou na imagem da esposa. Em seguida, disse: "Adeus! Agora pendurem ela de volta!". Ele morreu logo depois dessas últimas palavras.[24]

O modelo humboldtiano de educação exerceria uma ampla influência, e em grande parte dos territórios de língua alemã seria predominante até o século XX — isto é, até 1933, quando os nazistas ascenderam ao poder e jogaram fora os ideais humanistas. Substituíram o modelo de Humboldt por uma gigantesca máquina de doutrinação, feita para transformar os meninos em soldados e as meninas em mães produtoras de mais soldados. A formação de indivíduos plenamente humanos, multifacetados, cultos, não cabia no mundo dos fascistas. Eles não tinham o desejo de "humanizar" ninguém, muito pelo contrário.

Além da sobrevida de suas ideias sobre educação, as ideias políticas juvenis de liberdade defendidas por Humboldt também ganhariam uma sobrevida. Após o falecimento, seus herdeiros começaram a examinar os papeis que havia deixado no escritório e descobriram — ainda engavetado depois de meio século — o tratado sobre os limites do Estado. O texto finalmente veio à luz, graças a Alexander, que fez o trabalho formidável de preparar uma coletânea em vários volumes das obras de Wilhelm. *Limites* foi lançado como parte dela, em 1852.

O tratado foi traduzido para outras línguas, inclusive a inglesa, e logo despertou o interesse dos leitores ingleses. Entre aqueles que o leram estavam um dos pensadores liberais mais importantes de uma geração posterior, John Stuart Mill, e a colaboradora e parceira com quem havia acabado de se casar: Harriet, antes Taylor, agora Mill.

Já conhecemos o casal Mill no capítulo anterior, no contexto do feminismo. Os argumentos de Harriet, de que era um direito das mulheres almejar ao mais amplo e mais sublime "campo adequado para todos os seres humanos", tinham um forte toque humanista.[25] Enquanto isso, John elaborava uma teoria do liberalismo político em larga escala. Seu próprio feminismo e as discussões que tinha com Harriet influenciaram bastante suas ideias, assim como a leitura de Wilhelm von Humboldt. Em 1859, quando publicou uma obra curta também muito influente, *Sobre a liberdade*, usou como epígrafe um trecho do livro redescoberto de Humboldt sobre o Estado:

O grande princípio condutor, para o qual cada argumento apresentado nestas páginas converge diretamente, é o da absoluta e essencial importância do desenvolvimento humano em sua mais rica diversidade.[26]

O tema de Mill é a liberdade, mas, ao começar por essa citação, ele finca essa liberdade em uma tradição humanista mais ampla. Em seu pensamento, as duas palavras presentes nessas linhas, *diversidade* e *desenvolvimento*, sempre caminhariam juntas com a palavra *liberdade*. Umas se nutriam das outras. Para ele, nos tornamos seres humanos totalmente desenvolvidos se temos liberdade, mas também bastante contato com os diversos estilos de vida humana — até mesmo em suas possibilidades mais excêntricas. Uma sociedade liberal nos permite desenvolver essas possibilidades por meio do contato com a diversidade, que ocorre em um ambiente de riqueza cultural e sem a interferência do Estado. A não ser, é claro, quando se faz mal aos outros. Para Mill, assim como para Humboldt, a missão do Estado é intervir caso a busca pela liberdade e pela experiência de um prejudique os outros. O Estado não tem o direito de dizer às pessoas o que elas *devem* fazer: não é sua função definir uma forma perfeita de vida ou moralidade. Seu papel é dar a todos nós o espaço necessário para nos esticarmos sem roubarmos o espaço alheio.

Para Mill, também, a abordagem educacional correta é fundamental, e nisso, de novo, ele enfatizou a diversidade.[27] Precisamos de experiências que provoquem nossa expansão, e para isso precisamos fazer "experimentos em vida". Humboldt também havia escrito que a melhor forma de aprendermos era por meio de "uma variedade de situações", e não aspirando a um modelo único de vida.[28] Além do mais, o encontro com a variedade nos torna mais tolerantes: como diz Montaigne acerca dos benefícios de viajar, "tantos temperamentos, escolas de pensamento, opiniões, leis e costumes nos ensinam a julgar saudavelmente os nossos".[29]

Assim, Mill recomenda que uma sociedade liberal apoie "a liberdade absoluta de opinião e de sentimento em relação a todas as questões, práticas ou especulativas, científicas, morais ou teológicas". Isso inclui o apoio à liberdade de expressar tudo isso publicamente, já que liberdade guardada em segredo não é liberdade. Ele observa que tais manifestações podem ferir suscetibilidades; pode ser que as pessoas façam coisas que os outros considerem "tolo, perverso ou errado".[30] Isso não é problema, a não ser

que prejudique esses outros. (É claro, a definição de "prejudicar" é tão complicada que ainda hoje discutimos o assunto.)

Sobre a liberdade também dá a entender outras implicações, sobretudo para a sexualidade e a religião. Mill acreditava, como Humboldt, que os indivíduos deviam ser livres para resolver suas relações por conta própria, mas com a ressalva de praxe, de não fazer mal aos outros. Assim como Wilhelm e Caroline, ele e Harriet não tinham uma relação convencional, mas dessa vez não havia mulheres que trabalhavam nas barcas envolvidas (pelo que sabemos). Depois de se conhecerem e se apaixonarem, por vinte anos, o casal não pôde se casar, pois Harriet já era casada com outro e o divórcio era quase impossível na época. O marido dela, John Taylor, parece ter sido um cara legal, mas eles se casaram quando Harriet tinha dezoito anos e só depois ela se deu conta de que eles não eram muito compatíveis. Quando conheceu Mill, ela se apaixonou principalmente porque podia debater filosofia, política e moralidade com ele por horas a fio. De amigos fervorosos, passaram a amantes, e com o tempo foram (mais ou menos) viver juntos, depois de um acordo discreto com John Taylor. Para evitar qualquer sofrimento, tinham uma vida sossegada em um subúrbio bem distante da alta sociedade. Continuaram assim durante uns quinze anos, até John Taylor morrer de câncer em 1849. Depois de transcorrido um período decoroso de luto, ela e Mill se casaram, mas com algumas adaptações acrescidas aos votos padrão de casamento. O matrimônio, na época, dava ao marido um controle quase total sobre os assuntos da esposa, inclusive sobre seus bens. Mill não tinha como renunciar legalmente a esse controle, mas na cerimônia ele leu uma "Declaração sobre o casamento", em que manifestava seu desacordo com esses direitos e prometia nunca os exercer. Portanto, assim como o casal Humboldt, eles rejeitaram o caminho predefinido pelo Estado e escolheram os princípios mais condizentes com seus pontos de vista.[31]

A outra questão delicada era a religiosa, e aqui os sentimentos de Mill variaram ao longo do tempo. No final da vida, ele parece ter cogitado a possibilidade de que existiria um Deus abstrato, ao estilo deísta, em algum lugar, distante dos problemas humanos. Mas de modo geral não dava sinais nem dessa crença. Tinha sido criado sem doutrinação religiosa, algo bastante atípico para a época: o pai, James Mill, era um agnóstico que tinha rejeitado sua criação presbiteriana em prol da filosofia utilitarista do amigo Jeremy Bentham.[32] Então foi essa a doutrinação que John recebeu. Vamos voltar à sua infância por um instante.

A imersão na teoria utilitarista era apenas parte do que sem dúvida foi um dos experimentos mais esquisitos de criação de filhos desde a tentativa do pai de Montaigne de fazer do filho um falante nativo do latim. James não fez isso, mas seus filhos foram educados em casa e ele iniciou John muito precocemente no estudo dos clássicos. Aos três anos, o menino já estava aprendendo grego usando as *Fábulas* de Esopo; depois, passou a Heródoto, Xenofonte e Platão. O latim foi incluído quando tinha mais ou menos sete anos. Ele também foi encarregado de ensinar o que aprendia aos irmãos mais novos, à medida que cresciam. Começava o dia com uma caminhada antes do desjejum, feita ao lado do pai na agradável área, ainda rural, que cercava a casa deles no norte de Londres, em Newington Green. O passeio deveria contar vários pontos no placar de felicidade, mas ao longo do caminho John tinha que fazer um relatório oral do que lera na véspera e depois ouvir James dissertar sobre "civilização, governo, moralidade, aprimoramento mental". Por fim, John tinha que resumir os pontos principais desses argumentos nas próprias palavras. Seria bom saber o que a mãe, Harriet Barrow Mill, achava de tudo isso, mas — algo bizarro para um feminista — James nunca a menciona em sua autobiografia.

A princípio, John absorveu a influência do pai, e quando jovem fundou uma pequena Sociedade Utilitarista que contava com três membros. Ele continuou desenvolvendo e usando ideias utilitaristas: elas são perceptíveis no equilíbrio entre benefícios e prejuízos liberais descritos em *Sobre a liberdade*. Por volta dos vinte anos, entretanto, ele passou por uma experiência que mudou sua perspectiva a respeito desse equilíbrio. Entrou numa depressão que gerou o tipo de *accidia* sofrida por Petrarca cinco séculos antes: a incapacidade de sentir prazer em qualquer coisa. Isso lançou dúvida sobre o cálculo da felicidade. Qual era o sentido de contar unidades de felicidade se, por razões mais profundas, a pessoa não conseguia *sentir* essa felicidade?[33]

A saída que Mill encontrou veio, em certa medida, de uma descoberta inesperada: a poesia.[34] Nem o pai nem Bentham viam sentido nessa arte; Bentham teve a petulância de definir o poema como uma escrita cujas linhas não alcançavam a margem. Agora, num ato de rebeldia, John se apaixonava pela forma, e sobretudo pela obra de William Wordsworth, repleta de emoções arrebatadas e amor à natureza.[35] Wordsworth também tentou, em seu *Prelúdio*, acompanhar a germinação e o desenvolvimento da experiência interna de um indivíduo a partir da infância: uma atitude cheia de *Bildung*.

A leitura de Wordsworth levou Mill a refletir que os seres humanos precisavam dessas satisfações mais profundas, aparentemente desnecessárias aos outros animais.[36] Somos ávidos por sentido; almejamos beleza e amor. Procuramos a saciação "nos objetos da natureza, nos feitos da arte, nas imaginações da poesia, nos incidentes da história, nos caminhos da humanidade, passados e presentes, e nas perspectivas de futuro" — todos aspectos da *cultura*. (Lembremos de Giannozzo Manetti em seu tratado *Da dignidade e da excelência humana*: "Que prazer obtemos de nossas capacidades de avaliação, memória e compreensão!".[37]) Ainda seria bom procurar a felicidade, mas, a partir de então, Mill entendia que algumas formas de felicidade eram mais significativas do que outras. Uma dessas formas era a sensação de ser livre, "vivo" e "um ser humano", sobre a qual escreveria em *A sujeição das mulheres*.[38] Não é fácil conciliar isso com o utilitarismo estrito: em vez de unidades de felicidade contáveis, somos levados de volta às qualidades que são incalculáveis e imensuráveis. Mas o que esse novo método de Mill perde em termos de rigor, ele ganha em sutileza. Sua versão é mais *humana* do que a de Bentham.

Além de aprimorar o utilitarismo, o elemento humano de Mill aperfeiçoa o liberalismo. Ele o distingue, por exemplo, da caricatura que hoje chamamos de "neoliberalismo", que permite aos ricos buscarem o lucro sem nenhuma regulamentação enquanto o resto da população tem que lidar com as consequências dessa destruição da sociedade. Para Mill, assim como para Humboldt, o significado de liberdade não é esse. Uma sociedade genuinamente liberal valoriza e viabiliza satisfações mais profundas: a busca de sentido e beleza, a diversidade de experiências culturais e pessoais, a animação da descoberta intelectual e os prazeres do amor e do companheirismo.

Mill sempre disse que Harriet contribuiu com muitas das ideias presentes em *Sobre a liberdade*, e muito depois em *A sujeição das mulheres*, embora ele não tenha chegado a incluir o nome dela na folha de rosto dessas duas obras. Caso tivesse feito isso, teria de ser postumamente, pois ela não viu a publicação de nenhum desses livros. Morreu em 1858 de uma doença respiratória que provavelmente era tuberculose, quando estavam em Avignon, a caminho do sul, em busca de sol e um ar mais sadio.[39] Enlutado, depois de enterrá-la ali, Mill chegou a comprar uma casa nos arredores da cidade, assim ele e a filha dela (com Taylor) poderiam continuar na região. Ele escreveu um epitáfio para seu túmulo. Repleto de louvores a seus feitos, inclui a frase: "Se existissem mais alguns corações e intelectos como o dela, esta terra já teria se tornado o tão esperado céu". Ele não menciona nenhum outro tipo de céu: sua vida após a morte, como acontecera com os outros humanistas, existiria somente na memória humana, por meio do impacto de seus atos e escritos.

Mill levou adiante seu trabalho na política e na filosofia e pôs suas ideias feministas em prática em 1865, concorrendo a uma vaga no Parlamento britânico e tendo como parte de sua plataforma a concessão do direito ao voto às mulheres. Ele ganhou um assento, mas, ao propor a emenda do sufrágio feminino ao projeto de reforma eleitoral de 1867 (ele sugeriu que trocassem a palavra "homem" por "pessoa"), não obteve sucesso.[40] O debate parlamentar sobre o tema já era um passo à frente, no entanto, e ele acabou considerando esta sua maior realização nesse papel. Ele morreu cinco anos depois, em 1873, e foi enterrado ao lado de Harriet no cemitério de Avignon.

As ideias de Humboldt e do casal Mill ainda são os alicerces da sociedade liberal de hoje, não só por suas reflexões acerca da liberdade como pelo humanismo, pela visão de uma sociedade baseada na satisfação humana, em que todo mundo pode germinar sua vida e desenvolver ao máximo sua humanidade. Nenhuma sociedade pode alegar ter cumprido essa meta com perfeição — longe disso. Mas chegar a uma perfeição estável, ideal, nunca foi um objetivo liberal, tampouco utilitarista. Ou, aliás, humanista. A intenção nesses três casos é criar só um pouco mais das coisas boas da vida e menos das ruins.

Quem também se inspirou em Wilhelm von Humboldt foi outro inglês, Matthew Arnold.[41] Poeta, crítico e ensaísta sagaz e polêmico, também foi um educador profissional que passou 35 anos fiscalizando escolas do país inteiro, bem como escrevendo relatórios sobre os sistemas de outros países — tudo no afã de melhorar o nível de desenvolvimento humano.

O que não faltava era espaço para melhorias. As escolas que atendiam os pobres da Grã-Bretanha eram de qualidade variável. Arnold defendia que todas chegassem a um padrão consistente, e que esse padrão subisse bastante de patamar, principalmente com a utilização, em sala de aula, de materiais culturais melhores. Dá para perceber que andava lendo Humboldt quando escreve, em seu estudo de 1869, *Cultura e anarquia*, que o objetivo dessas reformas era possibilitar o desenvolvimento de "todas as facetas de nossa humanidade". Também humboldtiano é o fato de querer dizer que *todas* as camadas da sociedade vão desenvolver juntas sua humanidade. Ninguém ficaria para trás: somos "todos membros de um todo, e a compaixão que é da natureza humana não vai permitir que um membro seja indiferente ao resto, ou que ele tenha um bem-estar total independentemente do restante". Em vez de ficar contente em se desenvolver sozinho, o indivíduo deveria estar "sempre fazendo o possível para ampliar e aumentar o volume de jorro humano que flui alhures". Arnold me conquistou com "alhures". Faz tempo que penso que a família de termos que inclui "alhures" e "algures" ("em outro lugar" e "em algum lugar") devia voltar à moda, e ele estava fazendo algo ainda melhor.[42]

Matthew Arnold tinha crescido no ambiente educacional, pois seu pai era o dr. Thomas Arnold, diretor vigoroso e bastante cristão da Rugby School.[43] Depois, Matthew estudou em Oxford, e talvez tenha cultivado algumas dúvidas sobre religião na universidade; continuou a ser atormentado pelo tema, que volta e meia surge em seus poemas. (Vamos retomar essa questão no próximo capítulo.) Casou-se com uma mulher devota, Frances Lucy Wightman, apelidada "Flu". Ao contrário dos casais Humboldt e Mill, tiveram um casamento convencional — porém carregado de dor. Na época em que Thomas estava revisando *Cultura e anarquia*, transformando uma palestra em livro, eles estavam sofrendo pelos dois filhos perdidos num mesmo ano, sendo que a perda mais recente era a do filho mais velho, Tommy, morto após cair de seu pônei.

Entretanto, sabe-se lá como, *Cultura e anarquia* é uma obra brilhante, e é espirituosa e divertida ao mesmo tempo que defende argumentos sérios. De modo geral, a ideia de Arnold é de que a anarquia, que ele acha deplorável, pode ser repelida através da cultura, que ele admira. Mas muita coisa acontece no meio do caminho. Ele surpreende e deleita o leitor com seus jogos de palavras; sabe como fazer o coração humanista inflar de entusiasmo de tempos em tempos. Consegue cativar o leitor a ponto de fazê-lo concordar mesmo quando faz declarações um bocado absurdas ou mal fundamentadas. Vez por outra, ficamos olhando, perplexos, enquanto ele monta um cavalinho de pau idiossincrático ao longo de uma ou duas páginas; mais cedo ou mais tarde, ele volta trotando. Acima de tudo, demonstra um pendor quase deliberado para confundir as pessoas usando palavras com sentidos que elas normalmente não têm. Toma emprestado o termo "hebraísmo" do poeta judeu alemão Heinrich Heine, por exemplo, mas o usa sobretudo para designar o puritanismo cristão. Quando fala da classe social "bárbara", talvez um leitor desatento pense que está sendo desdenhoso com as classes menos favorecidas, mas não: ele usa a palavra para a aristocracia. (A classe trabalhadora é "o populacho", e as classes médias são os "filisteus".)

Também enganosas são duas declarações que ele repete muito no livro. Uma é a afirmação de que a "cultura" pode ser definida como "o melhor que já se pensou e se disse no mundo".[44] A outra também é uma definição de cultura, dessa vez como qualquer coisa que traga "doçura e luz".[45]

A primeira delas, do "melhor", soa elitista, dando a entender que coisas sublimes só são acessíveis por meio de gostos rarefeitos e uma educação exclusivista. Mas Arnold é solidário na rejeição à tendência das classes média e alta a sentir que toda a cultura lhes pertence, que lhes é um direito inato, mesmo que jamais encostem em um livro ou observem uma obra de arte.[46] Para ele, a verdadeira cultura é acessível a todo mundo e vem da "avidez quanto às coisas da mente".[47] Significa curiosidade e o questionamento de ideias consagradas; significa "abrir uma bica de pensamentos frescos e livres em cima de nossos conceitos e hábitos corriqueiros, que agora levamos adiante com firmeza, mas mecanicamente".[48] Esse é o sentido estimulante da *expansão* mundo humano adentro a que Humboldt se referia em suas cartas. Também é o alargamento da vida que Mill acreditava ser causado pelo contato com experiências de vida diversas. Você pode ser culto mesmo lendo apenas jornais, disse Arnold, contanto que os leia com a cabeça livre, fresca e crítica.[49]

Desenvolver tal mente é difícil, entretanto, caso a pessoa não tenha tido exposição suficiente a materiais de alta qualidade, e é por isso que a educação é importante. E deveria ser o estilo certo de educação. Mesmo os membros mais pobres da sociedade deveriam ter acesso a obras boas e originais de arte e literatura, não ao pábulo simplificado que volta e meia recebem na crença de que só sabem lidar com coisas fáceis e já mastigadas. Para Arnold, é esse o desafio do educador: achar formas de apresentar o que há de melhor na cultura em sua exuberância original, e *ao mesmo tempo* torná-la acessível. O que é preciso fazer com a cultura é "humanizá-la, torná-la eficaz fora das rodas dos refinados e eruditos" — e garantir que continue a ser "as *melhores* informações e pensamentos da época".[50]

A outra expressão, "doçura e luz", é ainda pior devido à insinuação de uma fofura açucarada ao estilo dos contos de fadas.[51] Na verdade, a ideia vem de uma cena de "Battle of the Books" [A batalha dos livros], de Jonathan Swift, por sua vez baseada na poesia latina de Horácio. Na sátira de Swift, uma aranha e uma abelha têm uma animada discussão sobre qual delas é a melhor. Sou eu, diz a aranha, porque sou a criadora original. Construo algo a partir da minha própria seda, sem precisar de mais nada. Sou *eu*, retruca a abelha. Você pode

SWEETNESS AND LIGHT.

até ser mais original, mas só sabe criar teias e veneno. Apesar de tirar meu pólen das flores, eu o uso para produzir mel (doçura) e cera para velas (luz). Para Arnold, também, a cultura se alimenta de muitas experiências indiretas, mas as transforma em algo novo e esclarecedor. Não existe nada de estranho na "luz" da qual fala: é mais como a luz intelectual que os humanistas petrarquianos acreditavam estar libertando de suas celas monásticas — ou talvez a luz da razão dos iluministas.

Cultura e anarquia é um livro do qual se pode depreender diferentes recados, a depender das propensões do leitor. Os conservadores o levavam a sério porque compartilhavam com Arnold o horror à "anarquia", em especial à desordem pública e às manifestações de rua comuns na vida britânica na época de sua publicação. Ele mesmo um homem privilegiado, Arnold não via motivos para as pessoas se comportarem de forma tão tosca e desarmoniosa se poderiam estar lendo Horácio. Porém, algumas coisas que diz chamam a atenção pelo vanguardismo: ele é contra o exclusivismo e tem a mente aberta em sua defesa do pensamento crítico e curioso. Além disso, se declara liberal.[52] No cerne de *Cultura e anarquia* há ideias humanistas duradouras: de que a humanidade que nos é comum conecta todos nós e de que ninguém tem o direito de tratar os outros com condescendência ou como se fossem irrelevantes.

O pensamento arnoldiano tem certo ar veemente, que foi levado adiante durante o longo período em que foi influente na Grã-Bretanha e em outros lugares. Ele foi a força por trás da fundação, no século XX, da British Broadcasting Corporation, a BBC, que visa esclarecer e informar, além de entreter as massas. Esse objetivo é a essência das inúmeras instituições de educação adulta criadas no começo do século, como a Workers' Educational Association [Associação Educacional dos Trabalhadores], fundada em 1903.

Causou igualmente impacto no mercado editorial, que nos Estados Unidos e na Grã-Bretanha viveu uma fase muito arnoldiana.[53] Coleções de "Grandes Obras" davam muito lucro para as editoras, já que não precisavam pagar direitos autorais a Shakespeare e Milton. Até traduções funcionavam bem, apesar da necessidade de tradutores. Uma das primeiras coleções, a Bohn's Standard Library, lançou inúmeros clássicos gregos e romanos em inglês, mas frustrava seus leitores ao omitir quaisquer frases que nas línguas originais fizessem referência a sexo.[54]

Em seguida, surgiram produtos extraordinários, como a Dr. Eliot's Five-Foot Shelf of Books, nome dado a uma série de 51 volumes literários editados em 1909 por Charles W. Eliot, presidente da Universidade Harvard.[55] Na Grã-Bretanha, foi criada a Everyman's Library, destinada ao homem comum, fundada em 1906 por J. M. Dent, filho de um pintor de paredes. Infelizmente, Dent tinha o hábito de berrar "Seu asno!" para os membros de sua equipe, ou seja, tudo indica que não era muito fã de pessoas comuns.[56] Esses funcionários, na verdade, eram o segredo do sucesso da editora, em especial o editor da série, Ernest Rhys, um engenheiro de minas de carvão que organizava clubes de leitura para os mineiros antes de entrar no mundo editorial.[57] Ele deu à série sua personalidade: os livros tinham que ser baratos, mas de um padrão elevadíssimo como produto.[58] Todos contavam com uma bela xilogravura na folha de rosto e o logotipo do golfinho com a âncora, que era a marca da tipografia de Aldus Manutius — uma homenagem ao pioneiro dos livros portáteis, claros, bem impressos.

Para ajudar os leitores a se acharem em meio a tamanha abundância, começavam a surgir listas dos "melhores" arnoldianos, como os "Cem Melhores Livros"[59] escolhidos em 1886 pelo diretor do Working Men's College, Sir John Lubbock. Além das escolhas eurocêntricas de praxe, recomendou obras como *Os analectos* de Confúcio e versões resumidas do *Mahabharata* e do *Ramayana*. Ele confessava não ter gostado de tudo o que fazia parte da lista: "Quanto aos Pais Apostólicos, não posso dizer que achei seus escritos nem muito interessantes nem instrutivos, no entanto são bastante curtos".

A lista incluía outras opiniões, dadas por figuras bastante conhecidas que Lubbock procurou em busca de sugestões. John Ruskin disse que queria ver mais livros de história natural: "Outro dia, no café da manhã, me ocorreu que eu gostaria de saber alguma coisa da biografia de um camarão".[60] Henry Morton

Stanley, o aventureiro que tinha ido à África para reaver David Livingstone, contou a bravata de que tinha sido acompanhado nessa jornada por Darwin, Heródoto, o Corão, o Talmude, *As mil e uma noites*, Homero e muito mais.[61] Mas como seu carregador o havia abandonado ou adoecido, ele precisara jogar os livros fora, até, disse ele, "ficar somente com a Bíblia, Shakespeare, o *Sartor Resartus* de Carlyle, *Navigation* de Norie e o Almanaque Náutico de 1877. Depois o pobre Shakespeare foi queimado por ordem do povo tolo de Zinga".

Membros da classe trabalhadora refletiam sobre a crença de Arnold na satisfação pela leitura e pela cultura e divergiam em suas reações. Alguns temiam que — como a autora radical e ex-trabalhadora de uma fábrica de tecidos de algodão Ethel Carnie escreveu em uma carta ao *Cotton Factory Times*, em 1914 — o excesso de cultura pudesse "cloroformizar" os trabalhadores, desviando sua atenção da tarefa de se rebelarem em prol de transformações verdadeiras em suas vidas. Para essas pessoas, seria melhor a classe trabalhadora ler Karl Marx, não Confúcio ou biografias de camarões, e se concentrar em atos políticos revolucionários para mudar suas condições de vida.[62]

Mas outras não viam contradição nenhuma: argumentavam que a leitura e os estudos eram as melhores formas de abrir os olhos das pessoas para a exploração que ocorria na sociedade e prepará-las para lutar contra essa situação — para não serem cloroformizadas, não caírem no sono, mas para despertar. George W. Norris, funcionário dos correios e sindicalista que passou 22 anos fazendo cursos da Workers' Educational Association, refletiu sobre o impacto que os estudos tiveram sobre ele e escreveu: "Exercitar a arte de pensar me preparou para que eu não fosse enganado pelas fraudes e imposturas à espreita por trás das manchetes sensacionalistas dos jornais modernos, as efusões oratórias dos ditadores e políticos partidários desonestos e as ideologias doutrinárias que atocaiam o mundo semeando ódio".[63]

E havia também outro fator em jogo. Estudar, ler, ver obras de arte, exercitar a capacidade crítica: todos esses atos poderiam gerar *prazer*.

Os humanistas tinham sempre enfatizado o aspecto hedonista da vida cultural. Manetti escreveu sobre a alegria provocada pelo pensamento e pelo raciocínio. Cícero defendia que se desse a cidadania de Roma ao poeta Árquias por causa do prazer e do desenvolvimento moral que trazia aos romanos. Todos os três humanistas deste capítulo concordavam que buscar a cultura e desenvolver a própria humanidade ao máximo eram atividades muito satisfatórias. Para Arnold, a vida ganhava um sabor de mel. No caso de Mill, a experiência pessoal das "imaginações da poesia" e o estudo dos "rumos da humanidade" tinham lhe devolvido a capacidade de sentir alguma coisa. Humboldt era o mais animado dos três, e escreveu em uma carta: "Um livro novo relevante, uma teoria nova, uma língua nova me surgem como algo que arrebatei da escuridão da morte, que me dá uma alegria inexprimível".[64]

Alegria inexprimível! Para compreender a diferença entre essa sensibilidade e alguns dos conceitos tacanhos de cultura prevalecentes entre pedagogos mais tolos, basta olharmos para uma ideologia que por um breve período do início do século XX vicejou em algumas universidades americanas, conhecida como "o Novo Humanismo".

O nome foi criado depois, mas a ideologia foi basicamente uma invenção de Irving Babbitt, também professor de Harvard, mas com uma mentalidade bem diferente da do presidente da universidade, Charles Eliot.[65] Babbitt defendia a formação moral baseada integralmente em um cânone monocultural, feito principalmente da literatura dos gregos antigos, talvez com um ou outro romano no meio. Quaisquer outras fontes culturais eram desimportantes, e não deveria haver nenhum discurso sobre liberdade na educação. Ele começou sua polêmica carreira com um ataque publicado à filosofia educacional de Eliot; ela foi lançada no ano anterior ao surgimento do Five-Foot Shelf. Esses projetos de acessibilidade, para Babbitt, eram abomináveis.[66] Em alguns aspectos, concordava com o ponto de vista de Arnold, mas era enfático ao manifestar sua discordância em relação a outros: não tinha vontade nenhuma de lançar a humanidade inteira alhures. Para ele, era irrelevante a que algures a humanidade como um todo seria levada. A missão do humanista era formar apenas a elite, que deveria ser incentivada a ter uma empatia "seletiva" e disciplinada pelos outros, moderada pelo discernimento — não uma empatia gratuita. Não somos *todos* ligados pela nossa humanidade. Sobre a fala de Terêncio, "nada do que é humano me é estranho", Babbitt escreveu que se tratava de um erro: não era suficientemente seletiva. A frase, para ele, era a responsável pelo excesso de mentes fracas, de bonzinhos desenxabidos que via espalhados pela sociedade. Para ele e para os novos humanistas que o seguiram, o "melhor" era algo que merecia proteção e defesa contra intrusos.

Esse seu jeito de falar perdia de vista tudo o que fazia a vida cultural valer a pena para os humanistas genuínos: a capacidade de conexão com as experiências alheias, o livre exercício da curiosidade, o aprofundamento da compreensão. Em especial, abandonava a alegria, trocando-a pela compulsão — ou uma espécie de *accidia*, por assim dizer. Quando o romancista Sinclair Lewis (cuja escolha do nome Babbitt para o título de um de seus romances e seu protagonista sem dúvida foi uma travessura proposital) ganhou o prêmio Nobel de 1930, ele repreendeu os novos humanistas em seu discurso: "No novo e vital e experimental território da América", ele disse, "seria de esperar que professores de literatura fossem menos monásticos, mais humanos, do que eram às sombras tradicionais da velha Europa". Mas o que encontramos? A secura e a negatividade de antigamente.[67]

Muito tempo depois, Edward Said observaria, no contexto de outra guerra cultural, que tal "beicinho azedo", tal "distanciamento e exclusão" e tal desconexão das humanidades com qualquer preocupação a respeito do "humano" geravam uma falta de alegria que humanistas como Erasmo ou Montaigne jamais admitiriam.[68] Tampouco um Humboldt, um Mill ou um Arnold, ele poderia ter acrescentado. Na verdade, como escreveu Montaigne, falando das escolas de sua época:

> Como seriam mais apropriadas essas aulas se juncadas de flores e folhas do que de pedaços de varas ensanguentadas! Ali eu mandaria pôr retratos da alegria, do júbilo, de Flora e das Graças, como fez em sua escola o filósofo Espeusipo. Ali onde as crianças encontram seu proveito, que encontrem também seu prazer.[69]

Essa pode parecer uma rixa antiga, e de modo geral os novos humanistas caíram no esquecimento. Porém, deram sua contribuição deixando um mau cheiro pairando sobre o humanismo em alguns lugares. Para algumas das pessoas que hoje buscam uma abordagem mais diversa e mais generosa da cultura, a palavra *humanismo* sugere de pronto um elitismo tacanho. Portanto, se alguém vir o humanismo na vida acadêmica atual ser declarado conservador e contrário aos princípios da diversidade e da inclusão, pelo menos parte da culpa deve ser atribuída à falta de *humanitas* dos novos humanistas.

A bem da verdade, mesmo enquanto Irving Babbitt e seus apoiadores escreviam suas polêmicas, eles já haviam perdido a batalha. Uma explosão no acesso à leitura, à escrita e à vida cultural já estava em andamento mundo afora. Os livros baratos e populares, as novas bibliotecas itinerantes que os emprestavam, os cursos disponíveis para quem quisesse se matricular: nada disso sumiria.

Além disso, essas bibliotecas, os livros baratos e os cursos eram um caminho para uma grande quantidade de pessoas descobrir as ideias mais radicais que emergiram naquele século. Por alguns xelins, podia-se ler investigações céticas acerca de Deus, obras de economia marxista e reavaliações científicas sobre a origem da Terra ou das espécies de seres vivos que a povoavam. Podia-se ler sobre a origem *dos seres humanos*. Todas essas novas ideias vinham do que Arnold tinha chamado de "abrir uma bica de pensamentos frescos e livres em cima de nossos conceitos e hábitos corriqueiros". E, por sua vez, elas fariam o humanismo tomar um novo rumo.

9

Um tal país dos sonhos

BASICAMENTE 1859-1910
*O humanismo se torna científico — Charles Darwin e Thomas
Henry Huxley — sobre ser agnóstico — os cinco minutos de
Leslie Stephen nos Alpes — "vigários com problemas, vigários
com dúvidas" — Robert Elsmere, de Mary Ward — algumas
respostas esquisitas ao problema da humanidade — Ernest
Renan e Auguste Comte — um período de transformações.*

Algumas das novas descobertas que chegaram ao público na época de Mill e
Arnold acarretaram consequências tão colossais para a nossa forma de pensar
na humanidade que as autoridades religiosas tiveram dificuldade de acompanhá-
-las. Primeiro os geólogos foram atrás desses religiosos brandindo provas de
que a Terra era mais antiga do que a Bíblia insinuava ser e de que seu estado
de movimento e transição constantes não condizia com a história excepcional da Criação. Depois os paleontólogos foram atrás deles com seus fósseis
de espécies extintas ou alteradas. Até os espeleólogos foram atrás deles, pois
encontraram restos de um tipo extinto de hominídeo nas cavernas do vale de
Neander, na Alemanha.

Em seguida, foi a vez de Charles Darwin, com seu livro publicado em 1859,
A origem das espécies por meio de seleção natural.[1] Sua tese acerca da diversidade
da vida era refinada: à medida que membros de uma espécie se reproduzem,
ao longo de um imenso período, variações fortuitas vão acontecendo, gerando
um bico mais comprido, um dedo maior ou penugem nas orelhas. Essas características podem ser passadas à prole. Quando a variação funciona bem no
habitat, esses indivíduos prosperam e produzem mais rebentos assim. Se não
funciona, o normal é que morram sem deixar descendentes. É assim, como
ele conclui no livro, que "de um início tão simples, infinitas formas mais belas
e mais incríveis se desenvolveram e estão se desenvolvendo". É uma imagem
majestosa, mas igualmente horrível, já que Darwin admite que tudo depende
de ciclos de insucesso e sofrimento.[2] "Portanto, a guerra da natureza, a fome

e a morte dão origem ao objeto mais sublime que somos capazes de conceber, isto é, a geração dos animais superiores." Com isso, ele nos diz não só que a vida deriva da morte, mas que talvez *nós* sejamos esses "animais superiores", e, portanto, que sejamos resultado desse processo. A essa altura, ele não diz nada mais explícito. Só o faria em 1871, com *A origem do homem e a seleção com respeito ao sexo*, e isso em meio às distrações causadas pelos muitos materiais sobre este último tópico. As distrações poderiam ter sido ainda maiores: Darwin queria usar o termo mais econômico "seleção sexual" no título, mas foi impedido pela editora, que achava "sexual" mais chocante do que "sexo".[3] No entanto, mesmo no lançamento de *A origem das espécies*, não era difícil perceber suas implicações para a humanidade.

A origem das espécies teve um amplo público leitor, sobretudo na Grã-Bretanha, pois o livro fez parte da Mudie's, umas das novas bibliotecas circulantes mais importantes da época. John Stuart Mill, cujo *Sobre a liberdade* foi lançado no mesmo ano, leu o livro com grande interesse. Assim como George Eliot: ela e seu companheiro, George Henry Lewes, ficaram curiosos em relação a Darwin, principalmente porque eram historiadores naturais afiados e tinham acabado de passar o verão de 1856 explorando áreas à beira-mar e escrevendo sobre poças d'água em meio a rochas e fósseis.[4] Karl Marx foi um outro tipo de leitor, que acreditava ver ligações entre as ideias de Darwin e sua própria teoria da luta entre classes sociais. "Apesar de elaborado no grosseiro estilo inglês", ele comentou com Friedrich Engels, "este é o livro que no campo da história natural apresenta os fundamentos de nossos pontos de vista." Mais tarde, ao publicar *O capital*, ele enviou um exemplar a Darwin, e o livro ficou na estante do naturalista, com suas folhas intactas, embora ele tenha escrito uma calorosa carta de agradecimento a Marx.[5]

Outro leitor não demorou a perceber que *A origem das espécies* daria origem a uma briga: Thomas Henry Huxley. Como zoólogo, educador e eloquente ensaísta e polemista, ele seria o maior promotor do darwinismo na época e, nesse ínterim, uniria dois movimentos importantes do século XIX: o grande avanço da educação e do livre-pensamento e o giro rumo ao cientificismo para refletirmos sobre nós mesmos. Assim ele inaugurou uma nova figura: o humanista científico.

Neste capítulo, veremos os resultados dessa fusão de movimentos humanistas e os efeitos que teve na população, sobretudo na Grã-Bretanha. Ela suscitou reações de vigários e poetas, de romancistas e naturalistas, dos que queriam tornar a humanidade divina e dos que, ao contrário, queriam tornar a divindade mais humana. Vamos conhecer algumas dessas figuras. Mas primeiro: Huxley e a briga. Para a sorte da teoria darwinista, Huxley era bom justamente de briga — muito mais do que o próprio Darwin, que detestava essas coisas.

A amizade de Huxley e Darwin tinha começado um tempinho antes, quando Darwin o convidara para conhecer Down House, sua residência em Kent, e ver sua coleção de ascídias.[6]

Huxley adorava ascídias. Naturalista formado em medicina, ele tinha acabado de voltar à Grã-Bretanha depois de uma viagem de quatro anos pelo Pacífico, no cargo oficial de médico do navio. Tendo dedicado seu tempo de viagem à coleta de espécies marinhas e outras, ele agora estava encarregado de produzir o catálogo de espécimes de ascídias do Museu Britânico. Portanto, aceitou com avidez o convite de Darwin e aproveitou bem o passeio pela casa, com suas plantações e estufas, suas espécies exóticas de pombos e seus diversos experimentos e coleções, tudo em eterna expansão. Darwin parecia ser um entusiasta inofensivo, diligente. Huxley, como quase todo mundo, não fazia nem ideia de que ele estava usando tudo aquilo como material para criar uma teoria sensacional sobre a vida.

Quando o livro surgiu e Huxley se deu conta do que Darwin vinha tramando aquele tempo todo, ele ajudou de bom grado. Ao contrário do cavalheiresco Darwin, Huxley era de uma origem social modesta, e *tudo* em sua carreira tinha sido uma luta. Primeiro ele resenhou o livro, elevando ao máximo o nível de dramaticidade com comentários como: "Teólogos aniquilados mentem sobre o berço de todas as ciências enquanto os estrangulados serpenteiam ao lado do berço de Hércules".[7] Em seguida, deu palestras, lançando mão de objetos cênicos dignos de nota: na Royal Institution, para mostrar as consequências dos processos de seleção na procriação, ele libertou pombos vivos de uma cesta sob os olhares da plateia, como um mágico em cima do palco.[8]

Depois teve a reunião de 1860 na Associação Britânica para o Avanço da Ciência, no belo Museu de História Natural de Oxford, recém-inaugurado. Darwin não compareceu: desculpou-se após ser acometido por uma indisposição estomacal recorrente, poupando-se de qualquer enfrentamento.[9] Estiveram presentes representantes dos universos da religião, da cultura e da ciência, todos com seus gracejos espirituosos na manga. Robert FitzRoy, o capitão do *Beagle* na viagem de Darwin, estava lá; ele tinha escrito a Darwin: "Meu caro e velho amigo, eu, pelo menos, *não vejo* nada de 'enobrecedor' na ideia de ser descendente de um *macaco*, nem mesmo o *mais* antigo deles". Um comentário parecido foi feito na reunião por Samuel Wilberforce, bispo de Oxford, homem rude e robusto, tão conhecido por suas piadinhas que era comum as pessoas caírem na risada antes que ele sequer abrisse a boca.[10] Supõe-se que tenha sido esse o caso quando ele se levantou, pronto para fazer sua pergunta a Huxley: é pelo lado do seu avô ou da sua avó que você alega ter ascendência símia?

Huxley foi primoroso na réplica, dizendo que preferiria ter um macaco como ancestral a uma pessoa que usava seu mérito e influência só para fazer troça em uma discussão científica. Esse pelo menos foi o relato de Huxley — e ele descreveu o salão irrompendo em gargalhadas.[11] Como é praxe em histórias muito contadas, há versões divergentes.[12] O botânico Joseph Dalton Hooker declarou ter sido *ele* quem "destruiu" Wilberforce com uma resposta astuta. Já Wilberforce teria saído da reunião eufórico, com a sensação de ter levado a melhor. Darwin ficava grato a Huxley por todo esse partidarismo, mas também ficava nervoso. "Pelo amor de Deus não escreva um artigo contrário ao darwinismo", ele pediu. "Você o faria tão bem que seria abominável."[13]

O próprio Huxley ganhava uma fama cada vez maior graças a esses espetáculos. Ele acabou escrevendo versões simplificadas bem-sucedidas da teoria darwiniana, em especial seu *Evidence as to Man's Place in Nature* [Indícios quanto ao lugar do homem na natureza], de 1863, com um frontispício mostrando uma série de esqueletos de símios marchando em fila e culminando na figura humana.

Hoje, ele é pouco lembrado por seu papel como intelectual público e divulgador de ideias humanistas bem como científicas. Huxley tinha muito interesse por educação. Assim como Arnold, tinha convicção de que todas as classes sociais deviam ter acesso a materiais de boa qualidade; assim como Humboldt, acreditava que o aprendizado deveria ser constante ao longo da vida. Pondo essas ideias em prática, em 1868 ele ajudou a fundar o South London Working Men's College — e seria em instituições de educação de trabalhadores como essa, e não para plateias de elite ou de profissionais, que daria algumas de suas palestras mais importantes.

HUXLEY ON MOUNTIN' KIDS.

"Having anatomically gauged the capabilities of the knowledge-box (*genus homo*), he believes an infant could learn to spell 'pap' fluently, and at the age of seven embark in surgery, music, and the study of natural phenomena, including, of course, itself." (*See Article.*)

Nesse mesmo ano, em uma palestra no South London Working Men's College, "A educação liberal e onde encontrá-la", ele apresentou seus pontos de vista sobre educação. Primeiro, criticou o fato de as escolas acreditarem ter cumprido sua função se incutissem alguns preceitos morais simples nos alunos, além de história e geografia do Oriente Médio, por causa de sua ligação com a Bíblia. (Em *A casa soturna*, Charles Dickens também escreveu, em tom irônico, que a educação dos pobres parecia consistir principalmente em uma disciplina sobre a história dos antigos amoritas e hititas.)[14] Para Huxley, essa não era uma boa base nem para as humanidades, que dirá para o resto do conhecimento humano. Não que desgostasse desses estudos: ele dizia que amava aprender sobre culturas antigas, pois fazia parte da história integral das pesquisas de rastros do passado humano. E em outro momento ele citou Terêncio: nada do que é humano lhe era estranho — ou desinteressante.[15]

A questão era apenas que ele tinha uma perspectiva mais abrangente quanto aos estudos humanos.[16] Ele concordava com Arnold e Humboldt que o objetivo da educação era gerar seres humanos com conhecimento diversificado, com uma vida mental abundante e uma compreensão arguta do mundo. Discordava da afirmação deles de que as humanidades eram o único ponto de partida possível. Ele preferia sugerir que o estudo das ciências poderia ser uma base melhor. As ciências ensinavam às crianças o essencial sobre o mundo material e *também* lhes dava capacidades humanistas através de uma postura questionadora. Ensinavam a observar fenômenos com atenção e a aprender ativamente, por meio de experimentos, e não acatando tudo o que vinha dos textos antigos — ou até dos professores. Portanto, os alunos estariam mais preparados para entender esses textos e professores. John Stuart Mill já tinha dito que o estudo da dialética e da literatura clássica era um bom treinamento para o pensamento crítico em geral. Huxley, em outra palestra, citou os comentários de Mill — mas com uma diferença: pegou todas as menções à "dialética" e afins e trocou-as por "ciência". O amor ao livre-pensamento e à pesquisa eram iguais; os meios eram diferentes.[17]

Depois de uma palestra de Huxley em 1880, de novo apresentando sua defesa da base científica como ponto de partida para a educação, Matthew Arnold o rebateu com o ensaio "Literatura e ciência".[18] A ciência de fato era importante, ele dizia, mas as humanidades eram ainda mais, em especial porque eram a chave para o *entendimento* humano das descobertas científicas. Por exemplo, se ouvimos a ciência nos dizer que nossos ancestrais pareciam macacos, damos um salto (perdão) e tiramos conclusões sobre nós mesmos e nossa natureza humana. Caso não sejamos conduzidos a interpretações mais construtivas, talvez essas conclusões sejam perigosas e negativas. Podemos pensar, por exemplo: bom, no fundo não passamos de animais — não podemos esperar um alto nível moral de nós mesmos. Na verdade, ele escreveu a Arnold, uma boa educação fundamentada na ética e nas humanidades nos ajuda a lidar de forma mais hábil com o mundo humano e ético. Também nos dá um patamar alto para almejarmos.

É um bom argumento, realmente. Arnold não é contrário à ciência: não diz que o jeito científico de pensarmos a nosso próprio respeito é errado. Só diz que precisamos de um bom arsenal de entendimento cultural para reagirmos a ele da melhor forma. Poucos discordariam.

Mas o argumento de Huxley é igualmente bom. Para ele, nossas reações morais e humanas serão melhores se também partirmos de uma boa base científica, para sabermos do que estamos falando. Um pouco de formação científica nos protege contra a tendência de irmos logo criando interpretações tolas baseadas em mal-entendidos sobre os fatos, ou sobre o funcionamento de indícios ou experimentos. Acho essa opinião muito convincente, pois escrevi boa parte deste livro durante uma pandemia global caracterizada por ondas de informações falsas e superstição que tiveram efeitos nocivos sobre fatores que salvam vidas, como a aceitação das vacinas. Uma educação científica melhor poderia ter contribuído para o achatamento dessas ondas. Mas um arnoldiano poderia argumentar que a pandemia de covid-19 demonstra em igual medida a importância de questões classicamente humanistas como o bom governo e o envolvimento moral com os outros. A bem da verdade, precisamos de ambos.

O debate entre Arnold e Huxley, que se deu entre dois escritores cultos e eloquentes, os dois imbuídos (ainda que de formas ligeiramente diferentes) do espírito do tempo, é o retrato de um momento em que a atmosfera estava se transformando no pensamento humanista. Dali em diante, tanto o "humanismo-das-humanidades" quanto o humanismo meliorista do Iluminismo se veriam acompanhados de um recém-chegado: o humanismo científico. Os princípios deste último — o interesse pelos métodos e pelo raciocínio científico moderno, junto com a interpretação naturalista do lugar que cabe aos humanos — continuariam a fazer parte da perspectiva humanista de mundo na nossa época.

Formas éticas de humanismo, baseadas nas humanidades, nos lembram que somos seres espirituais, culturais e morais: somos forjados pelo nosso ambiente humano bem como pela nossa natureza física. O humanismo científico nos lembra de que também somos animais e vivemos um processo constante de transição em uma Terra mutável, em um universo enorme. Se tudo está bem equilibrado, essas visões que temos de nós mesmos não funcionam como contradições: elas se informam e aperfeiçoam mutuamente.

No encerramento de *A origem das espécies*, Darwin se maravilha com o fato de que processos naturais simples produzem resultados extraordinários e belos. Mas também percebe que sua teoria da seleção natural e da sobrevivência não oferece uma base óbvia para a moralidade humana.[19]

Não oferecia uma base *direta*, em outras palavras, mas em *A origem do homem* ele elaborou uma explicação possível, indireta, para a inserção da moralidade no mundo humano.[20] Sua tese devia muito aos humanistas do Iluminismo, como David Hume, porque ele achava — assim como outros iluministas — que a moralidade devia ter surgido de nossa propensão à solidariedade e à "empatia". Por sua vez, esses sentimentos afloraram da nossa natureza como animais que vivem em bando. Assim como todas as espécies sociáveis, os primeiros humanos tiveram que mediar os desafios interpessoais do grupo; isso teria nos tornado sensíveis às reações alheias. Quando os outros nos tratam bem, nos sentimos bem. Outros animais também têm essa sensibilidade, mas, no nosso caso, temos a linguagem, e por isso podemos ir além na expressão de sentimentos, com elogios ou culpabilizações. Nosso universo moral se aprofunda, pois podemos relembrar situações do passado para traçarmos comparações entre as coisas que já fizemos e as reações que suscitaram. A partir disso, opiniões sobre ética em geral começam a se formar, e elas são compartilhadas com os outros. Assim, emergindo de uma mistura de "hábito, exemplo, instrução e reflexão", um sistema moral desponta.

A explicação de Darwin para a moralidade é totalmente humanista: ela surge de sentimentos e comportamentos sociais e não precisa se fiar em nada que venha de Deus. No mínimo, ele enxerga esse processo como uma operação no sentido inverso: especula que, em uma etapa mais avançada do desenvolvimento cultural, o olhar moral dos outros seja associado a uma figura imaginada: a de "uma deidade que tudo vê".

Darwin adotou a moralidade humanista como um norte para sua vida. Perdeu a fé cristã quando era jovem, muito por não suportar a ideia da existência de um inferno — a menos empática das ideias. Em suas anotações particulares, refletiu que suas maiores satisfações sempre decorriam dos momentos em que ajudava os outros, e de quando pensavam bem dele por causa de sua ajuda — sobretudo quando eram pessoas próximas. Para ele, esses sentimentos compensavam bastante a ideia perdida de Deus. Não chegou ao ponto de se declarar ateu, nem mesmo em suas anotações confidenciais, mas se declarou *agnóstico*.[21]

A pessoa que mais difundiu esse termo foi, de novo, T. H. Huxley.[22] Ele escreveu um ensaio intitulado simplesmente "Agnosticismo" em 1889, no qual explicou que tinha chegado a esse rótulo depois de ponderar outras formas possíveis de se descrever. Seria ele, talvez, "um ateu, um teísta ou um panteísta; um materialista ou um idealista, um cristão ou um livre-pensador"? Nenhum desses nomes lhe parecia certo, embora o último termo não fosse ruim. Todos os outros pareciam nomear uma crença definitiva de como o mundo era, mas ele não tinha essa crença. Ele se conformou com "agnóstico" porque sabia que era o oposto de "gnóstico" — isto é, quem alega ter *gnosis*, ou conhecimento.

Na verdade, o agnosticismo é uma postura mais clara e positiva do que Huxley dá a entender. Seu contemporâneo Richard Bithell frisou, em um livro intitulado *The Creed of a Modern Agnostic* [O credo do agnóstico moderno], que ele não significava voar rumo a uma nuvem mística de ignorância.[23] De acordo com ele, agnósticos pensam que os seres humanos podem ter princípios morais definidos. Também acreditam que podem aprender coisas sobre o mundo confiando no método científico de aventar hipóteses e testá-las segundo os indícios. A questão é que são mais humildes a respeito dos resultados. Mais recentemente, um outro agnóstico, o filósofo e radialista Bryan Magee, escreveu em seu sucinto testemunho final, *Ultimate Questions* [Questões derradeiras], que para ele a palavra queria dizer "a aceitação do fato de que não sabemos, seguida pela investigação intelectualmente sincera acerca da receptividade plena da mente".[24]

Outro agnóstico célebre do século XIX, Sir Leslie Stephen, era mais verborrágico quanto aos seus motivos para escolher o termo: dizia preferir *agnóstico* porque *ateu* ainda tinha muito o sabor de "risco neste mundo e fogo infernal no próximo".[25] Mas os agnósticos também podiam sentir o bafo de tal destino: o reformista da educação Frederick James Gould recordou uma conversa sobre a vida após a morte com um simpático funcionário do Exército da Salvação, enquanto tomavam chá e comiam um sanduíche: "Perguntei a ele o que foi feito dos agnósticos sinceros. Ele apontou para o chão de um jeito teatral e mastigou calmamente o pão com manteiga recheado de agrião".[26]

Sir Leslie Stephen era conhecido como organizador do bastante vitoriano *Dictionary of National Biography* [Dicionário da biografia nacional]; mais tarde, seria lembrado também como o pai da romancista experimental e firmemente antivitoriana Virginia Woolf. Ele também encontrava tempo para ser um ilustre alpinista. Uma de suas experiências alpinas serviu de base para um ensaio divertido de 1872, "A Bad Five Minutes in the Alps" [Cinco minutos ruins nos Alpes]. O texto resume seu passeio mental por possíveis crenças e as conclusões a que chegou sobre todas elas enquanto narra uma história literalmente cheia de ganchos.[27]

Ele conta que no domingo, durante a estadia em um dos resorts na montanha, ele saiu para dar uma caminhada estimulante antes do almoço. Ventava e começou a chover. Tentando voltar, Stephen pegou o que achava ser um atalho. A certa altura, a trilha parecia desaparecer em um penhasco acima de uma torrente e reaparecer do outro lado. Decidiu se arriscar e se arrastar até lá. A princípio, foi fácil, mas então deu um passo largo e tentou se equilibrar segurando um afloramento, mas escorregou. Ao deslizar rumo à correnteza lá embaixo, só teve tempo para um pensamento, que foi "Até que enfim!". Fazia tanto tempo que temia a morte e se questionava sobre ela: agora estava às suas portas.

Mas ele esticou a mão a tempo e conseguiu se segurar na saliência onde seus pés estavam apoiados, evitando a queda. Então conseguiu pôr a ponta do pé direito em outra plataforma, para se apoiar melhor, mas não dava conta nem de dar impulso nem de se arrastar montanha acima. Permaneceu ali, com um pé e uma mão apoiados — e eles já começavam a ficar cansados. Parecia ter uns vinte minutos até sucumbir. Não fazia sentido gritar, pois ninguém o escutaria, e ele desperdiçaria forças. Imaginou os outros hóspedes entrando no refeitório, se sentando e fazendo piada sobre sua ausência. Quando alguém começasse a se preocupar a ponto de sair à sua procura, ele já estaria rolando com a correnteza como "uma massa espectral".

Como parecia estar condenado, Stephen se dedicou a buscar um estado de espírito adequado à morte. Mas nada do que haviam lhe ensinado sobre aquele processo solene parecia dar certo. Sua mente vagava; de modo geral, só sentia irritação consigo mesmo pelo erro cometido. Lembrou que tinha apenas uns quinze minutos para responder às perguntas da vida: o que é o universo? Qual o nosso papel nele?

Todas as religiões e denominações com que havia cruzado — protestantismo, catolicismo, panteísmo — apontavam direções diferentes. Examinou todas, uma por uma, e teve um pensamento terrível: e se fossem *todas* verdadeiras e ele tivesse que acreditar em todas ao mesmo tempo, mas por acaso não tivesse acreditado em um artigo, digamos, do Credo de Atanásio? Deus o saudaria dizendo: me desculpe, você foi bom e gentil, mas se esqueceu daquele artigo e vai ter que ir para o inferno.

Por sorte, Stephen refletiu, essas regras inflexíveis já tinham saído de moda, da mesma maneira que outras ideias antigas, como a tese de que a vida humana é abjeta e desprezível. Mas o excesso de positividade panglossiana também lhe parecia errado. Aquilo tinha alguma relevância? Seria Leslie Stephen apenas um grão de poeira no universo, prestes a ser jogado para o lado, indiferente? Ele sabia que os átomos de sua pele se dispersariam na correnteza e se recombinariam para formar outras coisas: essa era a visão epicurista. Mas achava complicado se sentir muito envolvido nisso. Tampouco se reconfortava com a ideia de que a "humanidade" compartilhada com todo mundo, da qual fizera parte, seguiria adiante sem ele. No entanto, almejava "algo como uma bênção para amenizar o momento de despedida — uma sensação de santificação".

Pensando nisso, sentiu ressurgir a lembrança da vez em que participou de uma regata no Tâmisa e seu barco estava muito atrás dos outros. Quando eles estavam se aproximando da linha de chegada, ficou óbvio que não venceria. Porém continuou remando com todas as forças, por uma sensação obscura de que era seu "dever" dar o máximo de si. Agora, dependurado na rocha, ele tinha a mesma sensação. O jogo estava perdido, mas precisava aguentar até o último instante, resistir. Isso lhe dava uma espécie de base moral: uma base que não exigia Deus, tampouco alguma concepção do sentido do universo. Era uma necessidade humana de cumprir seu dever.

Os vitorianos tinham a forte impressão de que o "dever" era algo quase transcendental. George Eliot também tinha o dever em alta conta: um dia, dando uma caminhada com alguém, ela comentou que das palavras "Deus, Imortalidade, Dever", ela considerava a primeira inconcebível e a segunda inacreditável, mas a terceira era "peremptória e absoluta".[28] Darwin escreveu ainda que o "profundo senso de correção ou dever" seria o "mais nobre dos atributos do homem" (e como fazia com os atributos morais de modo geral, ele especulou sobre suas origens dentro dos grupos sociais).[29] Leslie Stephen parece ter pensado em algo similar ao observar, alguns anos antes, a propósito de sua perda de fé: "Eu agora não acredito em nada, mas apesar de tudo acredito na moralidade". Ele completou, "pretendo viver e morrer como um cavalheiro, se possível".[30]

Hoje, muitos temos opiniões veementes acerca do dever, mas o mais provável é que seja no contexto de uma situação específica, talvez em relação às necessidades da família ou do trabalho. Para os vitorianos, o dever era quase uma entidade. Porém era essencialmente humanista: Deus era desnecessário para garanti-lo, pois ele emergia da nossa natureza moral. Era um desejo centrado no homem, de fazer a coisa certa, não só para os outros, mas para a nossa própria vida — nossa própria humanidade.

A história alpina (como pode-se imaginar pelo fato de o autor ter sobrevivido para contá-la) teve um final feliz. Depois dessa epifania sobre o dever, Stephen notou que talvez conseguisse um apoio para a outra mão caso tomasse impulso para segurá-lo. Teria que se arriscar e abandonar o apoio que já segurava. No entanto, não tinha nada a perder. Ele esticou o braço — errou — e começou a escorregar para baixo. Mas logo depois a queda foi interrompida. No fim das contas, outra plataforma estivera ali o tempo todo, bem embaixo dele; ela o escorava com mais firmeza, e ele pôde voltar à trilha a partir dali. Ao olhar para o relógio, constatou que aquele drama todo tinha durado cinco minutos — cinco minutos ruins nos Alpes — e que ainda conseguiria chegar a tempo de almoçar.

No fim da história, Leslie Stephen dá a entender que ela foi só isso: uma história. Talvez seu relato tenha sido inspirado por uma cena mais claramente fictícia: um incidente em um romance de Thomas Hardy. Em *A Pair of Blue Eyes* [Um par de olhos azuis], que começou a ser publicado em formato de série naquele mesmo ano, 1872, o personagem Stephen Smith passeia por um despenhadeiro costeiro com a moça por quem está apaixonado, Elfride Swancourt. Smith tropeça e escorrega da beirada, mas se segura em um afloramento e fica ali, dependurado sobre a praia. Elfride sai — para buscar ajuda, ao que parece, o que deve levar um tempo, já que não há ninguém nos arredores. Suspenso, suas mãos aos poucos afrouxando, Stephen nota o fóssil de um trilobite entranhado no rochedo à sua frente. Cá estamos nós, ele pensa, separados por milhões de anos, mas unidos na hora da morte.[31]

Na verdade, Elfride ressurge quase imediatamente. Em vez de ir atrás de ajuda, ela tinha apenas se escondido atrás de um arbusto para tirar as calças compridas. Faz uma corda com elas, joga a ponta e o salva de forma bastante eficiente, provando assim que roupas íntimas não servem só para virar manuscritos.

Além de romancista, Hardy era poeta, e vários de seus poemas abordam o afastamento gradual de Deus do panorama mental dos seres humanos. Ele escreveu alguns versos cheios de anseio pelas velhas certezas — a aconchegante igreja do vilarejo, os hinos —, bem como poemas que insinuam uma grande libertação. "O funeral de Deus" e "Um lamento ao homem" mostram Deus se dissipando, como uma imagem iluminada por uma lanterna mágica quando a luz por trás dela se apaga. É claro que a luz sempre foi de origem humana. Enquanto se despede, Deus diz ao Homem que procure forças e consolação na solidariedade humana:

Na irmandade que aproxima e é agraciada
Pela ternura em seu grau máximo,
Vê-se uma ajuda voluntária, desconhecida.[32]

Outros poetas captaram igualmente essa sensação de que algo sumia no horizonte, inclusive Matthew Arnold. Em seu poema "Praia de Dover", começado por volta de 1851 e publicado em 1867, o poeta está na janela olhando uma praia à noite. Ele ouve os seixos rolando com a maré vazante e imagina o Mar da Fé, que também recua e deixa para trás um mundo cheio de conflitos, sem sentido ou significado: "E estamos aqui como em um prado escuro/ Varrido por alarmes confusos de lutas e fugas,/ Onde exércitos ignorantes colidem à noite".[33] Se existe uma leve esperança, conclui, ela está na fidelidade entre as pessoas. (Ao que consta, sua inspiração foi a vista da janela de seu quarto durante a lua de mel à beira-mar, o que nos leva a questionar se a experiência não teria sido muito animadora para ele.)[34] Em outros textos, Arnold adotava uma perspectiva mais pragmática: em *Cultura e anarquia*, recomendava o apego à fé na Igreja anglicana porque era insípida e, como já estava firmada como religião nacional, poderia ser ignorada na maior parte do tempo; assim a pessoa ficaria livre para pensar em outros assuntos.[35]

Outros escritores eram mais sérios e violentos em termos de imaginação. Se Deus estava morto, sugeriam alguns, então devia ter acontecido um assassinato. O poeta inglês Algernon Charles Swinburne escreveu um "Hino ao Homem" em 1869-70, em que retrata primeiro os seres humanos criando Deus, depois o levando a julgamento e por fim o matando. A ideia evoca um trecho muito conhecido de Friedrich Nietzsche, só publicado em 1882: um louco corre por um mercado com uma lanterna, procurando Deus e bradando: "Somos todos assassinos dele. Mas como foi que fizemos isso? Como foi que conseguimos beber o mar? Quem nos deu a esponja para apagarmos o horizonte inteiro? [...] A magnitude desse ato não é grandiosa demais para nós? Nós devíamos nos transformar em deuses apenas para parecermos dignos dele?".[36] Não é o tipo de assassinato que leva alguém a ser condenado à prisão ou à execução; é o tipo que faz a pessoa ser condenada a assumir a missão que antes cabia à vítima do assassinato.

Outras metáforas do século XIX que descrevem a perda da fé evocavam as sensações de vertigem e desorientação. O romancista e biógrafo J. A. Froude disse que sua geração via "as luzes todas piscando, as bússolas todas descompassadas, e sem nenhum outro guia que não as estrelas".[37] Ele mesmo tinha passado por uma situação desnorteante:[38] quando era um jovem membro do Exeter College, de Oxford, publicou um romance sobre as complexidades das dúvidas religiosas chamado *The Nemesis of Faith* [A nêmesis da fé]. Um colega da faculdade fez uma fogueira e encenou uma queima de livros: Froude foi obrigado a se demitir. As faculdades de Oxford e Cambridge eram, via de regra, lugares difíceis para alguém assumir seu ceticismo religioso. Pouca coisa mudou no decorrer do século XIX. No início desse século, Percy Bysshe Shelley tinha sido expulso da University College, de Oxford, pela coautoria de um tratado intitulado *The Necessity of Atheism* [A necessidade do ateísmo]; no final dele, Bertrand Russell se veria impedido de se tornar membro do Trinity College, em Cambridge, porque seu ateísmo era de conhecimento geral. Já que algumas faculdades se propunham a ser instituições de ensino para o clero anglicano, a perda da fé também significaria o abandono da carreira. Se essa perda fosse assumida *depois* da ordenação, o sacerdote perderia o sustento e poderia até ser processado. Em 1860, seis clérigos colaboraram com uma coletânea de reflexões críticas sobre questões religiosas, *Essays and Reviews* [Ensaios e resenhas]; por sugestão do bispo Samuel Wilberforce, dois foram condenados no tribunal eclesiástico por heresia (mas o veredito foi anulado depois).[39]

Fora desse universo rarefeito, assumir dúvidas poderia causar rupturas traumáticas entre parentes. Quando o jovem Robert Louis Stevenson disse ao pai que tinha perdido a religiosidade, o pai retrucou palavras horríveis: "Você transformou minha vida inteira em um fracasso".[40] Outro escritor, Edmund Gosse, demorou anos para se libertar das austeridades de Plymouth Brethren, a Assembleia dos Irmãos, da qual o pai, Philip Henry Gosse, era membro. Em sua fase mais extrema, a infância de Edmund tinha sido desprovida de visitas, brincadeiras e qualquer outro livro que não a Bíblia. Conforme ele declarou, aludindo tanto à cultura humanista como ao companheirismo: "Eu não tinha humanidade: era totalmente blindado da chance de 'pegá-la', como se fosse um micróbio perigosíssimo".[41] Mais tarde, olharia com tristeza para o afeto que ele e o pai poderiam ter trocado sem um sistema de crenças, principalmente porque os dois adoravam aquele grande passatempo típico da época: explorar poças entre rochas à beira-mar e colecionar espécimes. Aliás, o Gosse pai não era um mero amador nessas atividades: era um naturalista renomado, mas usava seus livros para apresentar explicações bizarras de como a história bíblica da Criação *e* as descobertas dos paleontólogos e geólogos poderiam ser verdadeiras. A tese era de que Deus tinha criado o mundo para parecer antigo, embora não fosse. Ficou magoado quando nem clérigos devotos acharam esse pensamento convincente e se ofenderam com a ideia de que Deus seria um enganador calculista.[42]

Na verdade, na Igreja anglicana, muitos desses clérigos receberam a obra de Darwin e outras ideias inovadoras com uma mente mais aberta do que se imagina. Eram homens bem-educados, leitores atentos de todo tipo de literatura. Muitos, inclusive, nutriam interesse pelo mundo natural, colecionando borboletas ou explorando poças deixadas pelas marés, por exemplo. É bem possível que tenham sido os primeiros da fila para adquirir os escritos de Darwin na livraria ou na biblioteca mais próxima.

No entanto, a leitura desses livros não era amena, e as redes para apanhar borboletas às vezes se enredavam nos chifres de um dilema. Nas palavras de Adrian Desmond, biógrafo de Huxley: "Caíam na caixa de Huxley cartas e mais cartas de vigários com problemas, vigários com dúvidas, vigários que o consideravam o responsável".⁴³ Alguns iam e voltavam, mudando sempre de ideia, como o pai clérigo da família do romance de Rose Macaulay, *Told by an Idiot* [Relato de um idiota]. O livro começa com uma mãe anunciando aos seis filhos: "Bom, meus queridos, preciso contar uma coisa. O coitado do papai perdeu a fé outra vez". "Ah, eu acho que o papai faz muito mal", lamenta uma das filhas. "Mamãe, ele *precisava* perder justamente neste inverno — digo, perder a fé? Não podia esperar o próximo?" O problema da família, claro, é que, se assumir a perda da fé, ele ficará desempregado e todos sofrerão. Mas outra filha é mais esperançosa: "Talvez no próximo inverno ele já a tenha reencontrado".⁴⁴

O século XIX foi a grande era do romance longo, minucioso, socialmente responsável, e tantos desses livros abarcavam os temas da dúvida e da leitura de Darwin que formaram um gênero literário identificável.⁴⁵ Vejamos um exemplo representativo de todos eles: o romance de 1888 *Robert Elsmere*, de Mary Augusta Ward — autora prolífica que por discrição preferia assinar suas obras com o nome de casada, sra. Humphrey Ward. Na verdade, ela era da família Arnold. Matthew Arnold era seu tio, e ela também tinha laços com a família Huxley, pois sua irmã era casada com o filho de T. H. Huxley.

Quanto à discrição, essa não devia ser a primeira palavra que ocorria a quem via sua figura vitoriana distinta, formidável, dobrando uma esquina. Ao ver exatamente essa figura, Virginia Woolf (também bastante formidável) se escondeu atrás de um poste.⁴⁶ Parte da razão para essa fuga era o fato de Mary Ward discordar dela quanto à ideia de as mulheres terem direito ao voto. Woolf era muitíssimo a favor, mas Ward se opunha, e era uma potência na Women's National Anti-Suffrage League [Liga Nacional Feminina Antis-

sufragista]. Entretanto, ela fazia campanha pela educação das mulheres, foi uma das fundadoras da Association for the Education of Women [Associação para a Educação das Mulheres] e dava apoio às mulheres que estudavam em Oxford. Bem ao espírito arnoldiano, também acreditava em uma educação melhor para os pobres; o Mary Ward Centre pela educação adulta ainda existe em Londres.

Ward não era de modo algum irreligiosa, mas tinha fascínio pelas fases do desenvolvimento da dúvida e suas consequências sobre a vida das pessoas. *Robert Elsmere* — o mais perene de seus 26 romances — se concentra no personagem título, que é clérigo, e em sua esposa, Catherine, uma devota fervorosa. O casamento deles é feliz, mas Robert passa por uma longa e vagarosa mudança em sua fé. Negligenciando seus sermões, prefere passar o tempo dando remédios aos doentes da paróquia e tentando melhorar suas condições de vida insalubres. Catherine chama essa missão de "vala e fosso". Ele também diverte o rebanho com histórias, recontando os enredos de Shakespeare e Dumas, apresentando aos paroquianos a experiência da literatura e possibilitando que por meia hora "vivam a vida de outra pessoa". Sem ainda ter se tornado cético, ele está se tornando um humanista. O processo continua. Elsmere lê Darwin. Estuda história e se incomoda com o fato de que o cristianismo parecia ter mais gerado do que evitado a violência e o sofrimento. Ele se pergunta como seria o Cristo apenas humano e imagina "um cristianismo puramente humano, explicável, porém sempre maravilhoso. Partia seu coração, mas seu feitiço era como um país dos sonhos onde enxergamos todos os objetos conhecidos da vida em novas relações e perspectivas".[47]

Esse mundo "puramente humano" era o mundo dos sonhos, ou um país das maravilhas alternativo, pelo qual, assim como Alice, muitas pessoas reflexivas andavam se aventurando. O mundo parecia diferente após a leitura de Darwin ou Huxley. Porém as necessidades humanas de todo mundo ainda eram as mesmas: as pessoas ainda precisavam de remédios e fossos; ainda almejavam segurança e propósito. Quem seguia o caminho de Robert começava a ter a impressão de que os valores humanistas ou um "Cristo humano" eram tão aptos a oferecer essas coisas quanto a teologia tradicional, e talvez fossem até mais aptos.

Portanto, fazendo um "catecismo de si", Robert conclui que acredita em Jesus, mas somente como homem sábio e professor, não como milagreiro ou intermediário com ligação direta com a divindade. Sente que até Deus deveria ser visto como um sinônimo de "bondade": a qualidade que emerge sempre que alguém ajuda seus iguais ou se sacrifica pelos outros. Essas ideias se formam dentro dele, que então decide: "Cada alma humana em que a voz de Deus se faz sentir, desfruta, assim como Jesus de Nazaré, da filiação divina, e *milagres não existem!*". Pronto. "Está feito."[48]

Ele é obrigado a largar a Igreja, mas acaba se envolvendo em uma escola dominical não teológica para meninos da classe trabalhadora. Dá aulas mostrando as maravilhas da eletricidade e da química, ou apresentando coleções de história natural às crianças. Palestra em clubes de operários. Em suma, se torna bastante parecido com T. H. Huxley, ou com a própria Mary Ward — mas vai além e funda uma organização alternativa similar a uma igreja, baseada no meliorismo e na reforma das condições dos pobres. Nesse ponto, Ward se inspirou nas ideias de um reformista social da vida real chamado Thomas Hill Green, que no romance atende pelo nome de "Grey".

A conversão de Robert Elsmere (por assim dizer) dá ao livro sua longa mas bem definida linha narrativa. No caminho, vão surgindo outros personagens, todos mostrando um ponto de vista diferente sobre as mesmas questões. Rose, irmã de Catherine, é uma musicista talentosa que escolhe, num otimismo diante da vida, *não* abrir mão da arte em prol da abnegação religiosa, como Catherine preferiria. O velho amigo que Robert fez em Oxford, Langham, que se apaixona por Rose, também é um livre-pensador, mas fica mais inquieto com suas dúvidas do que o resoluto Elsmere. Na outra ponta do espectro está o sr. Newcome, um clérigo de tendência "ritualista", obcecado pela observância estrita de cerimônias. Ao ser defrontado com a ideia de Elsmere de que todas as crenças podem ser toleradas, ele fulmina: como é possível sairmos por aí escolhendo de qualquer jeito no que acreditar, como se fosse brincadeira, se estamos sempre correndo um risco digno de desespero, perseguidos por dois "cães de caça", Pecado e Satã? Ele diz: "sempre percebo a vida como um caminho costurado entre abismos pelo qual o homem *se arrasta* [...] com as mãos ensanguentadas e os pés voltados para uma saída — estreita — única".[49] Ele ilustra a palavra *arrastar* com gestos que indicam garras. "Que vida mutilada!", Elsmere pensa calmamente.

A esposa dele, Catherine, na minha opinião, é o personagem mais comovente. Ela nunca é fanática de um jeito feio, como Newcome. Ela até tenta suportar a mudança de ideia de Robert, mas acha difícil pela mais amorosa das razões: o medo do que vai acontecer com ele após a morte. A mesma preocupação tinha a esposa de Darwin, Emma:[50] Charles havia lhe avisado antes do casamento que não era crente. Ela agradeceu a franqueza, mas ficou com medo, pois isso queria dizer que não o reveria na vida após a morte. O cristianismo de um Tertuliano ou um Bernard de Cluny tinha chegado longe: a ideia de os entes mais próximos e queridos irem para o inferno não é muito aprazível, afinal de contas.

Catherine Elsmere sofre pelo futuro do marido, e em termos mais urgentes ela também precisa lidar com a perda de emprego. Ward transmite vivamente esses apuros espirituais e práticos. Como pode uma mulher que ama o marido olhar para ele, do outro lado da sala, e saber do fundo do coração que ele vai acabar no inferno? É esse, porém, o drama de muitas famílias vitorianas.

Robert Elsmere não é uma obra curta nem para os padrões da época, e foi recebida com resenhas exasperadas de críticos respeitadíssimos como William Gladstone, que achou o livro didático demais e perturbador do ponto de vista religioso. Henry James o comparou a um navio vagaroso atulhado de carga — e disso ele entendia melhor do que ninguém![51]

Para falar a verdade, peguei o livro com receio, mas fiquei surpresa com o quanto ele prendeu minha atenção. Talvez o fato de já ter interesse na crise de fé e dúvida daquela época tenha ajudado. Mas não estou sozinha. *Robert Elsmere* se tornou um sucesso boca a boca ao ser lançado[52] e vendeu cerca de 40 mil exemplares na Grã-Bretanha e 200 mil nos Estados Unidos só durante o primeiro ano. Alguns deles eram edições piratas — tantas que o livro se tornou um teste para quem fazia campanha para introduzir a proteção internacional dos direitos autorais para escritores e editoras. A campanha deu certo e a proteção foi conquistada em 1891: era uma pequena vitória humanista.

O mais curioso, do ponto de vista humanista, é que Robert faz muito mais do que cair no mar do ceticismo ou se perder no prado escuro. Ele perde uma versão de si, mas não é esse o tema da história. O tema é a descoberta de uma série de valores positivos, humanistas, que substitui essa perda. Para ele, esses valores merecem ser chamados de uma nova religião.

Outros também estavam à procura de uma religião nova, humanizada. Alguns dos resultados dessa busca eram esquisitíssimos.

Uma abordagem, caso se quisesse reestruturar o cristianismo de modo a encaixá-lo nas novas ideias de humanidade, era pegar a história que já existia sobre Jesus e extirpar dela todos os aspectos sobrenaturais, deixando apenas a narrativa inspiradora sobre um professor de moral que viveu muito tempo atrás. Já havia precedentes para isso, sendo a operação mais notável a que foi feita pelo pai fundador dos Estados Unidos, Thomas Jefferson. Em 1819, ele literalmente cortou exemplares[53] do Novo Testamento e reuniu trechos selecionados, formando um relato único da vida de Jesus, despojado de elementos como a Imaculada Conceição, os milagres e a Ressurreição. O que sobrou do texto permitia uma ênfase maior nos ensinamentos morais de Jesus, principalmente o Sermão da Montanha. Jefferson chamou o novo texto de *The Life and Morals of Jesus Extracted Textually from the Gospels in Greek, Latin, French & English* [A vida e a moral de Jesus a partir de textos extraídos dos evangelhos em grego, latim, francês e inglês]. Quando foi publicado, o livro ganhou o apelido de Bíblia de Jefferson. Seu objetivo, segundo explicou em uma carta, era extrair "o código moral mais sublime e benevolente já oferecido ao homem", retirando o que ele chamava de "anfibologias", ou elementos ambíguos, inclusive histórias que supunha terem sido acrescentadas por diversas mãos ou que de modo geral fossem falsas. De certo modo, estava agindo de acordo com a tradição instituída por Valla e Erasmo: questionando textos e tentando resgatar deles algo mais puro e benéfico. Apenas levou a ideia a um nível extremo.

Outras pessoas não cortaram páginas, mas pensaram em formas de conservar as ideias e histórias edificantes da Bíblia e ao mesmo tempo livrá-las de seus trechos sobrenaturais. Uma dessas pessoas foi Matthew Arnold, cujo longo ensaio *Literature and Dogma* defendia que os textos sagrados fossem abordados principalmente como literatura — isto é, como fontes puramente humanas de doçura e luz cultural.[54] Ele tinha esperança de que esse fosse o caminho para chamar de volta algumas das pessoas que se afastaram da religião e impedir que um número ainda maior a abandonasse. Mas elas seriam atraídas de volta *para o quê*, sem o material sobrenatural? Apenas para os materiais que eram boa literatura: uma lição de moral e um personagem principal inesquecível.

Para alguns, Jesus era tão hipnotizante como protagonista a ponto de ser ainda mais importante do que o objetivo moral. Duas biografias muito influentes foram escritas sobre ele em meados do século XIX, não só o colocando no seu contexto histórico, mas também examinando sua vida e seu significado

245

enquanto mito. A mais relevante das duas é *Vida de Jesus*, lançada em 1835 pelo historiador alemão David Friedrich Strauss (e traduzida para o inglês por George Eliot). A de leitura mais agradável é a do francês Ernest Renan: seu *Vida de Jesus* foi publicado em 1863.

Foi a leitura do livro de Strauss que deu um rumo a Renan:[55] ele o descobriu quando era um jovem que estudava para o sacerdócio na Bretanha, sua terra natal. O impacto foi imediato: ele resolveu largar o seminário. Continuaria atuando como historiador e estudioso da Bíblia,[56] e era mais deísta do que ateu — acreditava que Deus havia criado o mundo e o enchido de "insuflação divina" antes de sair de cena. Jesus era apenas um ser humano, mas não um homem comum. Renan imagina uma figura radical, visionária, que aos poucos se afasta de qualquer apego ao mundo e se aproxima do drama do céu que só ele é capaz de enxergar. No final, Jesus não é exatamente deste planeta. Renan nos faz *sentir* porque as pessoas ficavam tão arrebatadas por ele: ele usa as habilidades de um escritor de romances psicológicos para mostrar o personagem de Jesus se distanciando cada vez mais da humanidade normal sem jamais deixá-la totalmente. No entanto, ainda usa sua erudição formidável (e muitos passeios pelos cenários originais das narrativas) para enraizar Jesus em seu

contexto histórico e geográfico. Ele transmite vividamente como deve ter sido crescer em um mundo tão distante dos mundos culturais da Grécia e de Roma.

O livro causou furor (assim como o de Strauss havia causado), embora Renan alegasse tê-lo amenizado antes da publicação, a fim de gerar menos ofensa. Ele fugiu da Bretanha para Paris, mas lá descobriu que a fama o havia precedido. "Sempre achei que você lia com afinco demais", disse um de seus ex-professores.[57] Às escondidas, Renan parece ter curtido o alvoroço: uma testemunha tardia[58] de suas palestras observou que os olhos dele piscavam no rosto redondo sempre que abria a boca (revelando uma série de "dentinhos minúsculos") para dizer algo mais ousado que o de hábito. O livre-pensador americano Robert G. Ingersoll, que o conhecia e compartilhava de sua tendência a piscar demais, se divertia com a exasperação dos intolerantes diante da postura alegre e modesta de Renan: "Era tanta animação, tanta boa filosofia, com direito a chapéu com sininhos de bobo da corte, tantos gracejos e blasfêmias, tanta sensatez e senso comum", escreveu Ingersoll. "Sua etiqueta mental era excelente."[59]

Já Ingersoll era de outra escola filosófica: não achava Jesus nem empolgante nem moralmente sábio. Ele considerava um defeito pessoal de Jesus ter demonstrado tão pouco interesse pelo entendimento dos processos físicos do mundo ou pela melhoria das condições de vida nele.[60] E. M. Forster teria a mesma impressão: ele confessava não gostar do desinteresse de Jesus e de sua rejeição à curiosidade intelectual e via nele "tamanha ausência de humor e prazer que me dava calafrios".[61] Forster achava que não teria gostado de Jesus como indivíduo, o que significaria um obstáculo, já que as únicas coisas relevantes para ele eram as reações pessoais. Talvez o problema fosse que algo do divino *ainda* aderia em Jesus, acreditando-se ou não nessa divindade. Podia-se tentar fazer dele "humano, demasiadamente humano", mas continuava sendo o tipo de humano inteiramente dedicado à redenção no além e à sujeição e ao amor ao Deus Pai.

Uma alternativa para quem preferia uma religião mais humanizada era colocar a humanidade no lugar de Deus ou de Jesus e passar a cultuá-la.

Também havia precedentes para isso. Na França, logo após a revolução, durante um breve período predominou uma "religião" secular feita para substituir o catolicismo, que os revolucionários esperavam erradicar. Começaram saqueando as igrejas. Chegaram a cogitar a demolição de catedrais enormes, como a de Chartres, mas um arquiteto ressaltou que os escombros de um edifício assim obstruiriam o centro da cidade inteiro por anos a fio. E como sabiam que talvez a população precisasse de substitutos, criaram personificações como Razão, Liberdade e Humanidade para serem seus focos de devoção. O altar da Notre-Dame de Paris foi trocado por um dedicado à Liberdade, e as portas do prédio foram abertas para um Festival da Razão, em 10 de novembro de 1793. A celebração contou com um desfile da Deusa da Razão, interpretada por Sophie Momoro, esposa do organizador Antoine-François Momoro. No ano seguinte, as religiões da humanidade e da razão ganharam a antipatia de

LA FÊTE DE LA RAISON, DANS NOTRE-DAME DE PARIS, LE 10 NOVEMBRE 1793
D'après le tableau de M. Ch. L. Muller, dix-neuvième siècle.

Maximilien Robespierre, que demonstrou sua reprovação mandando Antoine-François Momoro e outros para a guilhotina antes de instaurar sua própria religião, um culto mais deísta do Ser Supremo. Isso se prolongou até 1801, quando Napoleão o baniu e resgatou práticas religiosas mais convencionais.[62]

A ideia de venerar abstrações desse tipo teve vida curta. Na Alemanha, o filósofo Ludwig Feuerbach sugeriu uma religião humana em seu livro de 1841, *A essência do cristianismo* (outra obra que George Eliot traduziria para o inglês). Feuerbach achava que a religião monoteísta resultava da escolha feita pelos humanos de quais seriam suas melhores qualidades, do batismo dessas qualidades com o nome de "Deus" e de sua veneração. Então podia-se muito bem deixar de fora o deus intermediário e cultuar a Humanidade, ou pelo menos nossa faceta moral. Feuerbach não tentou organizar essa religião, mas outras pessoas sim, com destaque para o pensador francês Auguste Comte.

Comte teve algumas ideias excelentes: fundou a disciplina da sociologia e cunhou o termo *positivismo* para descrever sua crença de que a administração de nossas vidas poderia melhorar se fosse baseada na ciência empírica (isto é, "positiva"). Sua perspectiva científica o levou a rejeitar a religião tradicional, mas sua sociologia lhe dizia que as pessoas precisavam de um toque ritualista na vida. Portanto, elaborou o que ganharia o nome de religião positivista, ou Religião da Humanidade. Era dedicada a uma abstração, mas não havia nada de abstrato em seus costumes.

Primeiro, por ter sido criado no catolicismo, Comte tinha certeza de que essa religião precisaria de uma figura feminina idealizada que substituísse a Virgem Maria. Encontrou essa figura em uma mulher por quem nutria um fascínio pessoal: Clotilde de Vaux. Depois de uma vida infeliz ao lado do marido que a abandonou, ela morreu jovem, o que fazia dela o símbolo perfeito da virtude feminina afável e sofrida. Na Religião da Humanidade, às vezes parece até que ela se sobrepunha à humanidade. Mas, para as mulheres vivas, a religião de Comte não tinha muito a oferecer: esperava-se que se dedicassem exclusivamente à criação dos filhos.

Também era necessário haver santos que substituíssem os católicos. Comte escolheu artistas, escritores, cientistas e até alguns pensadores religiosos que tinham exibido qualidades humanas extraordinárias, como Moisés. Batizou os meses com seus nomes — ideia que tomou emprestada do calendário revolucionário.[63] E é claro que devia haver um papa encabeçando tudo. Parecia estar preparado para assumir o papel, mas não teve tempo de oficializá-lo antes de falecer, em 1857.

Depois disso, a religião positivista cresceu como bola de neve e encontrou seguidores em vários países do mundo. Teve um sucesso duradouro no Brasil,[64] pois foi adotada por alguns dos fundadores da nova república após o golpe que deram em 1889. Foram cativados pela filosofia positivista do racionalismo e sua oposição à guerra e à escravidão. Um belo Templo da Humanidade foi construído no Rio de Janeiro. Seu modelo foi o Panteão de Paris e tinha uma pintura gigantesca de Clotilde de Vaux segurando uma criança. Infelizmente, seu telhado desmoronou com uma tempestade em 2009. Outras igrejas positivistas continuam de pé em outros cantos do Brasil.[65]

Outro lugar onde os positivistas se saíram bem foi a Grã-Bretanha, onde tantas pessoas já nadavam no mar infinito das dúvidas. Em 1859 — ano que também viu o lançamento de *A origem das espécies* e de *Sobre a liberdade*, de Mill —, o tradutor de Comte para o inglês, Richard Congreve, inaugurou uma seção da Religião da Humanidade em Londres. No começo, a maioria das reuniões acontecia na casa dele. Uma pequena congregação escutava os sermões e recitava o Credo Positivista, com versos como "eu acredito na vinda do reino da Humanidade".[66] Congreve chegou a falar, em um sermão, da Humanidade como o "Grande Poder que aqui reconhecemos como o Supremo".[67] Tocavam música; recitavam poesia. Uma escolha muito popular era "O coro invisível", de George Eliot,[68] em que ela manifesta seu desejo de sobreviver na memória humana e não numa vida celestial após a morte. Os positivistas musicaram seus versos, assim poderiam ser cantados como se fossem um hino:

Ah que eu possa fazer parte do coro invisível
Dos mortos imortais que vivem outra vez
Nas mentes elevadas por sua presença: vivem
Em pulsações despertadas pela generosidade,
Em atos de audaz retidão...[69]

A própria George Eliot ficou muitíssimo interessada em ideias humanistas e seculares, como fica óbvio pelos livros que escolheu traduzir.[70] Mas depois de conhecer alguns dos adeptos ingleses da Igreja positivista, ela preferiu manter distância. Em certa medida, agiu assim devido à mesma dificuldade que Forster teria com Jesus Cristo: não gostava de seu líder. Ela era vizinha de Congreve, mas achava que a amabilidade superficial dele escondia um coração frio.

As outras grandes figuras intelectuais engajadas em assuntos religiosos e científicos na época também eram desconfiadas. John Stuart Mill escreveu uma denúncia[71] ridicularizando o apego comtiano aos rituais. Ressaltou que Comte fazia um grande culto à feminilidade, mas não demonstrava considerar as oportunidades para as mulheres na vida real. T. H. Huxley deu uma olhada e resumiu a religião como "catolicismo sem cristianismo".[72]

Na verdade, alguns membros da Igreja da Humanidade inglesa também tinham suas reservas quanto ao excesso de rituais, e o resultado foi aquele fundamental a todas as religiões: um cisma. O rompimento ocorreu em um encontro em 1881, e a piada que se fazia era de que — segundo o divertido relato de T. R. Wright em *The Religion of Humanity* — "tinham chegado à igreja em um táxi e ido embora em dois".[73]

O grupo que saiu da igreja de Congreve era liderado por Frederic Harrison. Ele preferia um conjunto um pouco menos esmerado de imagens e parafernália e achava que "imitar ritos católicos em um buraco imundo" tornava o positivismo ridículo. Os hinos ainda existiriam: sua esposa, Ethel, organizou uma antologia que incluía números como "Salve Tu! Salve Tu! Filho da Humanidade!".[74] Mas se encontrariam em um lugar mais iluminado, o Newton Hall, perto da Fetter Lane, em Londres, e a postura de Harrison foi bem mais calorosa. Ninguém o chamou de frio: estava excepcionalmente cordial e bem-humorado. Ao vê-lo na rua, cavalgando, Anthony Trollope o descreveu como "um açougueiro alegre em cima de um hipopótamo". O filho de Harrison, Austin, faz um retrato maravilhoso dele em seu livro de memórias, relembrando as interpretações hilárias e melodramáticas que o pai fazia em casa dos textos de seu autor predileto, Shakespeare, que levava adiante até os filhos rolarem no chão de rir. Também havia contratado um preceptor para eles: o romancista em apuros financeiros George Gissing, que os encantaria com histórias de horror de sua época de escola, que foi muito diferente, arrematadas por sons altos ao imitar as chicotadas que levava.[75]

Apesar dessas personalidades fascinantes e do prazer da cantoria de hinos exuberantes, de modo geral a Religião da Humanidade deixou um legado lastimável. Até hoje, uma visão comum sobre os humanistas é a de que só querem substituir uma religião por outra e idolatrar a humanidade, tratando todas as outras espécies como inferiores. Essas coisas eram basicamente verdadeiras no projeto religioso de Comte, mas não fazem parte do humanismo moderno, que rejeita sistemas dogmáticos de qualquer tipo e frisa o respeito pela vida humana e também pela não humana.

Considero uma pena que as ótimas ideias humanistas de Comte sobre razão e moralidade precisem andar juntas, em vez de se oporem: a noção de que os seres humanos *precisam* ser santos e virgens, caso contrário não serão capazes de lidar com a vida. Mill exprimiu essa objeção ao pensamento de Comte ao perguntar: "Por que toda essa sistematização, sistematização, sistematização?". E por que esse apego a ideologias, ritos e regras? Tudo na filosofia de liberdade, diversidade e "experiência de vida" de Mill ia contra isso. Ele ficava consternado ao ver que uma filosofia criada a partir do desejo de "evolução" humana tinha acabado na sujeição ao dogma.[76]

O século XIX foi um período tão transformador, tanto nas ciências como nas humanidades, que não devíamos nos surpreender com reações extravagantes. O Jesus humanizado e a Religião da Humanidade foram apenas duas delas; havia muitas outras possibilidades. As memórias do filho de Frederic, Austin Harrison,[77] são um retrato vívido desse mundo intelectual vagante da Londres vitoriana no qual ele foi criado. Era, segundo diz, tão povoada de radicais, evolucionistas, livres-pensadores, agnósticos e positivistas que não ser um deles "era não ser ninguém". Os dramas da "morte de Deus", a desorientação pela perda da fé, as tentativas loucas de substituição, o desejo de mentores morais, a empolgação científica — tudo entrava na mistura que formou um momento extraordinário na história do humanismo.

Dramas análogos ainda existem atualmente. Ainda nos fazemos perguntas parecidas, embora as formulemos de outras maneiras: *como os humanos se enquadram no restante da diversidade da vida, ou no universo material, de modo geral?* Como reconciliar o que emerge do raciocínio científico e o que nos é ofertado pela herança do pensamento religioso? Precisamos de heróis, santos ou líderes morais? Que tipo de entidade é a humanidade, em todo caso, que domina de tal forma o planeta que há quem tenha passado a chamar esta época de Antropoceno? É claro que ainda não temos respostas, e talvez jamais as tenhamos. Mas como qualquer agnóstico diria, às vezes é melhor não termos certeza demais quanto às respostas.

Quando o filósofo Bertrand Russell rememorou esse período — que era o de sua infância no século XIX, visto da perspectiva do século seguinte, que foi bastante diferente —, escreveu que talvez parecesse ingênuo e cheio de "tapeação".[78] Porém tinha uma grande vantagem: as pessoas eram motivadas mais pela esperança do que pelo medo. Na opinião dele, se fosse para a humanidade prosperar, ou mesmo continuar sobrevivendo, teria que lidar sabiamente com o medo e recuperar um pouquinho da esperança.

10
Doutor Esperança

BASICAMENTE DE 1870 EM DIANTE
*Outro trio, desta vez de humanistas com uma atitude otimista
em uma época de esperança — Ludwik L. Zamenhof inventa
uma língua — Robert G. Ingersoll acredita na felicidade
— Bertrand Russell olha ao seu redor de forma resoluta.*

Eram inúmeras as formas de se ter esperança no século XIX. Algumas pessoas se fiavam na revolução política. Outras sonhavam com a humanidade inteira galgando os degraus do progresso, liderada pelos ingleses. Havia quem acreditasse nas vitórias nacionalistas ou na transcendência religiosa. E existia outro tipo de otimista: o que esperava encontrar soluções racionais que impelissem os seres humanos a viver sem fanatismo, sem superstição e sem guerras, pelo bem de todos.

Este capítulo fala de três desses esperançosos heroicos. Todos os três eram homens do século XIX e tinham muito do espírito desse tempo, embora dois deles tenham vivido além de seu término — muito além, no caso de um deles, Bertrand Russell. Robert G. Ingersoll morreu em 1899 e quase chegou lá.

O outro deles viveu o suficiente para ver suas esperanças para a humanidade serem cruelmente frustradas pela Primeira Guerra Mundial. É ele que vamos conhecer primeiro: Ludwik Lejzer Zamenhof, inventor de uma língua que já tinha o otimismo no nome.

Ludwik Zamenhof nasceu no fim de 1859, em Białystok, e era de uma família judia. Experimentou na pele o que a opressão e o preconceito nacional causavam à vida de um povo. Białystok, que hoje fica na Polônia, tinha um longo histórico como domínio de diversas nações. Começou como parte do então imenso território da Lituânia, depois passou um tempo nas mãos dos poloneses

e em seguida da Prússia. Na juventude de Zamenhof, estava sob o controle russo, o que provocava um ressentimento generalizado. Mais tarde, sofreria duas invasões da Alemanha. Sua população era uma mistura de russos, poloneses, alemães e judeus: um grupo tendia a desgostar e desconfiar dos outros, com os judeus invariavelmente levando a pior.

Quando era menino, Zamenhof percebeu que a falta de entendimento entre as comunidades de sua cidade parecia ser exacerbada pelo fato de que o senso de identidade de cada grupo se baseava emocionalmente na própria língua, e ao mesmo tempo as línguas e identidades dos outros eram tidas como exóticas e ameaçadoras. Aonde quer que fosse, ouvia as pessoas falando dos russos, dos poloneses, dos alemães e dos judeus. Nunca ouvia ninguém falar do "povo".[1]

Os moradores de Białystok geralmente aprendiam um pouquinho das línguas alheias, mas era um esforço e significava uma invasão de território: nenhum idioma serviria de território neutro. Ainda adolescente, Zamenhof se questionava se não seria útil criar uma língua fácil de aprender e que não fosse propriedade exclusiva de ninguém.[2] Não imaginava ninguém largando a primeira língua ou cultura: seria apenas uma língua a mais, uma ponte, que daria a todos a possibilidade de se comunicar e assim entender que os outros tinham vidas humanas similares às deles.

Era uma ideia maravilhosa, que também carregava vestígios de uma lenda antiga. A história de Babel, do Velho Testamento,[3] contava que os habitantes dessa grande cidade, que falavam a mesma língua, tinham planejado e construído uma torre que chegava quase ao céu. Deus olhou para baixo e disse: "Eis que todos constituem um só povo e falam uma só língua. Isso é o começo de suas iniciativas! Agora, nenhum desígnio será irrealizável para eles". Desgostoso da ideia, ele destruiu a torre, espalhou seus construtores e multiplicou as línguas para que no futuro sempre tivessem dificuldade de trabalhar juntos pelo bem comum. Desde então, a incompreensão linguística e cultural manteve a humanidade fraca, incapaz de achar o que Forster chamaria de um jeito de se "conectar" ou o que Erasmo diria ser uma "amizade entre muitos".

Para Erasmo e para outras pessoas ao longo de séculos de história europeia, o latim cumpriu esse papel. Desempenhava a função tão bem que alguns linguistas medievais, principalmente Dante, pensavam que o latim *era* uma língua artificial, elaborada pelos romanos para superarem a dispersão dos vernáculos naturais após Babel.[4] Por ter sido criado por um comitê ("formulado com o consentimento de muitos povos"), tinha vantagem de não estar sujeito aos

caprichos individuais e, portanto, de não mudar. Lorenzo Valla estragou essa tese ressaltando que o latim tinha sofrido vigorosas alterações.

Mas o latim ficava restrito aos poucos instruídos e mesmo entre eles estava em decadência naquele final do século XIX. Continuou sendo parte da educação escolar, mas o número de pessoas capazes de usá-lo para se comunicar direito só diminuía. Zamenhof chegou a pensar no latim ou no grego para seu objetivo, mas os rejeitou, principalmente porque, assim como o russo e o polonês, ambos tinham desinências verbais e nominais complicadas que atormentavam seus aprendizes. Também careciam de palavras para coisas modernas — o mesmo problema que os ciceronianos haviam enfrentado.[5]

Assim, reuniu cadernos e guias de idiomas — tinha um bocado desses materiais, já que o pai e o avô eram professores de línguas — e começou a criar sua própria língua, baseada na facilidade de aprendizado. Deixou de fora gênero, desinências de caso e conjugações verbais. Pegou cerca de novecentos radicais derivados de diferentes famílias de idiomas e acrescentou uma gama de prefixos e sufixos compatíveis para gerar mais sentidos. Quando terminou a primeira versão da língua, deu uma festa de lançamento: era 17 de dezembro de 1878, e ele tinha completado dezenove anos poucos dias antes, portanto a festa celebrou o aniversário dele e da língua. Amigos e parentes se reuniram em volta da mesa belamente arrumada com bolo, cadernos e listas de vocábulos e entoaram uma canção:

Malamikete de las nacjes,
Kadó, kadó, jam temp' está!
La tot' homoze en familje
Konunigare so debá.[6]

[Inimizades entre nações,
Caiam, caiam; já está na hora!
A humanidade toda em família
Precisa se unir.]

Zamenhof teve que superar um contratempo doloroso antes de revelar a língua por completo.[7] Após o lançamento, ele foi estudar medicina em Moscou. (Mais tarde, se especializaria em oftalmologia e teria um consultório na comunidade judaica de Varsóvia pelo resto da vida.) O pai, temeroso de que o trabalho linguístico desviasse o foco do rapaz dos estudos, interferiu assim como o pai de Petrarca havia interferido: pegou os cadernos do filho, os embrulhou e trancou tudo em um armário. Ludwik aceitou, mas quando foi passar férias em casa, alguns anos depois, pediu permissão para pegar as anotações, assim poderia trabalhar nelas pelo menos durante a folga. Então soube que o pai não tinha guardado o material, mas o tirado do armário e queimado. Era, de novo, a história do pai de Petrarca, mas, dessa vez, nada havia sobrevivido às chamas.

A única alternativa de Zamenhof foi recriar a língua toda a partir do que se lembrava, e foi o que fez. Em 1887, produziu a primeira cartilha. Conhecida pelo título *Unua Libro*, ou *Primeiro Livro*, foi assinada com o pseudônimo "Doktoro Esperanto", que significa "Doutor Esperança", e por isso a língua ficou conhecida pelo nome de esperanto — a língua esperançosa.[8]

Para acompanhar o idioma, mais tarde Zamenhof tentou criar uma religião esperançosa. Immanuel Kant já havia observado em 1795 que a religião e a linguagem eram as duas fontes principais de discórdia humana, e portanto de guerras, pois tornavam as diferenças entre os povos nitidamente contrastantes.[9] Assim como no caso do problema da linguagem,[10] Zamenhof esperava que as pessoas achassem mais fácil passar por cima das diferenças havendo uma religião secundária, compartilhada, que pudesse se somar às suas culturas e costumes. Baseava-se na ideia de que todo mundo tinha em comum uma humanidade espiritual básica, e em certa medida também valores básicos. Por exemplo, a essência da ética universal poderia estar na Regra de Ouro, adotada, entre outros, pelo teólogo judeu Hilel: "O que é odioso a ti, não o faças a teu próximo". Variações dessa regra existiam em inúmeras culturas, e ela é tão memorável que era um bom ponto de partida para a elaboração

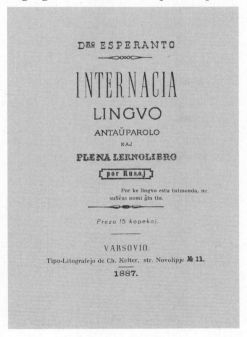

de uma espécie de esperanto para a alma. No começo, Zamenhof nomeou a religião em homenagem a Hilel e publicou seu guia introdutório *Hilelismo*, em 1901. Optou por um novo pseudônimo para si: "Homo Sun", tirado da frase de Terêncio. Mais tarde, o nome da religião também seria alterado: virou (em esperanto, é claro) *Homaranismo*, que significa "Humanismo".[11]

Nem todo mundo no movimento esperantista gostava da ideia de se meter com religião, e Zamenhof deu atenção ao conselho de minimizar a importância dessa parte de seu ideal, mesmo ao discursar nas reuniões esperantistas. Porém, o raciocínio era o mesmo: o *Homaranismo* devia apenas acrescentar mais uma camada de comunicação e humanidade compartilhada, não afastar as pessoas de suas religiões.[12] Zamenhof fora sionista na juventude; tinha raízes profundas na comunidade judaica, onde trabalhava, e o que não lhe faltava era orgulho de sua identidade judaica. Ele simplesmente agregava aquela ideia extra: nada do que é humano é estranho.[13]

Os esperantistas foram os primeiros a admitir que seus projetos pediam um bocado de otimismo. O *Primeiro Livro* começava com a confissão: "O leitor sem dúvida pegará este livrinho com um sorriso incrédulo, imaginando que examinará os projetos impraticáveis de um bom cidadão de Utopia".[14] (Ou nas palavras cativantes da primeira tradução para o inglês: "O leitor sem dúvida pegará com desconfiança este folheto, supondo que tenha a ver com uma utopia irrealizável".) Muitas pessoas continuaram sorrindo, considerando o esperanto uma fantasia quixotesca baseada na visão dos humanos como seres realmente capazes de *ensinar* a si mesmos a acolher uns aos outros numa amizade universal.

A ideia era digna de risos? Depende de como a encaramos. É verdade: depois de mais de um século da existência do esperanto, ainda não conseguimos a paz mundial nem colocar este mundo sempre no rumo certo. Quanto ao *Homaranismo*, poucas pessoas nem sequer ouviram falar nele. Infelizmente, os governos nunca deram muita atenção ao esperanto — pelo menos não uma atenção boa. (Falo sobre isso mais adiante.) A língua nunca foi adotada por nenhuma organização internacional além da que foi criada pelos esperantistas. Em 1908, um médico esperantista chamado Wilhelm Molly[15] tentou criar um microterritório esperantista em sua cidade natal, Moresnet Neutro, uma área da Bélgica volta e meia disputada pela Alemanha (e, portanto, em situação vulnerável, não muito diferente da de Białystok, mas em escala menor). O dr. Molly planejava rebatizá-la de Amikejo, ou Lugar da Amizade. Mas o século XX não deixou muito espaço para uma microrregião da amizade e da paz, e o plano afundou com o início da Primeira Guerra Mundial. Muito depois, em 1967, o esperanto foi escolhido como a língua oficial da Ilha das Rosas, uma nação fundada em uma plataforma marítima perto da costa de Rimini, na Itália.[16] Mas o país foi criado com o objetivo não muito idealista de escapar dos impostos e das leis da Itália; a ilha foi dinamitada pelo governo italiano.

No entanto, Zamenhof e os esperantistas sempre acharam que o ideal da língua, e em certa medida da religião, valia a pena, principalmente porque *era* um sinal de esperança duradoura. Talvez o esperanto e o *Homaranismo* nunca sejam projetos com grande número de adeptos, mas fomentam a ideia de que isso possa acontecer. São *tentativas*, assim como os "ensaios" de Montaigne. Ainda que não causem grandes transformações no mundo, é animador que tais tentativas existam. O esperantismo também cria uma rede internacional de conexão e engajamento para quem se envolve nele.

E às vezes o esperantismo aflora de onde menos se espera. Ao visitar a casa de Petrarca em Vaucluse, durante a escrita deste livro, caminhando pela trilha à margem de seu adorado córrego, fiquei surpresa e encantada ao ver uma placa em esperanto. Traduzindo uma placa em francês que há ali perto, datada de 1937, ela celebra a poesia e as pesquisas históricas de Petrarca e sua decisão — exatamente seiscentos anos antes — de construir sua casa naquele belo lugar.

Outra figura, um pouco anterior, também motivada por esperanças e possibilidades, era imensa em todos os sentidos. Já ouvimos falar dele: era Robert G. Ingersoll, inventor do credo da felicidade citado na introdução:

A felicidade é o único bem.
A hora de ser feliz é agora.
O lugar de ser feliz é aqui.
O caminho para a felicidade é trazê-la aos outros.[17]

Graças às inovações tecnológicas da época, podemos ouvi-lo recitando essas palavras com a voz fraca e crepitante. Ele as gravou em 1899, no estúdio de som de Thomas Edison, e o cilindro fonográfico foi preservado pelo museu da terra natal de Ingersoll, Dresden, Nova York — junto com outra gravação dele falando de outro grande tema: "Esperança".

Ingersoll era agnóstico e racionalista, o que era típico dos palestrantes itinerantes carismáticos que falavam desses assuntos na época.[18] Quase escrevi que ele era um de seus *pregadores* itinerantes, e no caso dele qualquer similaridade com essa categoria não seria coincidência. Ele cresceu viajando com o pai, um pastor congregacionalista que vivia se mudando de um lugar para o outro — muito porque sempre aborrecia as pessoas com suas opiniões sinceras, sobretudo contra a escravidão. Quando Robert nasceu, a data foi registrada na Bíblia da família: 11 de agosto de 1833. Em outra Bíblia da família, a data anotada foi 12 de agosto. "Então", ele brincou uma vez, "já existia uma contradição na primeira coisa que vi na Bíblia."[19]

Por causa de sua criação, teve a oportunidade de observar os diversos usos que alguém poderia fazer da língua e da presença física para divertir, seduzir, provocar e inspirar uma plateia. À medida que amadurecia, exerceu profissões que afiavam ainda mais esses talentos. Primeiro, virou professor, mas foi expulso desse trabalho em pouco tempo devido à sua tendência a fazer piadas inconvenientes em sala — comentava, por exemplo, que o batismo era saudável, contanto que fosse feito com sabão.[20]

Em seguida, estudou direito, depois de uma temporada em que lutou e foi prisioneiro na Guerra Civil, experiência que incutiu nele um ódio vitalício a todas as guerras.[21] Durante seus estudos,[22] um juiz simpático lhe deu acesso à sua biblioteca pessoal, que contava com obras de filosofia chinesa e indiana, bem como livros de Lucrécio, Cícero, Voltaire, Paine, Espinosa, Hume, Mill, Gibbon, Darwin e Huxley — a lista de leituras perfeita para um "livre-pensador" embrionário, para usar o termo da época. Ingersoll, que já tinha perdido oportunidades de ter uma educação geral humanista, agora explorava as estantes. Ficou horrorizado ao descobrir que havia pessoas que já tinham sido acusadas de blasfêmia por exprimirem tais ideias,[23] e depois ficou ainda mais horrorizado ao saber que perseguições parecidas continuavam acontecendo nos Estados Unidos. Começou a atuar no julgamento desses casos. No tribunal, aprimorou uma postura empolgante, bombástica, que outros jovens advogados tentavam imitar, mas com pouco sucesso. Entre os que logo desistiram da tentativa estava Clarence Darrow, que depois ganharia fama por ter defendido o professor de biologia John T. Scopes, processado por desafiar a lei do Tennessee contra o ensino do darwinismo. Como Darrow relembrou, a respeito de Ingersoll: "Encontrei poucas pessoas que conseguiram se assenhorar de sua forma de expressão, mas elas careciam do que nunca faltou a Ingersoll: algo que valesse a pena ser dito".[24]

Ingersoll tinha muito o que dizer, e cada vez mais dizia tanto dentro como fora dos tribunais.[25] Passou a escrever artigos e a pegar a estrada com suas palestras, começando em 1860 em Pekin, Illinois, sobre outro tema importante da época: o progresso. As palestras e a escrita viraram suas atividades principais, e continuaria com elas por trinta anos. Além da esperança, do progresso e da felicidade, incluía entre seus temas as maneiras como (ele achava) a religião convencional arruinava e limitava o escopo da vida do povo, e o desejo de nos libertarmos tentando pensar de forma mais racional.

Para essa causa, trouxe todo o talento retórico que havia desenvolvido em suas diversas carreiras. Cícero e Quintiliano teriam se impressionado com a abrangência de Ingersoll. Ele usava a lógica para ressaltar contradições nas histórias de milagres e preces atendidas. Usava o humor e volta e meia parecia um comediante fazendo stand-up.[26] Uma vez, uma mulher o viu sair de um bar elegante e disse, em tom de choque: "Ora, sr. Ingersoll, que surpresa ver o senhor saindo de um lugar como esse", no que ele retrucou: "Ora, minha cara, a senhora não quer que eu fique aí dentro o tempo todo".

Em outros momentos, fazia melodrama, falando, por exemplo, dos "fantasmas" da religião que dominam a história: eles "não pouparam esforços para transformar a águia do intelecto humano em um morcego da escuridão", entoou. Mas que os espectros agora se despeçam! "Que tapem suas órbitas sem olhos com as mãos sem pele e sumam para sempre da imaginação dos homens."[27]

Todos esses elementos — dramas, argumentos, risadas — eram exacerbados por seu jeito de falar, ainda mais suculento por sair de um corpo substancioso.

Quintiliano já recomendava que as pessoas cultivassem as vantagens naturais que tivessem, "como a voz, o pulmão e a graça na postura e nos movimentos".[28] Ingersoll tinha tudo isso, embora sua graça se equiparasse à de um urso. Ele adorava comer e bebia com gosto: "a boa cozinha é a base da civilização... O inventor de uma sopa gostosa fez mais por sua raça do que o criador de qualquer credo que seja. As doutrinas da perversidade total e do castigo infinito nasceram da má culinária e da dispepsia".[29] Era tão bom de prato que um jornalista do *Oakland Evening Tribune* comentou que "auto de fé espetacular" seu corpo daria caso vivesse em outra época e ele acabasse em uma fogueira.[30]

Para Ingersoll, as ideias humanistas nada tinham de abstratas: elas afetavam todo o seu estilo de vida. Além de boa comida, ele gostava de boa cultura. Assim como Frederic Harrison, adorava Shakespeare. Estava ao lado de Matthew Arnold na valorização "das melhores coisas que todos os homens e mulheres do mundo disseram, pensaram e fizeram". Essas melhores produções eram as verdadeiras "escrituras" da humanidade, dizia, junto com as melhores invenções mecânicas e as melhores leis, já que esses dois campos da criação humana também tinham um impacto muito positivo na vida das pessoas.[31]

Ele deu voz à sua euforia pelo simples fato de estar neste planeta:

A vida vale a pena? Bom, só posso responder por mim. Gosto de estar vivo, de respirar o ar, de olhar as paisagens, as nuvens, as estrelas, de recitar poemas antigos, olhar retratos e estátuas, ouvir música, as vozes de quem eu amo. Gosto de comer e fumar. Gosto de uma boa água gelada. Gosto de conversar com minha esposa, minhas filhas, meus netos. Gosto de dormir e de sonhar. Sim, pode-se dizer que para mim a vida vale a pena. [32]

Essas menções à esposa, Eva Parker, e à família deles permeiam seus trabalhos.[33] O par ficou 38 anos casado e teve duas filhas, sendo que a mais velha, Eva Ingersoll-Brown, se tornou uma livre-pensadora e defensora ilustre do feminismo. Robert também era a favor da causa feminista e defendia os direitos das crianças. Pais que batem nos filhos, declarava, deveriam pedir a alguém que tirasse uma fotografia de seu rosto vermelho, bravo, feio, ao vociferar com eles, para ver com os próprios olhos no que se transformam. Em vez de achar justificativas para a violência, ele questiona, por que não tratar crianças "como se elas fossem seres humanos"?

Em outro credo, que se soma ao da felicidade, ele disse:

Eu realmente acredito na magnanimidade da natureza humana. Acredito no amor e no lar, na bondade e na humanidade. Acredito no companheirismo e na alegria, em fazer a esposa e os filhos felizes. Acredito no altruísmo [...]. Acredito no livre pensar, na razão, na observação e na experiência. Acredito na autoconfiança e na manifestação de pensamentos sinceros. Tenho esperanças para a raça humana como um todo.[34]

Como seria de esperar, essas opiniões atraíram animosidade e desconfiança. Seus oponentes o chamavam de "Robert Injuresoul" [Robert que Fere Almas], e era atacado em suas palestras com frutas e legumes.[35] Tudo ricocheteava: os xingamentos, os apelidos, os repolhos, os tomates. Ele chegou a fazer bom uso das frutas em suas metáforas.[36] Guardar riquezas para o céu seria um desperdício do tempo na Terra, ele dizia. Portanto, "quero sugar a laranja até o talo, assim quando a morte chegar só vão restar as cascas. Então digo: 'Vida longa!'".

A vida dele não seria excepcionalmente longa: Ingersoll morreu de insuficiência cardíaca em 1899, aos 65 anos. Deixou admiradores, seguidores e imitadores, bem como diversos correspondentes, em uma rede que faria jus àquelas de Petrarca, Erasmo e Humboldt. Ela cresceu ainda mais graças à atenção que os jornais davam a suas aparições, que por sua vez instigavam cartas de curiosos, revoltados e aflitos. De suas respostas a estes, a que mais me marcou foi uma carta que escreveu em 1890 a um homem que o abordou dizendo ter pensamentos suicidas. Ingersoll o aconselhava: "Homem nenhum deve se matar enquanto tiver a mínima serventia para alguém, e caso você não consiga achar alguém por quem esteja disposto a fazer alguma coisa, ache um bom cachorro e cuide dele. Você não faz nem ideia do quanto vai se sentir melhor".[37] Espero que esse homem tenha seguido o conselho.

O credo da felicidade de Ingersoll continuou popular entre as organizações humanistas. Embora se expresse como uma série de respostas, ele também nos instiga a nos fazermos perguntas: por que não deveríamos ser mais felizes do que somos? Por que aceitamos as desgraças do pavor religioso, da crueldade patriarcal, da insensatez, em vez de assumirmos a missão de buscar uma forma melhor de viver? Essa era a esperança de Zamenhof ao inventar sua língua. E como escreveu Bertrand Russell, "o dever geral do homem não é de passar pelo mundo como que escapulindo da ira de Deus. O mundo é *nosso* mundo, e cabe a nós fazermos dele um paraíso ou um inferno".[38]

O que me leva ao terceiro humanista esperançoso deste capítulo. Ele também foi formado pelo mundo do século XIX e seus experimentos, pois nasceu totalmente vitoriano, em 1872, mas viveu até 1970, num mundo de hippies, rock e computadores.

Praticamente desde o instante em que nasceu, segundo a mãe, ele começou a olhar ao redor "de um jeito bastante ativo".[39] Foi exatamente o que continuou a fazer pelos seus 97 (quase 98) anos de vida, como filósofo, lógico, matemático, polemista, ativista político, defensor da liberdade sexual, feminista, racionalista, ateu, ativista pelo banimento das bombas e muito mais.

Ao que consta, chegou ao mundo cercado de presságios auspiciosos, para quem acredita nessas coisas, o que jamais seria o caso dele. Sua mãe, Katharine Russell,[40] a viscondessa de Amberley, se empenhava para melhorar o acesso das mulheres à educação e teve a honra — após um discurso que proferiu em Stroud, em 1870 — de ser descrita pela rainha Vitória como merecedora de "umas belas chicotadas". O marido de Katharine, John Russell,[41] visconde de Amberley, era filho do ex-primeiro-ministro Lord John Russell, e ele mesmo foi membro do Parlamento, onde defendia causas sociais progressistas. Ele perdeu o assento em 1868, em certa medida devido ao apoio à melhoria do acesso ao controle de natalidade. Esse par de livres-pensadores intrépidos, aristocráticos, também tinha uma relação aberta: a viscondessa tinha um amante e contava com o conhecimento e a aceitação do marido.

O nascimento de "Bertie" foi conduzido por uma médica pioneira, Elizabeth Garrett Anderson, que era amiga da família. Outro amigo foi escolhido como padrinho: John Stuart Mill. A escolha era significativa. Se a missão era guiar o menino espiritualmente, era improvável que fosse no intuito de fazê-lo adotar uma religião tradicional.

Infelizmente, quando Mill faleceu, Russell ainda não tinha completado nem um ano de vida, e por isso não teve como exercer muita influência sobre o afilhado. Pelo menos diretamente. Por meio de seus escritos, ele o influenciou à beça. Russell disse que a leitura da autobiografia de Mill, quando tinha dezoito anos, o livrou dos últimos resquícios de sua fé infantil no cristianismo.[42]

E a morte de Mill não foi a mais relevante da primeira infância de Russell, pois a mãe faleceu quando ele tinha apenas dois anos, e o pai morreu um ano e meio depois. Russell, o irmão e a irmã mais velhos foram criados pela avó paterna. Ela era devota e tradicional: a principal recordação de Russell era de que ela nunca se sentava em uma poltrona aconchegante antes da hora do chá. Essa devia ser uma obsessão do período, pois no romance de Anthony Trollope intitulado *Can You Forgive Her?* [Você é capaz de perdoá-la?], a personagem Lady Macleod é descrita como "educada em uma época em que poltronas eram consideradas malévolas, e em meio a pessoas que viam todas as posturas confortáveis dessa mesma forma; e ela ainda podia se jactar, aos setenta e seis anos, de jamais ter se recostado".[43]

Russell, porém, também aprendeu algo importante com a avó austera. "Ela me deu uma Bíblia com seus textos preferidos anotados na folha de guarda. Entre eles, estava 'Não tomarás o partido da maioria para fazeres o mal'."[44] Este, ele declarou, seria seu lema para o resto da vida. Sem dúvida lhe fez jus. Se a razão lhe dizia que um argumento estava certo ou errado, ele sempre se manifestava, mesmo se com isso arranjasse um monte de problemas. Deu a uma de suas publicações mais provocativas o nome adequado de *Unpopular Essays* [Ensaios impopulares].

Esse princípio andava de mãos dadas com outro: Russell considerava "indesejável acreditar em uma proposição não havendo base para supor que seja verdadeira".[45] Ele apresentou uma boa metáfora para isso em 1952, embora ela não tenha sido publicada na época. Como resposta a uma pergunta jornalística, "Deus existe?", ele pediu ao leitor que pensasse em uma chaleira orbitante:

> Se fosse para eu sugerir que entre a Terra e Marte existe uma chaleira de porcelana girando em volta do Sol em uma órbita elíptica, ninguém conseguiria invalidar minha declaração, já que eu tomaria o cuidado de acrescentar que a chaleira é pequena demais para ser revelada mesmo pelos telescópios mais potentes. Mas se eu fosse em frente e dissesse que, como minha declaração não pode ser refutada, seria uma ousadia intolerável da parte da razão humana colocá-la em dúvida, é justo que pensem que estou falando bobagens. Se, entretanto, a existência da chaleira fosse uma afirmação de livros antigos, ensinados como verdades sagradas todos os domingos e incutidos nas mentes das crianças na escola, a hesitação em acreditar em sua existência se tornaria um sinal de excentricidade e habilitaria quem dela desconfiasse a receber a atenção de um psiquiatra na era iluminista ou de um inquisidor em uma época anterior.[46]

Aqui vemos uma das maiores convicções de Russell: de que aceitar declarações com base só na autoridade de quem as faz nunca basta. Também vemos um exemplo maravilhoso do tom de Russell. Ele tinha, como Thomas Paine escreveu a respeito de Voltaire, um ótimo olho para tolices combinado a uma "propensão irresistível a desmascará-las".[47] Assim como acontecia com Voltaire, e também com Ingersoll, essa característica podia ser divertida ou irritante, a depender do humor do ouvinte e se era dele que vinha uma das tolices desmascaradas.

Sob a aparência endiabrada, o pensamento de Russell era fundamentado em uma profunda compreensão do raciocínio lógico formal — a lógica e a matemática eram dois de seus grandes amores (e estavam interligados). A matemática entrou em sua vida quando tinha onze anos e o irmão lhe deu um exemplar da geometria de Euclides. Russell ficou extasiado: "Não imaginava que houvesse algo tão delicioso no mundo".[48] Ele acabou lecionando os dois assuntos e escrevendo junto com Alfred North Whitehead o magistral *Principia Mathematica*, que examinava os fundamentos lógicos da matemática. Também examinou os fundamentos lógicos de várias outras coisas — nacionalismo, justificativas para a guerra, oposição ao controle de natalidade, a rejeição aos direitos das mulheres, as explicações para o poder da Igreja — e considerou todos insatisfatórios.

Foi a lógica, além da tradição familiar, que o levou a um engajamento precoce na luta pelo sufrágio feminino. Ele se candidatou a parlamentar por Wimbledon em 1907 com essa única plataforma.[49] Estava ciente de que perderia, mas queria divulgar a causa, assim como Mill fizera com suas argumentações parlamentares em 1867. O que chocou Russell não foi a derrota, mas a conduta horrorosa das forças de oposição. Turbas organizadas compareciam a seus discursos para atirar ovos podres e, em uma ocasião, soltar ratos vivos no meio da plateia, além de um morto que foi jogado na sala de reuniões dos ativistas. Como Zamenhof e Ingersoll, Russell ficava perplexo porque as pessoas eram incapazes de lidar com as coisas de forma mais racional; *por que* as pessoas não enxergavam o caminho do bem-estar e da felicidade, se era tudo tão *lógico*?

No entanto, a vida de Russell tampouco foi norteada apenas pela razão e pela lógica. Ele passou por períodos de depressão. Durante um episódio, quando jovem, ao assistir ao pôr do sol, cogitou o suicídio — mas foi salvo, segundo ele mesmo, pelo fato de ainda querer aprender mais matemática.[50] Era tomado por emoções intensas; uma vez, foi descrito como "um bom abominador",[51] e era igualmente propenso a paixões e amores súbitos. Em um momento esquisito, ao ver a esposa de seu colega Whitehead claramente adoentada e sofrida, ele entendeu de uma vez por todas que a solidão da alma humana é insuportável; nada é capaz de adentrá-la a não ser a mais alta intensidade do tipo de amor que professores de religião pregam; o que não brota dessa intenção é nocivo, ou, na melhor das hipóteses, inútil. Conclui-se que a guerra é errada, que a educação pública é abominável, que o uso da força deve ser menosprezado e que nas relações humanas a pessoa deve penetrar o âmago da solidão que há em cada indivíduo e se sensibilizar [...]. Depois de me preocupar por anos a fio apenas com a exatidão e a análise, me vi tomado por sentimentos quase místicos acerca da beleza, com um profundo interesse pelas crianças e um desejo quase tão intenso quanto o de Buda de descobrir uma filosofia que torne a vida humana suportável.[52]

Isso não é lógica: é epifania. A experiência também o fez perceber que havia deixado de amar a esposa, Alys, e eles se divorciaram pouco depois; ele se casaria mais três vezes e teria inúmeros casos. Ao longo de boa parte da vida, foi excepcionalmente lascivo e talvez fosse ninfomaníaco. Tendia a tentar a sorte com quase todas as mulheres que conhecia; pelo que sabemos, ele jamais cruzou os limites, nunca foi coercivo, mas às vezes seu comportamento era cansativo para as mulheres que estavam perto, além de um tanto exaustivo para ele mesmo. O fato de que Russell era demasiadamente humano também fica evidente na força emocional que pôs na busca pelas verdades da lógica e da matemática. Amava as duas disciplinas porque tinham uma validade transcendental, que ia muito além das vidas humanas, porém também eram uma fonte de sentido emocional para ele, como a poesia era para o jovem Mill. Russell fazia piada: quando lhe perguntaram na *Little Review*, de Chicago, em 1929, quais eram suas coisas prediletas, ele respondeu: o mar, a lógica, a teologia e a heráldica. "Os dois primeiros porque não são humanos, as duas últimas porque são ridículas."[53]

Ele jamais resistia a esses jogos de palavras, mas seu horror à tradição teológica era mais acentuado do que essa ridicularização afetuosa sugere. Assim como os epicuristas de antigamente,[54] ou o barão d'Holbach na era iluminista, ou Ingersoll numa época mais recente, Russell achava que escapar das angústias religiosas, sobretudo as que diziam respeito à vida após a morte, era necessário para os seres humanos serem felizes. O medo era o grande inimigo da felicidade, e a religião, por sua vez, era uma das maiores fontes de medo que há. A ideia de usar expressões como "temente a Deus" com um sentido positivo lhe causava repulsa. Às vezes, é claro, um quê de alarmismo é útil, como quando deparamos com um risco concreto do qual precisamos fugir, mas na maioria das situações da vida moderna, Russell acreditava, precisamos menos dele do que de coragem. "Precisamos nos levantar e encarar o mundo de frente."[55] De modo geral, feito Ingersoll, ele queria que a vida humana fosse mais ousada, mais livre, mais útil, mais alegre — e achava que em grande medida cabia a nós fazê-la assim.

Outro medo que arruinava muitas vidas era o medo do desconhecido, ou de qualquer um que fosse diferente, um sentimento fustigado pelos nacionalistas e pelos racistas. Em 1914, ano seguinte ao lançamento do último volume de *Principia Mathematica*, o mundo foi dominado pelos piores medos de Russell nesse âmbito, com o início da Primeira Guerra Mundial. Ao escrever à sua amante Ottoline Morrell nesses primeiros dias de guerra, Russell verbalizou seu horror. "Parece que sinto todo o peso do entusiasmo da Europa, como se eu fosse o foco de um vidro em chamas — todos os berros, as multidões zangadas, os imperadores nas sacadas apelando a Deus, palavras solenes de dever e sacrifício para encobrir os assassinatos e a raiva sangrentos."[56] Até alguns de seus amigos liberais pareciam estar se lançando nesse frenesi, se transformando da noite para o dia em inimigos dos alemães.[57]

Na Europa inteira, pessoas pacíficas e racionalistas sofriam um choque parecido. O escritor austríaco Stefan Zweig relembrou como ele e os amigos, que sempre haviam desfrutado de um mundo de razão e tecnologia, de luzes elétricas e carruagem sem cavalos, de boa saúde e bem-estar social, ficaram atônitos com a súbita recaída no "barbarismo".[58] Na Hungria, o jovem artista Béla Zombory-Moldován viu um pôster que anunciava a guerra — o que significava que ele teria que se apresentar ao serviço militar dali a poucos dias — e ficou incrédulo. "Era o século XX!" Foi uma época de "iluminismo e humanismo democrático". Seria possível que isso fosse verdade? "Eles atirariam em mim, ou me esfaqueariam, ou eu atiraria em um estranho com quem não tinha nenhuma desavença, que eu nem conhecia."[59] Não fazia sentido. O choque vivido pela Europa era parecido com aquele causado pelo terremoto de Lisboa nos filósofos "otimistas" do século XVIII, mas dessa vez o motivo era humano, e não uma instabilidade geológica. Era o tipo de derrocada burra e acidental guerra adentro sobre a qual Erasmo havia avisado.

Russell achava que a Grã-Bretanha, pelo menos, devia ficar de fora. Ele mesmo não corria o risco de ter que lutar nas trincheiras: quando o serviço militar obrigatório foi instaurado, no começo de 1916, estava com 43 anos, portanto acima do limite de idade, que era de quarenta anos. Preciso de um instante aqui para declarar minha perplexidade. Russell ainda tinha pela frente muitas décadas de manifestações e vida pública digna de nota, e testemunhou tantas transformações sociais (muitas delas com a colaboração de seu ativismo) que é incrível observar que já estava numa fase tão madura da vida no comecinho do século. Depois de se opor à Primeira Guerra Mundial aos quarenta e poucos anos, ele viveria tempo suficiente para também se opor à Guerra do Vietnã aos noventa e poucos.

Embora Russell não precisasse se definir como objetor de consciência para evitar o front, ele trabalhou na defesa dos que precisavam. Em 1916, recebeu uma multa de cem libras depois de confessar a autoria de um livreto que fundamentava o caso de um objetor.[60] Por causa da condenação, ele perdeu o posto de professor no Trinity College, Cambridge. (Seria reconduzido ao cargo após a guerra, graças ao apoio dos colegas.) Não foi o fim de sua desobediência civil. Em 1918, devido a um artigo em que defendia um acordo de paz rápido, a polícia apareceu para prendê-lo quando estava no banho.[61] Essa ofensa específica foi um aparte em um artigo no qual questionava se as tropas americanas que estavam na Grã-Bretanha e na França não acabariam sendo usadas para intimidar trabalhadores em greve, como faziam na terra natal. Russell foi acusado de publicar "declarações que poderiam ser prejudiciais às relações de sua majestade com os Estados Unidos da América". Foi considerado culpado e sentenciado a seis meses, dos quais cumpriria cinco.

Mais tarde, ao relembrar o tempo de prisão, ele demonstrou a leveza de sempre. Ao chegar ao portão da penitenciária, teve que dar informações minuciosas ao carcereiro. "Ele perguntou minha religião, e eu respondi 'agnóstico'. Ele perguntou como se escrevia, e eu soltei um suspiro e disse: 'Bom, existem diversas religiões, mas imagino que todas cultuem o mesmo Deus.'"[62]

Já encarcerado, Russell se interessou pelos companheiros de prisão — "embora via de regra tivessem uma inteligência um pouco abaixo da média, como demonstrava o fato de terem sido pegos". Ele obteve permissão para continuar a ler e escrever sob a condição de que não escrevesse nada subversivo. Ao ler *Eminent Victorians* [Vitorianos eminentes], de Lytton Strachey, obra que desmascarava as virtudes formais do período inicial da era vitoriana, deu uma risada tão alta que o carcereiro apareceu para lembrá-lo que a prisão deveria ser um lugar de castigo. Sabe-se lá como os prisioneiros e os guardas o aguentaram.[63]

Ainda preso, a idade limite do serviço militar foi aumentada, passando a incluir os que estavam acima dos quarenta anos, e, portanto, ele recebeu a ordem de se apresentar para o exame médico. Mas, ele escreveu, "o governo, apesar do enorme empenho, foi incapaz de descobrir onde eu estava, pois esqueceu que havia me mandado para a prisão". Quando foi solto, em setembro, a guerra já estava chegando ao fim.[64]

Apesar de todas as piadas, Russell se abalou com todos os aspectos de sua experiência durante esse período; diria mais tarde que, para ele, a guerra havia mudado tudo.[65] A partir de então, optou por escrever outro tipo de livro. Não abandonou a filosofia formal nem a lógica, mas, como observou em um ensaio chamado "Da lógica à política", descobriu a vontade de escrever sobre paz e sociedade, e a questão psicológica sobre o porquê de as pessoas sentirem tamanha atração pela violência e pela crueldade.[66] O que não significa que havia perdido as esperanças na humanidade. Pelo contrário, ele sentia "um amor renovado pelo que está vivo" e tinha uma consciência mais aguçada do que nunca quanto à onipresença do sofrimento. Entendia que a destrutividade humana provavelmente sempre faria parte do quadro, mas torcia para achar uma pulsão equivalente para a "alegria".[67]

Mesmo antes de a guerra terminar, a pergunta mais urgente para ele era como *redirecionar* as forças que compeliam os seres humanos ao medo e à belicosidade. Não compartilhava a esperança de Zamenhof de que as pessoas se uniam em torno de algo simples como uma língua ou um sistema de crenças — ou mesmo o espírito de amizade, como Erasmo imaginara. A razão tampouco seria suficiente, ao menos por si só. Em uma série de palestras em tempo de guerra, feitas no começo de 1916, *Principles of Social Reconstruction* [Princípios da reconstrução social],[68] Russell afirmava que não basta simplesmente *querer* que a guerra suma de nossas vidas. A guerra vem de motivações humanas emocionais, assim como a ciência, a arte, o amor e o espírito de cooperação. Todas são formas adquiridas pela energia criativa humana. Precisamos aprender a não eliminar nossas paixões, mas fazê-las convergir para fins mais construtivos do que guerras ou fanatismo. "Não é o enfraquecimento do impulso que devemos almejar, mas o direcionamento do impulso para a vida e o crescimento, em vez da morte e do declínio." Ou, em outras palavras, para a esperança, e não o desespero.

Mas como? Na opinião de Russell, bem como na de inúmeros humanistas que vieram antes e depois dele, um passo essencial era mudar a criação que se dá às crianças e nossa forma de apoiar as pessoas durante a vida de modo geral. Era necessário mudar a *educação*.

Nos textos seguintes que escreveu sobre o tema, Russell às vezes abria o canal para Wilhelm von Humboldt: a educação deveria incentivar os jovens a descobrirem sua humanidade livremente e saciarem suas curiosidades, e não a ficarem sentados passivamente decorando um monte de fatos. Outros educadores também tinham elaborado métodos radicais desde Humboldt — como o poeta Rabindranath Tagore, que fundou uma escola em Santiniketan, na Índia, onde as aulas aconteciam debaixo das árvores, ao ar livre, e artistas e acadêmicos eram convidados a apresentar seus trabalhos às crianças. Tagore acreditava em dar às crianças indianas uma formação baseada na liberdade e no mundo que já lhes era familiar, e não no modelo importado da Grã-Bretanha. De modo geral, ele escreveu, a educação devia instigar "o sustento mental, a expansão da consciência e a força de caráter".[69]

Russell comungava dessa ideia de educação como um desenvolvimento autônomo. Também compartilhava com T. H. Huxley a ideia de que o estudo da ciência era crucial para o desenvolvimento da propensão ao questionamento do mundo. O letramento científico era uma salvaguarda contra crenças irracionais e estimulava a imaginação, instigando as pessoas a pensarem "no que o mundo poderia ser", em vez de se concentrarem no que era.[70] O estudo baseado nos clássicos tratava os autores antigos como se estivessem consolidados na perfeição eterna, como se fosse impossível aprimorá-los, mas para os cientistas todas as ideias são passíveis de evolução e mudanças.

Russell se afastava de Humboldt em sua opinião muito mais radical quanto à liberdade do aprendiz. Ele e a segunda esposa, Dora Russell, puseram a ideia em prática em 1927, com a fundação de uma escola experimental em Beacon Hill, Hampshire, que daria às crianças toda a liberdade que fossem capazes de aguentar — e foi além. Começando com uns vinte alunos, bem como os dois filhos do casal, eles permitiam que as crianças aprendessem sobre o que lhes chamasse a atenção em sua "vida mental livre" e saciassem os próprios questionamentos e curiosidades.[71] Para Russell, as crianças que fossem ensinadas a investigar o que era novidade, e não a obedecer às regras e se apegar a supostas certezas, estariam menos predispostas, quando adultas, a aceitar ideologias que lhes oferecesse "segurança em troca de servidão".

Era um experimento arriscado, e Beacon Hill teve seus problemas.[72] Por causa da falta de disciplina, o bullying podia correr solto; o pior incidente foi quando algumas crianças tentaram atear fogo a um par de coelhos que outra criança havia ganhado, e assim acenderam um fogo que quase destruiu a casa. Às pressas, os Russell tornaram a direção mais rigorosa.

Tais acontecimentos causaram escândalo, mas os princípios gerais do casal causavam mais escândalo ainda. Eles não ensinavam religião, mas talvez fosse ainda pior o fato de se recusarem a incutir nos alunos o discurso hipócrita sobre nação e império que ainda permeava as salas de aula das escolas mais convencionais. Russell também acreditava que, se as crianças fizessem perguntas sobre sexo, deviam ouvir respostas verdadeiras — uma opinião controversa.[73] Ele ressaltou, sim, que ao conversar sobre sexualidade com crianças, era importante frisar sempre a necessidade de respeito à liberdade e ao consentimento alheios; era uma ideia contrária aos ensinamentos da Igreja, ele observou, que na época defendia que "considerando que as partes sejam casadas e o homem deseje outro filho, a relação sexual é justificada por maior que seja a relutância da esposa".[74]

E não era só isso. Quando fazia calor, as crianças podiam ir para a escola sem roupa. Dizem que um jornalista tocou a campainha e, quando a porta se abriu, ele se deparou com uma criança pelada. "Deus do céu!", exclamou o jornalista, no que a criança retrucou "Ele não existe" e fechou a porta. A filha de Russell, Katharine Tait, comentou a anedota no livro de memórias que escreveu anos depois: "Tratamos essa história com o desprezo que merecia porque sabíamos que não havia campainha na porta da frente".[75]

Histórias saborosas desse tipo voltariam para assombrar Russell.[76] Em 1940, quando estava separado de Dora (que por um tempo continuou dirigindo a escola) e lecionava na Califórnia, alguém lhe deu a impressão de que um novo cargo no City College of New York seria dele caso o pedisse. Ele se demitiu e foi para Nova York, gastando seus últimos centavos, e descobriu que o emprego não seria dele: sua reputação havia arruinado essa possibilidade. A faculdade retirou a proposta sob o pretexto de que não era cidadão americano.

A questão foi levada ao tribunal, onde o advogado Joseph Goldstein descreveu a obra de Russell como "lasciva, libidinosa, luxuriosa, venérea, erotomaníaca, afrodisíaca, irreverente, tacanha, mentirosa e desprovida de fibra moral".[77] A família de Russell andava nua na Inglaterra, ele afirmou. Ademais, "Russell flerta com a homossexualidade. Eu iria além e diria que ele aprova".[78]

Russell perdeu o processo, pois do ponto de vista técnico realmente não era cidadão americano, o que invalidava qualquer reivindicação ao cargo. Com 77 anos, ele ficou desamparado, sem um centavo no bolso e com grandes deveres para com a família, e com a Segunda Guerra Mundial avançando do outro lado do Atlântico.

Mas a sorte virou a favor de Russell e trouxe a salvação na figura de um químico abastado: Albert C. Barnes. Usando a fortuna que ganhou como um dos inventores do antisséptico mais tarde vendido com o nome de Argirol, usado para doenças oculares, Barnes criou uma fundação para fomentar a educação, a arte e o estudo de botânica. (A Barnes Foundation ainda existe como uma galeria na Filadélfia.)[79] Ele contratou Russell com um salário generoso para dar uma série de palestras sobre a filosofia ao longo do tempo. Depois essas lições foram transformadas em um livro, *História da filosofia ocidental*, que por muito tempo foi um best-seller. O dinheiro que rendeu ajudou Russell a se sustentar e ser independente pelo resto da vida — e, portanto, financiou muito de seu futuro ativismo.

É claro que Russell estava idoso demais para lutar na Segunda Guerra, assim como já estava na Primeira, mas dessa vez ele não foi pacifista. A Primeira Guerra lhe parecera evitável, mas ele considerava os perigos do nazismo muito piores do que a luta para impedir que se concretizassem.[80] A ideologia de Hitler representava tudo o que Russell odiava — racismo, militarismo, nacionalismo, brutalidade, burrice —, tudo elevado ao nível mais extremo. Era Milton quem tinha falado (em um contexto totalmente diferente!) em "caos e noite eterna". Batalhar contra essas duas coisas, Russell disse, é "a única atividade genuinamente humana".[81]

Zamenhof, que também havia dedicado sua vida e seus recursos à luta humana, não chegou a testemunhar a Segunda Guerra nem o fim da Primeira. Depois de servir a sua comunidade em Varsóvia como oftalmologista, faleceu em 1917. O esperanto sobreviveria, mas só por um triz, assim como parte de sua família, depois de perdas terríveis.

Primeiro, a língua.[82] Depois que o regime nazista se estabeleceu na Alemanha em 1933, as organizações esperantistas do país seguiram dois rumos diferentes. A Associação Esperantista de Trabalhadores Alemães era antinazista desde o princípio e foi imediatamente proscrita por ser um movimento socialista. A Associação Esperantista Alemã continuou atuante por alguns anos, se adaptando ao ambiente nazista. Ela obedecia às novas leis através da expulsão de todos os membros que se identificavam como judeus, ato extraordinário para uma organização cujo fundador judeu fora completamente motivado pelo desejo de combater o preconceito e o racismo.

Se esperava apaziguar o regime com essa atitude, não deu certo: os nazistas jamais tolerariam um movimento criado para tentar alcançar a paz global por meio de uma língua cosmopolita. Para Hitler e seus partidários, o esperanto era um artifício judaico que visava o domínio mundial.[83] Em 1935, o ensino de esperanto foi interrompido nas escolas, e em 1936 as organizações ligadas ao esperanto foram totalmente proibidas.[84] Não se sabe como, mas alguns professores da língua conseguiram seguir em frente mesmo nas piores situações dos anos seguintes: um dava aulas de esperanto no campo de concentração de Dachau; outro, no campo de concentração holandês de Amersfoort, dizendo que era italiano — língua tida como aceitável, já que na época a Itália era aliada da Alemanha.

A filha caçula de Ludwik Zamenhof, Lidia,[85] passou boa parte dos anos 1930 na França, escrevendo artigos que advertiam contra os riscos que ela antevia. Tentou conseguir um visto de permanência nos Estados Unidos,[86] onde lecionou por um breve período, mas o pedido foi negado e em novembro de 1938 ela voltou à Polônia. Depois da invasão nazista em 1939, Lidia foi presa, assim como o irmão, Adam, e a irmã, Zofia. Adam foi baleado no ano seguinte, como parte das represálias pelas atividades de resistência de outras pessoas. As duas irmãs foram soltas e viveram no gueto de Varsóvia até 1942, quando foram separadas, enviadas a Treblinka e assassinadas.

A viúva e o filho de Adam, no entanto, escaparam de uma forma extraordinária.[87] Foram mandados para Treblinka por volta da mesma época, mas conseguiram fugir momentos antes de embarcar no trem e sobreviveram ao resto da guerra se escondendo. O filho, Louis-Christophe Zaleski-Zamenhof, viveu até 2019 e faleceu na França. Suas duas filhas, Hanna Zaruski-Zamenhof e Margaret Zaleski-Zamenhof, hoje moram, respectivamente, nos Estados Unidos e na França — e as duas são esperantistas.

O esperanto não cumpriu seus maiores objetivos. Apesar de elaborado para ser fácil, ainda é preciso empenho para aprender a língua (e que língua é aprendida sem empenho?) e é pouco provável que as pessoas mais propensas a excluir ou massacrar os outros de acordo com a raça, a língua ou algum outro critério se deem ao trabalho de estudar em prol da paz e da iluminação.

A língua, porém, *continua* viva, e continua esperançosa. E como disse Robert Ingersoll no fonograma gravado sobre o tema em 1895: "A esperança constrói a casa, planta as flores e enche o ar de música".[88]

11
A faceta humana

BASICAMENTE DE 1919 A 1979

O anti-humanismo em ascensão — engenheiros de almas
humanas — Giovanni Gentile e Benedetto Croce —
mas o que um humanista pode fazer? — a família Mann —
exilados — a biblioteca de Aby Warburg e outros resgates
— mais horrores e muito desespero — organizações internacionais
e salvamentos pragmáticos — Russell volta a ter esperança.

Se quisesse um manifesto a favor de Caos e Noite Eterna, o leitor poderia começar pelo resumo em duas partes da ideologia fascista italiana lançado em 1932 e coescrito por Benito Mussolini e seu cupincha filosófico, Giovanni Gentile.

Gentile, autor dos principais trechos teóricos, explica que o Estado fascista não tem como objetivo aumentar a felicidade ou o bem-estar humano e não tem interesse na ideia de progresso. Se a vida estivesse sempre melhorando, por que alguém teria motivação para lutar ou morrer por um projeto transcendente, glorioso? A paz tampouco era desejável: não havia nada de bom em fazer concessões e buscar o equilíbrio com outras nações, como propunham Erasmo, Kant e Russell. A mesma coisa vale para o desenvolvimento e a liberdade individuais, metas almejadas por um Mill ou um Humboldt. Longe de ter a visão liberal do Estado como interventor que impede os indivíduos de fazerem mal uns aos outros, o Estado fascista às vezes *deseja* fazer mal às pessoas a fim de promover os interesses nacionais. Ele propicia algo maior do que a felicidade ou o bem-estar: propicia o sacrifício pessoal. O Estado, que se torna a grande fonte de valor para cada pessoa, exerce um papel similar ao de Deus: o fascismo se declara abertamente "um conceito religioso". Assim como a maioria dos deuses monoteístas, o Estado requer "uma disciplina e uma autoridade que ataca e domina o interior da alma sem enfrentar oposição". Através da submissão, os indivíduos obtêm a verdadeira liberdade, "o único tipo de liberdade que é autêntico".[1]

Geralmente, pode-se ter certeza de que, quando ideólogos falam em liberdade verdadeira ou autêntica, ela se dará à custa da liberdade genuína, comum. E quando a retórica é transcendental, a realidade provavelmente será uma desgraça.

De fato, o fascismo italiano surgiu da desgraça. Criado em 1919, o Partido Nacional Fascista a princípio atraiu uma legião de rapazes desorientados que lutaram na Primeira Guerra e, ao voltar para a terra natal, foram ignorados e abandonados na pobreza. O partido restaurou neles a sensação de pertencimento e de que suas vidas tinham sentido. O nome "fascismo" já evocava o pertencimento: vinha do símbolo romano de *fasces*, ou um punhado de feixes grudados que representavam o laço de indivíduos para criar uma unidade potente.

No começo, havia pouca filosofia ou imagética clássica entre os fascistas: a principal ocupação deles era travar brigas de rua violentas contra grupos rivais de socialistas e comunistas, igualmente radicalizados por suas experiências de guerra. No entanto, o partido tomaria conta da Itália em 1922, com Mussolini assumindo o cargo de primeiro-ministro — pelo menos em certa medida, devido aos políticos liberais ingênuos que se imaginavam capazes de domá-lo e neutralizá-lo lhe dando um gostinho do governo de coalizão no ano anterior. (Os políticos alemães cometeriam um erro parecido logo depois.) Mussolini pretendia ganhar um verniz mais intelectual nomeando o professor de filosofia Gentile como seu ministro da Educação e teórico extraoficial.

A educação era importante porque, na perspectiva fascista, seres humanos comuns precisam ser *transformados* para se adequar às necessidades do Estado. Conforme escreveu Gentile, o fascismo proporcionava uma completa transfiguração do humano: ele procurava reconstruir "o homem, o caráter, a fé".[2] Essa meta de alterar a humanidade é recorrente em regimes anti-humanistas. Liev Trótski, o revolucionário russo, escreve em 1924 sobre criar humanos para serem uma espécie superior, transformando-os social e talvez até biologicamente. No futuro, ele previa, a espécie humana

vai de novo entrar em um estado de transformação radical e [...] vai se tornar alvo dos métodos mais complexos de seleção artificial e treinamentos psicofísicos [...]. O homem vai ter como objetivo dominar os próprios sentimentos, alçar seus instintos ao ápice da consciência, torná-los transparentes, esticar os fios de sua vontade até seus recônditos mais escondidos e assim atingir um novo patamar para criar uma espécie biológico-social superior, ou, com sua licença, um super-homem.[3]

Mais tarde, Ióssif Stálin também chamaria os escritores de "engenheiros da alma humana" devido ao trabalho que foram convocados a fazer, de reformular a mentalidade da população para que ela se adequasse ao tipo do "novo soviético". Do ponto de vista do corpo, essa categoria era retratada em esculturas e fotografias como vitruvianos inflados, com maxilares viris erguidos e os músculos dos ombros protuberantes. (E estou falando apenas das mulheres.)

Como Erasmo e vários outros já tinham observado muito antes, quem deseja que os seres humanos adquiram certas formas, como a mãe ursa faz com os filhotes, precisa começar pela educação infantil, em casa e na escola. Na Itália, Gentile organizou a inauguração de novas escolas primárias espalhadas pelo país — de certo modo, algo bom, já que aumentava o índice de educação básica.[4] Mas o currículo era extremamente ideológico e inculcava nas jovens mentes a grandeza do Império Romano e uma percepção geral do destino excepcional da Itália. Um programa de educação similar foi lançado na Alemanha depois que Adolf Hitler subiu ao poder em 1933. Como descreve Erika Mann em seu estudo sobre a educação nazista, *School for Barbarians: Education under the Nazis* [Escolas de bárbaros: A educação no regime nazista], se eles abandonaram a ideia de transmitir conhecimento, que dirá de incentivar o questionamento. O objetivo principal era gerar crianças incapazes de conceber qualquer coisa além de nação e raça. O regime também as acostumou a imagens de guerra bem antes de a guerra de verdade começar: nas aulas de artes, ela diz, as crianças faziam desenhos de máscaras de gás e explosões de bombas e volta e meia marchavam enfileiradas como soldados.[5] A filósofa Hannah Arendt exprimiu bem a ideia em seu estudo pós-guerra da vida sob um governo totalitário: "O objetivo da educação totalitarista nunca foi instilar convicções, mas destruir a capacidade das pessoas de as formarem".[6]

O modelo humboldtiano que antes era tão importante para a Alemanha, com seu papo de *Bildung* livre, foi abandonado. Se a educação humboldtiana visa criar uma pessoa humanizada, "tocada por tudo que é humano em todas as facetas de sua essência", nas palavras de seu criador, a educação fascista procura criar pessoas *desumanizadas*. Era a educação alterada por aqueles que o historiador da arte alemão Erwin Panofsky chamava de "insectolatristas": os que achavam a mentalidade de colmeia, centrada na raça, na classe ou na nação, melhor do que a pluralidade confusa em que os seres têm pensamento independente.[7]

Alguns especialistas em educação ousavam se manifestar contra tais projetos. Na Itália, ao virar ministro da Educação, Gentile estava assumindo o cargo que havia sido recém-ocupado por seu colega e amigo Benedetto Croce. Ele e Gentile tinham vários interesses filosóficos em comum e fazia muito tempo que trabalhavam juntos no periódico cultural *La Critica*. Na era fascista, entretanto, tomaram partidos completamente opostos: poderiam servir de estudo de caso sobre como dois intelectuais basicamente humanistas podiam ter reações diferentes à ascensão de um movimento político anti-humanista.

Croce era humanista em diversos sentidos: além de acadêmico de humanas (assim como Gentile), era um pensador liberal na mesma veia de Humboldt e Mill. Também vivia sem fé religiosa.

Talvez seu distanciamento das ideias tradicionais acerca de Deus tivesse a ver com a catástrofe pessoal a que sobreviveu aos dezessete anos.[8] Quando a família passava as férias em Ísquia, em julho de 1883, um terremoto atingiu a ilha, e o hotel onde estavam hospedados desmoronou, enterrando todos os seus parentes sob os escombros. Soterrado, com os ossos quebrados, Croce passou a noite ouvindo de longe os pedidos de socorro do pai — até eles cessarem. A mãe e a irmã também morreram. O desastre fez de Croce o único representante da família: estava mentalmente traumatizado, mas de repente ficara rico.[9] Por causa disso, quando entendeu, um ou dois anos depois, que

não tinha estrutura emocional para lidar com a universidade, conseguiu se sustentar por anos a fio estudando por conta própria. A educação atípica não foi um obstáculo. Ele acabou tendo uma carreira ilustre como historiador e filósofo e entrou para a política.

Croce cumpriu um mandato como ministro da Educação sob o governo liberal que precedeu o fascista. Como outros do antigo partido, a princípio acreditava que Mussolini pudesse ser mais refinado se alçado ao círculo íntimo do poder. A verdadeira natureza da ameaça ficou mais evidente em junho de 1924, quando fascistas mataram o valente socialista Giacomo Matteotti, que expressava abertamente suas opiniões. Croce ainda foi cauteloso por um tempo — os riscos da oposição já eram inegáveis —, mas acabou tomando uma posição. A amizade com Gentile estava rompida, ele anunciou.[10] Como disse em uma carta escrita no final do ano, não tinha nenhuma intenção de ser um observador passivo enquanto a "túnica branca" da filosofia era reduzida a "um pano de chão da cozinha do fascismo".[11]

Em abril do ano seguinte, Gentile lançou o *Manifesto dos intelectuais fascistas*, uma exaltação pseudo-religiosa do fascismo e do Estado. Croce rebateu com o que ficou conhecido como seu *Manifesto dos intelectuais antifascistas*. Atacou o texto de Gentile declarando-o "um trabalho escolar de meia-tigela", coalhado de argumentos ruins e confusões intelectuais. Gentile falava em "religião", disse Croce, mas aquilo não passava de uma mistura vulgar de agressão e superstição. A Itália deveria abrir mão de sua *verdadeira* religião? Com isso, Croce se referia não ao catolicismo, mas aos ideais associados à unificação da Itália no século anterior, isto é, "o amor à verdade; a esperança de justiça; um senso cívico e humano generoso; o zelo pela educação moral e intelectual; e a avidez por liberdade".[12]

Depois de seu protesto, Croce se recolheu em sua casa em Nápoles, mas continuou estudando, escrevendo e até fazendo reuniões antifascistas um bocado notórias.[13] O regime via de regra não interferia, salvo em uma ocasião em que uma gangue invadiu a casa num fim de noite em 1926, danificou as obras de arte penduradas nas paredes e berrou com Croce e a esposa quando eles saíram do quarto. Em seguida, sob o pretexto de que Croce precisaria de proteção contra esses ataques fortuitos, dois policiais ficariam sempre postados em frente à casa, vigiando quem chegava e quem saía. Mas Croce levou seu trabalho adiante e passou incólume pelo período fascista.

No decorrer desses anos, Croce insistia que seus leitores preservassem o senso de humanidade e a esperança no futuro. Acreditava que a longo prazo a história ainda nos conduziria rumo a uma liberdade e um progresso ainda maiores, apesar dos grandes desvios ao longo do caminho. O importante, escreveu em um ensaio de 1937, era entender que esses desvios eram inevitáveis, e, portanto, não cair em desespero quando acontecessem. Ao mesmo tempo, não se pode considerar esse um motivo para ficar sentado, esperando que os anos bons voltem por iniciativa própria. A liberdade é idêntica à vida: tem que ser sempre batalhada, ainda que a luta nunca termine, e ainda que de vez em quando seja tentadora a ideia de desistir.[14]

Em meados dos anos 1930, muitos humanistas espalhados pela Europa achavam difícil manter o otimismo. A primeira reação que tiveram, sobretudo quando Hitler tomou o poder, mais de dez anos depois de Mussolini, foi ficarem pasmos, sem saber que caminho tomar. Como Stefan Zweig diz em *Autobiografia: o mundo de ontem*, no começo ele e seus amigos civilizados de Viena não acreditavam que o perigo fosse real.[15] "É difícil perder trinta ou quarenta anos de confiança interior no mundo em algumas poucas semanas", ele escreveu. Parecia que tamanha "desumanidade" iria se autodestruir rapidamente, pois tal sentimento tinha sido "banido para sempre por todos". No entanto, não foi o que aconteceu. A Áustria já tinha muitos simpatizantes nazistas; Zweig era judeu e conhecido pelas opiniões humanistas e pacifistas, então era evidente que seria um dos primeiros alvos. Quando seus livros foram queimados em praça pública e a polícia revistou sua casa, ele entendeu que deveria sair do país.

Nesse mesmo ano de 1934, Zweig publicou uma breve biografia de Erasmo, cheia de admiração por esse grande humanista, mas que se encerrava questionando por que era tão complicado preservar os valores erasmianos de paz e razão. Eles haviam desmoronado na época de Erasmo; estão desmoronando agora. Por que o humanismo tinha essa "fraqueza" fatal? Os humanistas pareciam estar sujeitos a um "erro bonito": se permitiam acreditar que a melhora da educação, da leitura e do raciocínio bastaria para viabilizar um mundo melhor. O mundo sempre demonstrava que estavam enganados.[16]

Mas *o que* o humanista faz? Era essa a pergunta sobre a qual muitos se debruçavam. Participa do governo e torce para, de dentro, minimizar o dano que vai causar? Os italianos já tinham entendido os riscos dessa atitude: a tentativa de abrandar os fascistas apenas torna a pessoa cúmplice deles. Vai às ruas, preparado para a batalha corpo a corpo? Esse não era o caminho humanista. Sendo assim, ele lamenta a ascensão da barbárie numa prosa elegante, lembrando aos leitores sua humanidade em discursos e artigos? Só que a maioria dos que escutam os discursos e leem os artigos provavelmente já concorda com seus autores.

Talvez, caso deseje viver e esteja em perigo, ele emigre, tal qual Zweig. O custo emocional disso era tão alto, no entanto, que quando ele e a esposa, Lotte Altmann, chegaram ao seu terceiro país de refúgio, o Brasil, já estavam mental e fisicamente exaustos. Zweig perdeu sua biblioteca e suas anotações. No Brasil, continuou escrevendo sem eles; uma de suas últimas obras foi um ensaio biográfico sobre Montaigne, apresentando-o como havia feito com Erasmo: como um herói anti-heroico de uma época terrível, que, sabe-se lá como, mantém o espírito humanista sem entrar em desespero.[17] Mas Zweig se desesperou.[18] Ele e Lotte se suicidaram juntos no Brasil, em 1942. Em um tributo radiofônico, E. M. Forster disse que Zweig também era um dos heróis anti-heroicos sobre os quais vivia escrevendo. "É o humanista que torce pela continuidade da civilização, e hoje a civilização está bem longe de ser um espetáculo animador."[19] Por acaso, no início dos anos 1930, Forster tinha sido descrito em termos quase idênticos por seu amigo Christopher Isherwood: "O herói anti-heroico com seu bigode irregular, seus olhos azul-claros, alegres, e sua corcunda de idoso".[20] Roger-Pol Droit, em sua história da organização pós-guerra Unesco, escreveu:

> Existe algo muito comovente em alguns dos debates e testemunhos dos anos 1930. Os intelectuais interessados diagnosticaram quais os componentes essenciais à crise do humanismo e da sociedade moderna e começaram a propor remédios. Porém eles se enxergavam como espectadores indefesos de uma sequência inexorável de acontecimentos [...]. A tragédia aqui surge, assim como na Antiguidade e no teatro clássico, da mistura de lucidez com impotência.[21]

Um desses espectadores, que inclusive leu a obra de Zweig a respeito de Erasmo assim que foi lançada, era o muitíssimo bem-sucedido romancista alemão Thomas Mann (pai, entre outros filhos, de Erika Mann, mencionada há poucas páginas, no debate sobre a educação nazista). Ao fazer anotações sobre o livro de Zweig em seu diário, Thomas refletiu que aquilo que Erasmo aparentemente não compreendia era mesmo uma questão estranha. O humanismo não conseguia se impor, mas também havia muitas pessoas que pareciam *ansiar* por um mundo de violência e insensatez.[22] Porém a incapacidade dos humanistas de serem ousados também entrava em cena: em uma palestra de abril de 1935, Mann disse: "em todo o humanismo há um quê de fraqueza, que [...] talvez seja sua ruína".[23] Ele botava a culpa em sua tendência a ser muito flexível. Os humanistas cediam fácil demais. "Intimidados, pasmos, ignorantes a respeito do que está acontecendo, com sorrisos desconcertados, eles abandonam opinião atrás de opinião e parecem querer concordar que 'já não entendem o mundo'." Chegavam a se adequar ao estilo dos inimigos — "à burrice maligna de seus caprichos e fórmulas propagandistas". O pior de tudo é que sempre tentavam ver o outro lado da questão, fosse ela qual fosse. Ao lidar com um fanatismo assassino, essa atitude não era necessariamente útil.

Fazia algum tempo que o próprio Mann tinha consciência do magnetismo exercido pelas ideias extremistas e já havia explorado o tema em sua ficção. Sua abordagem mais direta da questão está em seu conto de 1929, "Mário e o mágico",[24] em que um mágico sinistro, Cipolla, tem um poder incomum sobre as plateias que vão assistir a ele, assim como Mussolini e Hitler tinham. Antes, Mann também havia discutido o irracionalismo e o anti-humanismo do século XX em sua obra-prima, A montanha mágica, que começara a elaborar como novela em 1912, antes de interromper sua escrita por cerca de cinco anos. Ele retomou a história em um mundo em transformação: a Primeira Guerra já tinha começado e terminado, e o fascismo estava crescendo. Essas mudanças fizeram parte do livro, que ficou enorme e foi lançado em 1924, ano seguinte à tentativa e ao fracasso de Hitler de dar o golpe em Munique — cidade onde a família Mann morava na época.

O jovem herói de A montanha mágica, Hans Castorp, vai a um sanatório de tuberculosos em Davos, nos Alpes suíços, para visitar o primo doente, Joachim. Pretende ficar lá por três semanas, mas quase sem perceber as três semanas viram sete anos. Seu caso brando (talvez imaginário) da doença é diagnosticado. Nesse ínterim, ele se apaixona por uma russa carismática, Clawdia Chauchat, e tem conversas filosóficas com dois homens antagônicos e tagarelas que representam as duas tendências da cultura europeia. Um é Ludovico Settembrini, um humanista astuto, exuberante, com mente pedagógica — uma espécie de Bertrand Russell nascido em Pádua, mas sem a matemática. O outro é o intimidante prototototalitarista Leo Naphta, jesuíta de origem judaica que representa ao mesmo tempo a persistente escuridão medieval e a onda vindoura de irracionalismo anti-humanista na Europa.

Os dois homens competem para influenciar o ingênuo Castorp, que absorve tudo o que dizem. Settembrini é muitíssimo civilizado, mas sua crença na razão e na essência bondosa da humanidade parece destinada à obsolescência. Naphta, em contrapartida, não tem nenhuma fé na humanidade e tem à mão um exemplar de *Sobre a miséria da condição humana*, de Inocêncio III, em sua suíte; ele o empresta a Castorp. Naphta se mostra tão preocupado com a educação do rapaz quanto Settembrini, porém rejeita o conceito de educação, pelo menos no sentido humboldtiano. "Os jovens", diz Naphta, "não têm nenhum interesse em aprender para serem livres: só querem obedecer. Além do mais, a estrutura humanista de escolarização em breve será substituída pela aprendizagem pública por meio de palestras, exposições e cinema." Settembrini fica horrorizado: "O resultado disso não seria o analfabetismo em massa?". "Sem dúvida", responde Naphta, "mas qual é o problema?"[25]

Nos sonhos de Naphta não existe futuro para a *Bildung*, mas o romance em si é um *Bildungsroman*: um exemplo do gênero literário em que o jovem herói passa por uma série de experiências de vida e aprende alguma coisa com cada uma delas até estar pronto para assumir um papel maduro no mundo. Castorp cumpre essas etapas com seus mentores, e o clímax ocorre quando chega a uma constatação. Um dia, perdido em uma montanha durante uma nevasca e convicto de que vai morrer — como Leslie Stephen em seu precipício —, ele decide escolher a "vida", uma terceira opção que não é nem de Settembrini nem de Naphta.[26] De novo como Stephen, ele descobre que só tirou um cochilo de dez minutos na neve e não está à beira da morte. Consegue voltar à segurança do hotel, com seus almoços colossais. Acaba completando seus sete anos e vai embora de Davos, não mais adoentado. Parece estar destinado a virar um bom burguês como toda a sua família nas "terras baixas" — mas na realidade vai lutar na Primeira Guerra Mundial. Nós o vemos de longe, no front, seu futuro incerto. Existe a possibilidade de que não sobreviva: a anulação da ideia de um *Bildungsroman*.

Mann tinha saído da Primeira Guerra com ideias bem direitistas e a crença de que os escritores deviam ser "apolíticos". Isso gerou conflitos com o irmão mais velho, o romancista Heinrich Mann, um socialista dedicado que acreditava que escritores tinham o dever moral de se manifestar em prol de um mundo melhor.[27] Heinrich e Thomas eram como Naphta e Settembrini, porque nunca paravam de discutir. Heinrich não converteu o irmão ao socialismo radical, mas na década de 1930 Thomas se arrependeu de sua antiga opinião de que escritores não deviam se envolver com política. Ao ver o desastre se desenrolar na Alemanha, começou a dar palestras antinazistas. Era mais cauteloso do que Heinrich, mesmo assim chamou a atenção dos nazistas. Em um discurso de 1930,[28] intitulado "Um chamado à razão", ele foi importunado por homens da SA disfarçados em trajes civis. Em 1932, abriu um embrulho e se deparou com um exemplar meio queimado de seu primeiro romance, *Os Buddenbrook*, enviado por um jovem apoiador de Hitler e acompanhado de um bilhete que sugeria que ele mesmo terminasse de queimá-lo. Mann guardou as folhas chamuscadas e disse ao amigo Hermann Hesse que um dia seriam uma prova do estado de espírito do povo alemão no ano de 1932.[29] Essas palavras insinuam que ele achava que a loucura passaria logo, e não que ficaria ainda pior. Mas a tomada do poder pelos nazistas se consumou no ano seguinte. Heinrich, vendo imediatamente a escalada do perigo, fugiu da Alemanha. Thomas ainda não sabia direito como reagir.

Em certa medida, o problema se resolveu sozinho, já que, quando a tomada do poder aconteceu, ele por acaso estava na Suíça aproveitando as férias com parte da família. Depois de muita insistência de sua filha Erika, ele decidiu não voltar. Ela também corria perigo, pois era atriz teatral e uma lésbica que se travestia com extravagância, e era famosa, entre outras coisas, como piloto de corridas campeã. O irmão dela, Klaus, também era gay e estava envolvido no submundo teatral. Thomas não era tão heterossexual quanto fingia ser. Era evidente que a família inteira ficaria bem melhor longe da Alemanha nazista — mas Thomas escolheu continuar publicando suas obras no país por algum tempo. Por outro lado, foi convencido de que era melhor ficar fora do país e trabalhar contra o regime através de seus escritos e palestras.

Uma coisa o incomodava: tinha deixado manuscritos pela metade na casa da família em Munique, inclusive o último volume de seu épico em várias partes baseado na história do Velho Testamento, *José e seus irmãos*.[30] Erika pegou o carro e, sozinha, se aventurou em uma missão noturna, atravessando a fronteira para resgatar as obras do pai. Como o carro era bem conhecido na cidade, ela o estacionou nos arredores e fez o resto do caminho a pé, usando um par de óculos escuros que acreditava torná-la irreconhecível, embora na melhor das hipóteses a deixasse ainda mais chamativa. Ela se aproximou da casa, mas como parecia estar sob vigilância, esperou o sol se pôr. Então entrou de fininho, enfiou os manuscritos na bolsa e se sentou no breu de seu quarto até dar uma hora da madrugada, a calada da noite. Saiu devagarinho e correu pelas

286

ruas, passando por grupos de nazistas bêbados que celebravam. Em vez dos óculos escuros, afundou o chapéu sobre os olhos. Já sã e salva dentro do carro, embrulhou os papéis e os enfiou debaixo do banco com algumas ferramentas engorduradas e seguiu rumo à fronteira suíça. Àquela altura, a travessia não era muito difícil: os guardas chegaram a lhe dizer que "era bem fácil entender porque alguém iria querer viajar para as montanhas".

Outro dos filhos de Thomas, Golo, também conseguiu resgatar materiais cerca de um mês depois. Já com pelo menos alguns de seus papéis, Thomas ficou vários anos na Suíça, onde escreveu textos com títulos como "Achtung, Europa!" [Atenção, Europa!].[31] Em 1938, ele fez uma turnê pelos Estados Unidos dando uma de suas palestras mais eloquentes, "A vitória próxima da democracia", e resolveu se estabelecer no país. Klaus e Erika foram junto. No começo, Thomas arranjou emprego como professor de Princeton, depois a família se mudou para Los Angeles. Além de Golo, o irmão de Thomas, Heinrich, também conseguiu se reunir a eles, depois de uma travessia dura pelos Pirineus e pela Espanha. Heinrich sempre acharia a vida nos Estados Unidos desafiadora. Ele se sustentava com a ajuda de Thomas e de um contrato como roteirista de filmes hollywoodianos — uma tábua de salvação financeira muito comum para artistas imigrantes. Mas era um trabalho complicado para um socialista veemente com domínio limitado da língua inglesa. Já Thomas era um bom exilado. Continuou escrevendo romances e foi admitido como con-

sultor de literatura alemã da Biblioteca do Congresso Americano pelas mãos de seu bibliotecário, Archibald MacLeish — poeta e homem convicto de que a obrigação das bibliotecas era apoiar escritores em épocas como aquela.[32]

Erika e Klaus escreveram juntos *Escape to Life* [Linha de fuga], que contava as histórias deles e de muitos amigos do mundo teatral e artístico exilados. Além de seu estudo sobre a educação nazista, Erika publicou *The Lights Go Down* [As luzes se apagam], uma coletânea de fortes relatos semificcionais sobre dez indivíduos da vida real, conhecidos dela, em que mostrava como cada um havia reagido à chegada dos nazistas. Alguns dos personagens são vitimados pelo regime; outros tentam se adaptar e assim são incitados a transigir moralmente. Um industrial, sem querer fazer mal a ninguém, acaba dispensando o assistente de ascendência meio judaica para se proteger; ele nunca entende direito o que seu gesto causou. Outros escapam totalmente, inclusive o jornalista da história que dá título ao livro, que começa como simpatizante dos nazistas, mas se dá conta de que também corre perigo depois de ser flagrado por seu editor com um lápis vermelho na mão, corrigindo sem pressa os 33 erros gramaticais de um discurso transcrito de Hitler. Ele passa anos planejando sua estratégia e uma hora consegue fugir com a família para os Estados Unidos — mas só depois de perder a preciosa coleção de obras de arte com que esperava financiar a nova vida e quase afundar em um navio torpedeado. A família vai ter que recomeçar sem nada, mas está viva.[33]

A comunidade formada por esses fugitivos que agora estavam nos Estados Unidos incluía muitos acadêmicos humanistas europeus de renome, além de escritores e artistas. Um dos maiores especialistas em humanismo renascentista, Paul Oskar Kristeller, fez sua jornada com a ajuda — imagine só — de Giovanni Gentile. Kristeller fazia pesquisas na Itália quando as leis raciais alemãs de 1933 foram instituídas, e por isso foi destituído do cargo universitário que tinha na Alemanha. Gentile providenciou para ele uma temporada lecionando em Florença e depois na Scuola Normale Superiore de Pisa — a Itália ainda não tinha leis discriminatórias tão radicais. Para Kristeller, o cargo de professor também trouxe o bônus da gratuidade nos bilhetes de trem italianos: nas folgas, podia visitar bibliotecas do país inteiro para desencavar manuscritos esquecidos dos literatos humanistas de antigamente. Virou uma espécie de Petrarca ou Poggio da era moderna com um passe de trem na mão. As anotações que fez gerariam sua obra mais monumental, *Iter Italicum: A Finding*

List of Uncatalogued or Incompletely Catalogued Humanistic Manuscripts of the Renaissance in Italian and Other Libraries [Iter Italicum: Uma lista de manuscritos humanistas do Renascimento não catalogados ou catalogados de forma incompleta em bibliotecas da Itália e de outros lugares].[34]

Mas Mussolini instituiu suas próprias leis antijudeus em 1938, e Kristeller perdeu seu emprego na Itália. Gentile contatou Mussolini em pessoa para arrumar uma recompensa financeira para ele, mas não disse a Kristeller o que estava fazendo. Assim, quando Kristeller recebeu uma intimação ordenando que comparecesse à delegacia de Roma, ele teve certeza de que seria preso. Não comparecer seria ainda mais arriscado, no entanto, e por isso ele acatou a ordem — e, para sua incredulidade, recebeu um envelope cheio de dinheiro. A essa altura ele já não aguentava mais a vida sob o fascismo. Pediu a Gentile que desse a soma à Scuola Normale e ficou com uma quantia suficiente apenas para a passagem para os Estados Unidos. Ele partiu de navio rumo a Nova York em fevereiro de 1939 e se estabeleceu nas universidades de Yale e Columbia como decano de história do humanismo renascentista.

Entre as pessoas que partiram para os Estados Unidos estava o filósofo Ernst Cassirer, que mais tarde colaboraria com Kristeller e John Herman Randall Jr. em *The Renaissance Philosophy of Man* [A filosofia do homem renascentista], uma compilação de textos humanistas que, ao longo de décadas, fez parte da bibliografia essencial dos cursos de graduação. Outra filósofa exilada, Hannah Arendt, escreveria estudos sobre a política totalitarista e a questão do engajamento político. Hans Baron, um historiador de Berlim, também escrevia sobre engajamento político, declarando-o fundamental para a visão de mundo humanista do século XV. Ele se instalou em Chicago e virou bibliógrafo e bibliotecário da Newberry Library, a biblioteca independente de humanidades do município. E havia também o historiador da arte que falou em "insectolatristas": Erwin Panofsky.[35] Ele trabalhava na Universidade de Hamburgo, mas por acaso estava dando um curso sobre Albrecht Dürer em Nova York quando as leis nazistas de 1933 levaram à sua demissão por telegrama. Ele permaneceu onde estava e acabou tendo uma longa carreira em Princeton.

Durante os anos de Hamburgo, Panofsky era de uma rede de acadêmicos que viam a história da arte como parte de uma área de estudos culturais mais ampla, centrada no "simbólico" — isto é, no âmbito integral da linguagem, das imagens visuais, da literatura e das crenças, conforme preservadas e transmitidas de geração em geração. (Ernst Cassirer também escreveu sobre a ideia de que os seres humanos eram notadamente animais "simbólicos".) Antes dos nazistas, essa comunidade de historiadores da arte encontrava um refúgio agradável no extraordinário instituto e biblioteca de Hamburgo, batizado em homenagem a seu criador: Aby Warburg.

Warburg era de uma família de banqueiros renomados da cidade; como era o filho mais velho, deveria ter sido o único herdeiro da instituição. Mas desde a infância odiava tudo o que tivesse a ver com bancos: gostava mesmo era de ver pinturas e ler. Portanto, aos treze anos, chegou a um acordo com Max, seu irmão caçula. Max ficaria com a herança de Aby inteira. Em troca, bastava prometer que compraria qualquer livro que Aby desejasse pelo resto da vida.[36]

Max não fazia ideia de onde estava se metendo. Na época da Primeira Guerra, a coleção de Aby já contava com mais de 15 mil livros, além de inúmeras imagens no formato original, gravura ou fotografia. A história da arte foi seu primeiro e maior amor, mas também se interessava por mitologia, filosofia, religião, línguas antigas, literatura — tudo que estivesse ligado à atividade simbólica humana. Ele colecionava obras de outras culturas que não as europeias e tinha uma curiosidade especial pelas artes das tribos hopi e zuni, da América do Norte. No final da vida, criou enormes exibições com imagens de sua coleção, organizadas por tema e incorporando tudo, de reproduções de grandes obras a propagandas modernas.[37] A ideia era usá-las como recurso visual para suas aulas. Dizia que era seu *Mnemosyne Atlas*, numa homenagem à deusa grega da memória. Entretanto, ele faleceu em 1929, antes de concluir o projeto. Os 65 painéis que finalizou sobreviveram — eles mesmos são uma obra de arte. A biblioteca também é quase uma obra de arte, pois é a expressão pessoal da visão desse homem; ela ganhou uma equipe de profissionais inteligentes e continuou a crescer bastante após a morte de Warburg. Em 1920, depois de um passeio guiado por seu bibliotecário Fritz Saxl, Ernst Cassirer concluiu: "Esta biblioteca é perigosa. Ou vou precisar evitá-la, ou me fechar aqui dentro por anos a fio".[38]

A biblioteca continuou a se expandir, mantida por seus funcionários e pelos muitos estudiosos que se abrigaram nela — mas então chegaram os nazistas. A ameaça que representavam para a biblioteca e seus funcionários era óbvia, sobretudo porque muitos destes eram judeus. Um plano assombroso, ambicioso, foi elaborado: a biblioteca, em sua inteireza humana e arquivística, se tornaria — como tantos indivíduos — emigrante.

Em uma proeza de organização,[39] a equipe da biblioteca, encabeçada por seus curadores principais, Fritz Saxl e Gertrud Bing, embrulhou os livros, as imagens, os painéis de Mnemosine; chegaram a embrulhar as estantes de ferro, as mesas e os equipamentos de fotografia e encadernação de livros. Foi tudo enviado a Londres, e muitas das pessoas envolvidas também partiram para lá. Ainda assim, o desafio estava só começando. Como Saxl relembraria depois: "Era uma aventura estranha pousar com cerca de 60 mil livros no coração de Londres e ouvir: 'Ache amigos e conte a eles os seus problemas'".

Era uma aventura, realmente, mas receberam a ajuda dos amigos que já estavam na cidade, como Samuel Courtauld, do Courtauld Institute. Ele os ajudou a achar hospedagem na Thames House, em Millbank, e em seguida um lar mais permanente nos edifícios da Universidade de Londres, em Bloomsbury. Os dois institutos se juntaram para lançar um periódico em 1937, com o objetivo de reunir todos os estudos "simbólicos" em uma perspectiva interdisciplinar, holística, e apresentar "o estudo do Humanismo, no sentido mais amplo possível, ao seu campo de atuação". Os funcionários também procuravam formas de atrair o interesse dos londrinos; um memorando de 1934, provavelmente escrito por Saxl, observava que talvez precisassem de uma mudança de estilo, pois os ingleses pareciam avessos a qualquer coisa muito abstrata ou teórica. De fato, muitos dos que encontraram um lar no Warburg Institute tinham vindo de outros países. O instituto virou um refúgio internacional, humanista, para todo mundo.[40]

E ainda hoje é assim. Enquanto o prédio original de Warburg, em Hamburgo, voltou a ser um instituto e centro arquivístico, onde acontecem eventos e cursos, o Warburg Institute de Londres permanece uma grande sede humanística. No momento em que escrevo, o prédio está sendo modernizado, numa tentativa de torná-lo mais convidativo para o público — ainda buscando atrair a visita dos londrinos. Mantém-se movido pelo espírito da conexão, criando laços entre acadêmicos, ideias, histórias e imagens. Muitas das pesquisas sobre a história do humanismo que usei neste livro foram escritas por pessoas que estudaram e trabalharam lá. Eu mesma escrevi boa parte desta obra lá.

Sua identidade como biblioteca exilada também continua a ser honrada. Em 2020, o ceramista e escultor Edmund De Waal a presenteou com sua obra de arte *Library of Exile* [Biblioteca do exílio], uma sala que registra em suas paredes o nome das bibliotecas perdidas e desmontadas do mundo.[41] A instituição também abrigou cerca de 2 mil livros de autores exilados, mas agora os livros foram para o Iraque, para ajudar a recompor a Biblioteca Central da Universidade de Mosul, que sofreu danos severos em 2015.

A coleção de Warburg como um todo, é claro, também é cheia de obras de autores exilados e sobre eles: de Petrarca (que já nasceu em uma família exilada de sua terra ancestral) e dos muitos humanistas do século xv que fugiam de cidade em cidade da Itália, dos *lumières* franceses que se refugiaram na Holanda e na Inglaterra, além de obras de acadêmicos do século xx que fugiram do fascismo e de outros regimes opressores. Pode-se considerar o Warburg Institute uma defesa contra todo o princípio da perda, do esquecimento e do desmoronamento das coisas — aquelas perdas que Petrarca e Boccaccio lamentavam com tanta eloquência.

Na década de 1930, outras bibliotecas e monumentos culturais da Europa também se empenharam para proteger suas coleções da destruição vindoura. Quando os nazistas começaram a queimar livros, os alemães exilados em Paris (em especial o escritor Alfred Kantorowicz) montaram a Biblioteca da Liberdade Alemã — a Deutsche Freiheitsbibliothek — justamente para reunir as obras que os nazistas tentavam destruir e preservar posters, panfletos e outras manifestações do regime para futuros estudos históricos.[42] Bertrand Russell era um dos membros de seu conselho e Heinrich Mann, seu presidente. Durante muito tempo, após o término da guerra, as pessoas imaginaram que todo o conteúdo da biblioteca tivesse sido destruído durante a ocupação nazista, mas em 1990 veio à tona a informação de que alguns títulos tinham sido salvos; agora eles fazem parte da Bibliothèque Nationale.

Em outros lugares, arquivistas e fotógrafos munidos de microfilmes circulavam depressa registrando o máximo possível de documentos e manuscritos insubstituíveis — história contada recentemente por Kathy Peiss no livro que publicou em 2020, *Information Hunters* [Caçadores de informações].[43] Alguns valentes chegaram a continuar após a eclosão da guerra: a acadêmica americana especialista em filologia medieval Adele Kibre permaneceu em Roma fotografando obras da Biblioteca Vaticana e de outros lugares pelo tempo que conseguiu. Voltou aos Estados Unidos em 1941, com dezessete malas de filmes, abandonando seus outros pertences para fazer caber o máximo possível de material. Em seguida partiu para a Suécia e durante todo o período da guerra dirigiu um departamento de microfilme.

Enquanto isso, os prédios eram protegidos com sacos de areia; as obras de arte eram guardadas em esconderijos longe dos grandes centros populacionais. Em Florença, obras-primas da Galeria Uffizi foram transportadas para a área rural. Em Chartres, os belos vitrais dos séculos XII e XIII foram desmontados e enterrados na cripta.

Então a guerra de fato eclodiu e, com o caos, vieram as mortes e as perdas. Os amontoados escondidos de beleza e cultura humana ficaram à espera, em seus abrigos, do fim dela.

As poucas pessoas que tiveram a sorte de encontrar abrigo também esperaram — e trabalharam. Em sua casa na Califórnia, Thomas Mann continuou escrevendo ficção, principalmente outro drama sobre o enfraquecimento do humanismo, *Doutor Fausto*, lançado em 1947. Também escreveu não ficção. Entre suas obras polêmicas dos anos de guerra estão alguns textos curtos feitos com o objetivo de falar aos compatriotas alemães do outro lado do muro de propaganda nazista. Ilustre como era, muita gente na Alemanha a princípio ficara sem saber qual era a opinião dele sobre o regime, e por isso era tão importante que alguns de seus escritos antinazistas entrassem no país. O primeiro foi uma carta aberta, dirigida à Universidade de Bonn, que lhe retirou o diploma honorário de doutor que havia concedido em 1937; assim como aconteceu com inúmeros textos ao longo de séculos, cópias manuscritas desse texto curto circularam de mão em mão. O crítico literário Marcel Reich-Ranicki se recordaria de estar em uma reunião sigilosa, com amigos confiáveis, em que o texto foi apresentado e lido em voz alta: "Uma folhinha de papel, muito fina e escrita na frente e no verso". Depois de escutá-lo, Reich-Ranicki deu uma desculpa e foi cedo para casa para ficar a sós com sua felicidade: aquela grande figura da literatura alemã estava do lado deles, afinal.[44]

Havia mais por vir, a começar por outubro de 1940, quando Mann passou a disseminar mensagens mensais na Alemanha por meio da BBC. Tentar fazer sua voz chegar à Alemanha direto dos Estados Unidos não daria certo, pois a transmissão só seria captada em ondas curtas, e as rádios capazes de recebê-las estavam proibidas na Alemanha e nos territórios ocupados. Os primeiros textos, portanto, foram lidos por alguém em Londres, até que encontraram um método mais complexo que possibilitava que a voz de Mann fosse ouvida na Alemanha. Primeiro, ele gravava cada episódio em um disco de gramofone nos estúdios da NBC, em Hollywood. O disco era levado de avião a Nova York, onde era reproduzido via linha telefônica para Londres, que gravava a mensagem em um segundo disco. Ela então podia ser tocada e transmitida para o continente, como faziam com outros programas da BBC.[45]

Às vezes, nessas gravações, ele falava de notícias específicas, descrevendo atrocidades que se supunha que os ouvintes alemães desconhecessem — como aconteceu quando, no começo de 1942, soube-se que vários judeus da Holanda estavam sendo reunidos e mortos a gás, a título de "experimentação".[46] Em geral, ele se concentrava em lembrar aos ouvintes, inúmeras vezes, que o Reich não representava a Alemanha, muito menos a humanidade em geral, e portanto não tinha como se eternizar. Na transmissão de maio de 1941, disse:

> A humanidade não pode aceitar o triunfo definitivo do mal, da mentira e da violência — simplesmente não pode conviver com tais coisas. O mundo resultante da vitória de Hitler não só seria um mundo de escravidão universal como um mundo de cinismo absoluto, um mundo em que seria totalmente impossível acreditar na nobreza e no lado melhor do homem, um mundo que pertenceria somente ao mal e estaria sujeito ao mal. Tal coisa não existe: não será tolerada. A revolta da humanidade contra um mundo de Hitler, dominado pelo mais profundo desespero da alma e do bem — essa revolta é a mais certa das certezas.[47]

É preciso haver, custe o que custar, esperança.

* * *

A guerra enfim se encerrou, e a máquina de matança nazista também. O que restou foi o cálculo das perdas, tanto as humanas como as culturais. Nas palavras do historiador da arte americano Frederick Hartt, ao olhar as ruas destruídas de Florença: "Da forma à amorfia, da beleza ao horror, da história à imprudência, tudo em um estrondo ofuscante".[48] Muitas coisas estavam perdidas. Muitas jamais seriam recuperadas. O fim da guerra não gerou uma retomada tranquila do mundo civilizado e a "amizade entre muitos" que os humanistas tanto almejavam — embora alguns fizessem tentativas heroicas de torná-la realidade, como veremos mais adiante neste capítulo.

O fim dessa guerra tampouco conseguiu acabar com o hábito universal da humanidade de se comportar de forma desumana. Era preciso considerar novas ameaças: seria impossível desinventar a bomba atômica, lançada sobre Hiroshima e Nagasaki. A hostilidade entre as duas grandes potências, os Estados Unidos e a União Soviética, se revelou fria e duradoura, e a atmosfera cultural dos Estados Unidos sofreu na mesma proporção. No auge do macarthismo da Guerra Fria, Thomas Mann — vendo indícios de que poderia se tornar alvo e enojado pelo fenômeno como um todo — decidiu sair do Novo Mundo que adotara e outrora lhe dera abrigo e voltar para a Suíça.

No que diz respeito à União Soviética e seus satélites, a degradação da liberdade e da dignidade humana continuaram com força total. Karl Marx começara suas pesquisas intelectuais imaginando que a revolução devolveria ao povo sua humanidade integral, inalienada, mas na realidade os Estados fundados sob seu nome se tornaram enormes máquinas de alienação, em que muitas vezes as pessoas eram forçadas a uma vida de subterfúgios e duplipensar para sobreviver.[49]

Na China, a terra do *ren*, o regime de Mao fez o possível para apagar todos os rastros daquela filosofia de que "cada um desse seu máximo para consumar sua humanidade e tratar os outros com a consciência de que eles também são avivados pela humanidade".[50] Durante a Revolução Cultural da década de 1960, crianças em idade escolar eram incentivadas primeiro a ignorar os professores, depois denunciar suas fraquezas ideológicas. Quem parecesse ligeiramente intelectual ou culto era perseguido ou banido para uma área rural distante. Objetos belos e valiosos — obras de arte, livros, antiguidades, porcelanas preciosas — eram recolhidos e queimados, como nas fogueiras das vaidades de Savonarola, ou então guardados em armazéns gigantescos, onde as pragas e a água aos poucos transformavam papel em adubo. O confucionismo foi abafado: na terra natal de K'ung-fu-tzŭ, Qufu, na província de Shandong, sua tumba foi profanada.[51] Cerca de 100 mil livros foram tirados da biblioteca da cidade e queimados. (O acontecimento se torna ainda mais chocante, de certo modo, quando lembramos que o próprio Mao já tinha trabalhado como bibliotecário assistente na Universidade de Beijing.) Quase todos os elementos da vida que pudessem gerar prazer estavam sob suspeita, os tipos de coisas que levavam pessoas como Robert Ingersoll a sentir tanto amor à vida: comida boa, laços familiares, prazeres sociais e bom humor. O país foi dominado por um puritanismo terrível. "As barbearias ainda abriam as portas, mas só ofereciam cortes ao estilo proletário (cabelo curto atrás e nas laterais)", escreveu o historiador Frank Dikötter.[52] "Os restaurantes só serviam pratos simples, baratos." E havia as mortes: cerca de 1,5 milhão[53] delas resultantes da Revolução Cultural, ainda que esse número seja modesto se comparado à estimativa de 36 milhões que supõe-se que tenham morrido devido à Grande Fome de pouco antes. Muitas outras vidas foram arruinadas de maneiras mais sutis. O romancista popular, basicamente cômico, Lao She foi imprudente a ponto de dizer, em um encontro com visitantes estrangeiros em 1966, que não era marxista. "Nós que somos velhos não podemos pedir desculpas pelo que somos", declarou. Por causa disso, foi agredido por uma turba da Guarda Vermelha, que invadiu sua casa. Quando ele voltou, viu seus manuscritos rasgados e sua coleção de pinturas e esculturas danificadas e espalhadas pelo pátio. Pouco depois encontraram-no afogado em um canal, num aparente suicídio.[54]

Outro regime de extremo niilismo foi o Khmer Vermelho de Pol Pot, que ficou no poder no Camboja de 1975 a 1979. Ele causou até 2 milhões de mortes (há diversas estimativas), sendo que a população do país era de apenas 7 milhões.[55] Algumas pessoas foram executadas, mas muito maior é o número das que morreram de tanto trabalhar. A desumanização foi sistemática e total. O ano da revolução foi batizado de Ano Zero: não deveria existir nenhuma outra história. Um dos primeiros atos do novo governo foi tirar da capital, Phnom Penh, todos os seus cidadãos, mandando-os para os grupos de trabalhos forçados no campo. Dali em diante, não havia mais jornais, correspondências, música ou instrumentos tradicionais, livros, tribunais de justiça, dinheiro, propriedade privada, cerimônias religiosas ou ritos de passagem, casamentos por escolha pessoal, relações humanas comuns. Remédios e tratamentos médicos não estavam disponíveis, o que gerou consequências terríveis em termos de sofrimento humano. A comida era mínima. Como o escritor e cineasta Rithy Panh relembrou: "Os vários tipos de arroz de quando eu era criança — de flor de jasmim, de broto de gengibre, o arroz pálido — sumiram em poucos meses. Só nos restou um tipo de arroz, branco e sem nome. Mais tarde, o que nos restou foi a fome".[56]

O filme que Rithy Panh lançou em 2013, *A imagem que falta*, é um belo retrato, por meio das memórias de sua infância e família, da aniquilação de todos os aspectos da existência genuinamente humana que foi imposta pelo Khmer Vermelho.[57] Antes da revolução, tinham uma vida cultural rica em Phnom Penh: o pai era professor, o irmão tocava em uma banda de rock, a irmã era vice-diretora do museu nacional. Então, junto com todo mundo, eles foram exilados e obrigados a trabalhar no campo. A vida antes era plena; agora havia apenas a "conquista através do vazio". Um por um, foram morrendo: o pai, depois os irmãos mais novos, depois a mãe. Cineastas precisam de imagens — mas não havia imagens com que contar a história, já que não existiam câmeras e só alguns filmes oficiais de propaganda tinham sido feitos. Para *A imagem que falta*, Rithy Panh fez bonequinhos de argila representando cada membro da família e os fotografou em quadros estáticos, usando sua voz para narrar a história. "A revolução é pura", ele diz a certa altura. "Não tem espaço para seres humanos."

Considerando-se tais acontecimentos, bem como as duas guerras mundiais e o Holocausto, não é surpresa que, em meados do século XX, alguns escritores tenham olhado para trás e visto uma refutação incontestável de todo o ponto de vista humanista. O romancista William Golding disse, sobre a Segunda Guerra Mundial, que "qualquer um que tenha atravessado esses anos sem entender que o homem produz o mal feito a abelha que produz mel, deve ser cego ou ter problemas na cabeça".[58] Sua fábula niilista e grotesca *Senhor das Moscas*, que retrata a degeneração moral de um grupo de meninos presos em uma ilha isolada, é uma expressão dessa ideia. Ele explicou que antes sua visão não era tão pessimista, mas aquele era o sinal dos tempos.

A ideia de que os seres humanos talvez exalassem maldade se alojou na atmosfera cultural. Qualquer comportamento aparentemente civilizado ou refinado — todas as coisas de que humanistas se compraziam ou se orgulhavam ao longo de séculos — agora parecia um verniz mentiroso. Vez por outra, os humanistas ainda ganhavam o papel que Stefan Zweig tinha criado para eles em seus livros sobre Erasmo e Montaigne: o de frágeis heróis da resistência que mantinham acesa a luz humana mesmo em épocas de escuridão. Mas também podiam ser vistos como tolos ou hipócritas, seus belos ideais um disfarce para as realidades brutais.

O verniz humano realmente parece tênue quando pensamos, por exemplo, nos muitos soldados da SS e de outras organizações nazistas que eram produtos muitíssimo refinados do sistema educacional humboldtiano — um sistema feito para formar seres humanos virtuosos, versados em diversos assuntos. É chocante ler, por exemplo, sobre um jovem soldado que, em 1941, escreveu da Frente Oriental que se sentia impelido a necessitar de tamanha violência pela "luta pelos valores pessoais, realmente humanos".[59] O apetite pela pilhagem de obras de arte entre alguns dos maiores nomes do nazismo sugere um gosto superficialmente humanista, porém sem nada de humano. E como Thomas Mann indagou em setembro de 1945, que profunda ausência de sentimento era aquela que levava o povo da Alemanha nazista a ouvir *Fidélio* — a ópera de Beethoven sobre prisioneiros injustamente confinados e maltratados em uma masmorra — "sem tapar o rosto e sair correndo pelos corredores"?[60]

Foi por isso que o filósofo Theodor Adorno pôde dizer, em um ensaio de 1951, que "escrever poesia depois de Auschwitz é um ato bárbaro".[61] A ideia por trás dessa frase tão citada, bem como dos argumentos mais elaborados de *Dialética do esclarecimento*, livro que escreveu com Max Horkheimer no fim da guerra, não era desvalorizar a cultura, mas instigar uma avaliação crítica radical do presunçoso pensamento ocidental: uma "reescavação" do pensamento iluminista, nas palavras que Valla usaria.[62]

Mas essa missão tão proveitosa poderia ser transformada em algo mais parecido com uma rejeição absoluta dos valores liberais, humanistas e iluministas, como se esses valores fossem os culpados por sua própria negação. Era uma guinada bizarra, levando-se em conta que os fascistas alemães e italianos se definiam explicitamente através do repúdio aos princípios da razão, do internacionalismo, do individualismo, do humanitarismo e do meliorismo, a fim de abraçar o instinto, a violência, o nacionalismo e a guerra. Por mais anti-humanistas que essas ideologias fossem, por alguma razão elas seriam da responsabilidade do humanismo — o que aos ouvidos humanistas soa como dizer que acidentes de carro ainda existiriam sem sinais de trânsito, portanto os sinais de trânsito são os culpados pelos acidentes.

Tais distorções, no entanto, refletem a dificuldade que os intelectuais enfrentavam de encontrar uma resposta adequada a acontecimentos extremos. Ao ver valores civilizacionais desmantelados e sem ter para onde correr, eles pareciam não considerar nenhuma reação adequada afora um desmantelamento ainda mais extremado desses valores.

Assim, alguns escritores achavam que a situação pedia uma retomada da religião ou de uma vaga espiritualidade irracional. É verdade que os grandes Estados totalitários do século XX tendiam ao ateísmo, provando mais uma vez a inexistência de um vínculo automático entre o questionamento da religião e a mente aberta ou humanista. (O problema principal que tinham com as religiões era que não suportavam a ideia de que existisse um Deus acima deles e de suas ideologias.) Agora, na esteira dos horrores, havia quem defendesse que os seres humanos não podiam mais confiar neles mesmos para tentar criar um mundo melhor, por isso deviam retornar humildemente às velhas teologias. (Na verdade, alguns humanistas religiosos, como Jacques Maritain e Gabriel Marcel, já diziam isso desde a década de 1930: nada daria certo para a humanidade, dizia Maritain, sem que aceitassem que "o centro para o homem é Deus".[63]) Em 1950, a *Partisan Review* publicou uma série chamada "Religião e os intelectuais",[64] porque, conforme anunciava sua introdução, os sinais de uma nova "volta à religião" estavam por todos os lados. E quando ativistas contrários à religião providenciaram uma reunião em Amsterdam, em 1952, para fundar a organização que acabaria se tornando a atual Humanists International, o jornal *Elsevier Weekblad* advertiu: ninguém deveria tentar minar a fé no momento em que a sociedade estava nitidamente "carente de caráter, de raízes, de confiança em Deus".[65]

Outros recorriam a um misticismo obscurantista generalizado, que embora não fosse uma religiosidade tradicional ainda tomava o partido contrário à razão e ao meliorismo iluministas. O irônico é que uma figura influente por trás desse movimento foi um filósofo alemão maculado pelo apoio ao nazismo nos anos 1930: Martin Heidegger. Ele assumiu essa postura anti-humanista após a guerra em *Carta sobre o humanismo*, livro escrito no final de 1946 e lançado em 1947. Assim como Maritain, mas por motivos diferentes, Heidegger queria tirar o indivíduo do centro. O que pôs no lugar não foi Deus, mas o "Ser", que ele distinguia de todos os indivíduos específicos. A função do homem é tentar ouvir o Ser e responder a seu "chamado".[66] Heidegger explicava que seu intuito não era de que o Ser fosse um substituto de Deus, mas é complicado não enxergar alguma similaridade. Em todo caso, o papel humano em relação a esse Troço gigante inefável é estritamente subserviente. Nossa missão não é cuidar melhor das nossas questões nem aperfeiçoar nossa vida moral, mas apenas servir a algo que mal tem nome.

A carta de Heidegger foi elaborada como uma resposta ao filósofo francês Jean-Paul Sartre, que tinha dado uma palestra sobre o humanismo a um salão abarrotado de Paris, em 1945. A opinião de Sartre sobre o tema variou ao longo do tempo. Antes da guerra, ele caçoara dos humanistas à moda antiga, chamando-os de hipócritas sentimentais obcecados por uma "humanidade" abstrata; a acusação também apareceria e desapareceria de sua obra mais tardia (sob a influência do marxismo). Até aquele momento, logo após a guerra, ele promovia o humanismo "existencialista", baseado na ideia de que cada um de nós é radicalmente livre e responsável pelos próprios atos. O humanismo de Sartre era uma versão machona feita para os anos 1940; também era genuinamente não religiosa. Fiava-se na ideia de que os seres humanos não contam com um projeto preexistente para sua natureza, seja ele divino ou não. Cabe a nós escolher o que fazer de nós mesmos; precisamos, individualmente e a cada momento de decisão, "inventar o homem".[67]

Por influência de Heidegger, mas também devido a um fascínio ainda maior pela teoria marxista, a geração seguinte de pensadores franceses arrancaria às gargalhadas o humanismo existencialista das páginas da moda intelectual e falariam não em inventar o humano, mas em dissolvê-lo. Em 1966, Michel Foucault encerrou seu estudo *As palavras e as coisas* mostrando a figura do "homem" prestes a ser "apagado, como um rosto desenhado na areia à beira do mar".[68] Assim como Nietzsche (e Swinburne) achava que os seres humanos tinham criado Deus e depois o matado, Foucault achava que o Iluminismo tinha criado o Homem, que agora estava pronto para ser aniquilado. Seria substituído por uma compreensão mais crítica de nós mesmos como seres feitos de influências sociais e históricas. Pensadores religiosos haviam centrado a humanidade em Deus; os heideggerianos a haviam centrado no Ser; agora o centro deveriam ser as estruturas e os processos — ainda humanos, em certo sentido, mas tratados como se fossem mais relevantes do que os seres humanos que conviviam com eles.

Esses novos autores críticos extirparam o humanismo do centro, mas propuseram uma valorosa reformulação de suas ideias. Ressaltaram questões que os humanistas europeus eram pouquíssimo propensos a ponderar, sobretudo as ligadas ao racismo, à exclusão social, ao colonialismo e às diferenças culturais. O pensador pós-colonial Frantz Fanon escreve, em sua obra *Os condenados da terra*, de 1961: "Essa Europa que nunca cessou de falar do homem, nunca cessou de proclamar que só estava preocupada com o homem, sabemos hoje com que sofrimentos a humanidade pagou cada uma das vitórias de seu espírito".[69]

Porém, Fanon também achava que a tradição do humanismo na filosofia e na vida merecia uma drástica reescavada, e não um repúdio indiscriminado. Pregava uma nova filosofia humanista, mais *integral*: "Esforcemo-nos para inventar o homem total que a Europa foi incapaz de fazer triunfar", ele escreveu. "Retomemos a questão [...] da massa cerebral de toda a humanidade, cujas conexões é preciso multiplicar, cujos circuitos é preciso diversificar, cujas mensagens é preciso reumanizar". Existiria maior humanismo que esse? Escreveu também: "Não, não queremos alcançar ninguém. Mas queremos caminhar todo o tempo, dia e noite, em companhia do homem, de todos os homens".[70]

Ao avaliar essas correntes de pensamento, o acadêmico literário chinês Zhang Longxi escreveu que ir "de um extremo do conceito de homem, em que ele é quase angelical e divino, ao outro extremo do homem, em que ele desaparece como um rosto desenhado na areia" é uma reação estranhamente "absolutista" à crise, sobretudo se vinda de filósofos que via de regra tentavam evitar essas oposições tão simplistas. (É mais como a briga toda entre Inocêncio III e Giannozzo Manetti outra vez.) O professor Zhang sugere uma abordagem humanista que se vale de tradições mais sutis: "Temperança e moderação são virtudes humanas verdadeiras, como nos ensinam o pensamento filosófico tanto do Ocidente quanto do Oriente".[71]

Rithy Panh também conclui o livro em que conta sua experiência no Camboja, *The Elimination*, dizendo:

Me dediquei a este projeto com a ideia de que o homem não é fundamentalmente perverso. O mal não é uma novidade, tampouco o bem, mas, como escrevi, existe também a banalidade do bem; e a cotidianidade do bem.

Quanto à boa parte daquele mundo de outrora — minha infância, a risada da minha irmã, os silêncios do meu pai, as brincadeiras incansáveis dos meus sobrinhos pequenos, a coragem e a gentileza da minha mãe, este país de rostos de pedra, as ideias de justiça, de liberdade, de igualdade, o gosto pelo conhecimento, a educação —, ela não pode ser apagada. Não são águas passadas, é um esforço e uma obra em curso: é o mundo humano.[72]

Benedetto Croce também frisou o princípio da "obra em curso". É um erro nos desesperarmos por nossas vidas, escreveu em 1947: cometemos esse erro porque passamos a esperar que o mundo seja sempre benigno, com todos vivendo uma vida civilizada e prazerosa. Quando essa fantasia se espatifa, temos vontade de desistir. A realidade, no entanto, é que a história e o mundo humano não são nem estáveis e bons nem irremediavelmente trágicos. São *uma obra nossa*, portanto se quisermos que ela termine bem, precisamos nos empenhar para que isso se concretize.[73]

Enquanto os filósofos tentavam reformular o conceito de humanidade após a Segunda Guerra Mundial, figuras mais pragmáticas trabalhavam pela reconstrução das cidades ou pela recuperação cultural e política, e em todo o mundo simplesmente pela restauração da prosperidade humana, até onde ela fosse atingível. Um dos desafios mais urgentes era a administração das cerca de 40 milhões de pessoas desalojadas só na Europa. Havia também o projeto de "desnazificação" da Alemanha. Além disso havia programas educacionais em outros lugares, que supostamente dariam as bases para a revitalização moral geral — criando aquela velha ligação humanista entre educação e integridade ética.

Em busca dessa meta, um relatório financiado pelo governo britânico, em 1943, já havia prescrito a construção de caráter, muitos exercícios e estudos na área de humanas, tudo no intuito de "fazer florescer plenamente as diversas potencialidades, físicas, espirituais e intelectuais, das quais [uma criança] é capaz como indivíduo e como membro da sociedade".[74] Nos Estados Unidos, um relatório do comitê de Harvard datado de 1945, *General Education in a Free Society* [Educação geral em uma sociedade livre], também acompanhava todos os educadores humanistas da história ao decretar: "o homem completo deve ser um homem bom".[75]

Novas estruturas e instituições internacionais também estavam nos planos. A maior delas era a Organização das Nações Unidas, fundada em 1945: ela foi descrita pelo humanista britânico Harold J. Blackham como "o início de um interesse comum genuíno, o interesse humano como tal".[76]

Uma de suas ramificações, criada no final do mesmo ano, é a Unesco, a Organização das Nações Unidas para a Educação, a Ciência e a Cultura. Seu texto fundador,[77] de teor erasmiano, afirma que, como as guerras começam na mente humana, a paz também deve começar nela. A organização se propôs a alcançar este último objetivo através de uma ambiciosa política de financiamento e incentivo a bibliotecas, museus, zoológicos, jardins botânicos, institutos de pesquisa científica, universidades e afins. Ela teve uma origem fortemente humanista,[78] especialmente porque seu primeiro diretor-geral foi o zoólogo Julian Huxley, neto de T. H. Huxley e defensor do "humanismo científico". A bem da verdade, o tom do livreto introdutório que escreveu antes de assumir o cargo — *Unesco: Its Purpose and Its Philosophy* [Unesco: Seu propósito e filosofia] — pendia tanto para o humanismo (não religioso) que outros membros o contestaram. No último instante, precisou inserir uma declaração em todas as cópias, esclarecendo que as opiniões expressas eram só dele. Mas sua ideia para a Unesco continuou sendo humanista num sentido mais geral. Como escreveu em seu livro de memórias: "O principal conceito por trás das nossas atividades, eu tinha convicção, deveria ser a *satisfação* — uma concretização mais plena das capacidades dos indivíduos, das cidades, das nações e da humanidade como um todo".[79] Esse objetivo permaneceu no cerne de tudo o que a Unesco fez.

Infelizmente, o efeito não foi tão completo quanto se esperava, pois a União Soviética e seus satélites mantiveram distância, desconfiados de que órgãos desse tipo também tinham outra finalidade: minar a influência e a ideologia que exerciam no mundo.[80] O bloco soviético também se mostrou um colaborador desastrado quando outro projeto da ONU foi lançado, poucos anos depois: a elaboração da Declaração Universal dos Direitos Humanos, debatida ao longo de 1947 e finalizada no ano seguinte.

A comissão que rascunhou a declaração, presidida por Eleanor Roosevelt, levou o processo de discussão a sério, consultando filósofos do mundo inteiro, bem como representantes de diferentes linhas políticas. Era preciso encontrar princípios que satisfizessem todo mundo, o que significava a tomada de posição sobre grandes questões filosóficas: se eram mais importantes os direitos ou os deveres, como equilibrar o individualismo e a identidade comunitária, como ser inclusivo, e se era mesmo possível falar em algo "universal" na humanidade. Essas perguntas ainda são pontos de debate cultural hoje em dia.

Havia também a questão estilística.[81] As discussões começaram no artigo 1º: o representante soviético Vladimir Koretsky ressaltou (de acordo com a política comunista oficial acerca da igualdade de gênero) que a frase "Todos os homens são irmãos" excluía as mulheres. Eleanor Roosevelt deu a explicação bastante bizarra de que a frase era ótima porque ficava subentendido que "Todos os seres humanos são irmãos"! O artigo continuou como estava por um tempo, mas num rascunho posterior os "homens" foram substituídos por "seres humanos", pois Hansa Mehta, a representante da Índia, avisou que, em certos lugares, de fato as pessoas entenderiam que eram somente os homens. Mas, em inglês, a palavra "brotherhood", que remete apenas a "brother" (irmão), ainda faz parte do texto. Em português, o primeiro artigo é: "Todos os seres humanos nascem livres e iguais em dignidade e direitos. São dotados de razão e consciência e devem agir em relação uns aos outros com espírito de fraternidade".

O termo "consciência" dessa declaração também gerou reflexões. O primeiro rascunho a princípio falava apenas em "razão", mas o vice-presidente da comissão, P. C. Chang, diplomata e filósofo chinês com uma enorme admiração pelo pensamento confucionista de Mêncio, sugeriu o acréscimo do termo *ren*. Assim, a declaração teria implicações mais abrangentes, de empatia e reciprocidade humana, em vez de focar apenas a razão. Sua ideia foi acolhida, portanto o espírito do *ren* está muito presente no documento, ainda que na tradução para o inglês o termo "consciência" não transmita toda a gama de sentidos que a palavra carrega.[82]

O resultado de todas essas negociações é uma declaração mais inclusiva e dotada de mais sensibilidade cultural do que a maioria dos documentos da época.[83] Tem um humanismo irreligioso ao estilo de Huxley, mas é um texto humanista em todos os outros sentidos. É igualmente um documento prático, feito para ser usado como base jurídica em casos de infração aos direitos humanos. Quase todas as nações o aprovaram, mas a lista de abstenções diz muito. Elas vieram de seis países comunistas, além da África do Sul, pois seria impossível conciliar a declaração com o apartheid, e da Arábia Saudita, devido a uma cláusula que defende direitos iguais para homens e mulheres dentro do casamento.

Pode parecer fácil aceitar os princípios expressos na declaração como fato consumado — até eles serem pisoteados. Então, como os valores humanistas de modo geral, de repente parecem ser mais dignos da nossa defesa. Conforme Thomas Mann observou em uma de suas mensagens à Alemanha transmitidas pela BBC, o verdadeiro começo da catástrofe nazista remontava ao momento em que, durante o comício da vitória do partido, em Berlim, em fevereiro de 1933, Joseph Goebbels anunciara: "Os direitos do homem estão abolidos". Essas palavras, afirmou Mann, demonstravam a intenção dos nazistas de apagar "todas as conquistas morais da humanidade por milhares de anos".[84] O objetivo da Declaração Universal dos Direitos Humanos era manifestar a intenção contrária: tal aniquilação das conquistas jamais deveria se repetir.

Enquanto essas discussões se davam em salas de reunião de todo o mundo, historiadores da arte, "caçadores de obras-primas" e outros voluntários e especialistas se encarregavam da revitalização cultural por um viés mais prático. Circulavam pelas estradas da Europa, encontrando e protegendo prédios e obras de arte que tinham sobrevivido à guerra praticamente intactos. Um deles era Frederick Hartt, que falou, em Florença, na mudança "da forma à amorfia" e da "história à imprudência" em tom muito vívido. Ele escreveu um relato, cuja leitura é bastante agradável, sobre suas aventuras ao passear pela Toscana e outros lugares a partir das últimas etapas do recuo alemão. Em geral, seguia os passos do destemido e vigoroso Cesare Fasola,[85] funcionário da Uffizi e militante da resistência, a quem os aldeãos da área chamavam de *il professore*. Ele não ligava de circular sozinho pela zona rural em busca de arte, mesmo com os alemães ainda por perto: eles lhe davam uma licença especial. Ele e Hartt fizeram parte do primeiro grupo que chegou ao Castello di Montegufoni (propriedade de uma família literária inglesa, os Sitwell), esconderijo de muitas das obras da Uffizi.[86] Depararam-se com uma cena desconcertante: as tropas alemãs alojadas ali já tinham ido embora, mas deixaram a *Primavera* de Botticelli encostada numa parede e fizeram a tela redonda de Domenico Ghirlandaio, *Adoração dos Magos*, de mesa onde apoiar bebidas — a mesma injúria mais tarde imposta ao mosaico dos barcos de Calígula. Um dos visitantes dos Aliados, o romancista Eric Linklater, deu sua contribuição plantando beijos carinhosos nos lábios de todas as figuras femininas da *Primavera*. Fez isso quando ninguém estava vendo — mas falou disso sem rodeios em seu livro de memórias.[87]

Alguns alemães heroicos também tinham salvado preciosidades. Muito da pilhagem tinha continuado, mas alguns poucos oficiais guardaram obras de arte vulneráveis para que não fossem danificadas. Pelo menos foi esse o caso no mosteiro beneditino de Monte Cassino[88] — a grande fortaleza monástica, a biblioteca que Boccaccio ficara tão feliz em explorar havia mais ou menos seis séculos. Como ficava muito acima da rota de Nápoles a Roma, obviamente tinha uma importância estratégica para ambos os lados. Dois oficiais alemães, Maximilian Becker e Julius Schlegel, se deram conta (separadamente) de que isso o tornava um provável alvo dos bombardeios das forças aliadas. Portanto, no final de 1943, puseram suas coleções mais preciosas em uma centena de caminhões que seguiriam para o norte, rumo ao Castel Sant'Angelo, em Roma, que seria mais seguro. Acertaram ao tomar essa atitude: os americanos de fato bombardearam o mosteiro em fevereiro do ano seguinte, e um bombardeio ainda mais grandioso foi feito seis semanas depois. Um membro da tripulação que fez esse segundo bombardeio, Walter M. Miller Jr., ficou tão chocado com o que viu que acabou se convertendo ao catolicismo, além de ter escrito um romance, *Um cântico para Leibowitz*. A obra se passa em um mundo futuro em que boa parte do conhecimento cultural se perdeu e fala de pessoas encontrando e pesquisando algumas relíquias restantes da civilização do século XX e da esperança de usá-las em prol de um renascimento — um projeto bem similar ao dos humanistas na Itália dos séculos XIV e XV. Neste caso, entretanto, a primeira relíquia descoberta é um bilhete: "Meio quilo pastrame, lata chucrute, seis *bagels* — levar para casa, para Emma".[89]

Destruição parecida quase aconteceu a Chartres, mas dessa vez foi um americano que salvou a catedral.[90] Em 16 de agosto de 1944, os alemães ainda estavam na cidade. Os americanos estavam prestes a entrar e receberam ordens de bombardear fortemente a catedral como medida de precaução, para o caso de as forças alemãs estarem-na usando como torre de vigilância. Era plausível: assim como o mosteiro de Monte Cassino, a catedral de Chartres tinha uma vista ampla dos arredores. Mas um oficial, o coronel Welborn Barton Griffith Jr., estremecia diante da ideia de tamanha destruição se dar em um edifício de 750 anos sem que a necessidade desse ato fosse comprovada. Numa atitude corajosa, ele e seu motorista (cujo nome eu lamento não saber) entraram na cidade furtivamente, foram à catedral e subiram até o alto do campanário: não havia alemães lá dentro. Griffith deu o aviso de que o local estava vazio e a ordem de bombardeio foi revogada. Esse foi praticamente o último ato de sua vida: naquele mesmo dia, foi morto por fogo inimigo na cidade vizinha, Lèves. Em meio a todo esse drama, o vitral de Chartres continuou bem protegido em sua cripta; quando a paz se estabeleceu, trabalhadores e voluntários o reinstalaram na moldura, com o mesmo cuidado com que tinha sido retirado.

Alguns anos atrás, passei dois dias em Chartres e nas redondezas, explorando a catedral e descobrindo algumas das histórias de sua longa vida, inclusive a do valente coronel e seu motorista — e a daquela intervenção de outrora, em que um arquiteto dissuadiu os vândalos da Revolução Francesa de ordenarem sua demolição.

Como ao admirar a beleza do edifício, me vi profundamente comovida pela forma como a catedral incorpora o tempo humano. Todos os prédios o fazem, mas Chartres deixa seu processo temporal mais visível do que a maioria. Surge de alicerces e criptas antigas. Depois ergue, nos séculos XII e XIII, os principais espaços onde exibe entalhes, botaréus e vitrais — tudo feito através do uso das tecnologias mais modernas da época, da engenharia estrutural dos botaréus à criação dos vitrais, em grande medida contando com seu característico "azul de Chartres". Mais acima, subindo até o telhado, vemos — inesperadamente — vigas de ferro fundido do século XIX, bem escondidas da visão de quem olha de fora. Elas foram construídas em 1836, inspiradas nas belas vigas de ferro das estações de trem daquela época. De novo, o que havia de melhor na modernidade foi conjugado ao maior respeito possível à história. É difícil não pensar nos trabalhadores que o fundiram e nos artesãos medievais. Também é difícil não pensar nas pessoas de épocas mais recentes, que tiveram a paciência de numerar e guardar os vidros na década de 1930, e nos que os tiraram do esconderijo e reinstalaram após a guerra — e aqueles que ainda se dedicam a esses vitrais e os protegem hoje em dia. O prédio encapsula tudo isso: o talento e a dedicação humanos, a atmosfera política de cada época, a concepção original, os séculos de manutenção. Ele nos lembra da erudição que a catedral abrigou no "Renascimento do século XII" e — sim — da fé cristã que instigou a crença de que valia a pena enfrentar tantos apuros para criar tamanha beleza.

Não compartilho dessa fé, mas achei impossível não circular por Chartres sem sentir uma (ligeiramente tensa) fé na humanidade. É verdade que os seres humanos já chegaram às raias de derrubá-la algumas vezes. Mas outros seres humanos continuam tentando, com ainda mais empenho, deixá-la de pé.

A questão mais óbvia a respeito da qual a humanidade precisava recobrar a serenidade, depois da Segunda Guerra Mundial, era a das armas nucleares. Como Jean-Paul Sartre disse em outubro de 1945, a lição de Hiroshima e Nagasaki era que, dali por diante, sempre caberia aos seres humanos *decidir* se queriam ou não sobreviver — a suprema decisão existencialista.[91]

Outro humanista célebre que traduziu o problema em palavras memoráveis foi Bertrand Russell. Ele concluiu, em uma transmissão radiofônica de 1954, "O perigo do homem", com um chamado à escolha:

> Há diante de nós, se assim escolhermos, o progresso constante a partir da felicidade, do conhecimento, da sabedoria. Deveríamos, ao contrário, escolher a morte, pois somos incapazes de esquecer nossas rixas? Eu rogo como ser humano a outros seres humanos: lembrem-se de sua humanidade e se esqueçam do resto. Caso consigam agir assim, o caminho estará aberto para um novo Paraíso; caso não consigam, nada haverá à frente além da morte universal.[92]

"Lembrem-se de sua humanidade e se esqueçam do resto" — sendo o "resto" os interesses nacionais, a vaidade, o orgulho, o preconceito, o desespero e tudo o que sirva de entrave para escolher a vida — virou uma frase muito citada, sobretudo pelo próprio Russell. Ele a repetiu em uma daquelas conferências internacionais que aconteceram em 1955 e onde foi elaborado um manifesto que seria assinado por cientistas interessados, entre eles Albert Einstein a poucos dias de sua morte. O grupo acabaria fazendo reuniões anuais a partir de julho de 1957, em Pugwash, na Nova Escócia; assim, "Pugwash" continuou sendo o nome incorporado ao manifesto original e também às conferências. Eles ainda se encontram hoje em dia, com os mesmos objetivos: minimizar a proliferação de armas e promover mecanismos políticos para tentar diminuir as probabilidades de uma guerra catastrófica.[93]

Bertrand Russell continuou firme na campanha antinuclear, escrevendo sobre o tema e participando de protestos até o fim da vida. Depois de uma dessas ocasiões, em 1961, em que falou a uma multidão no Hyde Park, em Londres, ele foi condenado por "incitar a população à desobediência civil" e sentenciado a uma semana na Prisão de Brixton.[94] A essa altura, tinha 89 anos. O magistrado o perdoou em troca da promessa de "bom comportamento", mas Russell jamais prometeria uma coisa dessas. Assim como Voltaire, ele só se tornou *ainda mais* destemido e provocador com o passar dos anos.

Russell trabalhou em prol de muitas outras causas, entre elas a ambiental: tinha uma impressão visionária da relevância da proteção dos recursos naturais e já ressaltava a urgência disso em 1948-9, em suas palestras na BBC.[95] (Por volta da mesma época, Julian Huxley[96] organizou uma iniciativa da Unesco para criar a União Internacional para a Conservação da Natureza, que ainda hoje colabora com governos e empresas.)

Uma parte da natureza quase engoliu Russell em 1948, antes que ele pudesse dar a palestra na BBC.[97] Durante uma viagem naquele outono, a Trondheim, na Noruega, ele fez um voo no *Bukken Bruse*, o "barco voador" — espécie de hidroavião que encosta a fuselagem na água, em vez de ter flutuadores parecidos com pés. O clima estava ruim. Quando o barco voador estava prestes a pousar na água, foi atingido por uma rajada de vento e tombou para o lado. Uma das asas se soltou e a água inundou a cabine. Das 45 pessoas a bordo, dezenove morreram. Todos os passageiros da seção para não fumantes, na parte da frente do avião, faleceram. Em sua maioria, os fumantes, que estavam mais para trás, conseguiram sair nadando e foram resgatados — entre eles, Russell, que vivia de cachimbo na boca. Estava ensopado e não tinha nenhuma muda de roupa, mas um clérigo muito gentil lhe emprestou uma batina de padre — uma imagem engraçada para quem sabia das opiniões de Russell sobre religião. Um jornalista ligou de Copenhague e lhe perguntou no que tinha pensado quando estava na água. Pensara em misticismo e na lógica? Não, ele respondeu. "Pensei que a água estava gelada."

As campanhas de Russell, justamente por sua essência, costumavam ser *contra* coisas: armas nucleares, a depredação da natureza e as guerras — ele manifestou em especial sua oposição ao envolvimento dos Estados Unidos na

Guerra do Vietnã, no final da década de 1960, quando ele já passava dos noventa anos. Sua atitude geral em relação ao mundo, no entanto, não era nada pessimista. Em um discurso autobiográfico em 1955, "Esperanças: realizadas e frustradas", ele relembrou seu liberalismo otimista pré-guerra, que confessou ter ficado complicado defender. Porém, não desistiria: "não vou submeter minhas opiniões sobre o que é bom e o que é ruim à arbitragem fortuita dos acontecimentos passageiros". Era preciso se adaptar às mudanças do mundo, claro, mas "também é ruim supor que aquilo que está em ascensão é o correto".[98] Em todo caso, como ele sempre frisava, cabe *a nós* decidir se nosso mundo se tornará mais feliz ou não.

Ele retomou essa linha de pensamento em sua autobiografia — cujo último volume é uma de suas derradeiras publicações —, lançada poucos meses antes de seu falecimento em fevereiro de 1970. Ele encerrou o livro com um resumo de sua experiência de quase um século de vida:

> Talvez eu imaginasse que o caminho para um mundo de seres humanos livres e felizes fosse mais curto do que está sendo, mas não me enganei ao pensar que esse

mundo é possível, e que vale a pena viver com a ideia de trazê-lo para mais perto. Eu vivi almejando essa ideia, tanto no âmbito pessoal como social. Pessoal: me ocupar do que é nobre, do que é belo, do que é delicado; permitir que momentos de percepção me tragam sabedoria para os momentos mais mundanos. Social: imaginar a sociedade que será criada, em que indivíduos crescem livremente, e onde o ódio e a ganância e a inveja morram por não haver nada que nutra esses sentimentos. São essas as minhas crenças, e o mundo, apesar de todos os horrores, não conseguiu abalá-las.[99]

12
O lugar de ser feliz

DE 1933 ATÉ HOJE
*Organizações, manifestos e campanhas humanistas — Filhos de
Mary — tribunais, parlamentos e escolas — Relaxe! — "glória
suficiente" — inimigos — arquitetura e planejamento urbano
— Vassili Grossman — máquinas e consciência — o pós-humanismo
e o transumanismo — Arthur C. Clarke e a Mente Suprema
— o latido humanista — quando, onde e como ser feliz.*

Quem também buscou o "mundo de seres humanos livres e felizes" de Russell ao longo do século XX, adentrando o século XXI, foram as pessoas que se reuniram em grupos sob o nome de humanistas. Alguns deles saíram de associações seculares, ou racionais, ou éticas do século anterior. Alguns eram firmemente ateístas; outros tinham vínculos com organizações semirreligiosas como os unitaristas. Alguns buscavam acima de tudo promover ideais científicos e racionalistas; outros davam mais ênfase à vida moral. Alguns se aliaram ao socialismo radical; outros evitaram filiação política.

Durante a crise da década de 1930, pessoas dos Estados Unidos, principalmente os unitaristas, se deram conta de que seria útil criar laços entre grupos através da escrita de "uma espécie de chamado humanista". O chamado se tornou o primeiro *Manifesto humanista* do mundo, lançado em 1933. Apresentava o humanismo como uma "religião", em certa medida porque era essa a mentalidade unitarista, mas também porque era conveniente falar assim de um movimento que não se encaixava em nenhuma categoria óbvia. Nem todos os humanistas queriam se envolver, em certos casos porque não gostavam da ideia de concordar com um dogma, fosse ele qual fosse. Um dos que foram convidados a assinar, Harold Buschman, respondeu com uma advertência: "Haverá 'heresias' e mal-entendidos, em vez da troca livre de experiências entre uns e outros". Outro, F. C. S. Schiller, observou com ironia: "Reparei que seu manifesto tem quinze artigos, 50% a mais do que os Dez Mandamentos".[1]

Trinta e quatro signatários puseram seus nomes no manifesto. Assim, endossaram um documento que demonstrava preocupação com as liberdades civis e a justiça social e uma preferência pela razão como o melhor meio de administrar a vida pública. Embora o manifesto chamasse o humanismo de religião,[2] também dizia que os humanistas viam o universo como tendo "existência própria e não criada" e não esperavam "garantias sobrenaturais ou cósmicas de valores humanos". O humanista podia ter "sentimentos religiosos", mas eles geralmente tomavam a forma de "um senso aguçado da vida pessoal e [a crença] no esforço colaborativo em prol do bem-estar social". O humanista, concordavam eles, é alguém cuja área de interesse "inclui trabalho, arte, ciência, filosofia, amor, fraternidade, recreação — tudo o que seja em seu valor expressivo de uma satisfação inteligente da vida humana". Em suma, o humanista valoriza "a alegria de viver" e é alguém a quem (para citar Terêncio) nada do que é humano é estranho.

Essa declaração suscitou reações fortes daqueles que entendiam a religião como algo completamente diferente. *The Bristol Press*, de Connecticut, citou em tom de aprovação a anedota de um estudante dizendo a outro: "Thomas, se você afirmar mais uma vez que Deus não existe, eu te dou uma surra que vai te mandar para o quinto dos infernos".[3] O jornal acrescentou: "Tal remédio é o único argumento que esses professores são capazes de entender e na nossa humilde opinião eles estariam curados". No fatídico ano de 1933, essa seria a menor das ameaças enfrentadas por humanistas, "professores" e todo mundo.

Nos anos seguintes à guerra, além de surgirem novas organizações humanistas, as antigas foram ressuscitadas em várias partes do mundo.[4] Nisso se incluem vários grupos notáveis da Índia — com sua tradição antiga de livre-pensamento, que remonta à escola Carvaka. O ativista indiano mais exuberante era Manabendra Nath Roy, fundador do Indian Radical Humanist Movement [Movimento Humanista Radical da Índia].[5] No começo do século, ele era marxista e tinha passado uma temporada no México, colaborando com a fundação do Partido Comunista do país. Depois passara oito anos na União Soviética, chegando em certa ocasião (como relembra em suas memórias) a preparar uma sopa excelente para Stálin. Porém, se desiludiu com o comunismo, sobretudo em sua forma stalinista, devido à falta de respeito às vidas individuais e às liberdades pessoais.[6] Roy voltou à Índia e se envolveu no movimento por independência, passando seis anos preso por suas atividades. (Como Bertrand Russell falou nessa época, se referindo aos britânicos, eles compartilhavam com os fascistas a crença de que "só se podia governar pondo as melhores pessoas na prisão").[7] Ele conhecia Mohandas K. Gandhi, mas divergia um pouco de seus métodos e formou o dissidente Partido Democrata Radical. A diferença era tanto de temperamento quanto de princípios políticos: Gandhi era conhecido pela vida austera, já Roy preferia a ebuliente tradição de Robert Ingersoll. Para ele, o estilo de vida humanista significava o máximo apreço pelos prazeres deste mundo: além de sopa, adorava boa comida de modo geral, bem como bons vinhos, viagens, socialização, liberdade, fraternidade e "alegria de viver". Para promover essas coisas excelentes e seu compromisso político com o internacionalismo e a vida ética, ele propôs um "Novo Humanismo" — que não deve de jeito nenhum ser confundido com o Novo Humanismo elitista de Irving Babbitt e seus companheiros. O manifesto de Roy dava ênfase à frase de Protágoras: "O homem deve voltar a ser a medida de todas as coisas".[8]

Outros humanistas indianos estavam na vanguarda de um novo projeto pós-guerra: a tentativa de estabelecer um órgão único que apoiasse e coordenasse os inúmeros grupos que existiam mundo afora. Um de seus principais proponentes era da Holanda: Jaap van Praag, que em 1946 foi um dos fundadores da Dutch Humanist League [Liga Humanista Holandesa]. Ele era judeu e havia sobrevivido à guerra permanecendo escondido durante toda a ocupação nazista. Para ele, promover valores humanistas era uma maneira de evitar que algo parecido tornasse a acontecer. Com outras pessoas, organizou um congresso em Amsterdam em 1952 reunindo mais de duzentos representantes de todas as tendências, que se juntaram com a meta de fundar uma instituição duradoura e, como seria de esperar, de escrever um novo manifesto.

Como sempre acontece quando seres humanos se reúnem com um objetivo grandioso em mente, assim que o encontro começou, surgiram discussões incansáveis sobre ideologia e escolha terminológica. Segundo um relato divertido de Hans van Deukeren, o debate partiu da questão sobre o nome a ser adotado.[9] Alguns defendiam o nome International Ethical Society [Associação Internacional Ética]: para eles, "ética" era um termo geral já bem estabelecido para tais grupos, mas "humanista" remetia à Religião da Humanidade de Auguste Comte. Outros eram favoráveis a "humanista" e achavam "ética" muito insípido. Só depois de catorze horas de discussão alguém sugeriu o nome International Humanist *and* Ethical Union [União Internacional Humanista *e Ética*]. E foi assim que ficou conhecida — sob a sigla IHEU —; depois seu nome mudou, e hoje é Humanists International. Ela continuou a prosperar, enfrentando outras rixas ideológicas, e ainda é o ponto de encontro dos humanistas do mundo inteiro, com seus diversos desafios e batalhas nacionais.

Quanto ao manifesto de 1952, conhecido como Declaração de Amsterdam, ele teve um sucesso duradouro, mas com desdobramentos: passou por diversas atualizações que acrescentam novas ideias e ajustam as ênfases das mais antigas. A versão mais recente, lançada pela Humanists International em 2022, segue a original de 1952 em vários aspectos, principalmente na ênfase que o humanismo dá à ética.[10] As duas versões falam da importância da satisfação e do desenvolvimento pessoal, bem como das responsabilidades e laços sociais. Ambas acreditam na pesquisa científica independente, inspirada nos valores humanos, como nossa maior esperança de encontrar soluções para os problemas. Humanistas, diz a nova versão, alinhada ao original, "esforçam-se para serem racionais", mas a atividade artística e "a vida criativa e ética" também têm relevância. Os dois documentos nos lembram das tradições longas e inspiradoras subjacentes ao humanismo moderno. Também exprimem um otimismo comedido em relação ao futuro. Na declaração de 2022, esse sentimento é resumido nas seguintes palavras: "temos confiança de que haja potencial na humanidade para resolver os problemas com que nos defrontamos por meio da pesquisa independente, da ciência, da empatia e da imaginação, na promoção da paz e da prosperidade humana".

A versão de 2022 amplia esse ponto, contudo, incluindo novos elementos que faltaram em 1952. Ressalta mais a ampla *gama* de tradições humanistas que fomentam o humanismo moderno: "Crenças e valores humanistas são tão antigos quanto a civilização e têm história na maioria das sociedades do mundo". Os humanistas, diz o documento, esperam "o florescimento e a fraternidade da humanidade em toda a sua diversidade e individualidade". Portanto, "rejeitamos todas as formas de racismo e preconceito e as injustiças suscitadas por eles". A declaração de 2022 segue a original quando sustenta que artes, literatura e música melhoram a vida, mas acrescenta uma menção ao "coleguismo e realização" que as atividades físicas podem nos trazer. Demonstra um maior reconhecimento da conexão e dos deveres da humanidade para com o resto da vida na Terra — com "todos os seres sencientes", bem como com as futuras gerações de seres humanos. Por fim, adota um tom modesto na conclusão:

Os humanistas reconhecem que ninguém é infalível ou onisciente e que o conhecimento de mundo e da humanidade só pode ser adquirido por meio de um processo contínuo de observação, aprendizado e reflexão. Por esses motivos, não procuramos nem evitar o escrutínio nem impor nossa visão a toda a humanidade. Pelo contrário: estamos comprometidos com a expressão e troca irrestritas de ideias e buscamos cooperar com pessoas de diferentes fés que compartilhem de nossos valores, tudo com o objetivo de construir um mundo melhor.

(Para ler o manifesto de 2022 na íntegra, veja o apêndice na página 393.)

O manifesto em expansão reflete as mudanças na forma como os humanistas se enxergam, bem como as transformações mais amplas do mundo: é mais sutil e mais respeitoso com as diferenças; não é triunfalista quando fala em humanidade. O acréscimo dessas novas camadas de complexidade deixou o texto mais longo. Mas gosto do novo tom; gosto da modéstia e das novidades conjugadas com os elementos antigos. Como as versões anteriores, o manifesto de 2022 continua a fincar o humanismo no âmbito da ética e dos valores, além do dever que todos temos de cuidar uns dos outros e dos outros seres vivos. Todas as versões salientam mais isso do que as questões de crença, irreligião ou até da razão — por mais importantes que sejam. Elas se concentram mais nas dúvidas religiosas do que em questões humanas mais abrangentes, como satisfação, liberdade, criatividade e responsabilidade. Deixam claro que o ponto principal do humanismo não é censurar os crentes — uma atividade que pode ser alienante para muitos, e em todo caso não é a maneira mais alegre de aproveitar nosso tempo na Terra. (Já censurar as pessoas em cargo de autoridade que insistem em impor sua fé aos outros, por outro lado, me parece um ótimo jeito de aproveitar o tempo.) Mas esse é um manifesto em defesa de algo mais profundo: um conjunto alegre e positivo de valores humanos.

Isso também é verdade para o manifesto de 2003, lançado pela American Humanist Association (fundada em 1941, ela conta com a glória de ter AHA como sigla). O documento fala em viver a vida "bem e plenamente", norteada pela compaixão e pela razão:

Almejamos nosso desenvolvimento mais pleno e animamos nossa vida com um profundo senso de propósito, encontrando assombros e encantamentos nas alegrias e nas belezas da existência humana, em seus desafios e tragédias, e até no teor inevitável e definitivo da morte.[11]

Enquanto as organizações humanistas se empenhavam para ser mais positivas e acessíveis, elas tentavam também estabelecer vínculos melhores com comunidades mais amplas — inclusive algumas que talvez tivessem bastante desconfiança quanto ao humanismo ou aversão a ele. Instituições e fés religiosas podem ser centrais na vida dessas comunidades, e muitas vezes dão às pessoas uma sensação de identidade social e propósito comum. Se são vistos sobretudo como antirreligiosos, pode-se pensar que os humanistas se opõem à validade não só de fés específicas como de todo o princípio de propósito e identidade. A humanista negra americana Debbie Goddard falou do enfrentamento a essa ideia quando, ainda universitária, se declarou ateia. Como disse: "Meus amigos negros mais íntimos me disseram que o humanismo e o ateísmo são ideologias eurocêntricas nocivas e deram a entender que, sendo ateia, eu estaria virando as costas para a minha raça". O ateísmo era visto como uma ameaça à "identidade negra e à história negra".[12] Goddard resolveu se dedicar a duas metas: "inserir mais humanismo na comunidade negra e mais pessoas negras na comunidade humanista".[13]

Uma das coisas que organizações humanistas modernas — como a African Americans for Humanism (AAH) [Afro-americanos em Defesa do Humanismo], da qual Goddard é diretora — tentaram fazer foi ressaltar o quanto a perspectiva negra e outras aprimoram, inspiram e enriquecem o universo humanista, em vez de tratá-las como algo à parte, complementar e distrativo. Em troca, como afirma a declaração feita pela AAH em 2001, os humanistas podem se empenhar mais especificamente para promover a "eupraxsofia" — "a sabedoria e a boa conduta através da vivência" — na comunidade negra americana.[14] A AAH não é a única organização para humanistas negros existente nos Estados Unidos: há também a Black Humanist Alliance e a Latinx Humanist Alliance, ambas afiliadas à American Humanist Association. No Reino Unido, a Association of Black Humanists também é afiliada à Humanists UK.[15]

Organizações para humanistas LGBT+ também fazem parte de grupos humanistas mais amplos. A versão britânica, LGBT Humanists, deve sua fundação a um caso extraordinário acontecido em 1977, quando fundamentalistas cristãos ressuscitaram antigas leis de blasfêmia para processar o periódico *Gay*

News devido à publicação de um poema de James Kirkup, "The Love That Dares to Speak Its Name" [O amor que ousa dizer seu nome].

O poema sem dúvida chocou alguns cristãos.[16] Ele retratava um centurião romano beijando e acariciando o corpo crucificado de Jesus de forma ao mesmo tempo sexual e terna. Atraiu o olhar de velocirraptor de Mary Whitehouse, uma ativista conservadora que vivia procurando batalhas para travar — uma de suas lutas anteriores foi uma tentativa infrutífera de fazer a BBC proibir a canção "My Ding-a-Ling", de Chuck Berry. Depois de se deparar com o poema de Kirkup (é de imaginar que estivesse folheando inocentemente seu exemplar do *Gay News*), Whitehouse pôs mãos à obra, providenciando um processo criminal por blasfêmia, não contra o poeta, mas contra o periódico e seu editor, Denis Lemon.

O caso, aberto no tribunal de Londres em 4 de julho, chamou muita atenção; talvez não tanto quanto o julgamento de *O amante de Lady Chatterley*, em 1960, mas foi parecido. Fazia 56 anos que não acontecia um julgamento por blasfêmia no Reino Unido. O último tinha sido em 1921,[17] contra John W. Gott, um vendedor de calças de Bradford e livre-pensador, depois que ele publicou um livro intitulado *God and Gott* [Deus e Gott]; apesar da saúde frágil, o autor foi sentenciado a nove meses de trabalhos forçados. Desde então a lei não era mais usada, mas oficialmente ainda estava em vigor.

Lemon e o *Gay News* foram defendidos por dois advogados liberais famosos, John Mortimer e Geoffrey Robertson, respectivamente. Quem cuidava da acusação era John Smyth, que para começar fez um relato dramático da afronta causada pelo poema àqueles que professavam a fé cristã. Depois do processo, seriam raras suas aparições na imprensa, até que, em 2017, Smyth foi obrigado a sair do país depois de ser acusado de abusos violentos a meninos em uma colônia de férias cristã.[18]

Um fator óbvio que deveria ser considerado no processo seria o do valor literário. Kirkup era membro da Royal Society of Literature e monitor universitário, portanto suas credenciais pareciam boas, e vários escritores célebres se ofereceram para atestar a qualidade do poema. (O próprio poeta evitou se envolver no caso, justificando posteriormente que reprovava a politização da arte.)[19] Mas nenhum testemunho literário foi ouvido, pois o juiz, Alan King-Hamilton, declarou isso irrelevante.[20] Seu resumo final, dirigindo-se ao júri, incluiu comentários como: "Há quem pense que a permissividade já foi longe demais. Há também quem ache que não pode haver limite nenhum quanto ao que é passível de publicação. Se tiverem razão, podemos nos perguntar qual será a próxima blasfêmia insultuosa". Mais tarde, ele diria que se sentira "meio consciente de estar sendo guiado por uma inspiração super-humana" ao proferir esses argumentos finais.[21] Em 11 de julho, o júri convenientemente declarou os réus culpados por dez votos a dois. Os dois foram multados, e Lemon também recebeu uma suspensão de nove meses. A ilação, como John Mortimer escreveu depois, era de que fazer os anglicanos corarem de vergonha era uma infração penal.[22] E *eram* só os anglicanos: as outras religiões continuavam desprotegidas pelas leis de blasfêmia britânicas, como a British Muslim Action Front [Frente de Ação Muçulmana Britânica] descobriria em 1988, ao tentar usá-las contra a editora de *Versos satânicos*, de Salman Rushdie.

Enquanto isso, com toda a publicidade e com um excelente drama documental da BBC baseado na transcrição do julgamento, o efeito principal do caso do *Gay News* foi melhorar a imagem tanto da causa dos direitos LGBT+ quanto a humanista.[23] Mary Whitehouse dera chilique por causa de um "lobby humanista gay", algo que não existia formalmente. Então os humanistas gays resolveram criar um.[24] O Gay Humanist Group nasceu em 1979 — e mais tarde adotou o nome de LGBT Humanists. Em homenagem à sua origem, seu lema é "Filhos de Mary".[25]

A luta contra as leis de blasfêmia continuou sendo parte essencial das tarefas das organizações humanistas. Em certos lugares, ela parece estar ganha, ou quase ganha: no Reino Unido, a blasfêmia deixou de ser crime na Inglaterra e no País de Gales em 2008 e na Escócia em 2021, embora no momento em que escrevo este livro ela ainda seja ilegal na Irlanda do Norte. Nos Estados Unidos, graças à proteção das liberdades de expressão e fé asseguradas pela Primeira Emenda,[26] nunca houve uma lei dessas de âmbito nacional, mas ela existe em alguns estados. A última condenação aconteceu há quase um século: em Little Rock, Arkansas, em 1928, Charles Lee Smith foi mandado para a prisão por exibir um cartaz que dizia: "A evolução é verdade. A Bíblia é mentira. Deus é um fantasma". No primeiro de seus dois julgamentos, ele não pôde nem sequer testemunhar em defesa própria, pois como era conhecido por seu ateísmo, não permitiram que fizesse o indispensável juramento de que diria a verdade com a mão na Bíblia.

Vários outros países têm leis de blasfêmia na Constituição (em alguns casos uma herança das leis coloniais britânicas) e sete vão além, permitindo que levem à pena de morte. Uma campanha internacional pedindo "Parem já com as leis de blasfêmia" foi lançada em 2015, e o Center for Inquiry, uma ONG dos Estados Unidos que luta contra a pseudociência e a influência das religiões sobre o governo, também criou um programa de "Resgate Secular".[27] Para quem abandona religiões e regimes altamente controladores, a ONG oferece diversos tipos de ajuda, como pedidos de asilo, imigração, auxílio jurídico e bolsas de estudos. A organização já foi descrita como uma "rota subterrânea de salvação de ateus". Durante o período de escrita deste livro, humanistas americanos também se depararam com novos desafios dentro dos Estados Unidos, sobretudo a anulação — bastante arraigada em ideias religiosas conservadoras — do direito ao aborto que outrora parecia tão bem estabelecido.

Tudo isso está na ponta mais radical do espectro do ativismo, mas as organizações humanistas também trabalham em prol de conquistas mais modestas em seus diversos países: um tratamento mais inclusivo e mais humanista de disciplinas religiosas nas escolas, o reconhecimento igualitário de cerimônias fúnebres e matrimoniais humanistas, o acesso à morte assistida digna para pessoas com doenças terminais, e assim por diante.[28]

Na Grã-Bretanha, a Humanists UK[29] tem algumas batalhas específicas a encarar, em especial os privilégios bizarros que ainda são dados aos anglicanos no sistema político — talvez nada surpreendente em um país com a longa tradição de designar o monarca "Defensor da Fé". A Câmara dos Lordes destina assentos a 26 bispos da Igreja anglicana, ou seja, assim como acontece em um punhado de teocracias, o Reino Unido aceita automaticamente que clérigos tenham participação no governo. Tanto lá como na Câmara dos Comuns, os dias começam com rezas, via de regra conduzidas por um bispo veterano (na dos Lordes) e um capelão especialmente designado pelo presidente da casa (na dos Comuns). O comparecimento é voluntário, mas os membros que queiram garantir um lugar nos dias mais movimentados consideram aconselhável guardar assento na sessão de reza; caso contrário, existe o risco de chegarem mais tarde e não sobrar lugar para se sentarem.[30]

Pelo menos os primeiros-ministros já não precisam mais fazer um juramento especificamente religioso ao assumir o cargo. A alternativa de escolher uma afirmação secular lhes foi assegurada em 1888 por Charles Bradlaugh, primeiro-ministro e fundador da National Secular Society. Eleito em 1880, ele primeiro se recusou a fazer o juramento de praxe e por isso foi proibido de assumir o posto. A teoria, como sempre, era de que seria impossível acreditar que incrédulos estivessem falando a verdade na política ou agindo corretamente em nome do país, assim como seria impossível acreditar que estivessem falando a verdade no tribunal. Numa consequência paradoxal, quem não tinha uma fé aceitável só poderia provar sua confiabilidade mentindo. Bradlaugh se ofereceu para agir justamente assim, fazendo o juramente religioso de qualquer modo. Mas então ouviu que não podia, já que tinha confessado não acreditar nele. Sempre que tentava entrar para o Parlamento, era expulso. Uma vez, passou a noite preso em uma cela debaixo do Big Ben, e outra vez foi retirado à força do prédio pelos seguranças — o que não foi fácil, já que Bradlaugh (assim como Robert Ingersoll) era de uma corpulência formidável. Seu amigo George William Foote descreveu sua aparência quando estava na rua, após a expulsão: "ele estava ali de pé, um colosso de virilidade ofegante, valente, suas feições firmes como granito, e os olhos fixos na porta à sua frente. Foi o momento em que mais o admirei na vida. Ele estava soberbo, sublime". Com o assento de Bradlaugh considerado oficialmente vago, foram várias as eleições suplementares feitas para ocupá-lo, mas ele sempre se candidatava e ganhava de novo. Por fim, em 1886, recebeu permissão para ocupá-lo, fazendo o juramento religioso padrão — mas logo depois de ingressar no Parlamento propôs uma lei para que a afirmação solene irreligiosa fosse reconhecida. O projeto foi aprovado e virou lei.[31]

A religiosidade também está entrelaçada à vida política dos Estados Unidos, mas de outra forma. Em comparação com o Reino Unido, o país é oficialmente secular, mas reina o forte pressuposto de que um candidato (confessadamente) irreligioso jamais poderia chegar à Presidência. Os alicerces políticos mais antigos do país eram um bocado diferentes: eram baseados no princípio da separação entre Igreja e Estado, e de qualquer modo eram criados por pessoas que não raro eram céticas, deístas ou tinham fés pluralistas. Thomas Jefferson, por exemplo, antes de criar sua Bíblia sem anfibologias, escreveu em seu *Notes on the State of Virginia* [Notas sobre o estado da Virgínia] que "não me causa ne-

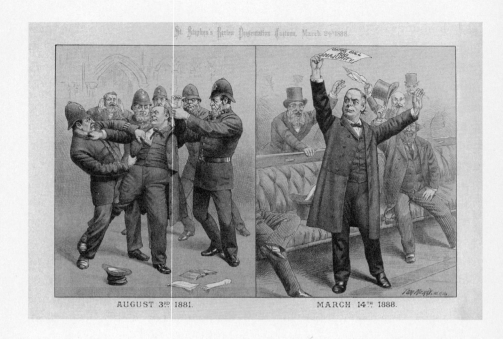

nhuma ofensa que meu vizinho diga que existem vinte deuses, ou deus nenhum. Não faz mal ao meu bolso nem quebra minhas pernas".³² Alguns dos elementos religiosos mais proeminentes no âmbito público americano se estabeleceram apenas na década de 1950.³³ A expressão "sob Deus" foi acrescentada ao Juramento de Lealdade à Bandeira em 1954. "Em Deus confiamos",³⁴ embora já usado em moedas e outros lugares antes, começou a aparecer nas cédulas de dinheiro em 1957, depois da aprovação de uma lei em 1956. Também em 1956 a expressão substituiu E pluribus unum como lema do Congresso.

Mesmo durante aqueles anos de devoção pós-guerra, os princípios seculares dos Estados Unidos significavam que, em tese, as crianças jamais seriam obrigadas a frequentar aulas de religião. Na prática, a ideia volta e meia era ignorada. Em 1948, uma ativista discretamente resoluta, Vashti McCollum, entrou com um processo contra a escola do filho por impossibilitar que ele evitasse essas aulas. Depois de várias perdas, ela por fim venceu o caso na Suprema Corte. No caminho rumo a essa vitória, ela e a família aguentaram muitos gestos abusivos. As pessoas jogavam lixo na porta deles, inclusive repolhos inteiros, com direito a raízes e lama. Rabiscaram nas janelas de casa e do carro a palavra "ATISTA". Receberam cartas dizendo coisas como "Que suas almas podres tostem no inferno". Quando McCollum mostrou as cartas a uma mulher que bateu à sua porta, na esperança de convencê-la a se arrepender, a mulher alegou que cristão nenhum escreveria aquelas coisas. McCollum retrucou: "Bom, é evidente que não foi um ateu".[35]

No Reino Unido, tumulto similar aconteceu em 1955, quando a psicóloga educacional Margaret Knight fez dois programas na rádio BBC voltados para pais e mães que quisessem ensinar princípios morais aos filhos sem um viés cristão. Ela teve que lutar contra a oposição interna da BBC, e depois a imprensa correu para se queixar dela. O *Sunday Graphic* imprimiu sua foto com as palavras: "Ela parece — não é verdade? — a típica dona de casa: tranquila, à vontade, inofensiva. Mas a sra. Margaret Knight é uma ameaça". Em um livro de memórias, ela relembrou que, na própria juventude, tinha tentado abafar suas dúvidas religiosas, até ler Bertrand Russell e se dar conta de que *era* possível dizer e sentir tais coisas. Tudo que desejava com a série de rádio, explicou, era também conscientizar os responsáveis e as crianças de que eles poderiam falar abertamente sobre questões de fé e dúvida.[36]

Essa conscientização ainda hoje faz parte das funções cumpridas pelos grupos humanistas. Ainda que vivam em uma sociedade repleta de perspectivas não religiosas, é comum que as pessoas achem difícil confessar suas dúvidas quanto à religião na qual foram criadas. As organizações humanistas esperam promover uma atmosfera geral de aceitação e até de bem-estar, lembrando às pessoas que, se questionarem a própria religião, terão companhia, e que viver com uma moralidade puramente humanista é uma opção válida.

É por isso que organizações britânicas e americanas criaram campanhas em 2008 e 2009, com propagandas em outdoors e ônibus. As mensagens da American Humanist Association eram as seguintes: "Não acredita em Deus? Você não é o único". E: "Por que acreditar em Deus? Seja bom só pelo prazer de ser bom". A mensagem britânica, instigada por Ariane Sherine, era aquela que vimos no capítulo introdutório: "É provável que Deus não exista. Agora

pare de se preocupar e curta a vida". Nem todo mundo gostou da ideia. Além das cartas de reclamação mais previsíveis que a BHA recebeu dos religiosos havia também as de ateus empedernidos que achavam a palavra "provável" evasiva e as de agnósticos radicais que achavam o anúncio da *provável* inexistência de Deus uma declaração categórica demais. Essas reações demonstram que é impossível agradar todo mundo ao mesmo tempo — um ótimo princípio humanista.[37]

A prioridade dessas campanhas era, como sempre, ter um viés otimista. Relaxe! Seja bom — companhia é o que não falta —, curta a vida. O objetivo das propagandas não era atacar, mas tentar estabelecer laços com pessoas que, embora não soubessem, talvez já fossem, em certa medida, humanistas.

Enquanto isso, práticas e comunidades religiosas continuam a proporcionar alegria, fraternidade e satisfação a muitas pessoas. Por que os humanistas não iriam desejar essas formas (muitíssimo humanistas) de satisfação na vida? Realmente, a maioria dos humanistas não deseja. Eles se concentram em ajudar aqueles a quem a religião trouxe problemas ou medo; promovem a conscientização a respeito de possibilidades humanistas e trabalham em prol de estruturas políticas e leis melhores, que sirvam às necessidades dos não religiosos.

O humanismo jamais deveria significar a subtração de nada que seja parte da suntuosidade da vida humana: ele deveria se abrir a *mais* suntuosidade. Faço coro com Zora Neale Hurston, cuja visão da existência material, derivada de Demócrito, nós conhecemos no primeiro capítulo. No mesmo trecho, ela diz:

> Eu jamais, por meio de palavras ou atos, tentaria privar alguém do consolo que traz. Ela simplesmente não é para mim. Talvez outra pessoa lance um olhar arrebatado para os arcanjos. O surgimento do horizonte amarelo de manhã, que nasce depois da bruma da aurora, já é glória que me basta.[38]

Meu próprio senso de arrebatamento e glória surge geralmente da tentativa de imaginar a grandeza e a complexidade do universo, sobre o qual descobrimos algo novo o tempo inteiro. A ciência nos diz coisas que só posso descrever como sublimes: que vivemos em um universo que contém, segundo estimativas, mais ou menos 125 bilhões de galáxias, sendo que só a nossa já contém uns 100 bilhões de estrelas, e a nossa estrela particular ilumina nosso planeta e o povoa com cerca de 8,7 milhões de espécies de organismos diversos, entre os quais um deles é capaz de estudar e se maravilhar com essas observações. Isso também faz *de nós* uma coisa incrível: de uma forma ou de outra, nosso 1,3 quilo, aproximadamente, de massa cerebral consegue abranger e desenvolver tal conhecimento e gerar todo um universo em miniatura de consciência, emoção e autorreflexão.

Talvez os ateus fiquem perplexos ao constatar que, apesar de tudo isso, tantas pessoas prefiram continuar apegadas à ideia de deuses locais que parecem mais preocupados em cobrar dízimos e vigiar se estamos fazendo sexo corretamente. A pergunta que esses ateus fazem é: por que o panorama mental humano não reflete o que conseguimos descobrir, por enquanto, sobre o universo e sua vida e beleza — como se fosse um espelho limpo, sem distorções?

Mas só uma parte ínfima do panorama mental humano é remotamente parecida com um reflexo em um espelho limpo, sem distorções. Julian Huxley escreveu sobre o ser humano como um moinho de transformações, "no qual o mundo da realidade bruta é despejado em toda a sua crueza, para emergir [...] como um mundo de valores".[39] Podemos nos esforçar para pensar com o máximo de racionalidade e com o máximo de domínio científico: é bom que façamos isso. Mas *também* vamos sempre viver em um mundo de símbolos, emoções, moralidades, palavras e relações. E isso volta e meia significará uma fronteira porosa entre os estilos religioso e não religioso de lidar com esse mundo.

Como o contista, dramaturgo e médico russo do século XIX Anton Tchékhov escreveu em 1889, na carta que enviou a um amigo — fazendo alusão a uma canção de Mikhail Glinka com libreto de Aleksandr Púchkin:

Se o homem souber da teoria do sistema circulatório, estará rico. Se aprender a história da religião e também a canção "Eu me lembro de um Momento Maravilhoso", estará ainda mais rico, e não mais pobre, por causa disso. Consequentemente estamos negociando apenas somas.[40]

Negociar apenas somas: isso é glória que me basta.

Mas isso não quer dizer que tudo vai bem. Um problema mais sério ocorre não quando crenças sobrenaturais são afirmadas, mas quando os valores humanistas mais arraigados são ameaçados, inclusive de formas já abordadas neste livro: com crueldades contra humanos e outros seres vivos, a negação do respeito a certos tipos de pessoa, a pregação da intolerância, a queima ou qualquer tipo de destruição de "vaidades" e a repressão à liberdade de pensamento, escrita e publicação. Em 1968, o decano dos humanistas britânicos, Harold J. Blackham, fez o favor de elaborar uma lista daqueles que acreditava serem os "inimigos" na sua época — sendo "inimigos" uma palavra que os tipos mais pacíficos relutam em usar, conforme ele admitiu. Porém, argumentou, a identificação dos inimigos é necessária. São eles:

intolerantes, sectários, dogmatistas, fanáticos, hipócritas, sejam eles cristãos ou humanistas, e todos aqueles, independentemente de rótulos, que procuram por qualquer motivo que seja ludibriar, escravizar, manipular, fazer lavagem cerebral ou de alguma forma privar seres humanos de sua autossuficiência e responsabilidade, e em especial todos aqueles que assim vitimam os jovens e inexperientes. A causa humanista, na mais vasta e vaga das expressões, é "vida e liberdade", e no front inimigo estão todas as doutrinas, instituições, práticas e pessoas hostis à vida ou à liberdade.[41]

Poderíamos complementar, levando em conta nossa época: toda uma classe de manipuladores autoritários, fundamentalistas, iliberais, opressores, belicistas, misóginos, racistas, homofóbicos, nacionalistas e populistas, alguns dos quais alegam ser devotos de religiões tradicionais, seja essa devoção sincera ou não. Eles demonstram desprezo pelas vidas humanas reais, mas prometem — sempre! — algo sublime e melhor. É preciso que sejam levados a sério como inimigos do humanismo e do bem-estar humano.

Por outro lado, talvez eles também nos ajudem a responder à pergunta: "O que é humanismo?". Podemos encontrar a resposta observando as lacunas deixadas sempre que um menosprezo descontraído aos indivíduos está em ascensão. O humanismo é o que deveria estar nesses espaços.

Isso é perceptível em áreas específicas da vida, não só no vasto quadro político. Por exemplo: o que é arquitetura humanista ou planejamento urbano humanista? É o que não está sempre triturando a possibilidade de que as pessoas tenham uma vida digna, satisfatória. O designer humanista presta atenção a como as pessoas usam o espaço e o que as deixa à vontade, em vez de tentar impressionar com edifícios com tamanhos de tirar o fôlego ou que sejam um labirinto de obstáculos estilosos frustrantes para quem precisa contorná-los. Para arquitetos humanistas, é melhor partir da "medida humana". Geoffrey Scott, autor do influente estudo de 1914 chamado *The Architecture of Humanism*, explicou isso nos lembrando de nossa tendência a falar de prédios segundo termos usados para exprimir nossa experiência corporal, declarando-os pesados, altos ou equilibrados — descrições derivadas de nosso senso físico de existência no mundo. O arquiteto humanista procura "condições físicas que remetem às nossas, movimentos que são como aqueles de que gostamos, resistências que lembram aquelas que nos sustentam, um cenário em que não ficaríamos nem perdidos nem contrariados".[42]

Esses objetivos eram os que norteavam a grande ativista norte-americana pelo planejamento urbano humanista, Jane Jacobs. Ela começou em 1958, fazendo uma campanha bem-sucedida contra o projeto de Robert Moses de passar uma via expressa pelo centro de Lower Manhattan, demolindo o Washington Square Park. Depois ela escreveria análises de como as pessoas realmente vivem e trabalham nas cidades — observando, por exemplo, que pode parecer uma boa ideia dispor grandes praças nos limites da cidade, mas as pessoas têm mais interesse em caminhar *dentro* de um espaço agradável durante seus trajetos regulares, ao irem para o trabalho ou ao mercado, e não ao fazer passeios especiais. Ela também reparou que uma rua movimentada, cheia de bares e frequentada por adolescentes rebeldes, pode até parecer caótica e barulhenta, mas provavelmente cria um ambiente mais seguro do que um espaço aberto sossegado — e sem dúvida é mais propício às relações humanas. O trabalho de Jacobs influenciou outros estudiosos, como o urbanista dinamarquês Jan Gehl, que passava horas vagando pelas ruas italianas, fazendo anotações acerca de como os residentes atravessavam uma *piazza* ou paravam para bater papo encostados em um pilar de proteção. Um jornal publicou uma foto dele à espreita, com a legenda "Ele parece um 'beatnik', mas não é".[43] Então ele aplicou suas descobertas a projetos mundo afora, nos quais colaborava com os cidadãos do lugar. Em um caso, depois que ele e os moradores do conjunto habitacional dinamarquês de Høje Gladsaxe planejaram juntos uma área de recreação para as crianças, os arquitetos originais chamaram o resultado de "um ato de vandalismo contra a arquitetura". Para Gehl, sempre fez mais sentido as pessoas vandalizarem a arquitetura do que permitir que a arquitetura vandalizasse a vida das pessoas.[44]

O que é válido para o planejamento urbano também é válido para muitas outras áreas — para a política, é claro, mas também para certos aspectos da atividade médica e das artes. Anton Tchékhov, cuja ideia de "somas" vimos anteriormente, priorizava o humano em seus dois trabalhos, de médico e de escritor. Seus contos, principalmente, são humanistas na atenção minuciosa que dão aos acontecimentos (ou discretos não acontecimentos) do cotidiano das pessoas: momentos de amor ou de sofrimento, viagens, mortes, dias de tédio. Suas opiniões sobre religião e moralidade também eram as de um humanista: não gostava de dogmas e era cético quanto a crenças sobrenaturais. Como escreveu um admirador de Tchékhov do século XXI:

> Ele disse o que ninguém antes, nem mesmo Tolstói, havia dito: antes de tudo, todos nós somos pessoas, entendam, pessoas, pessoas, pessoas! Disse isso na Rússia, como ninguém antes havia dito. Ele disse: o mais importante é que as pessoas são pessoas, e só depois são bispos, russos, lojistas, tártaros, operários [...]. Tchékhov disse: vamos colocar Deus de lado, vamos colocar de lado as chamadas ideias progressistas, comecemos pela pessoa, sejamos bons e atenciosos para com a pessoa.[45]

Essas palavras na verdade são enunciadas por um personagem fictício, em uma cena do romance *Vida e destino*, do judeu ucraniano Vassili Grossman, outro grande escritor humanista. Assim como Tchékhov, além de um autor criativo, Grossman também era cientista: ele tinha começado uma carreira como engenheiro químico. Então passou a escrever ficção, em grande medida leve e cômica, e jornalismo durante a Segunda Guerra, principalmente ao preencher relatórios da frente de batalha de Stalingrado. Na década de 1950, trabalhou em *Vida e destino*, obra muito influenciada por sua experiência de guerra e sobretudo pela perda da mãe, Yekaterina Savelievna, assassinada pelos nazistas. *Vida e destino* nos faz mergulhar no que o século XX ofereceu de pior: guerra, genocídio, frio, fome, traição, perseguição racista tanto nos territórios ocupados por nazistas como na União Soviética — em suma, o pesar e o sofrimento humanos em escala descomunal. O livro nos leva a lugares a que mal suportamos ir, como uma câmara de gás nazista e o exato instante da morte. Mas ao longo de tudo, Grossman imbui a narrativa de sensibilidade humanista, pondo os indivíduos no centro da trama, nunca ideias ou ideais.

Ele também era humanista em outros sentidos. Não gostava de instituições religiosas, que segundo ele tendiam a obstruir em vez de incentivar a propensão natural das pessoas à bondade e à solidariedade. Para Grossman, somente essas duas qualidades tinham importância. Como diz outro personagem de *Vida e destino*, "é precisamente ela, essa bondade estúpida, o que há de mais humano no homem, é ela que distingue o ser humano dos outros seres, é o mais alto a que chega o espírito humano. Ela nos diz que a vida não é o mal".[46]

Em um regime comunista, era possível tecer críticas às ideologias da religião tradicional, mas não às do Estado. Grossman desagradou ao expor as tendências antissemitas da União Soviética, jamais assumidas. Quando começou *Vida e destino*, Stálin ainda era vivo e parecia pouco provável que um livro desses fosse publicado.[47] Mas Stálin morreu em 1953 e foi sucedido por Nikita Khruschóv, que prometeu um "de-

gelo" cultural. Assim, quando Grossman finalizou o romance, em 1960, achou que valia a pena enviá-lo a uma editora. Os amigos avisaram que ele estava otimista demais, e tinham razão. Logo depois de despachar o livro, ele recebeu uma visita da KGB. Os agentes revistaram sua casa e recolheram as outras cópias datilografadas do texto, além de todos os rascunhos e cadernos. Também apreenderam o papel-carbono e as fitas para máquina de escrever, na expectativa de apagar até os fantasmas impressos das palavras. O livro parecia ter sido eliminado da face da Terra.

O que não sabiam era que Grossman havia tomado a precaução de dar duas outras versões a dois amigos, que as esconderam e esperaram. Grossman escreveu outros livros, entre eles um romance inacabado sobre os sentimentos confusos de um homem ao sair de um encarceramento de trinta anos no gulag e um belo relato de suas viagens e encontros na Armênia. A essa altura, já estava doente, acometido por um câncer estomacal. Faleceu em 1964, ainda sem perspectivas de ver *Vida e destino* publicado.

Mais de uma década se passou. Então, em 1975, um dos amigos, com a ajuda de outras pessoas, conseguiu mandar um microfilme do manuscrito para fora do país. A leitura do filme era difícil, mas outras cópias foram feitas, e uma versão parcial do texto foi lançada por uma editora suíça em 1980. Cinco anos depois, foi publicada uma versão mais completa, traduzida para o inglês. O romance foi imediatamente declarado[48] uma obra-prima do século XX, comparável a *Guerra e paz* de Tolstói — ou a uma série interligada de contos de Tchékhov. Parte do seu fascínio estava na própria história, que falava da sobrevivência apesar de tudo. Como muitas obras de humanistas de épocas mais remotas, essa foi salva através da criatividade, da ocultação, do resgate e da reduplicação. E, como já sabiam Petrarca e Boccaccio e os primeiros tipógrafos humanistas, não há nada mais importante para a salvação de um livro quanto a produção de cópias diversas.

Não há dúvida de que são muitos os exemplares de *Vida e destino* em circulação atualmente. Caso alguém pergunte "o que é humanismo?" e não lhe venha à cabeça uma resposta mais direta, não seria de todo mal que você levasse a pessoa a uma livraria e a presenteasse com um desses exemplares.

Sempre que uma pessoa morre, diz Grossman em *Vida e destino*, o mundo inteiro construído pela consciência desse indivíduo morre junto: "Extinguiram-se as estrelas no céu da noite, a Via Láctea desapareceu, o sol se apagou [...] as flores perderam a cor e o aroma, sumiu o pão, sumiram a água, o frio e o calor do ar". Em outro trecho do livro, ele diz que um dia talvez criemos uma máquina capaz de experiências humanas; mas se o fizermos, ela terá que ser enorme — de tão gigantesco que é o espaço da consciência, mesmo o de uma "pessoa comum, insignificante".

E acrescenta: "O fascismo exterminou dezenas de milhões de pessoas".[49]

Tentar pensar nessas duas coisas ao mesmo tempo é uma façanha quase impossível, mesmo para a capacidade imensa de nossa consciência. Mas será que as mentes maquinais um dia terão algo similar à nossa habilidade de ter esses pensamentos, em toda a sua seriedade e profundidade? Ou fazer reflexões morais sobre os acontecimentos, ou se equiparar ao nosso escopo artístico e criativo? Tem quem ache que essas perguntas nos distraem de outra, mais importante: devíamos estar nos perguntando o que nossa relação íntima com as máquinas está fazendo *conosco*. Jaron Lanier, um pioneiro da computação, adverte em seu livro *You Are Not a Gadget* [Você não é um aparelho eletrônico] que estamos nos permitindo ficar cada vez mais algorítmicos e quantificáveis, pois assim facilitamos a lida dos computadores conosco.[50] A educação, por exemplo, se torna algo menos ligado à evolução da humanidade, imensurável em termos numéricos, e mais vinculado ao cumprimento de tarefas. A sensação de estar plenamente "vivo" e "humano" com a chegada da maioridade descrita por John Stuart Mill; a doçura e luz de Arnold; a "alegria inexprimível" de Humboldt diante da descoberta intelectual — tudo isso transformado em um sistema de cinco estrelinhas que registra a satisfação do consumidor. Diz Lanier: "Já demonstramos inúmeras vezes que a capacidade da nossa espécie de diminuir nossas exigências para fazer a tecnologia da informação parecer boa é infinita".

Para levarmos essa ideia aviltante à sua conclusão lógica, podemos voltar mais de um século, até chegarmos a — quem diria — George Eliot.[51] Embora não seja conhecida como autora de ficção científica (nem, aliás, como pessimista), ela criou uma imagem de ficção científica que é aterrorizante de tão pessimista em seu último livro, *Impressions of Theophrastus Such* [As impressões de Theophrastus Such], publicado em 1879. Um personagem no capítulo

"Sombras da raça futura" especula que as máquinas do futuro talvez aprendam a se reproduzir sozinhas. Em seguida, talvez também se deem conta de que não precisam mais de mentes humanas por perto. Conseguirão se tornar ainda mais fortes "por não terem a carga fútil da consciência que grita por irrelevâncias, como uma ave de granja dependurada de ponta-cabeça à sela de um ágil cavaleiro". E esse é o nosso fim.

Pois é. Hoje em dia, há quem pense que, se a humanidade acabar em um desastre causado pela inteligência artificial malévola, ou pelo colapso ambiental, ou por alguma outra asneira, o mundo realmente ficaria melhor. Não somos exatamente uma boa influência: estamos destruindo o clima e os ecossistemas do planeta, exterminando espécies com nossas plantações e gado e redirecionando todos os recursos à geração de um número cada vez maior de seres humanos. Até nossos satélites se proliferam como brotoejas no céu noturno. O impacto que causamos é tão colossal que os geólogos estão debatendo a possibilidade de dar à nossa época o nome oficial de Antropoceno, um período que talvez seja identificado nos sedimentos, em certa medida, através de uma camada formada pelos ossos de nossas aves domesticadas. Isso joga uma nova luz sobre a ave de granja da consciência. Mas, se humanizarmos tudo, no final das contas esgotaremos também a base de nossas vidas, e assim tornaremos a desumanizar tudo.[52]

Ao cogitar essa possibilidade, alguns seres humanos buscam o consolo paradoxal de acolher essa perspectiva. Os "pós-humanistas", como às vezes são designados, anseiam por uma época em que a vida humana será drasticamente reduzida em escopo ou não existirá mais. Há quem proponha que nós mesmos provoquemos essa autodestruição. Essa é a mensagem do Voluntary Human Extinction Movement [Movimento pela Extinção Humana Voluntária], fundado em 1991 pelo ambientalista e professor Les U. Knight. Meio sério e meio obra de arte surreal, o movimento defende que façamos um favor à Terra parando de nos reproduzir e aguardando tranquilamente nosso desaparecimento.[53]

O pós-humanismo tem um quê agradável de recato,[54] porém também é uma forma de anti-humanismo. Creio que em sua essência exista a noção antiquada de pecado. O desejo é de imaginar a Terra devolvida a um estado edênico, com a humanidade não só expulsa do jardim, mas nem sequer criada. Não passa muito longe da ideia de alguns cristãos extremistas de que deveríamos aceitar (ou até acelerar) a crise ambiental na Terra, pois assim o Dia do Juízo Final chegaria mais rápido.[55] Em uma pesquisa de 2016,[56] 11% dos americanos endossaram a declaração de que, já que o fim dos tempos estava chegando, era desnecessário nos preocuparmos com o enfrentamento da crise climática. O mais intrigante é que 2% dos que se identificavam como "agnósticos ou ateus" também concordavam com isso.

Outros almejam com veemência uma consumação diferente. Os "transumanistas", ao contrário dos pós-humanistas, anseiam pelas tecnologias que vão, primeiro, prolongar bastante a expectativa de vida humana e, depois, permitir que nossas mentes sejam transferidas para outras bases de dados, para podermos nos livrar da necessidade do corpo humano. Há quem fale em um momento de "singularidade", quando o desenvolvimento estiver acelerado a ponto de nos fundirmos às nossas máquinas. Em uma etapa posterior, como Ray Kurzweil diz em *A singularidade está próxima*, "a porção não biológica da nossa inteligência se espalha pelo universo".[57]

O pós-humanismo e o transumanismo são opostos: um elimina a consciência humana, o outro a faz permear tudo. Mas são aqueles opostos que se encontram nos extremos. Eles concordam que a humanidade atual é transicional ou errada — algo que deve ficar para trás. Em vez de lidar conosco do jeito que somos, ambos nos imaginam drasticamente alterados: mais humildes e virtuosos em um novo Éden, retirados de circulação ou alçados a um novo patamar que soa como o dos deuses.

Eu sou humanista: não fico feliz em conceber nenhuma dessas alternativas. Entretanto, como entusiasta da ficção científica, já tive uma quedinha pelo transumanismo. Anos atrás, fiquei pasma ao ler um romance clássico de ficção científica: *O fim da infância*, de Arthur C. Clarke, publicado em 1953.

A história começa, assim como muitas desse gênero, com a chegada de alienígenas à Terra. Eles prontamente nos enchem de presentes, que incluem horas de entretenimento. "Já se deu conta de que, *a cada dia*, algo como quinhentas horas de rádio e TV são jogadas no ar por vários canais?", pergunta um dos personagens do livro, transmitindo a ideia de abundância cornucopiana que predominava em 1953.[58] Mas a generosidade dos alienígenas é condicionada: os seres humanos têm que permanecer na Terra e abrir mão de explorar o espaço.

Algumas pessoas resistem à gaiola de ouro, se recusam a assistir à programação e proclamam o orgulho desafiador que sentem das conquistas humanas.[59]

Mas à medida que o tempo passa, essa minoria que envelhece cai no esquecimento e surge uma nova geração. Esta tem novos dons mentais, inclusive os primeiros sinais da capacidade de acessar a "Mente Suprema", uma misteriosa consciência compartilhada no universo, que superou "a tirania da matéria".

Essa geração dá lugar à próxima, e esses seres mal são humanos. Sem precisar de comida, sem linguagem, simplesmente dançam por anos, em florestas e prados. Por fim, param e ficam imóveis durante muito tempo. Então aos poucos se dissolvem, ascendendo rumo à Mente Suprema. O planeta se torna translúcido feito vidro e cintila até sumir. A humanidade e a Terra desaparecem, ou melhor, foram transfiguradas e se fundiram a um mundo superior.

Esse fim da humanidade não é nem otimista nem pessimista, escreve Clarke: é apenas definitivo.[60] Assim como seu romance, de certo modo. Ele leva a ficção aos limites. Os primeiros autores de ficção científica também haviam imaginado um futuro em que a humanidade morreria, principalmente Olaf Stapledon em sua obra de 1930, *Last and First Men* [Últimos e primeiros homens]. Mas Clarke vai além, a uma esfera em que não pode mais haver história nenhuma. As espécies desapareceram; até a matéria desapareceu, pelo menos da Terra. Ele vai aonde Dante foi com seu *Paraíso* — e Dante se queixou no primeiro canto dessa obra que isso necessariamente destrói os poderes de qualquer escritor. Escrever sobre o Paraíso é "ir além do humano" — *transumanar* — e, diz Dante, isso também significa ir além do que a linguagem é capaz de alcançar.[61]

Da primeira vez que li *O fim da infância*, adorei o final. Agora sinto muito mais a melancolia de tal visão. Ela me faz lamentar pelos indivíduos cheios de defeitos, tão reconhecíveis, que somos, e pelos detalhes de nosso planeta e nossas muitas culturas, tudo perdido devido a uma brandura universal. Todas as singularidades somem: os átomos de Demócrito, o vizinho barulhento de Terêncio, a falta de paciência de Petrarca e as histórias obscenas de Boccaccio, os navios do lago Nemi e os mergulhadores genoveses que pareciam peixes, Aldus Manutius e sua exuberância ("Aldus chegou!"), estudantes navegando pelos rios, a receita de enguia grelhada *à l'orange* de Platina, os peidos educados de Erasmo, a *Enciclopédia* (com todas as suas 71 818 entradas), as partidas de gamão e uíste de Hume, as calças confortáveis de Dorothy L. Sayers, o rosto magnificamente fotografado de Frederick Douglass e suas palavras eloquentes, a poética e sacerdotal língua kwai, as ascídias, os calções femininos, a placa em esperanto à margem do córrego que Petrarca tanto amava, as sopas gostosas de M. N. Roy, a ridícula heráldica, as aulas de Rabindranath Tagore debaixo das árvores, os vitrais de Chartres, os microfilmes, os manifestos, as reuniões, Pugwash, as ruas movimentadas de Nova York, o horizonte amarelo das manhãs. Tudo incendiado na derradeira fogueira das vaidades. Para mim, isso não é mais algo sublime: é um "que decepção".

Onde, em toda essa divindade e misticismo puros, está a riqueza da vida real? Ademais, onde está o senso de responsabilidade para administrarmos nossa ocupação da Terra? (Não que Clarke apoiasse a renúncia a tais responsabilidades — muito pelo contrário.) E o que dizer de nossas relações com outros seres humanos e outras criaturas — o grande alicerce de ética, identidade e sentido humanistas?

Talvez esses sonhos de ascensão surjam das lembranças de quando éramos pequenos, tirados do berço por braços grandes. Mas a Terra não é um berço; não estamos sozinhos aqui, já que dividimos o planeta com inúmeros seres vivos; e não precisamos esperar nosso sumiço repentino. Prefiro, em vez da Mente Suprema, ou das visões sublimes de qualquer religião, estas palavras de sabedoria humana ditas por James Baldwin:

> A pessoa tem responsabilidade para com a vida. É o pequeno farol naquela escuridão apavorante da qual viemos e à qual retornaremos. Precisamos negociar essa passagem da forma mais nobre possível, em prol daqueles que virão depois de nós.[62]

A noção de pecado não tem serventia nessa jornada; tampouco o sonho da transcendência. Dante tinha razão: não podemos de fato *transumanar*, e se nos divertirmos tentando — bom, podemos criar uma bela obra literária. Mas ela ainda será literatura humana.

Prefiro a mistura humanista de livre-pensamento, questionamento e esperança. E como o finado estudioso do humanismo e da ética Tzvetan Todorov observou em uma entrevista:

> O humanismo realmente é um barco frágil para dar a volta ao mundo! Um barco frágil que só pode nos transportar a uma felicidade frágil. Mas, para mim, as outras soluções parecem ou ter sido concebidas para uma raça de super-homens, coisa que não somos [...] ou carregadas de ilusões, com promessas que jamais serão cumpridas. Confio mais na embarcação humanista.[63]

Por fim, como sempre, sou levada de volta ao credo de Robert G. Ingersoll:

A felicidade é o único bem.
A hora de ser feliz é agora.
O lugar de ser feliz é aqui.
O caminho para a felicidade é trazê-la aos outros.[64]

Parece simples; parece fácil. Mas precisaremos de toda a criatividade que formos capazes de reunir.

Agradecimentos

Pelas conversas, recomendações, leituras e generosidade intelectual de todos os tipos, eu gostaria de agradecer às pessoas sábias e criativas que me ajudaram, em especial Hamza bin Walayat, Andrew Copson, Peter Mack, Scott Newstok, Jim Walsh e Nigel Warburton. Em Florença, gostaria de agradecer a Enrica Ficai-Veltroni, Giovanna Giusti e Mara Miniati pela generosidade em termos de tempo e expertise. Agradeço também a Stefano Guidarini pela nossa conversa sobre Leon Battista Alberti e a Peter Moore pelo compartilhamento de ideias e inspirações e por trazer tantas de suas descobertas ao meu conhecimento.

Boa parte deste livro foi escrita no universo de maravilhas que é a Warburg Institute Library, de Londres, e na British Library. Agradeço muito aos funcionários de ambas, sobretudo a Richard Gartner, de Warburg, além daqueles de outras bibliotecas e arquivos excelentes que usei, particularmente a Bishopsgate Institute Library, a Conway Hall Library, a Wiener Holocaust Library e, como sempre, a London Library.

Meu agradecimento à Humanists International e à Humanists UK por todo o auxílio, inclusive ao permitir que a Declaração do Humanista Moderno, de 2022, fosse citada na íntegra. Agradeço especialmente a Catriona McLellan por sua ajuda em relação ao logotipo da Humanists UK.

Meu muito obrigada a Becky Hardie, Clara Farmer e aos outros membros da equipe da Chatto & Windus, e a Ann Godoff e à equipe da Penguin dos Estados Unidos, principalmente Casey Denis, Victoria Lopez e meu erudito e criterioso editor de texto, David Koral. Acho que dei muita sorte de ter o apoio técnico e carinhoso de minhas adoradas agentes: Zoë Waldie e todos da Rogers, Coleridge & White, e Melanie Jackson nos Estados Unidos.

Faço um agradecimento especial a Judith Gurewich, em especial por nossas conversas sobre Petrarca e o herói que temos em comum, Lorenzo Valla.

Agradeço a todos os envolvidos no Windham-Campbell Prizes: receber uma honraria tão inesperada no começo da escrita deste livro fez toda a diferença.

Acima de tudo, agradeço à minha esposa, Simonetta Ficai-Veltroni, pelos muitos anos de amor e incentivo, por suas sacadas e intuições excelentes, por ler incontáveis versões da obra em andamento e por muito, muito mais.

Este livro é dedicado a todas as pessoas que em silêncio (ou fazendo alarde) defenderam suas crenças humanistas ao longo dos séculos, muitas vezes em situações em que, para fazê-lo, precisaram de uma coragem excepcional. Ainda há muita gente fazendo justamente isso hoje em dia.

Notas

APENAS SE CONECTE! – UMA INTRODUÇÃO [pp. 7-26]

1. David Nobbs, *Second from Last in the Sack Race* (1983), em *The Complete Pratt*. Londres: Arrow, 2007, pp. 289-91.

2. Kurt Vonnegut, *God Bless You, Dr. Kevorkian*. Nova York: Washington Square; Pocket, 1999, p. 9.

3. Uma definição que abarca tais sentidos: ‹https://en.wiktionary.org/wiki/humanitas›.

4. Apud Diógenes Laércio, *Lives of Eminent Philosophers*, trad. R. D. Hicks. Londres: W. Heinemann; Nova York: G. P. Putnam's Sons, 1860, v. 2, pp. 463-5. Frase similar é mencionada por Sócrates em Platão, *Theaetetus*, p. 160c-d.

5. E. M. Forster, de uma carta ao *The Twentieth Century* (1955), apud *Humanist Anthology*, org. M. Knight. Londres: Rationalist Press Association; Barrie & Rockliff, 1961, pp. 155-6. Forster foi vice-presidente da Ethical Union na década de 1950, e presidente da Cambridge Humanists Society de 1959 até sua morte; desde 1963 também foi membro da British Humanist Association (hoje Humanists UK).

6. Mashal Khan: ‹https://humanists.international/2017/04/humanist-murdered-fellow-university-students-alleged-blasphemy/›. Em 2021, ainda havia pena de morte por blasfêmia e apostasia em treze países do mundo.

7. Veja uma carta de Bob Churchill da IHEU (hoje Humanists International) destacando a inadequação de Platão e Aristóteles: ‹http://iheu.org/uk-rejects-asylum-application-humanist-fails-name-ancient-greek-philosophers/›; e também: ‹https://www.theguardian.com/world/2018/jan/26/you-dont-need-to-know-plato-and-aristotle-to-be-a-humanist›; e ‹https://www.theguardian.com/uk-news/2018/jan/26/philosophers-urge-rethink-of-pakistani-humanist-hamza-bin-walayat-asylum›.

8. Sobre o caso de modo geral, comunicação pessoal com Hamza bin Walayat. E também: ‹https://humanists.international/2018/01/uk-rejects-asylum-application-humanist-fails-name-ancient-greek-philosophers/›; e ‹https://www.theguardian.com/uk-news/2018/jan/17/pakistani-humanist-denied-uk-asylum-after-failing-to-identify-plato›.

9. As novas regras de formação do Ministério do Interior britânico: <https://humanists.uk/2019/05/17/success-humanists-uk-begins-delivering-training-to-home-office-staff-on-asylum-claims/>.

10. Jeaneane Fowler, "The Materialists of Classical India", em *The Wiley Blackwell Handbook of Humanism*, org. A. Copson e A. C. Grayling. Chichester: John Wiley, 2015, pp. 98-101, <https://en.wikipedia.org/wiki/Charvaka>.

11. *The Long Discourses of the Buddha*, tradução de *Dīgha Nikāya* por Maurice Walsh (Boston: Wisdom, 1995, p. 96, seção I, cap. 2). Ver Peter Adamson e Jonardon Ganeri, *Classical Indian Philosophy*. Oxford: Oxford University, 2020, p. 39.

12. Epicuro, "Letter to Menoeceus", em *The Art of Happiness*, trad. George K. Strodach. Londres: Penguin, 2012, pp. 159-60.

13. Da obra perdida de Protágoras, *On the Gods*, apud Diógenes Laércio, op. cit., v. 2, p. 465.

14. "Protagoras", em Diógenes Laércio, op. cit., v. 2, p. 465. Plutarco também menciona que Protágoras foi banido e explica que isso se deve à intolerância da época a qualquer um que atribuísse acontecimentos a causas naturais, e não aos poderes divinos: Plutarco, "Life of Nicias", em *Lives*, trad. John Dryden, rev. A. H. Clough. Londres: J. M. Dent; Nova York: E. P. Dutton, 1910, v. 2, p. 266.

15. Zora Neale Hurston, *Dust Tracks on a Road*, reed. em *Folklore, Memoirs, and Other Writings*. Nova York: Library of America, 1995, p. 764.

16. Ver: <https://en.wikipedia.org/wiki/Ariane_Sherine>. Bishopsgate Institute Library, Londres, documentos da BHA. BHA 1/17/148, sobre a campanha do ateísmo em ônibus, inclusive o relatório da BHA, "Atheist Bus Campaign: Why Did It Work?". Ver: <https://humanism.org.uk/campaigns/successful-campaigns/atheist-bus-campaign/>.

17. O credo da felicidade de Ingersoll aparece em diversos formatos, inclusive em *An Oration on the Gods* (29 jan. 1872). Cairo: Daily Bulletin Steam Book & Job Print, 1873, p. 48. Ele também o recitou em uma gravação fonográfica em 22 de janeiro de 1899. O cilindro está exposto no Robert Green Ingersoll Birthplace Museum, em Dresden, Nova York, e pode ser ouvido on-line em: <https://youtu.be/rLLapwIoEVI>.

18. Terêncio, *Heauton tomorumenos* (*The Self-Tormenter*), ato 1, cena 1, linha 77. Na tradução de Betty Radice em Terêncio, *Phormio and Other Plays* (Harmondsworth: Penguin, 1967), p. 86, lê-se: "Sou humano, portanto tudo o que é humano é do meu interesse".

19. "Ubuntu (philosophy)", *New World Encyclopedia*, <http://www.newworldencyclopedia.org/entry/Ubuntu_(philosophy)>. Para uma análise moderna do conceito como filosofia humanista, ver Stanlake J. W. T. Samkange, *Hunhuism or Ubuntuism: A Zimbabwe Indigenous Political Philosophy*. Salisbury: Graham, 1990.

20. Desmond Tutu, *No Future without Forgiveness*. Londres: Rider, 1999, p. 35.

21. "Sabedoria ética" é a tradução de Karyn L. Lai em *An Introduction to Chinese Philosophy* (Cambridge, Reino Unido: Cambridge University, 2008), p. 24. Ver Jiyuan Yu, "Humanism: Chinese Conception of", *New Dictionary of the History of Ideas* (2005): <http://www.encyclopedia.com/history/dictionaries-thesauruses-pictures-and-press-releases/humanism-chinese-conception>.

22. Confúcio, *The Analects*, 12:2 (*shu* em relação a *ren*) e 15:24 (como norte de vida). Ver o comentário sobre este último feito por Annping Chin em sua tradução, *The Analects*. Nova York: Penguin, 2014, p. 259.

23. Talmude babilônico, Shabat 31a, <https://en.wikipedia.org/wiki/Hillel_the_Elder>.

24. "Homens dotados de inteligência e almas limpas devem sempre se comportar em relação a outras criaturas do mesmo modo que gostariam que os outros se comportassem em relação a eles." *Mahābhārata* XIII: 5571, org. Pratāpa Chandra Rāy. Calcutá: Bhārata, 1893, v. 9, p. 562. O Livro XIII é o Livro de Instruções: o contexto é o vegetarianismo. "Tudo aquilo, portanto, que quereis que os homens vos façam, fazei-o vós a eles, pois esta é a Lei e os Profetas." Mateus 7,12. Bernard Shaw, *Maxims for Revolutionists*, em *Man and Superman*. Westminster, Reino Unido: Constable, 1903, p. 227.

25. *Mengzi: With Selections from Traditional Commentaries*, trad. Bryan W. Van Norden. Cambridge, MA: Hackett, 2008, pp. 46-7 (2A6: criança), pp. 149-50 (6A6: semente). Van Norden comenta que Mêncio admite alguns casos raros de danos na infância, o que faz com que as sementes sejam destruídas tão precocemente a ponto de serem inviáveis; ver pp. 150-2 (6A7-8).

26. Confúcio, op. cit., 2:20.

27. Platão, *Protagoras*, 328b, em *Protagoras and Meno*, trad. W. K. C. Guthrie. Harmondsworth, Reino Unido: Penguin, 1956, p. 60.

28. O mito é narrado por Platão em *Protagoras*, 320d-325d.

29. Cícero, *On the Nature of the Gods* (*De natura deorum*), com o argumento pela excelência humana no livro II.

30. Giannozzo Manetti, *On Human Worth and Excellence* (*De dignitate et excellentia hominis*), org. e trad. Brian Copenhaver. Cambridge, MA: I Tatti/Harvard University, 2018, pp. 105-11 (livro II).

31. Ibid., pp. 139-41 (livro III).

32. Ibid., p. 205 (livro IV). A obra de Manetti é uma elaboração de obras anteriores, mais breves, de Antonio da Barga e Bartolomeo Facio; ver a introdução de Brian Copenhaver a essa tradução, pp. vi-xvii. Ver também o livro IV de Manetti traduzido por Bernard Murchland em *Two Views of Man: Pope Innocent III, On the Misery of Man; Giannozzo Manetti, On the Dignity of Man*. Nova York: Ungar, [1966], pp. 61-103.

33. Sobre Xunzi, ver Bryan W. Van Norden, *Introduction to Classical Chinese Philosophy*. Indianapolis: Hackett, 2011, pp. 163-84. Sobre a tradução da palavra como "detestável": ver <https://plato.stanford.edu/entries/xunzi/>.

34. Nemésio, *On the Nature of Man*, trad. R. W. Sharples e P. J. Van der Eijk. Liverpool: Liverpool University, 2008, p. 50.

35. Santo Agostinho, *Concerning the City of God against the Pagans*, livro XIV, cap. 11.

36. Inocêncio III, *De miseria humanae conditionis*, trad. Bernard Murchland em *Two Views of Man: Pope Innocent III, On the Misery of Man; Giannozzo Manetti, On the Dignity of Man*. Nova York: Ungar, [1966], pp. 4-10 (etapas da desgraça da vida), 13 (livro I, §13: vaidade), 4 (livro I, §1: vermes), 9 (livro I, §8: "ignobilidade vil").

37. Blaise Pascal, *Pensées*, 182, em *Pensées, and Other Writings*, trad. Honor Levi, org. Anthony Levi. Oxford, Reino Unido: Oxford University, 1995, p. 54.

38. William James, *The Varieties of Religious Experience*, em *Writings 1902-1910*. Nova York: Library of America, 1988, p. 454.

39. Esta é uma das razões para Platão ser uma escolha ruim como exemplo de filósofo humanista, aliás. Seu *A República* defende uma sociedade em que o cidadão deve cumprir a função que cabe à sua casta. Todas as artes e literaturas são censuradas a algumas castas, para que elas não sejam expostas a ideias incoerentes com as metas gerais do Estado. Em *As leis*, ele se aprofunda

nesse apelo à censura e a estruturas sociais rigorosas — e espera-se que o povo se sujeite não só ao Estado como ao princípio do divino. O filósofo Karl Popper, que era um humanista ferrenho, argumenta em *A sociedade aberta e seus inimigos* (1945) que essas duas obras prognosticaram o totalitarismo de seu século.

1. A TERRA DOS VIVOS [pp. 27-53]

1. As histórias da primeira infância de Petrarca vêm de suas correspondências: Petrarca, *Letters on Familiar Matters* (*Rerum familiarum, libri I-XXIV*), trad. Aldo S. Bernardo. Albany: Suny, 1975; Baltimore: Johns Hopkins University, 1982-5, v. 3, p. 203 (*Fam.* XXI, 15: exílio); v. 1, p. 8 (*Fam.* I, 1: quase se afogando); v. 2, 59 (*Fam.* X, 3: penteados). Todas as referências subsequentes ao livro *Letters on Familiar Matters*, de Petrarca, deste capítulo são a essa edição.

2. Essa história é narrada em Petrarca, *Letters of Old Age* [*Rerum senilium*, livros I-XVIII], trad. Aldo S. Bernardo, Saul Levin e Reta A. Bernardo. Baltimore: Johns Hopkins University, 1992, v. 2, p. 601 (*Sen.* XVI, 1). Todas as referências subsequentes ao livro *Letters of Old Age*, de Petrarca, deste capítulo são a essa edição.

3. O manuscrito de Virgílio pertencente a Petrarca, engrandecido por suas anotações e uma miniatura pintada por seu amigo Simone Martini, está na Biblioteca Ambrosiana, em Milão: S.P. 10/27 *olim*. Há imagens disponíveis em: ‹https://www.ambrosiana.it/en/opere/the-ambrosian-virgil-of-francesco-petrarca/›. As notas foram traduzidas para o inglês em Ernest Hatch Wilkins, *Life of Petrarch*. Chicago: Phoenix; University of Chicago, 1961, p. 77.

4. Petrarca, *Letters on Familiar Matters*, v. 3, pp. 22-3 (*Fam.* XVII, 5).

5. Ronald G. Witt, "*In the Footsteps of the Ancients*": *The Origins of Humanism from Lovato to Bruni*. Leiden, Holanda: Brill, 2000, pp. 118-20.

6. Giannozzo Manetti, *Biographical Writings*, org. e trad. Stefano U. Baldassari e Rolf Bagemihl. Cambridge, MA: I Tatti/Harvard University, 2003, p. 75.

7. Petrarca, *Letters of Old Age*, v. 2, p. 28 (*Sen.* I, 6).

8. Id., *Letters on Familiar Matters*, v. 1, p. 160 (*Fam.* III, 18).

9. Id., *Letters of Old Age*, v. 2, p. 603 (*Sen.* XVI, 1).

10. Id., *Letters on Familiar Matters*, v. 3, p. 64 (*Fam.* XVIII, 12).

11. "Atordoado e letárgico" e a história da intervenção: Id., *Letters on Familiar Matters*, v. 2, pp. 199-200 (*Fam.* XIII, 7).

12. O manuscrito de Lívio está na British Library, Harley 2493. Ed. fac-similar: G. Billanovich, *La tradizione del testo di Livio e le origini dell'umanesimo*, v. 2: *Il Livio del Petrarca e del Valla: British Library, Harleian 2493*. Pádua: Antenore, 1981.

13. Cícero, *Pro Archia* (62 CE), parágrafo 16, em Cícero, *The Speeches*, trad. N. H. Watts. Londres: W. Heinemann; Cambridge, MA: Harvard University, 1965, p. 25.

14. Petrarca, *Letters of Old Age*, v. 2, pp. 603-4 (*Sen.* XVI, 1). Para saber mais sobre essa e outras histórias, ver também L. D. Reynolds e N. G. Wilson, *Scribes and Scholars*. 3. ed. Oxford, Reino Unido: Clarendon, 1991, pp. 131-2.

15. Ele encontrou as cartas de Cícero a Ático, Quintus e Brutus. Giuseppe F. Mazzotta, "Petrarch's Epistolary Epic: *Letters on Familiar Matters* (*Rerum familiarum libri*)", em *Petrarch*:

A Critical Guide to the Complete Works, org. Victoria Kirkham e Armando Maggi. Chicago: University of Chicago, 2009, pp. 309-20; essa está na p. 309.

16. Petrarca, *Letters on Familiar Matters*, v. 1, pp. 172-80 (*Fam.* IV, 1, a Dionigi da Borgo, 26 abr. [1336]).

17. Ibid., v. 3, p. 207 (*Fam.* XXI, 15: hospitalidade); v. 1, p. 8 (*Fam.* I, 1: Métabo e Camila. A história é de Virgílio, *Eneida*, livro XI, linhas 532-56).

18. Id., *Letters of Old Age*, v. 2, pp. 672-9 (*Sen.* XVIII, 1, "Para a posteridade").

19. Id., *Letters on Familiar Matters*, v. 1, p. 158 (*Fam.* III, 18: "Eles falam"); v. 2, pp. 256-7 (*Fam.* XV, 3: ar gelado); v. 3, p. 187 (*Fam.* XXI, 10: tropeçando e Cícero); v. 3, p. 317 (*Fam.* XXIV, 3: "Por que você quis").

20. Marco Santagata, *Boccaccio: Fragilità di un genio*. Milão: Mondadori, 2019, p. 13.

21. Giovanni Boccaccio, *Boccaccio on Poetry* (prefácio e livros XIV e XV de *Genealogia deorum gentilium*), trad. Charles G. Osgood. Princeton, NJ: Princeton University, 1930, pp. 131-2 (XV, 10).

22. Ibid., p. 131 (XV, 10).

23. A série de palestras foi iniciada no final da vida de Boccaccio. Ele já havia discutido a vida e a obra de Dante em *Trattatello in laude di Dante* e escrito breves introduções a cada um dos cantos da *Commedia* em suas cópias do manuscrito. Sandro Bertelli, na introdução a *Dantesque Images in the Laurentian Manuscripts of the* Commedia (*14th-16th Centuries*), org. Ida G. Rao. Florença: Mandragora, 2015, p. 15.

24. Boccaccio, op. cit., pp. 115-6 (XV, 6).

25. Ibid., p. 132 (XV, 10).

26. Boccaccio, *O Decamerão*, dia 9, história 2.

27. Ibid., dia 1, história 3.

28. James Hankins, *Virtue Politics: Soulcraft and Statecraft in Renaissance Italy*. Cambridge, MA: Belknap Press of Harvard University, 2019, pp. 193-4, em referência à pesquisa de Laura Regnicoli para a exposição Boccaccio Autore e Copista, na Biblioteca Medicea Laurenziana, Florença, 2013.

29. Mazzotta, op. cit., pp. 309-20.

30. Petrarca, *Letters on Familiar Matters*, v. 3, pp. 224-5 (*Fam.* XXII, 7).

31. As obras que encontrou foram *De lingua latina*, de Varro, e *Pro Cluentio*, de Cícero: ver Santagata, op. cit., p. 159.

32. Petrarca, *Letters of Old Age*, v. 1, pp. 22-5 (*Sen.* I, 5, a Boccaccio, 28 mai. [1362]). Sobre essa época difícil para Boccaccio, ver Santagata, op. cit., pp. 221-33. Para a opinião de Petrarca sobre os benefícios de ler (com cautela) a literatura clássica não cristã, ver "On His Own Ignorance and That of Others", em *Invectives*, org. e trad. David Marsh. Cambridge, MA: I Tatti/Harvard University, 2003, pp. 333-5.

33. Boccaccio, *Boccaccio on Poetry*, p. 123 (XV, 9).

34. Ibid., p. 135 (XV, 12).

35. Petrarca, *Letters on Familiar Matters*, v. 1, p. 291 (*Fam.* VI, 2).

36. William Shakespeare, *Júlio César*, ato 1, cena 2, trad. José Francisco Botelho. São Paulo: Penguin-Companhia, 2018, p. 40. Ver também: <https://en.wikipedia.org/wiki/Greek_to_me>.

37. Talvez Petrarca tenha recebido umas aulas iniciais de Barlaão de Seminara. Ver sua carta a Nicholas Sygeros, em Petrarca, *Letters on Familiar Matters*, v. 3, pp. 44-6 (*Fam.* XVIII, 2). Sobre Barlaão (morto em 1348), ver: <https://en.wikipedia.org/wiki/Barlaam_of_Seminara>. Agradeço a Peter Mack por ter chamado minha atenção para isso.

38. Petrarca, *Letters on Familiar Matters*, v. 3, pp. 44-6 (*Fam.* XVIII, 2). O amigo grego é Nicholas Sygeros.

39. Sobre seu árduo trabalho: Boccaccio, *Boccaccio on Poetry*, p. 120 (XV, 7).

40. Ibid. pp. 114-5 (XV, 6).

41. Ibid.

42. Ibid. Sobre as cópias bilíngues sobreviventes de suas traduções, e a história toda de modo geral, ver Agostino Pertusi, *Leonzio Pilato fra Petrarca e Boccaccio*. Veneza e Roma: Istituto per la Collaborazione Culturale, 1964, principalmente p. 25. A cópia que Petrarca tinha de ambas as traduções hoje está na Bibliothèque Nationale, Paris: Lat. 7880. I (*Ilíada*) e Lat. 7880. II (*Odisseia*).

43. Petrarca, *Letters of Old Age*, v. 1, p. 156 (*Sen.* V, 1).

44. Ibid., v. 1, p. 100 (*Sen.* III, 6).

45. Ibid., v. 1, p. 100 (*Sen.* III, 6: "mais confusa"), p. 176 (*Sen.* V, 3: "Para onde teve a arrogância").

46. Ibid., v. 1, p. 189 (*Sen.* VI, 1).

47. Ibid., v. 1, pp. 189-90 (*Sen.* VI, 1).

48. Nicola Davis, "5.000-Year-Old Hunter-Gatherer Is Earliest Person to Die with the Plague", *Guardian*, 29 jun. 2021, <https://www.theguardian.com/science/2021/jun/29/5000-year-old-hunter-gatherer-is-earliest-person-to-die-with-the-plague>.

49. Rosemary Horrox (trad. e org.), *The Black Death*. Manchester: Manchester University, 1994, pp. 24-5, apud Gabriele de' Mussi, *Historia de morbo*, um manuscrito guardado na Biblioteca da Universidade da Breslávia (Ms. R 262, ff. 74-77v.).

50. Ibid., p. 22.

51. Giovanni Boccaccio, *The Decameron*, trad. G. H. McWilliam. 2. ed. Harmondsworth, Reino Unido: Penguin, 1995, p. 7 (prefácio).

52. Horrox, op. cit., pp. 105-6.

53. Ibid., pp. 41-5, apud Louis Heyligen. Ver também Edwin Mullins, *Avignon of the Popes*. Oxford, Reino Unido: Signal, 2007, p. 124.

54. G. H. McWilliam, "Introdução do tradutor" à Boccaccio, *The Decameron*, p. xliii.

55. Boccaccio, *The Decameron*, p. 5 (prefácio). Os detalhes anteriores dos efeitos da peste na zona rural e na cidade também foram retirados do prefácio de Boccaccio.

56. Tucídides, *The Peloponnesian War*, trad. Rex Warner. Harmondsworth, Reino Unido: Penguin, 1952, p. 155 (livro II, parágrafo 53).

57. Boccaccio, *The Decameron*, p. 8 (prefácio).

58. McWilliam, "Introdução do tradutor", pp. xliii-xliv.

59. Na Inglaterra, por exemplo, a documentação mostra que os corpos foram enterrados em cemitérios e não em covas, e os serviços públicos via de regra continuavam normalmente — o que revela a força surpreendente de suas instituições. Christopher Dyer, *Making a Living in the Middle Ages*. New Haven: Yale University, 2009, p. 273.

60. Alessandro Manzoni, *The Betrothed*, trad. Bruce Penman. Harmondsworth, Reino Unido: Penguin, 1972, p. 596.

61. Christopher S. Celenza, *Petrarch: Everywhere a Wanderer*. Londres: Reaktion, 2017, p. 100. Celenza cita fontes que calculam que o número seja algo entre 30% e 60%.

62. Wilkins, op. cit., pp. 74-6.

63. Mullins, op. cit., p. 141.

64. Petrarca, "Ad se ipsum", citado e traduzido em Wilkins, op. cit., p. 80.

65. Id., *Letters on Familiar Matters*, v. 1, pp. 415-20, essas citações são das pp. 415, 419 (*Fam.* VIII, 7).

66. Id., *Letters of Old Age*, v. 1, p. 8 (*Sen.* I, 2, a Francesco [Nelli], 8 jun. [Pádua, 1361-2]). A mesma carta menciona a morte de "seu Sócrates".

67. Ibid., v. 1, p. 76 (*Sen.* III, 1: entorpecido), p. 92 (*Sen.* III, 2: "medo terrível").

68. Id., *My Secret Book*, org. e trad. Nicholas Mann. Cambridge, MA: I Tatti/Harvard University, 2016, p. 117. A obra foi iniciada em 1347 e continuada ao longo de 1349, e ele fez revisões em 1353.

69. Id., *Letters on Familiar Matters*, v. 1, p. 415 (*Fam.* VIII, 7).

70. Edward Gibbon, *Memoirs of My Life*, org. Betty Radice. Londres: Penguin, 1990, p. 82.

71. Martin Luther King Jr., "Letter from Birmingham Jail", em *Why We Can't Wait*. Londres: Penguin, 2008, pp. 91-2. A ênfase em "então" é minha.

72. Cícero, *On the Orator* [*De oratore*], 3:55, em *Ancient Rhetoric from Aristotle to Philostratus*, trad. e org. Thomas Habinek. Londres: Penguin, 2017, p. 181. ("Se concedermos a alegria da oratória aos que não querem nada com a virtude, em vez de criar oradores, estaremos dando armas aos loucos.")

73. Quintiliano, *Institutio oratoria*, trad. H. E. Butler. Londres: W. Heinemann; New York: G. P. Putnam's Sons, 1922, v. 4, pp. 355-7, p. 359 (XII.i.1: dádiva), (XII.i.7: armas). Nem essa obra nem *De oratore*, de Cícero, estavam disponíveis na íntegra na época de Petrarca.

74. Petrarca, *Letters of Old Age*, v. 2, pp. 380-91 (*Sen.* X, 4, a Donato Apenninigena [Albanzani], Pádua, 1368).

75. Id., *Remedies for Fortune Fair and Foul*, org. e trad. Conrad H. Rawski. Indianapolis: Indiana University, 1991, v. 1, p. 17 (corpo), p. 177 (elefantes) (ambos livro I). Petrarca começou essa obra em 1354 e terminou em 1360.

76. Ibid., v. 3, p. 153 (exílio), p. 222 (peste) (ambos livro II).

77. Ibid., v. 3, p. 10-1 (mares), p. 227 (próteses), p. 228 (testa incandescente) (todos livro II).

78. Id., *Letters of Old Age*, v. 2, p. 641, p. 633n (*Sen.* XVI, 9, a Dom Jean Birel Limousin, prior do monastério dos cartuxos do norte de Milão [1354-7]).

79. Id., *Remedies for Fortune Fair and Foul*, v. 3, p. 37 (livro II).

80. Como dois historiadores ilustres do humanismo do início da era moderna comentaram há pouco tempo, a perda era uma possibilidade que "sempre assombrava os humanistas" e o humanismo do Renascimento italiano "nasceu de uma profunda sensação de perda e anseio". Ver Anthony Grafton, *Inky Fingers*. Cambridge, MA: Harvard University, 2020, p. 9; e James Hankins, *Virtue Politics*. Cambridge, MA: Harvard University, 2019, p. 1.

81. Boccaccio, *Boccaccio on Poetry*, pp. 8-9 (prefácio de Boccaccio).

82. Petrarca, *Africa*, IX, pp. 451-7. Apud T. E. Mommsen, "Petrarch's Conception of the 'Dark Ages'", *Speculum* 17 (1942), pp. 226-42, esta citação na p. 240. Mommsen também cita e traduz outras alusões de Petrarca à idade das trevas, com destaque para uma descrição dos últimos séculos como épocas de "escuridão e intensa tristeza", em que só alguns poucos gênios de olhar aguçado enxergavam (Petrarca, *Apologia contra cuiusdam anonymi Galli calumnias*, apud Mommsen, p. 227). Sobre o "fosso", ver Alexander Lee, Pit Peporte e Harry Schnitker (orgs.), *Renaissance Perceptions of Continuity and Discontinuity in Europe, c.1300-c.1550*. Leiden, Holanda; Boston: Brill, 2010.

2. ERGUENDO NAVIOS [pp. 54-81]

1. No mosteiro de Bobbio, no norte da Itália, por exemplo, um pergaminho foi limpo com "a delicada lavagem da tinta de *De republica*, de Cícero" para dar espaço a uma parte do estudo de Agostinho sobre os salmos bíblicos (Vat. Lat. 5757): <https://spotlight.vatlib.it/palimpsests/about/vat-lat-5757-inf>. Sobre a destruição do começo do cristianismo de modo geral, ver Catherine Nixey, *The Darkening Age*. Londres: Macmillan, 2017.

2. Papa Gregório I, *The Life of Saint Benedict*, trad. Terrence Kardong. Collegeville, MN: Liturgical, 2019, p. 49.

3. *The Letters of S. Ambrose, Bishop of Milan*, trad. anônima, rev. H. Walford. Oxford, Reino Unido: James Parker, 1881, pp. 109-10 (carta XVIII, Ambrose a imperador Valentiniano II, 384 CE).

4. Ela foi descoberta em 2018. Valeria Piano, "A 'Historic(al)' Find from the Library of Herculaneum", em *Seneca the Elder and His Rediscovered Historiae ab initio bellorum civilium* [P. Herc.1067]. Berlim: De Gruyter, 2020, <https://www.degruyter.com/document/doi/10.1515/9783110688665-003/html>.

5. Ver Peter Adamson, *Al-Kindi*. Nova York: Oxford University, 2007, e <https://en.wikipedia.org/wiki/Al-Kindi>.

6. "From the General Letter of Charlemagne, before 800", em *Carolingian Civilization: A Reader*, org. P. E. Dutton. 2. ed. Toronto: University of Toronto, 2009, p. 91.

7. Einhard e Notker, o Gago, *Two Lives of Charlemagne*, trad. Lewis Thorpe. Harmondsworth, Reino Unido: Penguin, 1969, p. 79 (Einhard, s. 25).

8. Ibid., p. 74 (Einhard, s. 19).

9. "A Letter of Charles on the Cultivation of Learning, 780-800", p. 90.

10. *The Rule of Benedict*, trad. Carolinne White. Londres: Penguin, 2008, p. 61 (regra 38: não fazer perguntas), p. 21 (regra 6: não fazer piadas), p. 63 (regra 40: não mastigar o vinho), 84 (regra 57: não se orgulhar dos talentos). Sobre os monges receberem um livro por ano, ver Charles Homer Haskins, *The Renaissance of the Twelfth Century*. Cambridge, MA: Harvard University, 1927, p. 34.

11. Anna A. Grotans, *Reading in Medieval St Gall*. Cambridge, Reino Unido: Cambridge University, 2011, p. 49.

12. Com destaque para Haskins, op. cit.

13. Essa teoria foi proposta por Marco Mostert da Universidade de Utrecht; ver Ross King, *The Bookseller of Florence*. Londres: Chatto & Windus, 2020, p. 154, e Martin Wainwright, "How Discarded Pants Helped to Boost Literacy", *Guardian*, 12 jul. 2007, <https://www.theguardian.com/uk/2007/jul/12/martinwainwright.uknews4>.

14. Haskins, op. cit., p. 67.

15. Cary J. Nederman, *John of Salisbury*. Tempe: Arizona Center for Medieval and Renaissance Studies, 2005, pp. 53-64. Sobre suas correspondências, ver John de Salisbury, *Letters*, org. W. J. Millor e S. J. e H. E. Butler; v. 1, rev. C. N. L. Brooke. Oxford, Reino Unido: Clarendon, 1979-86.

16. Petrarca, "Testament", em *Petrarch's Testament*, org. e trad. Theodor Mommsen (Ithaca, NY: Cornell University, 1957, pp. 68-93), essa informação está na p. 83. Para um histórico de seu testamento e seus bens, ver a introdução de Mommsen, pp. 45-50.

17. Mommsen, introdução, *Petrarch's Testament*, p. 44; Marco Santagata, *Boccaccio: Fragilità di un genio*. Milão: Mondadori, 2019, p. 289 (cláusula sobre uso).

18. David Thompson e Alan F. Nagel (org. e trad.), *The Three Crowns of Florence: Humanist Assessments of Dante, Petrarca and Boccaccio*. Nova York: Harper & Row, 1972, p. 6, citando a carta de Coluccio a Roberto Guidi, conde de Battifolle, 16 ago. 1374. Sobre Coluccio, ver também Berthold L. Ullman, *The Humanism of Coluccio Salutati*. Pádua: Antenore, 1963; e Ronald G. Witt, *Hercules at the Crossroads: The Life, Works, and Thought of Coluccio Salutati*. Durham, NC: Duke University, 1983, principalmente pp. 184-9 sobre sua rede de contatos, e pp. 183 e 421 sobre sua biblioteca.

19. Giannozzo Manetti, *Biographical Writings*, org. e trad. Stefano U. Baldassari e Rolf Bagemihl. Cambridge, MA: I Tatti/Harvard University, 2003, p. 101.

20. Vespasiano da Bisticci, *The Vespasiano Memoirs* [*Vite di uomini illustri del secolo XV*], trad. William George e Emily Waters. Toronto: University of Toronto; Renaissance Society of America, 1997, pp. 401-2. Vespasiano também menciona que Niccolò deixava seus livros à disposição de quem quisesse usá-los e convidava estudantes a entrar para ler e discuti-los.

21. Manetti, *Biographical Writings*, p. 127.

22. Vespasiano, *The Vespasiano Memoirs*, p. 353 ("fortemente injuriosa"). A briga foi com o especialista em grego Jorge de Trebizonda. Ver Henry Field, *The Intellectual Struggle for Florence*. Oxford, Reino Unido: Oxford University, 2017, p. 284.

23. Sobre Vitrúvio, ver Carol Herselle Krinsky, "Seventy-Eight Vitruvian Manuscripts", *Journal of the Courtauld and Warburg Institutes*, v. 30, 1967, pp. 36-70. Sobre Quintiliano e Cícero, ver L. D. Reynolds e N. G. Wilson, *Scribes and Scholars*. 3. ed. Oxford, UK: Clarendon, 1991, pp. 137-8. Os discursos de Cícero que eles descobriram foram *Pro Roscio* e *Pro Murena*.

24. Poggio Bracciolini, *Two Renaissance Book-Hunters: The Letters of Poggius Bracciolini to Nicolaus de Niccolis*, trad. Phyllis Walter Goodhart Gordan. Nova York: Columbia University, 1974, p. 88 (Poggio a Niccolò, 14 abr. [1425]). Sobre a obra de Lucrécio, ver também Ada Palmer, *Reading Lucretius in the Renaissance*. Cambridge, MA: Harvard University, 2014, sobretudo p. 4, onde a autora menciona os livros escondidos. Ver também Alison Brown, *The Return of Lucretius to Renaissance Florence*. Cambridge, MA: Harvard University, 2010.

25. Bracciolini, op. cit., p. 84 (Poggio a Niccolò, Roma, 6 nov. 1423).

26. Barbara C. Bowen (org.), *One Hundred Renaissance Jokes: An Anthology*. Birmingham, Reino Unido: Summa, 1988, pp. 5-9 (isso está na p. 9).

27. L. D. Reynolds e N. G. Wilson, *Scribes and Scholars*. 3. ed. Oxford, Reino Unido: Clarendon, 1991, p. 139; A. C. de la Mare, *The Handwriting of the Italian Humanists*, v. 1, fascículo 1. Oxford, Reino Unido: Oxford University, para a Association Internationale de Bibliophilie, 1973. Este dá exemplos da caligrafia de Petrarca, Boccaccio, Coluccio Salutati, Niccolò Niccoli e Poggio Bracciolini, entre outros.

28. Consta que foi Lorenzo Valla o primeiro a usar esse termo para descrever a caligrafia, no prefácio de seu *Elegances of the Latin Language* (*Elegantiae linguae Latinae, libri sex*). Ver E. P. Goldschmidt, *The Printed Book of the Renaissance: Three Lectures on Type, Illustration, Ornament*. Cambridge, Reino Unido: Cambridge University, 1950, p. 2.

29. Petrarca, *Letters on Familiar Matters / Rerum familiarum, libri I-XXIV*, trad. Aldo S. Bernardo. Albany: Suny, 1975; Baltimore: Johns Hopkins University, 1982-5, v. 1, p. 292 (aqui e lá), p. 294 (competência) (*Fam.* VI, 2, a Giovanni Colonna). Sobre *De mirabilibus urbis Romae*, de Gregório, ver Roberto Weiss, *The Renaissance Discovery of Classical Antiquity*. 2. ed. Oxford, Reino Unido: Basil Blackwell, 1988, pp. 33-4.

30. Matthew Kneale, *Rome: A History in Seven Sackings*. Londres: Atlantic, 2018, p. 189.

31. Poggio Bracciolini, "The Ruins of Rome", trad. Mary Martin McLaughlin, em *The Portable Renaissance Reader*, org. James Bruce Ross e Mary Martin McLaughlin, ed. rev. Londres: Penguin, 1977, pp. 379-84; esse é o diálogo de Poggio com Antonio Loschi nas ruínas, do primeiro livro de seu *De varietate fortunae* [Sobre a inconstância da fortuna] obra escrita entre 1431 e 1448. Sobre outras explorações, ver, por exemplo, sua escalada para ler as inscrições na Porta Sanguinaria, Ferentino, em Poggio Bracciolini, *Two Renaissance Book-Hunters*, pp. 129-30 (Poggio a Niccolò, 15 set. [1428]).

32. Ross King, *Brunelleschi's Dome*. Londres: Vintage, 2008, p. 25.

33. Ver Ciríaco de Ancona, *Life and Early Travels*, e *Later Travels*, org. e trad. Charles Mitchell, Edward W. Bonar e Clive Foss. Cambridge, MA: Harvard University, 2003 (*Later*), 2015 (*Early*).

34. Agradeço a Peter Mack por esse argumento.

35. Leon Battista Alberti, *Delineation of the City of Rome* [*Descriptio urbis Romae*], org. Mario Carpo e Francesco Furlan, trad. Peter Hicks. Tempe: Arizona Center for Medieval and Renaissance Studies, 2007. Ver também Joan Gadol, *Leon Battista Alberti*. Chicago: University of Chicago, 1969, p. 167; Anthony Grafton, *Leon Battista Alberti*. Londres: Allen Lane; Penguin, 2001, pp. 241-3.

36. Flavio Biondo, *Italy Illuminated*, org. e trad. Jeffrey A. White. Cambridge, MA: I Tatti/Harvard University, 2005-16, isso está no v. 1, pp. 189-93, inclusive "peixe", p. 191 (livro II, §47-9). Sobre os navios, ver também Anthony Grafton, *Leon Battista Alberti*. Londres: Allen Lane; Penguin, 2001, pp. 248-9.

37. Elisabetta Povoledo, "Long-Lost Mosaic from a 'Floating Palace' of Caligula Returns Home", *New York Times*, 14 mar. 2021, <https://www.nytimes.com/2021/03/14/world/europe/caligula-mosaic-ship-italy.html>. Ver também: <https://www.theguardian.com/artanddesign/2021/nov/22/priceless-roman-mosaic-coffee-table-new-york-apartment>, que contém mais informações sobre como ele foi parar em Nova York.

38. Para informações sobre os navios de Nemi: <https://en.wikipedia.org/wiki/Nemi_ships>.

39. Ver: <https://comunedinemi.rm.it/contenuti/11827/museo-navi>.

40. Flavio Biondo, op. cit., isso está no v. 1, p. 5. A conexão com os navios de Nemi é ressaltada por Anthony Grafton, "The Universal Language: Splendors and Sorrows of Latin in the Modern World", em *Worlds Made by Words*. Cambridge, MA: Harvard University, 2009, p. 138.

41. Poggio Bracciolini, op. cit., pp. 194-5 (Poggio a Guarino Guarini, 15 dez. 1416).

42. Vespasiano, *The Vespasiano Memoirs*, p. 352.

43. Poggio Bracciolini, op. cit., p. 189 (Cíncio a Franciscus de Fiana, sem data mas aparentemente do verão de 1416).

44. Vespasiano da Bisticci, "Proemio dela vita dell'Alessandra de' Bardi", em *Vite di uomini illustri del secolo XV*, org. Paolo d'Ancona e Erhard Aeschlimann. Milão: Ulrico Hoepli, 1951, p. 543. A tradução para o inglês é abreviada, o que acarreta a perda de sentido. Em italiano: "*In grande oscurità sono gli ignoranti in questa vita*"; dos escritores, ele diz, "*Hanno gli scrittori alluminato il mondo, a cavatolo di tanta oscurità in quanta si trovava*". O comentário sobre ignorância como fonte do mal também é desse proêmio.

45. Poggio Bracciolini, op. cit., pp. 196-203, esses estão nas pp. 196, 198 (Franciscus Barbarus a Poggio, 6 jul. 1417).

46. Ibid., p. 118 (Poggio a Niccolò Niccoli, Roma, 21 out. [1427]).

47. Poggio Bracciolini, *On Avarice* [*De Avaritia*, Basileia 1538], trad. Benjamin G. Kohl e Elizabeth B. Welles, em *The Earthly Republic: Italian Humanists on Government and Society*, org. B. G. Kohl, R. G. Witt e E. B. Welles. Manchester, Reino Unido: Manchester University, 1978, pp. 241-89, principalmente p. 257 sobre a cobiça ser benéfica.

48. Lorenzo Bonoldi, *Isabella d'Este: A Renaissance Woman*, trad. Clark Anthony Lawrence, [Rimini]: Guaraldi; Engramma, 2015, v. 1, p. 11; Weiss, op. cit., pp. 196-9. Ver também Julia Cartwright, *Isabella d'Este, Marchioness of Mantua 1474-1539*. Londres: John Murray, 1903.

49. Joan Kelly-Gadol, "Did Women Have a Renaissance?", em *Women, History, and Theory*. Chicago: University of Chicago, 1984, pp. 12-50. Disponível em: <https://nguyenshs.weebly.com/uploads/9/3/7/3/93734528/kelly_did_women_have_a_renaissanace.pdf>.

50. Rosvita: em uma clássica história de descoberta humanista, seis de suas peças teatrais foram encontradas por Conrad Celtis no Claustro de St. Emmeram em Regensburg, em 1493; ele as publicou como *Opera Hrosvite* (Nuremberg, 1501), com ilustrações de Albrecht Dürer. O manuscrito está na Biblioteca do Estado da Baviera. Ver Lewis W. Spitz, *Conrad Celtis: The German Arch-Humanist*. Cambridge, MA: Harvard University, 1957, p. 42; E. H. Zeydel, "The Reception of Hrotsvitha by the German Humanists after 1493", *Journal of English and Germanic Philology*, v. 44, 1945, pp. 239-49; Leonard Forster, introdução a *Selections from Conrad Celtis*, org. e trad. Leonard Forster. Cambridge, Reino Unido: Cambridge University, 1948, p. 11. Ver também: <https://en.wikipedia.org/wiki/Hrotsvitha>. Mais coisas foram escritas a respeito de Hildegarda, ver, por exemplo, Fiona Maddocks, *Hildegard of Bingen*. Londres: Headline, 2001.

51. Sobre o começo da vida e as primeiras obras de Cristina de Pisano, ver a introdução de Sarah Lawson à sua tradução de *The Treasure of the City of Ladies*, ed. rev. Londres: Penguin, 2003, pp. xv-xvii.

52. Cristina de Pisano, *The Book of the City of Ladies*, trad. Rosalind Brown-Grant. Londres: Penguin, 1999, p. 9 (parte 1, s. 2).

53. Margaret L. King e Albert Rabil Jr (orgs.), *Her Immaculate Hand: Selected Works by and about the Women Humanists of Quattrocento Italy*. Asheville: Pegasus; University of North Carolina at Asheville, 2000, pp. 81-4.

54. Angelo Poliziano, *Letters*, org. e trad. Shane Butler. Cambridge, MA: I Tatti/Harvard University, 2006, v. 1, pp. 189-91.

55. Traduzida em King e Rabil, op. cit., p. 77. Essa mesma fonte dá informações sobre seus últimos anos de vida (pp. 48-50).

56. Ramie Targoff, *Renaissance Woman: The Life of Vittoria Colonna*. Nova York: Farrar, Straus & Giroux, 2019, p. 16.

57. Ver, por exemplo, a discussão em Anthony Grafton e Lisa Jardine, *From Humanism to the Humanities: Education and the Liberal Arts in Fifteenth- and Sixteenth-Century Europe*. Londres: Duckworth, 1986, pp. 23-4. Sobre a educação humanista da época de modo geral, ver também Paul F. Grendler, *Schooling in Renaissance Italy: Literacy and Learning, 1300-1600*. Baltimore: Johns Hopkins University, 1989.

58. Esse exemplo é dado por Michel de Montaigne, *Essays*, em *The Complete Works*, trad. Donald Frame. Londres: Everyman, 2003, p. 154 (livro I, cap. 26).

59. Juan Luis Vives, *In Pseudodialecticos*, trad. e org. Charles Fantazzi. Leiden: Brill, 1979, p. 84 ("filosofia moral"), p. 88 ("verdadeiras disciplinas").

60. Tanto a carta de Guarini quanto o diálogo (de Angelo Decembrio, *De politia litteraria*, 1462) são citados em Anthony Grafton, *Commerce with the Classics: Ancient Books and Renaissance Readers*. Ann Arbor: University of Michigan, 1997, p. 46 (carta), p. 30 (diálogo).

61. Julia Cartwright, *Baldassare Castiglione: His Life and Letters*. Londres: John Murray, 1908, v. 1, pp. 60-1 (tesouro), p. 62 (copistas).

62. Baldassare Castiglione, *The Book of the Courtier*, trad. George Bull, ed. rev. Harmondsworth, Reino Unido: Penguin, 1976, p. 47 (e também p. 63, tênis e andar na corda bamba).

63. Sobre *sprezzatura* e sua tradução, ver Peter Burke, *The Fortunes of the Courtier*. Cambridge, Reino Unido: Polity, 1995, pp. 69-72.

64. Castiglione, "Dedication", *Book of the Courtier*, p. 31. Para saber da história verdadeira, ver Burke, op. cit., pp. 22-3.

65. Ezio Raimondi, *Codro e l'umanesimo a Bologna*. Bolonha: C. Zuffi, 1987, pp. 11-4; Carlo Malagola, *Della vita e delle opere di Antonio Urceo detto Codro: Studi e ricerche*. Bolonha: Fava e Garagnani, 1878, p. 164.

66. Endymion Wilkinson, "Woodblock Printing", em *Chinese History: A New Manual*. Cambridge, MA: Harvard University Asia Center for the Harvard-Yenching Institute, 2012, p. 910.

67. Ross King, *The Bookseller of Florence*. Londres: Chatto & Windus, 2020, p. 142. No que diz respeito aos números, ele se refere a Janet Ing, "The Mainz Indulgences of 1454/5: A Review of Recent Scholarship", *British Library Journal*, v. 1, p. 19, primavera 1983. As indulgências eram dadas àqueles que doavam dinheiro para a defesa do Chipre contra os turcos.

68. Johannes Trithemius, *In Praise of Scribes* (*De laude scriptorium*), trad. Roland Behrendt, org. Klaus Arnold. Lawrence, KS: Coronado, 1974, principalmente pp. 53-63 (exercício espiritual) e p. 35 (pergaminho mais duradouro). A introdução menciona suas razões para imprimir seu livro (p. 15).

69. Edward Gibbon, *The History of the Decline and Fall of the Roman Empire*, ed. resumida, org. David Womersley. Londres: Penguin, 2000, p. 727 (cap. 68).

70. Martin Lowry, *The World of Aldus Manutius*. Oxford, Reino Unido: Blackwell, 1979, p. 119.

71. Ingrid D. Rowland, *The Culture of the High Renaissance*. Cambridge, Reino Unido: Cambridge University, 1998, p. 62.

72. E. P. Goldschmidt, *The Printed Book of the Renaissance*. Cambridge, Reino Unido: Cambridge University, 1950, p. 51.

73. Lowry, op. cit., p. 122.

74. Martial, *Epigrams*, org. e trad. D. R. Shackleton Bailey. Cambridge, MA: Harvard University, 1993, v. 1, p. 43 (i, ii).

75. Pietro Bembo, *Lyric Poetry; Etna*, org. e trad. Mary P. Chatfield. Cambridge, MA: I Tatti/ Harvard University, 2005, pp. 194-249, isso está na p. 243. Sobre sua ascensão e a impressão que Aldus fez do livro, ver Gareth D. Williams, *Pietro Bembo on Etna: The Ascent of a Venetian Humanist*. Oxford, Reino Unido: Oxford University, 2017.

76. Williams, op. cit., p. 202n. Para mais informações sobre o ponto e vírgula: Cecelia Watson, *Semicolon*. Londres: Fourth Estate, 2020. Um sinal parecido já era usado na época dos manuscritos, mas servia apenas para representar abreviações de palavras comuns no latim.

77. Ernst Robert Curtius, *European Literature and the Latin Middle Ages*, trad. Willard R. Trask. Princeton, NJ: Princeton University, 2013, p. 315.

78. Erasmo, *Apologia adversus rapsodias calumniosarum querimoniarum Alberti Pii* (1531), traduzido por Margaret Mann Phillips em sua obra *The "Adages" of Erasmus: A Study with Translations*. Cambridge, Reino Unido: Cambridge University, 1964, p. 68. Também sobre a estada de Erasmo na casa de Aldus, ver Erasmo, "Penny-Pinching" (*Opulentia sórdida*) (1531), em *The Colloquies*, trad. Craig R. Thompson. Chicago: University of Chicago, 1965, pp. 488-99.

79. Aldus Manutius, *The Greek Classics*, org. e trad. N. G. Wilson. Cambridge, MA: I Tatti/ Harvard University, 2016, pp. 289-91.

80. Phillips, op. cit., p. 181.

81. Thomas More, *Utopia*, trad. Clarence H. Miller. New Haven: Yale University, 2001, p. 95.

82. Aldus Manutius, *The Greek Classics*, pp. 205-7 ("*Nun o, nunc, iuvenes, ubique in urbe/ flores spargite: vere nanque primo/ Aldus venit en, Aldus ecce venit!*").

83. Ibid., p. 99.

84. R. J. Schoeck, *Erasmus of Europe*. Edimburgo: Edinburgh University, 1990-3, v. 2, p. 158, citando uma carta de Erasmo a Thomas Ruthall, 7 mar. 1515.

3. PROVOCADORES E PAGÃOS [pp. 82-112]

1. Para o texto da Doação, ver Lorenzo Valla, *On the Donation of Constantine*, trad. G. W. Bowersock. Cambridge, MA: I Tatti/Harvard University, 2007, pp. 162-83. Sobre seu contexto histórico e como ele foi usado, ver Johannes Fried, "*Donation of Constantine" and "Constitutum Constantini": The Misinterpretation of a Fiction and Its Original Meaning*. Berlim: De Gruyter, 2007.

2. Peter Burke, *The Renaissance Sense of the Past*. Londres: Edward Arnold, 1969, p. 55. Quem o colocou em dúvida foi principalmente Nicolau de Cusa em 1432-3.

3. Maffeo Vegio a Lorenzo Valla, Pavia, 26 ago. [1434]: Lorenzo Valla, *Correspondence*, org. e trad. Brendan Cook. Cambridge, MA: I Tatti/Harvard University, 2013, pp. 35-7. A obra a que ele se referia era *Repastinatio*.

4. A primeira *Invective* de Facio, apud Maristella Lorch, introdução a Lorenzo Valla, *On Pleasure: De Voluptate*, trad. A. Kent Hieatt e Maristella Lorch. Nova York: Abaris, 1977, p. 8. O outro grande inimigo de Valla no mundo erudito de Nápoles era Antonio Beccadelli, conhecido como Panormita.

5. Lorenzo Valla ao cardeal Trevisan (1443), traduzido em Salvatore I. Camporeale, "Lorenzo Valla's *Oratio* on the Pseudo-Donation of Constantine: Dissent and Innovation in Early Renaissance Humanism", em "Lorenzo Valla: A Symposium", *Journal of the History of Ideas*, v. 57, pp. 9-26, 1996; isso está na p. 9.

6. Valla, *On the Donation of Constantine*, p. 67.

7. Ibid., pp. 11-5 (é plausível?), p. 43 (documentação?).

8. Ibid., p. 67 (sátrapas), p. 97 (meias de feltro etc.).

9. N. G. Wilson, *From Byzantium to Italy: Greek Studies in the Italian Renaissance*. Baltimore: Johns Hopkins University, 1992, pp. 69-72. Essas obras foram encomendadas pelo papa Nicolau V em Roma, na época em que Valla tornou a cair nas graças do papado.

10. Rudolph Langen de Munster, escrevendo a Antony Vrye (ou Liber) de Soest, 27 fev. 1469, apud P. S. Allen, *The Age of Erasmus*. Oxford, Reino Unido: Clarendon, 1914, p. 23.

11. Lorenzo Valla, *Dialectical Disputations*, org. e trad. Brian Copenhaver e Lodi Nauta. Cambridge, MA: I Tatti/Harvard University, 2012. Infelizmente, um editor do século XVI substituiu o primeiro título pelo insosso *Dialecticae disputationes*, que se firmou; ver a introdução dos editores, pp. x-xi.

12. Lívio: BL Harley 2493. Fac-símile: Giuseppe Billanovich, *La tradizione dal testo di Livio e le origini dell'umanesimo*, v. 2: *Il Livio del Petrarca e del Valla: British Library, Harleian 2493*. Pádua: Antenore, 1981. As emendas de Valla: *Emendationes sex librorum Titi Livi*, escritas em 1446-7.

13. Lorenzo Valla, *In Latinam Novi Testamenti interpretationem ex collatione Graecorum exemplarium adnotationes*, escrito e revisado ao longo da década de 1440. Ver Wilson, *From Byzantium to Italy*, p. 73; e L. D. Reynolds e N. G. Wilson, *Scribes and Scholars*. 3. ed. Oxford, Reino Unido: Clarendon, 1991, p. 144. Sobre as críticas textuais de Valla ao Novo Testamento, ver também Jerry H. Bentley, *Humanists and Holy Writ*. Princeton, NJ: Princeton University, 1983, pp. 32-69.

14. William J. Connell, introdução a "Lorenzo Valla: A Symposium", *Journal of the History of Ideas*, v. 57, 1996, pp. 1-7, isso está na p. 2. Ver Vall, *On Free Will*, trad. Charles Edward Trinkaus Jr, em *The Renaissance Philosophy of Man*, org. Ernst Cassirer, P. O. Kristeller e John Herman Randall Jr. Chicago: University of Chicago, 1948, pp. 155-82, introdução do tradutor, pp. 147-54. Ver também Christopher S. Celenza, *The Intellectual World of the Italian Renaissance*. Nova York: Cambridge University, 2018, pp. 216-27.

15. Lorenzo Valla, *On Pleasure: De Voluptate*, p. 69 (estoico: animais), pp. 101, 109, 131 (epicurista: prazeres), pp. 285-7 (cristãos: prazeres celestiais são melhores), p. 91 (Lorenzo: "Minha alma se curva").

16. Lorenzo Valla a Eugênio IV, 27 nov. [1434], em Valla, *Correspondence*, p. 43. Ver também Lorch, introdução a Valla, *On Pleasure: De Voluptate*, p. 27.

17. Camporeale, op. cit., pp. 9-26, isso está na p. 9.

18. Reynolds e Wilson, *Scribes and Scholars*, p. 143; G. W. Bowersock, introdução à sua tradução de Valla, *On the Donation of Constantine*, p. ix.

19. Jill Kraye, "Lorenzo Valla and Changing Perceptions of Renaissance Humanism", *Comparative Criticism*, v. 23, pp. 37-55, 2001, isso está nas pp. 37-8 (com uma imagem da tumba). Durante uma aula sobre a história de Roma na Universidade de Bonn em 1828-9, Niebuhr contou a alunos que havia encontrado a lápide. O historiador Francesco Cancellieri resgatou o objeto pouco depois.

20. R. J. Schoeck, *Erasmus of Europe*. Edimburgo: Edinburgh University, 1990-3, v. 2, pp. 44-5.

21. Camporeale, op. cit., pp. 9-26, isso está na p. 25.

22. Um exemplo digno de nota é o de Isaac Casaubon, que em *De rebus sacris et ecclesiasticis exercitationes XVI*, de 1614, demonstrou que os textos "herméticos" adorados pelos neoplatonistas do Renascimento não eram do Egito antigo como eles achavam, mas sim escritos por cristãos de uma era posterior, o que explicava por que as ideias que continham eram sinistras no prenúncio do cristianismo. Ver Anthony Grafton, "Protestant versus Prophet: Isaac Casaubon on Hermes Trismegistus", *Journal of the Warburg and Courtauld Institutes*, v. 46, pp. 78-93, 1983.

23. "Fazer os outros recuperarem o juízo" e citações anteriores são de Lorenzo Valla a Joan Serra, Gaeta, 13 ago. [1440], em Valla, *Correspondence*, pp. 75-97.

24. Poggio Bracciolini a Bartolomeo Ghiselardi, 1454, traduzido em Anthony Grafton e Lisa Jardine, *From Humanism to the Humanities: Education and the Liberal Arts in Fifteenth- and Sixteenth-Century Europe*. Londres: Duckworth, 1986, p. 80. O latim, na íntegra: "*Itaque opus esset non verbis, sed fustibus, et clava Herculis ad hoc monstrum perdomandum, et discipulos suos*".

Ver Salvatore I. Camporeale, *Lorenzo Valla: Umanesimo e teologia*. Florença: Istituto Nazionale di Studi sul Rinascimento, 1972, p. 137. Valla lecionava em Roma durante essa época. Ver também uma carta anterior de Francesco Filelfo para Poggio e Valla, 7 mar. 1453, implorando a eles que façam as pazes, em Valla, *Correspondence*, p. 273.

25. A respeito de tudo isso, ver *Ciceronian Controversies*, org. JoAnn Della-Neva, trad. Brian Duvick. Cambridge, MA: I Tatti/Harvard University, 2007, inclusive Angelo Poliziano a Paolo Cortesi, jurando evitar termos não ciceronianos, pp. 3-5.

26. Petrarca, *Letters on Familiar Matters / Rerum familiarum, libri I-XXIV*, trad. Aldo S. Bernardo. Albany: Suny, 1975; Baltimore: Johns Hopkins University, 1982-5, v. 3, pp. 314-6 (*Fam.* XXIV, 2, a Pulice da Vicenza, um poeta que também esteve presente nessa ocasião).

27. "Ciceronianus es, non Christianus." A história é contada na carta de Jerônimo à sra. Eustochium, filha de sua discípula Paula, 384 EC. Aqui conforme tradução de Eugene F. Rice Jr., *Saint Jerome in the Renaissance*. Baltimore: Johns Hopkins University, 1985, p. 3. Também em São Jerônimo, *Selected Letters*, trad. F. A. Wright. Londres: W. Heinemann; Nova York: G. P. Putnam's Sons, 1933, pp. 53-158, com o sonho nas pp. 127-9.

28. Valla, no prefácio ao livro IV de seu *Elegances*: Lorenzo Valla, "In quartum librum elegantiarum praefatio: Prefazione al quarto libro delle Eleganze", em *Prosatori latini del Quattrocento*, org. Eugenio Garin (Turim: Einaudi, 1976-7), v. 5, pp. 612-23, isso está nas pp. 614-5. Ver também Rice, *Saint Jerome in the Renaissance*, p. 86.

29. Erasmo, "The Ciceronian", trad. Betty I. Knott, org. A. H. T. Levi, em *Collected Works*. Toronto: University of Toronto, 1986, v. 28, pp. 430-5.

30. Sobre o pano de fundo das obras de Sandro Botticelli, *Nascimento de Vênus e Primavera*, acerca das quais o artista consultou seu conselheiro humanista Angelo Poliziano: Frank Zollner, *Sandro Botticelli*. Munique: Prestel, 2009, pp. 135, 140-1.

31. Petrarca, "On His Own Ignorance and That of Others", em *Invectives*, org. e trad. David Marsh. Cambridge, MA: I Tatti/Harvard University, 2003, p. 333.

32. Virgílio, *Eclogues*, IV.

33. Em *Cento Vergilianus de laudibus Christi*. Ver E. Clark e D. Hatch, *The Golden Bough, the Oaken Cross: The Virgilian Cento of Faltonia Betitia Proba*. Chico, CA: Scholars, 1981. Ver também: <https://en.wikipedia.org/wiki/Cento_Vergilianus_de_laudibus_Christi>. Eruditos do século XX, principalmente na escola de Chartres, usavam a palavra *integumentum*, ou "camada externa", para descrever esse tipo de texto clássico, no sentido de que a superfície seria um mero xale ou manto que ocultasse um significado mais profundo: Peter Adamson, *Medieval Philosophy*. Oxford, Reino Unido: Oxford University, 2019, pp. 96-7.

34. Dante, *Inferno*, canto 4, linha 39 (Virgílio); canto 10, linhas 13-5 (Epicuro).

35. Erasmo, "The Ciceronian", p. 388 (Diana), p. 396 (museus), p. 383 (flâmines e vestais).

36. Ingrid D. Rowland, *The Culture of the High Renaissance*. Cambridge, Reino Unido: Cambridge University, 1998, p. 13; Anthony F. D'Elia, *A Sudden Terror: The Plot to Murder the Pope in Renaissance Rome*. Cambridge, MA: Harvard University, 2009, pp. 95-7 (com amostras de suas poesias); Grafton e Jardine, *From Humanism to the Humanities*, pp. 89-90 (peças).

37. Traduzido em D'Elia, op. cit., p. 88.

38. Ronald G. Musto, *Apocalypse in Rome: Cola di Rienzo and the Politics of the New Age*. Berkeley: University of California, 2003, pp. 341-3.

39. D'Elia, op. cit., p. 82. D'Elia é a fonte de grande parte desse relato sobre a Academia Romana e sua perseguição, a não ser quando dito o contrário.

40. J. F. D'Amico, *Renaissance Humanism in Papal Rome: Humanists and Churchmen on the Eve of the Reformation*. Baltimore: Johns Hopkins University, 1983, p. 93.

41. Traduzido em D'Elia, op. cit., p. 181. Também sobre a surpresa de Rodrigo diante de tamanha eloquência: p. 170.

42. B. Platina, *De honesta voluptate et valetudine*, escrito em meados dos anos 1460, mas publicado tempos depois. John Verriano, "At Supper with Leonardo", *Gastronomica*, v. 8, n. 1, 2008, pp. 75-9.

43. Platina, *Liber de vita Christi ac omnium pontificum aa. 1-1474*. Veneza: J. Manthen e J. de Colonia, 1479.

44. Rowland, *The Culture of the High Renaissance*, p. 16; D'Elia, op. cit., p. 184. Restaram as anotações de um estudante sobre um passeio pelas ruínas romanas, guiado por um visitante estrangeiro em algum momento após 1484: Roberto Weiss, *The Renaissance Discovery of Classical Antiquity*. 2. ed. Oxford, Reino Unido: Blackwell, 1988, pp. 76-7.

45. Leonardo Bruni, *Laudatio florentinae urbis*, trad. Hans Baron, em *The Humanism of Leonardo Bruni: Selected Texts*, trad. e org. G. Griffiths, J. Hankins e D. Thompson. Binghamton, NY: Medieval and Renaissance Texts and Studies, 1987, pp. 116-7 (nada que seja desafinado), p. 121 (afáveis e civilizados).

46. Leonardo Bruni, "Oration for the Funeral of Nanni Strozzi" (1428), trad. Gordon Griffiths, em *The Humanism of Leonardo Bruni*, op. cit., pp. 121-7, isso está na p. 126. Nanni Strozzi morreu lutando pela cidade em 1427.

47. Tucídides, *The Peloponnesian War*, livro 2, §35-46.

48. Historiadores discordam se os ideais florentinos dessa época deveriam ser descritos como um "humanismo cívico" ou não. O termo é associado sobretudo ao historiador Hans Baron, que frisou que eles davam mais importância aos compromissos políticos e cívicos do que às próprias questões literárias ou filosóficas: Hans Baron, *The Crisis of the Early Italian Renaissance: Civic Humanism and Republican Liberty in an Age of Classicism and Tyranny*, ed. rev. Princeton, NJ: Princeton University, 1966. Sobre isso, ver também James Hankins (org.), *Renaissance Civic Humanism: Reappraisals and Reflections*. Cambridge, Reino Unido: Cambridge University, 2000.

49. J. Thiem, introdução à sua edição de Lorenzo de Médici, *Selected Poems and Prose*, trad. J. Thiem et al. University Park: Pennsylvania State University, 1991, pp. 5-6.

50. Marsílio Ficino, *Platonic Theology*, livro 3, cap. 3, trad. J. L. Burroughs, *Journal of the History of Ideas*, v. 5, n. 2, pp. 227-42, abr. 1944, isso está na p. 235.

51. Brian P. Copenhaver esmiuça por que a "dignidade do homem" não é dele em *Magic and the Dignity of Man: Pico della Mirandola and His Oration in Modern Memory*. Cambridge, MA: Belknap Press of Harvard University, 2019, pp. 28-9. Sobre a recepção geral de Pico e sua obra, ver Brian P. Copenhaver e William G. Craven, *Giovanni Pico della Mirandola: "Symbol of His Age": Modern Interpretations of a Renaissance Philosopher*. Genebra: Droz, 1981.

52. Pico della Mirandola, *Oration on the Dignity of Man: A New Translation and Commentary*, org. Francesco Borghesi, Michael Papio e Massimo Riva. Cambridge, Reino Unido: Cambridge University, 2012, p. 121, parágrafo 29 ("artífice de si mesmo"); p. 123, parágrafos 31-2 (camaleão).

53. Jacob Burckhardt, *The Civilization of the Renaissance in Italy* (1860), trad. S. G. C. Middlemore. Harmondsworth, Reino Unido: Penguin, 1990, principalmente pp. 102-4 sobre Leonardo e Alberti.

54. Leon Battista Alberti, *The Life*, em R. Watkins, "L. B. Alberti in the Mirror: An Interpretation of the *Vita* with a New Translation", *Italian Quarterly*, v. 30, n. 117, pp. 5-30, verão 1989. O relato foi escrito em 1437 ou 1438; Riccardo Fubini decretou em 1972 que o autor era mesmo Alberti. Ver Anthony Grafton, *Leon Battista Alberti*. Londres: Allen Lane; Penguin, 2001, pp. 17-8.

55. Leon Battista Alberti: *Della pittura* [*De pictura*], escrito em toscano em 1435-6 e latim em 1439-41; *De re aedificatoria*, escrito entre 1443 e 1452; *De statua*, iniciado por volta de 1450 e publicado em 1460.

56. Leon Battista Alberti, *Delineation of the City of Rome* [*Descriptio urbis Romae*], org. Mario Carpo e Francesco Furlan, trad. Peter Hicks. Tempe: Arizona Center for Medieval and Renaissance Studies, 2007. Ver também Grafton, *Leon Battista Alberti*, pp. 241-3. Meus agradecimentos a Stefano Guidarini pela nossa conversa sobre Alberti e prédios romanos.

57. Leon Battista Alberti, *Ludi matematici* [*Ludi rerum mathematicarum*] (escrito em 1450-2), org. R. Rinaldi. Milão: Guanda, 1980. Ver Joan Gadol, *Leon Battista Alberti*. Chicago: University of Chicago, 1969, p. 167.

58. Todas as citações são de Alberti, *The Life*, pp. 7-15.

59. Vitrúvio, *De architectura* [*On Architecture*], com xilogravuras de Cesare Cesariano. Como: G. da Ponte, 1521, livro 3, §1.

60. Ver a fonte criada para Jean Grolier por Geoffroy Tory em 1529: Geoffroy Tory, *Champ fleury*, trad. George B. Ives. Nova York: Grolier Club, 1927.

61. O rascunho e o modelo em madeira ainda estão na Casa Buonarroti em Florença; ver William E. Wallace, *Michelangelo at San Lorenzo*. Cambridge, Reino Unido: Cambridge University, 1994, pp. 21, 31.

62. Sobre o design do Homem Feliz com o desenho original feito por Denis Barrington em 1963 e uma nota de Andrew Copson, por volta de 2001, ver os documentos da British Humanist Association no Bishopsgate Institute Library, Londres: BHA 1/8/11.

63. Ver: <https://humanists.uk>. Agradeço a Andrew Copson por me explicar o significado do novo símbolo.

64. Vitrúvio, op. cit.

65. Immanuel Kant, *Idea for a Universal History with a Cosmopolitan Aim*, trad. Allen W. Wood, em Kant, *Anthropology, History and Education*, org. Günter Zöller e Robert B. Louden. Cambridge, Reino Unido: Cambridge University, 2007, pp. 107-20, isso está na p. 113.

66. Ele mencionou que rasgou seus textos sobre Platão em um sermão de 1495; apud Donald Weinstein, *Savonarola: The Rise and Fall of a Renaissance Prophet*. New Haven: Yale University, 2011, p. 8. Sobre Savonarola de modo geral, ver também Lauro Martines, *Scourge and Fire: Savonarola and Renaissance Florence*. Londres: Jonathan Cape, 2006.

67. Girolamo Savonarola, Sermão do Dia de Finados, 2 nov. 1496, em *Selected Writings: Religion and Politics, 1490-1498*, trad. e org. Anne Borelli e Maria Pastore Passaro. New Haven: Yale University, 2006, p. 46.

68. Weinstein, *Savonarola*, pp. 12-3. Mais tarde, o tratado ganhou o título de *On Contempt for the World* [*De contemptu mundi*], dado por biógrafos, resumindo sua mensagem.

69. Ibid., pp. 22-3.

70. A morte de Lorenzo é descrita vividamente por Poliziano em uma carta de 18 maio 1492: Angelo Poliziano, *Letters*, org. e trad. Shane Butler. Cambridge, MA: I Tatti/Harvard University, 2006, v. 1, p. 239. A abordagem de Savonarola por Lorenzo talvez tenha sido uma ideia de Pico.

71. Weinstein, *Savonarola*, pp. 119 e 144 (sobre a perda de entusiasmo de Marsílio Ficino por volta dessa época). Pico permaneceu leal, mas isso não lhe foi muito útil: depois que morreu, em 1494, Savonarola anunciou do púlpito que, segundo fontes confiáveis, Pico não tinha chegado ao céu, mas apenas ao purgatório: o sermão dominical de Savonarola em 23 nov. 1494, citado em Copenhaver, *Magic and the Dignity of Man*, pp. 167, 184.

72. Carta do orador Paolo Somenzi a Lodovico Sforza, duque de Milão, descrevendo o carnaval de 16 fev. 1496, traduzido em Savonarola, *Selected Writings*, p. 219.

73. Descrições das fogueiras de 1497 em Savonarola, *Selected Writings*, pp. 244-58.

74. Em *A Life of Savonarola* (anônimo, embora antigamente atribuído a Fra Pacifico Burlamacchi), em Savonarola, *Selected Writings*, p. 257.

75. Apud Weinstein, *Savonarola*, p. 72.

76. Savonarola, *Selected Writings*, p. 346.

77. As declarações de Savonarola são principalmente de um sermão de 14 dez. 1494, traduzidas em Weinstein, *Savonarola*, pp. 155-6.

78. Weinstein, *Savonarola*, pp. 295-6 (citando um relato de Luca Landucci sobre a execução), p. 298 (o sino). O sino deveria ser exilado por cinquenta anos, mas na verdade foi levado de volta em 1509; hoje ele está no Museu de São Marcos, Florença. Para um relato do julgamento do sino, de seu castigo e reabilitação, ver Daniel M. Zolli e Christopher Brown, "Bell on Trial", *Renaissance Quarterly*, v. 72, n. 1, pp. 54-96, primavera 2019.

79. Maquiavel escreveu sobre Savonarola em vários lugares, inclusive em *O príncipe*, cap. 6, onde ele apresenta esse argumento. *The Prince*, trad. George Bull. Harmondsworth, Reino Unido: Penguin, 1961, p. 52.

80. Thomas Paine, *The Age of Reason*. Londres: Watts, 1938, p. 23.

81. Andre Chastel, *The Sack of Rome, 1527*, trad. Beth Archer. Princeton, NJ: Princeton University, 1983, p. 131. Essa também é a fonte, na p. 124, para outros detalhes das perdas (inclusive a de Giovio), e pp. 92-3, para a pichação de Lutero (sob *Disputation of the Holy Sacrament*, de Rafael, na Stanze della Segnatura).

82. K. Gouwens, introdução à sua tradução de Paolo Giovio, *Notable Men and Women of Our Time*. Cambridge, MA: I Tatti/Harvard University, 2013, p. ix.

83. T. C. Price Zimmermann, *Paolo Giovio: The Historian and the Crisis of Sixteenth-Century Italy*. Princeton, NJ: Princeton University, 1995, pp. 86-8.

84. Plínio, o Jovem, a Voconius Romanus, epístola 9.7, em *Letters*, trad. Betty Radice. Harmondsworth, Reino Unido: Penguin, 1969, p. 237.

85. Paolo Giovio, *Elogia veris clarorum virorum imaginibus Apposita*. Veneza: M. Tramezinus, 1546.

86. Julia Conaway Bondanella e Peter Bondanella, introdução à tradução deles de Giorgio Vasari, *The Lives of the Artists*. Oxford, Reino Unido: Oxford University, 1991, pp. vii-viii. Ver também Zimmermann, op. cit., p. 214.

87. *Six Tuscan Poets* (1544), de Giorgio Vasari, em Minneapolis Institute of Art. Os outros três poetas são Cino da Pistoia, Guittone d'Arezzo e Guido Cavalcanti — amigo de Dante e figura interessante que, segundo rumores (criados por Boccaccio), era ateu.

88. Vasari, *The Lives of the Artists*, pp. 48-9 (renascimento), p. 47 (historiadores).

4. REDE MARAVILHOSA [pp. 113-26]

1. Girolamo Fracastoro, *Latin Poetry*, trad. James Gardner. Cambridge, MA: I Tatti/Harvard University, 2013, p. 29 (livro 1, linhas 437-51).

2. Id., *Fracastoro's Syphilis*, org. e trad. Geoffrey Eatough. Liverpool: Francis Cairns, 1984, p. 69 (livro 2, linhas 133-7). Miúdos são feitos do intestino grosso do porco; o lombo é carne com uma parte da coluna vertebral do animal. Em latim: "*Tu teneros lactes, tu pandae abdomina porcae,/ Porcae heu terga fuge, et lumbis ne vescere aprinis,/ Venatu quamvis toties confeceris apros./ Quin neque te crudus cucumis, non tubera captent,/ Neve famem cinara, bulbisve salacibus expe*".

3. Ibid., p. 107 (livro 2, linhas 405-12). Em latim: "*Salve magna Deum minibus sata semine sacro,/ Pulchra comis, spectata novis virtutibus arbos:/ Spes hominum, externi decus, et nova Gloria mundi: Fortunata nimis.../ Ipsa tamen, si qua nostro te carmine Musae/ Ferre per ora virum poterunt, hac tu quotue parte/ Nosceris, coeloque etiam cantabere nostro*".

4. Esse ponto é defendido pelo seu tradutor mais recente, James Gardner, na introdução de seu Fracastoro, *Latin Poetry*, p. xiii. Ele se inspirou em obras como Ulrich von Hutten, *De morbo gallico* [*The French Disease*] (1519).

5. P. Eppenberger, F. Galassi e F. Ruhli, "A Brief Pictorial and Historical Introduction to Guaiacum — from a Putative Cure for Syphilis to an Actual Screening Method for Colorectal Cancer", *British Journal of Clinical Pharmacology*, v. 83, n. 9, pp. 2118-9, set. 2017, <https://www.ncbi.nlm.nih.gov/pmc/articles/PMC5555855/>.

6. Edmund D. Pellegrino, *Humanism and the Physician*. Knoxville: University of Tennessee, 1979, p. 33.

7. T. H. Huxley, "Universities: Actual and Ideal". University of Aberdeen, 1874, em *Science and Education*, v. 3 de *Collected Essays*. Londres: Macmillan, 1910, pp. 189-234, isso está na p. 220.

8. Petrarca, *Letters of Old Age* [*Rerum senilium*, livros I-XVIII], trad. Aldo S. Bernardo, Saul Levin e Reta A. Bernardo. Baltimore: Johns Hopkins University, 1992, v. 2, pp. 438-49, isso está na p. 444 (*Sen.* XII, 1: legumes); v. 1, pp. 167-76, isso está na p. 172 (*Sen.* v, 3: "são todos instruídos").

9. Geoffrey Chaucer, *Contos da Cantuária*, "Prólogo geral", trad. José Francisco Botelho. São Paulo: Penguin Classics Companhia das Letras, 2013.

10. Johann Winter von Andernach (J. Guintherius), prefácio a seu *Aliquot libelli* (Basileia, 1529), sig. A2r-v, traduzido em Richard J. Durling, "A Chronological Census of Renaissance Editions and Translations of Galen", *Journal of the Warburg and Courtauld Institutes*, v. 24, n. 3/4, pp. 230-305, 1961, isso está na p. 239.

11. O Plínio de Petrarca está na Bibliothèque Nationale, Paris: MS Lat. 6802. A cópia de Oxford está na Biblioteca Bodleiana, MS Auct. T.I.27. Ver Charles G. Nauert Jr., "Humanists, Scientists, and Pliny: Changing Approaches to a Classical Author", *American Historical Review*, v. 84, pp. 72-85, 1972, isso está na p. 75n. O humanista alemão Rodolphus Agricola também andava para cima e para baixo com seu exemplar de Plínio durante sua viagem pela Itália: Gerard Geldenhouwer, "Vita", em *Rudolf Agricola: Six Lives and Erasmus's Testimonies*, org. e trad. Fokke Akkerman, trad. para o inglês de Rudy Bremer e Corrie Ooms Beck. Assen, Holanda: Royal Van Gorcum, 2012, pp. 91-107, isso está na p. 99.

12. Em especial, o humanista Ermolao Barbaro alegava, em *Castigationes plinianae* (1493), ter corrigido mais de 5 mil erros, mas frisou que a culpa por eles era dos copistas. Brian W. Ogilvie, *The Science of Describing*. Chicago: University of Chicago, 2006, pp. 122-5.

13. Niccolò Leoniceno, *De Plinii et plurium aliorum medicorum in medicina erroribus...* Ferrara: I. Maciochius, 1509, f. 21v. Sobre pôr a culpa em Plínio, ver também Angelo Poliziano, *Letters*, org. e trad. Shane Butler. Cambridge, MA: I Tatti/Harvard University, 2006, v. 1, pp. 103-5. Sobre a questão toda, ver Nauert, "Humanists, Scientists, and Pliny"; Arturo Castiglioni, "The School of Ferrara and the Controversy on Pliny", em *Science Medicine and History: Essays on the Evolution of Scientific Thought and Medical Practice Written in Honour of Charles Singer*, org. E. Ashworth Underwood. Londres: Geoffrey Cumberlege; Oxford University, 1953, v. 1, pp. 269-79; Ogilvie, op. cit., pp. 127-9.

14. Vivian Nutton, "The Rise of Medical Humanism: Ferrara, 1464-1555", *Renaissance Studies*, v. 11, 1997, pp. 2-19, isso está na p. 4.

15. Traduzido em Ogilvie, op. cit., p. 129, com referência a Leoniceno, *De Plinii et aliorum medicorum erroribus liber...* Basileia: Henricus Petrus, 1529, pp. 65-6.

16. Na época, dipsas eram consideradas as serpentes venenosas mencionadas por Lucan e Cato; as serpentes do Novo Mundo que agora têm esse nome não são nem um pouco venenosas. Nutton, op. cit., pp. 2-19, com referência a Niccolò Leoniceno, *De dipsade et pluribus aliis serpentibus*. Bolonha, 1518; escrito muito antes da data de publicação, na p. 5.

17. Sobre Brasavola: Nutton, op. cit., pp. 12-4. Sobre jardins botânicos e coleções: Paula Findlen, *Possessing Nature: Museums, Collecting and Scientific Culture in Early Modern Italy*. Berkeley: University of California, 1994.

18. Susan P. Mattern, *The Prince of Medicine: Galen in the Roman Empire*. Oxford, Reino Unido: Oxford University, 2013, p. 151.

19. Santo Agostinho, *Concerning the City of God against the Pagans*, livro 23, cap. 24.

20. [T. Southwood Smith], *Use of the Dead to the Living: From the Westminster Review*. Albany, Reino Unido: Websters and Skinners, 1827, p. 37.

21. Charles D. O'Malley, *Andreas Vesalius of Brussels, 1514-1564*. Berkeley: University of California, 1964, pp. 9 (espírito vital), 106 (Sylvius); Bernard Schultz, *Art and Anatomy in Renaissance Italy*. Ann Arbor: UMI Research, 1985, p. 25. O nome Jacobus Sylvius é a forma latinizada de Jacques Dubois.

22. Ver: <https://en.wikipedia.org/wiki/Rete_mirabile>.

23. Berengario da Carpi, traduzido em Marco Catani e Stefano Sandrone, *Brain Renaissance: From Vesalius to Modern Neuroscience*. Oxford, Reino Unido: Oxford University, 2015, p. 154.

24. O'Malley, op. cit., p. 64.

25. Vesalius em Leuven: O'Malley, op. cit., pp. 64 (corpo), 69-71 (o comentário, isto é, Vesalius, *Paraphrasis*, 1537).

26. O'Malley, op. cit., pp. 77 (precocidade), 318-20 (corte), 81-2 (palestras). As anotações das palestras foram feitas pelo estudante de dezoito anos Vitus Tritonius Athesinus e estão na Austrian National Library, em Viena. Vesalius descreve suas preferências e técnicas em *Fabrica*.

27. Vesalius, *Tabulae anatomicae* (1538), que ainda mostrava a *rete mirabile* de Galeno na terceira ilustração. Ver a imagem on-line em: <https://iiif.wellcomecollection.org/image/L0002233. jpg/full/760%2C/0/default.jpg>. A *rete mirabile* está em B. Vesalius, que confessou seu erro em *Fabrica*; ver abaixo.

28. O'Malley, op. cit., pp. 98-100.

29. Andreas Vesalius, *De humani corporis fabrica libri septem*. Basileia: J. Oporinus, 1543. Ver também Vesalius, *The Fabric of the Human Body*, org. e trad. Daniel H. Garrison e Malcolm H. Hast.

Basileia: Karger, 2014, uma tradução anotada das edições de 1543 e 1555 de *De humani corporis fabrica libri septem*. Veja a edição digitalizada em: ‹http://www.vesaliusfabrica.com/en/original-fabrica.html›. Sobre o termo *fabrica*, ver O'Malley, op. cit., p. 139. Poderia também significar "forma de construção", como se descrevesse um prédio. Ver também Daniel H. Garrison, "Why Did Vesalius Title His Anatomical Atlas 'The Fabric of the Human Body'?", ‹http://www.vesalius-fabrica.com/en/original-fabrica/inside-the-fabrica/the-name-fabrica.html›.

30. Vesalius, *De humani corporis fabrica*, trad. Catani e Sandrone, *Brain Renaissance: From Vesalius to Modern Neuroscience*, pp. 152-3.

31. Vesalius, *De humani corporis fabrica*, livro 5, cap. 15. Ver a anotação de Garrison e Hast na tradução deles para *The Fabric of the Human Body*, v. 2, 1069n40: Vesalius o confundia com uma parte da *labia minora*, a *ninfa*.

32. Realdo Colombo, *De re anatômica*. Veneza: N. Bevilacqua, 1559, p. 243 (s. 11, linhas 6-20). Em latim: "*tam pulchram rem, tanta arte effectam, tantae utilitatis gratia*". O livro de Colombo foi escrito antes, no começo dos anos 1540, mas só foi publicado em 1559. Ver Mark Stringer e Ines Becker, "Colombo and the Clitoris", *European Journal of Obstetrics and Gynaecology and Reproductive Biology*, v. 151, pp. 130-3, 2010, e Robert J. Moes e C. D. O'Malley, "Realdo Colombo: 'On Those Things Rarely Found in Anatomy...'", *Bulletin of the History of Medicine*, v. 34, n. 6, pp. 508-28, 1960. O clitóris também foi descrito por Gabriele Falloppio, que fez observações sobre ele em 1550 e lançou uma descrição em *Observationes anatomicae*, de 1561. Vesalius nunca o viu editado: em um livro posterior, ele garantiu que "essa parte nova e inútil" existia apenas em hermafroditas, não em mulheres saudáveis. Vesalius, *Anatomicarum Gabrielis Falloppii observationum examen* (1564), traduzido em Stringer e Becker, op. cit., p. 132.

33. O'Malley, op. cit., pp. 130-7.

34. Sobre a influência de tais considerações, ver Ruth Richardson, *Death, Dissection and the Destitute*. Londres: Penguin, 1989.

35. Stringer e Becker, op. cit., p. 131.

36. Martin Clayton e Ron Philo, *Leonardo da Vinci: Anatomist*. Londres: Royal Collection, 2011, p. 17.

37. Paula Findlen et al., *Leonardo's Library: The World of a Renaissance Reader*. Stanford, CA: Stanford Libraries, 2019, catálogo de uma exposição feita nas bibliotecas de Stanford em 2019, que buscava reconstituir a possível coleção de Leonardo com base em suas listas e outras menções a livros.

38. Traduzido em Clayton e Philo, op. cit., p. 9, com referência a seu caderno RL 19037v.

39. Lucrécio, *On the Nature of the Universe*, trad. Ronald Melville. Oxford, Reino Unido: Oxford University, 2008, p. 89 (livro 3, linha 712).

5. MATERIAL HUMANO [pp. 127-50]

1. Lewis W. Spitz, *Conrad Celtis: The German Arch-Humanist*. Cambridge, MA: Harvard University, 1957, p. 23.

2. Leonard Forster, introdução a *Selections from Conrad Celtis, 1459-1508*. Cambridge, Reino Unido: Cambridge University, 1948, pp. 31-3.

3. Rudolf Agricola a Jacob Barbireau, 7 jun. 1484, depois publicada como *De formando studio*. Em Rudolf Agricola, *Letters*, org. e trad. Adrie Van der Laan e Fokke Akkerman. Assen, Holanda:

Royal Van Gorcum; Tempe: Arizona Center for Medieval and Renaissance Studies, 2002, pp. 203-19, isso está nas pp. 205-9. "As coisas em si" (*res ipsas*) eu tirei, no entanto, da tradução para o francês deste trecho: R. Agricola, *Écrits sur la dialectique et l'humanisme*, org. Marc van der Poel. Paris: H. Champion, 1997, pp. 264-5 ("*tu dois étudier les faits mêmes* [*res ipsas*]").

4. Rabelais, *Pantagruel*, cap. 8, em *Gargantua and Pantagruel*, org. e trad. M. A. Screech. Londres: Penguin, 2006, pp. 47-9.

5. Johann von Plieningen, "Vita", em *Rudolf Agricola: Six Lives and Erasmus's Testimonies*, org. e trad. Fokke Akkerman, trad. para o inglês Rudy Bremer e Corrie Ooms Beck. Assen, Holanda: Royal Van Gorcum, 2012, pp. 53-75, isso está nas pp. 71-3. Os outros detalhes contidos nesse parágrafo são da mesma fonte, a não ser, sobre seu belo sotaque, Goswinus van Halen, "Vita", em *Rudolf Agricola: Six Lives and Erasmus's Testimonies*, pp. 77-89, isso está na p. 89. Sobre o efeito geral de Agricola nos outros: Lewis W. Spitz, *The Religious Renaissance of the German Humanists*. Cambridge, MA: Harvard University, 1963, pp. 20-1. Johann von Plieningen foi um de dois irmãos da terra natal de Agricola com que ele fez amizade em Ferrara; ele os chamava de "Plínios" devido a seus nomes (e porque amava Plínio).

6. Ele era mais conhecido por uma obra sobre invenção dialética: *De inventione dialectica libri tres*. Amsterdam: Alardus, 1539.

7. R. J. Schoeck, "Agricola and Erasmus: Erasmus's Inheritance of Northern Humanism", em *Rodolphus Agricola Phrisius, 1444-1485*. Trabalho apresentado na Conferência Internacional da Universidade de Groningen, 28-30 out. 1985, org. F. Akkerman e A. J. Vanderjagt. Leiden, Holanda; Nova York: Brill, 1988, pp. 181-8, isso está nas pp. 181-2.

8. Rudolf Agricola a Jacob Barbireau, 7 jun. 1484, depois publicada como *De formando studio*, em Agricola, *Letters*, pp. 203-19, isso está nas pp. 205-9.

9. Peter Mack, *Renaissance Argument*. Leiden, Holanda: Brill, 1993, p. 128.

10. Sobre suas amizades e correspondências, ver Peter G. Bietenholz e Thomas B. Deutscher, *Contemporaries of Erasmus*. Toronto: University of Toronto, 1985-7, que inclui cerca de 2 mil nomes das pessoas que ele conhecia ou que mencionou.

11. Erasmo, "On Education for Children", em *Collected Works*, v. 26: *Literary and Educational Writings*, 4: *De pueris instituendis/ De recta pronuntiatione*, org. J. K. Sowards. Toronto: University of Toronto, 1985, pp. 291-346, isso está na p. 326.

12. Erasmo a Lambertus Grunnius, 1516, apud R. J. Schoeck, *Erasmus of Europe*. Edimburgo: Edinburgh University, 1990-3, v. 1, p. 49.

13. E. M. Forster, "Breaking Up" (*Spectator*, 28 jul. 1933), em *The Prince's Tale and Other Uncollected Writings*, org. P. N. Furbank. Londres: Penguin, 1999, p. 273.

14. Entre as obras que surgem nesse período britânico estão *On the Method of Study* (*De ratione studii*, 1511, ampliado em 1512 e 1514) e *On the Abundant Style* (*De copia*, 1512, com ampliações posteriores).

15. Erasmo, "On Good Manners for Boys", trad. Brian McGregor, em *Collected Works*, v. 25: *Literary and Educational Writings*, p. 3: *De conscribendis epistolis formula / De civilitate*, org. J. K. Sowards. Toronto: University of Toronto, 1985, pp. 269-89, em especial pp. 276 (escová-los), 277-8 (gases), 274 (testa jovial).

16. Para a história desse lema, que parece remontar a William of Wykeham no século XIV, mas foi registrado por William Horman em 1519, ver Mark Griffith, "The Language and Meaning

of the College Motto" (2012), <https://www.new.ox.ac.uk/sites/default/files/1NCN1%20%282012%29%20Griffith-Manners.pdf>.

17. Erasmo, *On the Method of Study*, em *Collected Works*, v. 24: *Literary and Educational Writings*, 2: *De copia / De ratione studii*, org. Craig R. Thompson, pp. 661-91, isso está na p. 671.

18. Sobre o conceito de abundância, ver principalmente Terence Cave, *The Cornucopian Text: Problems of Writing in the French Renaissance*. Oxford, Reino Unido: Clarendon, 1979.

19. Erasmo, *Copia*, em *Collected Works*, v. 24: *Literary and Educational Writings*, p. 2: *De copia / De ratione studii*, pp. 279-660, inclusive pp. 302 (Quintiliano), 572-81 (causas, consequências, exemplos), 411 (costumeiro), 429 (dúvida), 431-2 (adulação), 560-2 (formas de descrever a morte). Para quem não está familiarizado com a trupe de comediantes Monty Python, trata-se de uma referência ao esquete do papagaio, de 1969, em que John Cleese devolve um papagaio morto ao pet shop e tenta várias vezes convencer o assistente de que ele realmente está morto. Ele varia os termos ao estilo erasmiano: "O papagaio deixou de ser", "Esse é um ex-papagaio" etc.

20. A primeira versão, Erasmo, *Adagiorum collectanea* (1500), hoje é bastante rara: existem cópias em Harvard, Sélestat, Haia e na Bibliothèque Nationale em Paris. A edição com 4251 adágios era essa de 1533. Schoeck, *Erasmus of Europe*, v. 1, pp. 237-8, 241n1.

21. Citado em Schoeck, op. cit., v. 2, p. 134.

22. Erasmo, epístola 391A a Johannes Sapidus, 1516, traduzido em Schoeck, op. cit., v. 2, p. 159.

23. Traduzido em P. S. Allen, *The Age of Erasmus*. Oxford, Reino Unido: Clarendon, 1914, p. 153.

24. Erasmo, "Letter to Dorp" (epístola 337), em *The Erasmus Reader*, org. Erika Rummel. Toronto: University of Toronto, 1990, pp. 169-94, isso está na p. 192.

25. Sobre essa obra, ver Schoeck, op. cit., v. 1, p. 141.

26. Ele achou essa obra na Abbaye du Parc. Schoeck, op. cit., v. 2, pp. 44-5.

27. Muitos outros projetos parecidos estavam em andamento, entre eles uma multilíngue "Bíblia Poliglota Complutense", produzida por uma equipe de acadêmicos da Universidade de Alcala, na Espanha. Terminada em 1517 e publicada em 1522, incluía textos paralelos em hebraico, grego, siríaco e latim. Ver Jerry H. Bentley, *Humanists and Holy Writ*. Princeton, NJ: Princeton University, 1983, pp. 70-111. No ano de 1522 também foi lançada a tradução do Novo Testamento para o alemão feita por Martinho Lutero, seguida em 1534 por sua Bíblia integral.

28. Erasmo, "Letter to Dorp", pp. 169-94, isso está na p. 192.

29. Erasmo a Albert de Brandenburg, 19 out. 1519, trad. John C. Olin, em sua edição de Erasmo, *Christian Humanism and the Reformation: Selected Writings, with the Life of Erasmus by Beatus Rhenanus*, ed. rev. Nova York: Fordham University, 1975, pp. 134-45, isso está nas pp. 144-5.

30. Erasmo a Jodocus Jonas, 10 maio 1521, em Erasmo, *Christian Humanism and the Reformation*, pp. 150-63, isso está na p. 153.

31. Erasmo atacou Lutero quanto a esse assunto em *De libero arbitrio diatribe sive collatio* (Basileia: Froben, 1524); Lutero revidou com *De servo arbitrio*. Wittemberg: J. Lufft, 1525.

32. Valentina Sebastiani, *Johann Froben, Printer of Basel*. Leiden, Holanda: Brill, 2018, pp. 66-7.

33. Erasmo a Richard Pace, 5 jul. 1521, em Schoeck, op. cit., v. 2, p. 231.

34. Erasmo, *In Praise of Folly*, trad. Betty Radice. Harmondsworth, Reino Unido: Penguin, 1971, p. 181.

35. Id., "Dulce bellum inexpertis", em Margaret Mann Phillips, *The 'Adages' of Erasmus*. Cambridge, Reino Unido: Cambridge University, 1964, pp. 308-53, isso está na p. 309. A expressão

do título é de Vegécio, *Art of War*, v. 3, p. xiii (Phillips corrige Erasmo, que cita Vegécio conforme o cap. 4). Ver também Erasmo, "A Complaint of Peace" [*Querela pacis*], (dez. 1517), trad. Betty Radice, em *Collected Works*, v. 27: *Literary and Educational Writings*, p. 5. Toronto: University of Toronto, 1986, pp. 289-322.

36. Tudo de Erasmo, "Dulce bellum inexpertis", pp. 308-53, isso está nas pp. 317 (crista e bestas), 310-2 ("olhos afáveis" etc.), 322 (amizade entre muitos), 313 (danos de guerra), 309-10 (advogados e teólogos).

37. Um bom exemplo é o ensaio biográfico de Stefan Zweig *Triumph und Tragik des Erasmus von Rotterdam*, publicado em Viena em 1934 enquanto forças comparáveis se expandiam em seu próprio mundo. *Erasmus* [e] *The Right to Heresy*, trad. Eden e Cedar Paul. Londres: Hallam; Cassell, 1951.

38. Agora ele é chamado Erasmus+: <https://erasmus-plus.ec.europa.eu/>. Sobre o número de pessoas que o usaram: <https://ec.europa.eu/commission/presscorner/detail/en/qanda_20_130>. Sobre Sofia Corradi, conhecida como "Mamma Erasmus": <https://it.wikipedia.org/wiki/Sofia_Corradi>.

39. Michel de Montaigne, *Essays*, em *The Complete Works*, trad. Donald Frame. Londres: Everyman, 2003, p. 913 (livro 3, cap. 9). A escolha de Montaigne pelo francês também reflete o desabrochar geral da escrita francesa nessa época. Ele descreve o experimento do pai no livro 1, cap. 26 (pp. 156-7).

40. Ver M. A. Screech, *Montaigne's Annotated Copy of Lucretius: A Transcription and Study of the Manuscript, Notes and Pen-Marks*. Genebra: Droz, 1998.

41. Montaigne, *Essays*, p. 181 (livro 1, cap. 30).

42. Ibid., p. 961 (livro 3, cap. 11).

43. Ibid., pp. 278 (livro 1, cap. 56: feliz em acreditar), 521 (livro 2, cap. 12: seguro durante guerras).

44. Id., *Ensaios*, livro terceiro, cap. xiii, trad. Rosa Freire d'Aguiar. São Paulo: Companhia das Letras, 2010.

45. Ibid.

46. Id., *Essays*, pp. 399 (livro 2, cap. 12: "Seria possível"), 508 (livro 2, cap. 12: Protágoras).

47. Ibid., pp. 365 (livro 2, cap. 10: Cícero), 362 (livro 2, cap. 10: Virgílio), 269 (livro 1, cap. 51: retórica), 155 (livro 1, cap. 26: "não é tão bom").

48. Ibid., pp. 367 (livro 2, cap. 10: "mais vivo"), 362 (livro 2, cap. 10: Terêncio).

49. Ibid., p. 205 (livro 1, cap. 37).

50. Ibid., p. 193 (livro 1, cap. 31).

51. Id., *Ensaios*, livro segundo, cap. xxxvii.

52. Ibid., livro terceiro, cap. ii: "forma integral" e "ligar toda a filosofia moral".

53. Id., *Essays*, p. 284 (livro 1, cap. 56).

54. Walter Pater, "Charles Lamb", em *Appreciations*. Londres: Macmillan, 1890, pp. 105-23, isso está na p. 117.

55. Henry Fielding, *Tom Jones*. Harmondsworth, Reino Unido: Penguin, 1966, p. 52.

56. William James a Catherine Elizabeth Havens, 23 mar. 1874, apud Robert D. Richardson, *William James*. Boston: Houghton Mifflin, 2007, p. 152.

57. George Eliot, "The Natural History of German Life" (1856), em *Selected Critical Writings*, org. Rosemary Ashton. Oxford, Reino Unido: Oxford University, 1992, p. 263.

58. Pesquisas recentes chegaram a conclusões divergentes quanto à probabilidade de que a leitura de ficção nos leve a uma conduta mais ética. Um estudo muito importante revelou que as pessoas que acabaram de ler um trecho de ficção literária fazem escolhas mais éticas em um teste do que as que não leram: David Comer Kidd e Emanuele Castano, "Reading Literary Fiction Improves Theory of Mind", *Science*, v. 342, n. 6156, pp. 377-80, 18 out. 2013, <https://science.sciencemag.org/content/342/6156/377.abstract?sid=f192d0cc-1443-4bf1-a043-61410da39519>. Outros questionam se basear as decisões morais em empatia é uma boa ideia: Paul Bloom argumenta que isso nos leva a criar laços fortes demais com nosso círculo mais íntimo à custa de círculos externos e estranhos, e que a bondade racional pode ser um norte melhor: Paul Bloom, *Against Empathy: The Case for Rational Compassion*. Londres: Bodley Head, 2017.

6. ETERNOS MILAGRES [pp. 151-78]

1. Edward Paice, *Wrath of God: The Great Lisbon Earthquake of 1755*. Londres: Quercus, 2008, p. 69, com referência à carta de Thomas à mãe, Centre for Kentish Studies, Gordon Ward Collection U442; e BL Add. 38510 ff.7-14: "Narrative of His Escape from the Earthquake at Lisbon". Outros detalhes do ocorrido foram tirados de Paice, pp. 168-72 (números de baixas), e de T. D. Kendrick, *The Lisbon Earthquake*. Londres: Methuen, 1956.

2. J. W. von Goethe, *From My Life: Poetry and Truth*, v. 1-3, trad. Robert R. Heitner, em *Collected Works*, v. 4. Princeton, NJ: Princeton University, 1994, p. 35.

3. Russell R. Dynes, "The Lisbon Earthquake of 1755: The First Modern Disaster", em *The Lisbon Earthquake of 1755: Representations and Reactions*, org. Theodore E. D. Braun e John B. Radner. Oxford, Reino Unido: Voltaire Foundation, 2005, pp. 34-49, isso está na p. 42.

4. Isso ocorreu entre 1708 e 1711. Kendrick, op. cit., pp. 95-100.

5. Santo Agostinho, *Concerning the City of God Against the Pagans*, trad. Henry Bettenson. Londres: Penguin, 2003, p. 475 (livro 12, cap. 4).

6. Alexander Pope, *Ensaio sobre o homem*, epístola 1, linha 294, trad. Paulo Vizioli. São Paulo: Nova Alexandria, 1994, p. 99.

7. Geoffrey Chaucer, *Contos da Cantuária*, "Conto do Fazendeiro".

8. Voltaire a Jean-Robert Tronchin, 24 nov. 1755, em Voltaire, *The Selected Letters*, org. e trad. Richard A. Brooks. Nova York: New York University, 1973, p. 181.

9. Voltaire, "Poème sur le désastre de Lisbonne" (1756). Ver Theodore Besterman, *Voltaire*. 3. ed. Oxford, Reino Unido: Blackwell, 1976, pp. 367-71.

10. Voltaire, "Good, all is" ("Bien [tout est]"), em *Philosophical Dictionary*, org. e trad. Theodore Besterman. Harmondsworth, Reino Unido: Penguin, 1979, pp. 72-3.

11. Voltaire, *Candide*, em *Candide and Other Stories*, trad. Roger Pearson. Oxford, Reino Unido: Oxford University, 2006, pp. 1-88, isso está na p. 48.

12. Voltaire a Elie Bertrand, 18 fev. 1756, em Voltaire, *The Selected Letters*, p. 183.

13. Voltaire, *Candide*, pp. 1-88, isso está na p. 88.

14. E. M. Forster, *The Longest Journey*. Harmondsworth, Reino Unido: Penguin, 1960, p. 101.

15. Seu primeiro uso documentado foi em um volume de ensaios de 1858 escrito pelo médico escocês John Brown. Ele só aprovava o princípio em partes, mas o nomeia. John Brown, *Horae*

Subsecivae [*Leisure Hours*]. Edimburgo: T. Constable; Londres: Hamilton, Adams, 1858-82, v. 1, p. xix. Esta é a primeira citação no *Oxford English Dictionary*, e é mencionada por Gordon S. Haight em sua nota de editor em resposta à carta de Eliot — uma carta em que ela cautelosamente aceita o crédito pelo termo, embora observe que é normal que invenções sejam feitas de modo simultâneo por várias pessoas. Ela provavelmente não sabia do uso por Brown. Eliot a James Sully, 19 jan. 1877, em *The George Eliot Letters*, org. G. S. Haight. Londres: Oxford University; New Haven: Yale University, 1954-78, v. 4, pp. 333-4. Sully havia escrito um livro sobre o pessimismo; ele atribuiu o termo a ela quando o publicou, no final do mesmo ano. Ver também James Sully, *Pessimism: A History and a Criticism*. Londres: S. King, 1877, p. 399.

16. Rosemary Ashton, "Coming to Conclusions: How George Eliot Pursued the Right Answer", *Times Literary Supplement*, pp. 12-4, 15 nov. 2019, isso está na p. 14; Besterman, *Voltaire*, p. 397. Fui influenciada, durante minhas leituras sobre os valores iluministas, pelo livro mais recente de Ritchie Robertson, que deu mais ênfase às motivações melioristas e humanistas dos iluministas do que à idealização que fazem da razão; Robertson, *The Enlightenment: The Pursuit of Happiness, 1680-1790*. Londres: Allen Lane, 2020.

17. P. N. Furbank, *Diderot: A Critical Biography*. Londres: Secker & Warburg, 1992, pp. 128-9.

18. Ibid., p. 130.

19. Nicolas de Condorcet, "The Sketch" [Sketch for a Historical Picture of the Progress of the Human Mind], trad. June Barraclough, em Condorcet, *Political Writings*, org. Steven Lukes e Nadia Urbinati. Cambridge, Reino Unido: Cambridge University, 2012, pp. 1-147, isso está na p. 130. Sobre sua gama de aplicações e seu ideal do progresso, ver a introdução de Lukes e Urbinati, pp. xviii-xix.

20. Barão d'Holbach, *The System of Nature*, v. 1, adaptado da tradução original de H. D. Robinson, 1868. Manchester, Reino Unido: Clinamen, 1999, p. 5 (névoa de escuridão), p. 189 (longe de servir de consolo etc.). A história da esposa de Holbach é contada por Michael Bush em sua introdução a essa edição, p. ix.

21. Richard S. Popkin, introdução à sua edição (com Craig Brush) a Pierre Bayle, *Historical and Critical Dictionary: Selections*. Indianapolis: Hackett, 1991, p. xviii. A fonte dessa história é Claude Gros de Boze, em "Eloge de M. Le Cardinal de Polignac", no prefácio a Polignac, *L'anti-Lucrèce*. Paris, 1749.

22. Voltaire, *Treatise on Tolerance*, trad. Brian Masters. Cambridge, Reino Unido: Cambridge University, 2000.

23. Id., *Philosophical Dictionary*, p. 311.

24. Robert G. Ingersoll, "The Gods", em *Orations*. Londres: Freethought, 1881, p. 33.

25. O texto do *herem* está em Steven Nadler, *Spinoza*. 2. ed. Cambridge, Reino Unido: Cambridge University, 2018, pp. 139-41.

26. Condorcet, "The Sketch", p. 140.

27. Michel de Montaigne, *Essays*, em *The Complete Works*, trad. Donald Frame. Londres: Everyman, 2003, p. 379 (livro 2, cap. 11).

28. Ibid., pp. 379 (frango), 385 ("certo respeito"), 380-1 (choro e torturas) (livro 2 inteiro, cap. 11).

29. Tertuliano, *Of Public Shows* (*De spectaculis*), §30.

30. Bernard de Cluny, *Scorn for the World: Bernard of Cluny's De contemptu mundi*, trad. Ronald E. Pepin. East Lansing, MI: East Lansing Colleagues, 1991, pp. 17-9.

31. Charles Darwin, "Religious Belief" (escrito em 1879, "passado a limpo" em 1881), em *Autobiographies*, org. Michael Neve e Sharon Messenger. Londres: Penguin, 2002, pp. 49-55, isso está nas pp. 49-50.

32. John Stuart Mill, *An Examination of Sir William Hamilton's Philosophy*. Londres: Longman, Green, Longman, Roberts & Green, 1865, p. 103.

33. Anthony Ashley Cooper, terceiro conde de Shaftesbury, "The Moralists, a Philosophical Rhapsody", em *Characteristics of Men, Manners, Opinions, Times*, org. Lawrence E. Klein. Cambridge, Reino Unido: Cambridge University, 1999, pp. 231-338. Ver também a obra anterior de Shaftesbury, *An Inquiry Concerning Virtue*. Londres: A. Bell, 1699.

34. Furbank, *Diderot*, p. 26.

35. John Locke, *A Letter on Toleration*, org. J. W. Gough e R. Klibansky. Oxford, Reino Unido: Clarendon, 1968, p. 135.

36. Pierre Bayle, *Various Thoughts on the Occasion of a Comet*, trad. e org. Robert C. Bartlett. Nova York: Suny, 2000, pp. 165-240 (cartas 8 e 9).

37. Jonathan Israel, *Radical Enlightenment: Philosophy and the Making of Modernity, 1650-1750*. Oxford, Reino Unido: Oxford University, 2001, pp. 334-5.

38. Elisabeth Labrousse, *Bayle*, trad. Denys Potts. Oxford, Reino Unido: Oxford University, 1983, p. 31.

39. Ian Davidson, *Voltaire*. Nova York: Pegasus, 2012, pp. 108-11 (*Cartas*), pp. 356-7 (*Dicionário*).

40. Furbank, *Diderot*, pp. 48-50.

41. Ibid., p. 291.

42. Israel, op. cit., pp. 286-91.

43. Bush, introdução a Barão d'Holbach, *The System of Nature*, v. 1, p. vii.

44. Voltaire a Gabriel e Philibert Cramer, 25 fev. 1759, em Voltaire, *The Selected Letters*, p. 198.

45. Voltaire a Madame du Deffand, 6 jan. 1764, traduzido em Davidson, *Voltaire*, p. 328.

46. Jean des Cars, *Malesherbes: Gentilhomme des lumières*. Paris: Fallois, 1994, p. 45.

47. Ibid., pp. 92 (bases para a proibição), 93 (esconder manuscritos), 85 (Madame de Pompadour).

48. Furbank, *Diderot*, pp. 254, 461, 472.

49. Ibid., p. 273.

50. Des Cars, op. cit., pp. 387-91.

51. Apud Joan Wallach Scott, "French Feminists and the Rights of 'Man': Olympe de Gouges's Declarations", *History Workshop Journal*, v. 28, pp. 1-21, 1989, isso está na p. 17. Sua declaração: <https://en.wikipedia.org /wiki/Declaration_of_the_Rights_of_Woman_and_of_the_Female_Citizen>.

52. Nicolas de Condorcet, "On the Emancipation of Women. On Giving Women the Right to Citizenship", trad. Iain McLean e Fiona Hewitt, em Condorcet, *Political Writings*, org. Steven Lukes e Nadia Urbinati. Cambridge, Reino Unido: Cambridge University, 2012, pp. 156-62.

53. Condorcet, "The Sketch", citações na p. 147. A história de suas aventuras e morte é narrada por Lukes e Urbinati na introdução que fazem a seu *Political Writings*, pp. xx-xxi.

54. Craig Nelson, *Thomas Paine*. Londres: Profile, 2007, pp. 258-60; Susan Jacoby, *Freethinkers*. Nova York: Metropolitan; Henry Holt, 2004, p. 41.

55. Thomas Paine, *The Age of Reason*. Londres: Watts, 1938, pp. 38 (que existisse uma coisa), 27-8 (mais condizentes; ar livre), 2 (invenções humanas).

56. Ibid., p. 1.

57. Jacoby, *Freethinkers*, p. 61.

58. Paul Collins, *The Trouble with Tom: The Strange Afterlife and Times of Thomas Paine*. Londres: Bloomsbury, 2006.

59. Joel H. Wiener, *Radicalism and Freethought in Nineteenth-Century Britain: The Life of Richard Carlile*. Westport, CT: Greenwood, 1983, pp. 46-7; G. D. H. Cole, *Richard Carlile, 1790-1843*. Londres: Victor Gollancz and Fabian Society, 1943, pp. 10-1.

60. Richard Carlile, *An Address to Men of Science*. Londres: R. Carlile, 1821, p. 7. Sobre isso e a prisão, ver Cole, op. cit., p. 11, 16.

61. Anthony Ashley Cooper, terceiro conde de Shaftesbury, "Sensus Communis: An Essay on the Freedom of Wit and Humour", em *Characteristics of Men, Manners, Opinions, Times* (1714), org. Lawrence E. Klein. 2. ed. Cambridge, Reino Unido: Cambridge University, 1999, p. 34. A escrita "esotérica" foi descrita originalmente, bem como praticada, por John Toland em "Clidophorus; or Of the Exoteric and Esoteric Philosophy...", em *Tetradymus*. Londres: J. Brotherton and W. Meadows [etc.], 1720, p. 66. *Clidophorus* significa "quem carrega a chave".

62. Paine, *The Age of Reason*, p. 2.

63. Bryan Magee, *Confessions of a Philosopher*. Londres: Phoenix, 1998, p. 128.

64. David Hume, *An Enquiry Concerning Human Understanding, and Other Writings*, org. Stephen Buckle. Cambridge, Reino Unido: Cambridge University, 2007, p. 101.

65. Carl Sagan, "Encyclopaedia Galactica", episódio 12 de *Cosmos: A Personal Voyage*, PBS, transmitido originalmente em 14 dez. 1980. Sagan estava falando sobre os indícios de visitas alienígenas à Terra, mas a expressão foi aplicada a contextos mais gerais.

66. Ernest Campbell Mossner, *The Life of David Hume*. 2. ed. Oxford, Reino Unido: Clarendon, 1980, p. 101.

67. Hume, *An Enquiry Concerning Human Understanding...*, pp. 96-116 (seção 10: "Of Miracles"). Ver também Mossner, op. cit., p. 286.

68. "Note on the Text", em David Hume, *The Natural History of Religion*, org. A. Wayne Colver, e *Dialogues Concerning Natural Religion*, org. John Valdimir Price. Oxford, Reino Unido: Clarendon, 1976, p. 7. Ver Mossner, op. cit., p. 320.

69. Fala de "Philo", em Hume, *Dialogues Concerning Natural Religion*, org. Martin Bell. Londres: Penguin, 1990, p. 131.

70. Mossner, op. cit., pp. 162, 251-4.

71. Aikenhead foi executado em 1697. Michael Hunter, "'Aikenhead the Atheist': The Context and Consequences of Articulate Irreligion in the Late Seventeenth Century", em *Atheism from the Reformation to the Enlightenment*, org. Michael Hunter e David Wootton. Oxford, Reino Unido: Clarendon, 1992, pp. 221-54, isso está na p. 225.

72. Mossner, op. cit., pp. 587 (Boswell), 245 (Adam). A história do jantar foi contada por um amigo de Hume, Alexander Carlyle de Inveresk: A. Carlyle, *Autobiography*, org. J. Hill Burton. Londres: T. N. Foulis, 1910, pp. 285-6.

73. Hume, *Dialogues Concerning Natural Religion*, org. Bell, p. 132.

74. A carta de Hume foi escrita (mas não enviada) a um médico que não é nomeado, identificado por Mossner como dr. John Arbuthnot. Sobre a carta ver Ernest Campbell Mossner, "Hume's Epistle to Dr Arbuthnot, 1734: The Biographical Significance", *Huntingdon Library Quarterly*, v. 7, n. 2, pp. 135-52, fev. 1944; p. 137 ("mais forte").

75. David Hume, *A Treatise of Human Nature*, org. L. A. Selby-Bigge. 2. ed., rev. por P. H. Nidditch. Oxford, Reino Unido: Clarendon, 1978, p. 269 (livro 1, parte 4, §8).

76. Ibid., pp. 576 (livro 3, parte 3, §1: *shared feeling*), 470 (livro 3, parte 1, §2: *producing morality*), 577-8 (livro 3, parte 3, §1: *producing a full moral system*), 364 (livro 2, parte 2, §5: *mirrors*). Hume desenvolveu mais seus argumentos sobre moralidade em *Enquiry Concerning the Principles of Morals* (1751): Hume, *Enquiries*, org. L. A. Selby-Bigge. 2. ed. Oxford, Reino Unido: Clarendon, 1951, pp. 167-323. Adam Smith, amigo de Hume, defendeu argumentos parecidos sobre moral e empatia em *A Theory of Moral Sentiments*. Londres: A. Millar; Edimburgo: A. Kincaid and J. Bell, 1759.

77. David Hume a Anne-Robert Jacques Turgot, 1766, apud Mossner, op. cit., p. 286.

78. David Hume a Henry Home, dez. 1737, apud Mossner, op. cit., p. 112.

79. David Hume, *Four Dissertations*. Londres: A. Millar, 1757. Ver J. C. A. Gaskin, "Hume's Suppressed Dissertations: An Authentic Text", *Hermathena*, v. 106, pp. 54-9, verão 1968, isso está na p. 55.

80. James Boswell, entrada de seu diário em 28 dez. 1764, em James Boswell, org. F. A. Pottle, *Boswell on the Grand Tour*. Londres: Heinemann, 1953, v. 1, p. 286.

81. Apud Mossner, op. cit., p. 587.

82. David Hume a William Strahan, 12 jun. 1776, *Letters of David Hume to William Strahan*, org. G. Birkbeck Hill. Oxford, Reino Unido: Clarendon, 1888, p. 337.

83. James Boswell, "An account of my last interview with David Hume, esq. (Partly recorded in my Journal, partly enlarged from my memory, March 3, 1777)", em seu diário, *Boswell in Extremes, 1776-1778*, org. C. McC. Weis e F. A. Pottle. Londres: Heinemann, 1971, pp. 11-5.

84. O comentário de Boswell e a observação de Johnson: ambos na entrada do diário de Boswell para terça-feira, 16 set. 1777, *Boswell in Extremes 1776-1778*, p. 155.

85. "Letter from Adam Smith to William Strahan", 9 nov. 1776, descrevendo a última doença de Hume, incluída na edição de 1777 de "My Own Life", de Hume (18 abr. 1776), em *The Life of David Hume, Esq; Written by Himself*. Londres: W. Strahan and T. Cadell, 1777, pp. 37-62, isso está nas pp. 43-4 (morrendo tão rápido), 49-50 (Bondoso Caronte).

86. Mossner, op. cit., p. 592.

87. Gaskin, "Hume's Suppressed Dissertations", pp. 54-9, isso está nas pp. 55-7.

88. "Letter from Adam Smith to William Strahan", pp. 37-62, isso está nas pp. 49-50 ("por favor, entre"), 58 ("serenidade feliz da mente").

89. Mossner, op. cit., p. 605 (Boswell), 603 (homem honesto/ateu).

90. "Letter from Adam Smith to William Strahan", pp. 37-62, isso está na p. 62.

7. CAMPO PARA TODOS OS SERES HUMANOS [pp. 179-200]

1. David Hume, "Of National Characters" (1748; rev. 1754), apud *Race and the Enlightenment: A Reader*, org. Emmanuel Chukwudi Eze. Cambridge, MA: Blackwell, 1997, p. 33. As revisões de Hume foram feitas em 1776 e publicadas na edição póstuma de 1777. Para saber das críticas de Beattie, ver James Beattie, *An Essay on the Nature and Immutability of Truth in Opposition to Sophistry and Scepticism*. 2. ed. Edimburgo: A. Kincaid and J. Bell; Londres: E. and C. Dilly, 1771, pp. 508-11, isso está na p. 511.

2. Nicolas de Condorcet, "The Sketch" [*Sketch for a Historical Picture of the Progress of the Human Mind*], trad. June Barraclough, em *Political Writings*, org. Steven Lukes e Nadia Urbinati. Cambridge, Reino Unido: Cambridge University, 2012, pp. 1-147, isso está nas pp. 126-9.

3. Jean-Jacques Rousseau, *Émile or On Education*, trad. Allan Bloom. Londres: Penguin, 1991, pp. 358-63, 386-7.

4. Voltaire a Frederico, o Grande, 15 out. 1749, em Voltaire e Frederico, o Grande, *Letters*, org. e trad. Richard Aldington. Londres: George Routledge, 1927, p. 203 (carta 99).

5. Platão, *Timaeus*, 42a-b, 90e (homens renascidos como mulheres), 92b (mariscos).

6. Aristóteles, *The Politics*, trad. Ernest Barker, rev. R. F. Stalley. Oxford, Reino Unido: Oxford University, 1995, pp. 16-7 (I, 5).

7. Em um debate sobre o assunto que aconteceu em Valladolid, Espanha, em 1550-1. Ver Lewis Hanke, *All Mankind Is One: A Study of the Disputation between Bartolomé de Las Casas and Juan Ginés de Sepúlveda in 1550 on the Intellectual and Religious Capacity of the American Indians*. DeKalb: Northern Illinois University, 1974.

8. Seleções de Josiah C. Nott, "Two Lectures on the Natural History of the Caucasian and Negro Races" (1844), em *The Ideology of Slavery: Proslavery Thought in the Antebellum South, 1830-1860*, org. Drew Gilpin Faust. Baton Rouge: Louisiana State University, 1981, pp. 206-38, isso está na p. 238. Mais tarde, Nott seria coautor de *Types of Mankind* (1854), que apresenta um argumento similar a favor da diferença total entre raças.

9. Hanke, op. cit., p. 21.

10. Jane Ellen Harrison, "Homo Sum", em *Alpha and Omega*. Londres: Sidgwick & Jackson, 1915, pp. 80-115.

11. Dorothy L. Sayers, "Are Women Human?", em *Unpopular Opinions*. Londres: Victor Gollancz, 1946, pp. 108-9 (calças e Aristóteles).

12. Ibid., p. 114.

13. Harriet Taylor Mill, "Enfranchisement of Women", em *The Complete Works*, org. Jo Ellen Jacobs e Paula Harms Payne. Bloomington: Indiana University, 1998, pp. 51-73, isso está na p. 57.

14. Tucídides, *The Peloponnesian War*, livro 2, §46.

15. Joan Wallach Scott, "French Feminists and the Rights of 'Man': Olympe de Gouges's Declarations", *History Workshop Journal*, v. 28, pp. 1-21, 1989, isso está na p. 17.

16. Mary Wollstonecraft, *A Vindication of the Rights of Woman*, em *A Vindication of the Rights of Men / A Vindication of the Rights of Woman / An Historical and Moral View of the Origin and Progress of the French Revolution*. Oxford, Reino Unido: Oxford University, 2008, pp. 72 ("Primeiro vou considerar"), 119 ("deveres humanos"), 122 (virtudes humanas), 125 ("Confinadas"), 265 ("meu desejo é ver"). Quanto à questão da virtude: em seu argumento, ela precisa lidar com o fato de que até a palavra *virtude*, em sua origem latina, põe o masculino como norma, pois deriva de *vir*, "homem" — o que evoca a masculinidade ou, como na gíria do século XXI, "virar homem".

17. John Stuart Mill, "A sujeição das mulheres" (1869), em *Sobre a liberdade e A sujeição das mulheres*, trad. Paulo Geiger. São Paulo: Penguin Classics Companhia das Letras, 2017. Mill o escreveu após a morte de Harriet, entre 1859 e 1861; foi publicado em 1869.

18. Dan Goodley, *Disability and Other Human Questions*. Bingley, Reino Unido: Emerald, 2021, cap. 5 (sem número de página).

19. Jeremy Bentham, *An Introduction to the Principles of Morals and Legislation*, em J. S. Mill e J. Bentham, *Utilitarianism and Other Essays*, org. Alan Ryan. Londres: Penguin, 1987, pp. 65-111. Isso está nas pp. 80-1.

20. Jeremy Bentham, *An Introduction to the Principles of Morals and Legislation*, org. J. H. Burns e H. L. A. Hart. Londres: Athlone; Oxford, Reino Unido: Clarendon, 1970, p. 283n.

21. Id., "Of Sexual Irregularities" (1814), em *Of Sexual Irregularities and Other Writings on Sexual Morality*, org. P. Schofield, C. Pease-Watkin e M. Quinn. Oxford, Reino Unido: Clarendon, 2014.

22. Sobre o tema fascinante de sua "representação": Id., "Auto-Icon, or, Farther Uses of the Dead to the Living: A Fragment. From the MSS. of Jeremy Bentham", manuscrito inédito [Londres?, 1832?]; [T. Southwood Smith], *Use of the Dead to the Living: From the Westminster Review*. Albany, Reino Unido: Websters and Skinners, 1827; T. Southwood Smith, *A Lecture Delivered over the Remains of Jeremy Bentham Esq., in the Webb Street School of Anatomy & Medicine, on the 9th of June, 1832*. Londres: Effingham Wilson, 1832; C. F. A. Marmoy, "The "Auto-Icon" of Jeremy Bentham at University College, London", *Medical History*, v. 2, n. 2, pp. 77-86, abr. 1958.

23. Thomas Wright, *Oscar's Books*. Londres: Chatto & Windus, 2008, pp. 1-2.

24. Richard Ellmann, *Oscar Wilde*. Londres: Penguin, 1988, pp. 465-6 (incidente na estação), 492 ("Ah belo mundo!").

25. Oscar Wilde, *De Profundis*, em *The Soul of Man and Prison Writings*, org. I. Murray. Oxford, Reino Unido: Oxford University, 1990, p. 98.

26. Giovanni Boccaccio, *Famous Women*, org. e trad. Virginia Brown. Cambridge, MA: I Tatti/ Harvard University, 2001.

27. Paolo Giovio, *Notable Men and Women of Our Time*, org. e trad. Kenneth Gouwens. Cambridge, MA: Harvard University, 2013, pp. 367-9.

28. Michel de Montaigne, *Essays*, em *The Complete Works*, trad. Donald Frame. Londres: Everyman, 2003, p. 831 (livro 3, cap. 5).

29. Cristina de Pisano, *The Book of the City of Ladies*, trad. Rosalind Brown-Grant. Londres: Penguin, 1999, p. 57 (parte 1, §27).

30. Virginia Woolf, *A Room of One's Own*. Londres: Penguin, 2004, pp. 54-61. Publicado pela primeira vez em 1945, baseado em palestra de 1928.

31. Simone de Beauvoir, *O segundo sexo*, trad. Paulo Milliet. 5. ed. Rio de Janeiro: Nova Fronteira, 2020.

32. Mill, "A sujeição das mulheres" (1869), op. cit., p. 252.

33. Id., "Bentham" (1838), em *Mill on Bentham and Coleridge*. Londres: Chatto & Windus, 1962, pp. 41 (questionador), 42 (subversivo).

34. Id., "The Subjection of Women", p. 269.

35. Ibid., p. 277.

36. Frederick Douglass, "What to the Slave Is the Fourth of July?", em *The Portable Frederick Douglass*, org. John Stauffer e Henry Louis Gates Jr. Nova York: Penguin, 2016, p. 207. Trata-se do discurso de Douglass no Quatro de Julho, proferido para a Ladies' Anti-Slavery Society of Rochester [Sociedade Antiescravidão das Mulheres de Rochester], Nova York, em 1852. O historiador cultural Johan Huizinga também perguntou, em um discurso de 1935 em que alfinetou as ideias

pseudocientíficas sobre raça que estavam em ascensão na Europa: "Será que o teórico da raça já fez a descoberta surpreendente e vexaminosa de que a raça que considera ser a dele é inferior?". J. Huizinga, *In the Shadow of Tomorrow: A Diagnosis of the Spiritual Distemper of Our Time*, trad. J. H. Huizinga. Londres e Toronto: W. Heinemann, 1936, pp. 68-9.

37. Frederick Douglass, "Narrative", em *The Portable Frederick Douglass*, op. cit., pp. 15-21.

38. Frederick Douglass, "To My Old Master", em *The Portable Frederick Douglass*, op. cit., pp. 413-20, isso está nas pp. 418-9. Publicado pela primeira vez no jornal de Douglass, *The North Star*, 8 set. 1848.

39. Frederick Douglass, "From *My Bondage and My Freedom*" (1855), em *The Portable Frederick Douglass*, op. cit., p. 547.

40. James Baldwin, "Fifth Avenue, Uptown" (1960), em *Collected Essays*, org. Toni Morrison. Nova York: Library of America, 1998, p. 179.

41. Douglass, "From *My Bondage and My Freedom*", p. 547.

42. John Stauffer e Henry Louis Gates Jr, introdução a *The Portable Frederick Douglass*, op. cit., p. xxi.

43. John Stauffer, Zoe Trodd e Celeste-Marie Bernier, *Picturing Frederick Douglass: The Most Photographed American in the Nineteenth Century*. Nova York: Liveright; W. W. Norton, 2015, p. IX. Os autores identificaram 160 fotografias/poses diferentes.

44. Douglass, "Narrative", p. 37.

45. Ibid., p. 42.

46. Ibid., pp. 59 ("Vocês já viram"), 58 ("Vocês foram soltos").

47. Ibid., p. 95.

48. Com exceção da epígrafe — *Only connect!* [Apenas se conecte!] —, traduzida livremente, as demais citações de *Howards End* nesta edição foram retiradas da tradução de Cássio de Arantes Leite (São Paulo: Globo, 2006).

49. A proposta foi feita por Elizabeth Cady Stanton em 1848. Ver Siep Stuurman, *The Invention of Humanity*. Cambridge, MA: Harvard University, 2017, p. 386.

50. E. M. Forster a Forrest Reid, 13 mar. 1915, apud P. N. Furbank, *E. M. Forster: A Life*. Londres: Cardinal/Sphere, 1988, v. 2, p. 14.

51. Edward Carpenter, *Love's Coming-of-Age*. 5. ed. Londres: Swan Sonnenschein; Manchester, Reino Unido: Clarke, 1906, pp. 3 (integração da sexualidade), 11-2 ("diluição", "elemento *humano*").

52. Edward Carpenter, *My Days and Dreams: Being Autobiographical Notes*. Londres: Allen & Unwin, 1916, p. 163.

53. E. M. Forster, "Terminal Note", em *Maurice*. Harmondsworth, Reino Unido: Penguin, 1972, p. 217.

54. Id., *Maurice*, trad. Marcelo Pen. São Paulo: Globo, 2006.

55. Id., *Howards End*, p. 58.

56. Ver a nota com este teor no caderno de anotações de E. M. Forster, apud Furbank, *E. M. Forster: A Life*, v. 1, p. 180.

57. Furbank cita Forster: "O esgotamento do único tema que sou capaz e vou abordar — o amor dos homens pelas mulheres, e vice-versa". Furbank, *E. M. Forster*, v. 1, p. 199.

58. E. M. Forster, *A Room with a View*. Harmondsworth, Reino Unido: Penguin, 1986, pp. 60-1.

59. Id., "Liberty in England" (uma palestra no Congrès International des Écrivains, Paris, 21 jun. 1935), em *Abinger Harvest*. Harmondsworth, Reino Unido: Penguin, 1967, pp. 75-82, isso está na p. 76.

60. Wendy Moffat, *E. M. Forster: A New Life*. Londres: Bloomsbury, 2011, p. 18.

61. K'ung-fu-tzŭ, citado pelo Mestre Zeng Can: Confúcio, *The Analects*, trad. Annping Chin. Nova York: Penguin, 2014, p. 51 (*Analects*, 4:15). A palavra "humanidade" é usada duas vezes aqui, mas é a tradução de *zhong* na primeira oração, e *shu* na segunda.

8. O DESENVOLVIMENTO DA HUMANIDADE [pp. 201-25]

1. Erasmo, "On Education for Children", em *Collected Works*, v. 26, *Literary and Educational Writings*, p. 4: *De pueris instituendis/ De recta pronuntiatione*, org. J. K. Sowards. Toronto: University of Toronto, 1985, pp. 291-346, isso está nas pp. 304-6. A lenda do urso está em Plínio, *Natural History*, 8:126.

2. Immanuel Kant, *Lectures on Pedagogy* (1803), trad. Robert B. Louden, em *Kant, Anthropology, History and Education*, org. Günter Zöller e Robert B. Louden. Cambridge, Reino Unido: Cambridge University, 2007, pp. 434-85, isso está na p. 440. Na tradução, substituí a palavra "germes" por "sementes", porque, no inglês moderno, "germes" tem conotações que distrairiam o leitor. Como há vários termos-chave na frase, aqui está o original, na íntegra: "*Es liegen viele Keime in der Menschheit, und nun ist es unsere Sache, die Naturanlagen proportionirlich zu entwickeln, und die Menschheit aus ihren Keimen zu entfalten, und zu machen, daß der Mensch seine Bestimmung erreiche*". Kant, *Über Pädagogik*, org. Friedrich Theodor Rink. Königsberg: F. Nicolovius, 1803, p. 13.

3. Nas anotações iniciais sobre a *Bildung*, Humboldt a descreveu tanto como uma reflexão íntima como uma forma de captar o mundo exterior. Também pode ser transmitida de geração em geração: a cultura do indivíduo não desaparece. Humboldt, "Theory of Bildung" (escrito por volta de 1793-94), trad. Gillian Horton-Krüger, em *Teaching as a Reflective Practice: The German Didaktik Tradition*, org. I. Westbury, S. Hopmann e K. Riquarts. Mahwah, NJ: Lawrence Erlbaum, 2000, pp. 57-61, isso está nas pp. 58-9.

4. Christopher Celenza, "Humanism", em *The Classical Tradition*, org. Anthony Grafton, Glenn W. Most e Salvatore Settis. Cambridge, MA: Belknap of Harvard University, 2013, p. 462. A referência é a F. I. Niethammer, *Der Streit des Philanthropismus und Humanismus in der Theorie des Erziehungs-Unterrichtsunserer Zeit* (Jena, 1808). Ver também A. Campana, "The Origin of the Word 'Humanist'", *Journal of the Warburg and Courtauld Institutes*, v. 9, pp. 60-73, 1946.

5. Trechos de Georg Voigt, *Die Wiederbelebung des classischen Alterthums*, trad. Denys Hay, em *The Renaissance Debate*, org. Denys Hay. Nova York: Holt, Rinehart and Winston, 1965, pp. 29-34, isso está na p. 30.

6. Jacob Burckhardt, *Die Kultur der Renaissance in Italien*. Basileia: Schweighauser, 1860.

7. Ver cartas de Wilhelm a Caroline, out. 1804 e nov. 1817, ambas em *Humanist without Portfolio: An Anthology of the Writings of Wilhelm von Humboldt*, trad. Marianne Cowan. Detroit: Wayne State University, 1983, pp. 386, 407-8.

8. Johann Peter Eckermann, *Conversations with Goethe*, trad. John Oxenford, org. J. K. Moorhead. Londres: J. M. Dent; Nova York: E. P. Dutton, 1930, p. 136.

9. Gabriele von Bülow, *Gabriele von Bülow, Daughter of Wilhelm von Humboldt: A Memoir*, trad. Clara Nordlinger. Londres: Smith, Elder, 1897, pp. 229-30.

10. Paul R. Sweet, *Wilhelm von Humboldt: A Biography*. Columbus: Ohio State University, 1978-80, v. 1, pp. 60-1.

11. Wilhelm von Humboldt, *The Sphere and Duties of Government* [*Ideen zu einem Versuch, die Grenzen der Wirksamkeit des Staatszubestimmen*], trad. Joseph Coulthard Jr. Londres: John Chapman, 1854, pp. 73 (medo do caos), 90 ("com doçura e naturalidade"), 94 (nega o direito de ser totalmente humano).

12. Ibid., p. 86 ("se desenvolve").

13. As tentativas de Schiller de publicar trechos estão em *Thalia* e *Berlin Monthly Review*: ver Coulthard, prefácio a sua tradução de Humboldt, *The Sphere and Duties of Government*, p. iii.

14. Sweet, op. cit., v. 2, p. 44.

15. Ibid., p. 67.

16. Wilhelm a Caroline, 30 nov. 1808, traduzido em W. H. Bruford, *The German Tradition of Self-Cultivation: 'Bildung' from Humboldt to Thomas Mann*. Cambridge, Reino Unido: Cambridge University, 1975, p. 25.

17. Humboldt, *The Sphere and Duties of Government*, p. 33 (casamento).

18. Diário, 18-23 jul. 1789: *Humanist without Portfolio*, pp. 378-9.

19. Wilhelm a Caroline, out. 1804, traduzido em *Humanist without Portfolio*, p. 388.

20. Id., 13 out. 1809, traduzido em Sweet, op. cit., v. 2, p. 46.

21. Sweet, op. cit., v. 1, p. 277 (várias línguas); v. 2, p. 108 (línguas indígenas americanas).

22. Von Bülow, op. cit., p. 230.

23. Wilhelm von Humboldt, *On Language: On the Diversity of Human Language Construction and Its Influence on the Mental Development of the Human Species*, org. Michael Losonsky, trad. Peter Heath. Cambridge, Reino Unido: Cambridge University, 1999. Ver Sweet, op. cit., v. 2, pp. 460-70.

24. Von Bülow, op. cit., pp. 229-30 (espíritos, línguas), 247-8 ("Deve haver alguma coisa depois" e "Adeus").

25. Harriet Taylor Mill, "Enfranchisement of Women", em *The Complete Works*, org. Jo Ellen Jacobs e Paula Harms Payne. Bloomington: Indiana University, 1998, pp. 51-73, isso está na p. 57.

26. Humboldt, *The Sphere and Duties of Government*, p. 65. Citado por John Stuart Mill como epígrafe a "Sobre a liberdade". In: *Sobre a liberdade e A sujeição das mulheres*, op. cit., p. 69.

27. John Stuart Mill, "Sobre a liberdade". In: *Sobre a liberdade e A sujeição das mulheres*, op. cit.

28. "Uma variedade de situações" em Humboldt é *Mannigfaltigkeit der Situationen*, expressão reminiscente de "multilateralidade", ou *Vielseitigkeit*. *Mannigfaltigkeit* se traduz como "diversidade" na frase com que Mill abre o livro *Sobre a liberdade*. Para o original alemão em ambos os casos, ver Humboldt, *Ideen zu einem Versuch, die Grenzen der Wirksamkeit des Staatszubestimmen*. Berlim: Deutsche Bibliothek, [1852], pp. 25 (variedade de situações), 71 (diversidade).

29. Michel de Montaigne, *Ensaios*, livro segundo, cap. XXXVII. Cf. Mill, *On Liberty*, p. 24.

30. "Liberdade absoluta" e "tolo" são de Mill, *On Liberty*, pp. 14-5.

31. John Stuart Mill, "Statement on Marriage", em *Collected Works*, v. 21: *Essays on Equality, Law and Education*, org. John M. Robson. Londres: Routledge, 1984, p. 99. Ver: <https://oll.libertyfund.org/titles/mill-the-collected-works-of-john-stuart-mill-volume-xxi-essays-on-equality-law-and-education/simple#lf0223-21_head_034>.

32. Após a morte de Mill, três ensaios até então inéditos sobre religião, escritos entre 1830 e 1858, foram lançados; o último deles, "Theism" (escrito por volta de 1868-70), sugere a possibilidade de que tal ser exista. Mas em "Utility of Religion", ele observa que a promessa de vida após a morte é um consolo valioso para as pessoas que sofrem na Terra: se as pessoas fossem mais felizes e mais contentes em sua vida terrena, a religião seria menos atraente. Ambos os ensaios estão em John Stuart Mill, *Three Essays on Religion: Nature, The Utility of Religion, and Theism*. Londres: Longmans, Green, Reader & Dyer, 1874.

33. John Stuart Mill, *Autobiography*, org. Mark Philp. Oxford, Reino Unido: Oxford University, 2018, pp. 25-8 (infância e religião), 81 (perda de prazer).

34. Jeremy Bentham a Henry Richard Vassall, terceiro barão da Holanda, 13 nov. 1808, em Bentham, *Correspondence*, v. 7, org. John Dinwiddy. Oxford, Reino Unido: Clarendon, 1988, p. 570. ("É na prosa que todas as linhas, menos a última, vão até a margem — é na poesia que algumas delas não chegam até lá.") Ver também A. Julius, "More Bentham, Less Mill", em *Bentham and the Arts*, org. Anthony Julius, Malcolm Quinn e Philip Schofield. Londres: UCL, 2020, p. 178. É impossível que Bentham fosse totalmente alheio à poesia: ele instalou no jardim de sua casa um bloco de pedra com a inscrição "sagrado para Milton, príncipe dos poetas": ver M. M. St. J. Packe, *Life of John Stuart Mill*. Londres: Secker & Warburg, 1954, p. 21. Sobre a opinião de Mill a respeito da poesia, ver Richard Reeves, *John Stuart Mill*. Londres: Atlantic, 2008, p. 20.

35. Mill, *Autobiography*, pp. 84-6.

36. John Stuart Mill, "Utilitarianism", em John Stuart Mill e Jeremy Bentham, *Utilitarianism and Other Essays*, org. Alan Ryan. Londres: Penguin, 1987, pp. 272-338, isso está na p. 285; pp. 279-81 (diferentes tipos de prazer).

37. Giannozzo Manetti, *On Human Worth and Excellence* (*De dignitate et excellentia hominis*), org. e trad. Brian Copenhaver. Cambridge, MA: I Tatti/Harvard University, 2018, p. 205 (livro IV).

38. John Stuart Mill, "The Subjection of Women" (1869), em *Collected Works*, v. 21: *Essays on Equality, Law and Education*, org. John M. Robson. Londres: Routledge, 1984, pp. 259-340, isso está na p. 337.

39. F. A. Hayek, *John Stuart Mill and Harriet Taylor: Their Correspondence and Subsequent Marriage*. Londres: Routledge & Kegan Paul, 1951, pp. 260-3. Sobre a tuberculose, ver: <https://plato.stanford.edu/entries/harriet-mill/>.

40. Mill, *Autobiography*, org. Mark Philp, p. 169.

41. Matthew Arnold, *Culture and Anarchy*, org. Jane Garnett. Oxford, Reino Unido: Oxford University, 2006, p. 9. Ele também descreve o próprio Humboldt como um ser harmoniosamente desenvolvido, "uma das almas mais perfeitas que já existiu" (p. 94).

42. Ibid., p. 36.

43. Nicholas Murray, *A Life of Matthew Arnold*. Londres: Sceptre, 1997, p. 241.

44. Arnold, op. cit., p. 5.

45. Ibid., p. 9.

46. Ibid., p. 80.

47. Ibid., p. 33.

48. Ibid., p. 5.

49. Ibid., pp. 6 (jornais), 107 (lê-los com a cabeça fresca).

50. Ibid., pp. 54-5.

51. Jonathan Swift, "Battle of the Books", em *A Tale of a Tub and Other Works*, org. Angus Ross e David Woolley. Oxford, Reino Unido: Oxford University, 1986, pp. 104-25, isso está na p. 112.

52. Liberal: Arnold, op. cit., p. 32.

53. Para saber de pesquisas sobre o hábito de leitura entre a classe trabalhadora de modo geral, ver Jonathan Rose, *The Intellectual Life of the British Working Classes*. New Haven: Yale University, 2002; Edith Hall e Henry Stead, *A People's History of Classics*. Abingdon, Reino Unido: Routledge, 2020.

54. Hall e Stead, op. cit., p. 58.

55. Ver: <http://www.gutenberg.org/wiki/Harvard_Classics_(Bookshelf)>. Ver Adam Kirsch, "The "Five-Foot Shelf" Reconsidered", *Harvard Magazine*, v. 103, n. 2, nov./dez. 2001.

56. Frank Swinnerton, *The Bookman's London*. Londres: Allan Wingate, 1951, p. 47.

57. Rose, op. cit., p. 133.

58. Ver o relato de David Campbell no website da Everyman: <http://www.everymanslibrary.co.uk/history.aspx>. Para uma lista das primeiras edições: <http://scribblemonger.com/elcollect/elCatalog.pl>.

59. "The Best Hundred Books, by the Best Judges", *Pall Mall Gazette 'Extra'*, n. 24, p. 23, 1886.

60. Ibid., p. 9.

61. Ibid., p. 21.

62. Rose, op. cit., p. 267; Ethel Carnie e Lavena Saltonstall, cartas a *Cotton Factory Times*, 20 mar. e 3, 10, 17 abr. 1914. Sobre Carnie, ver: <https://en.wikipedia.org/wiki/Ethel_Carnie_Holdsworth>.

63. Rose, op. cit., p. 277. A citação é de George W. Norris, "The Testament of a Trade Unionist", *Highway*, v. 39, pp. 158-9, maio 1938.

64. Humboldt a F. G. Welcker, 26 out. 1825, traduzido em Sweet, op. cit., v. 2, pp. 422-3.

65. Irving Babbitt, *Literature and the American College: Essays in Defense of the Humanities*. Boston e Nova York: Houghton Mifflin, 1908, p. 12. "Novo Humanismo" era o termo que outros aplicavam a essas opiniões: ele não deve ser confundido com vários outros movimentos de épocas diversas que também foram chamados de "Novo Humanismo".

66. Ibid., pp. 8-9.

67. Sinclair Lewis, discurso ao receber o prêmio Nobel, 1930, <https://www.nobelprize.org/prizes/literature/1930/lewis/lecture/>. Outras reações foram coletadas em um simpósio: C. Hartley Grattan (org.), *The Critique of Humanism: A Symposium*. Nova York: Brewer and Warren, 1930. Em certa medida, o livro foi uma réplica a uma coletânea que promovia o Novo Humanismo: Norman Foerster (org.), *Humanism and America*. Nova York: Farrar and Rinehart, 1930.

68. Edward Said, *Humanism and Democratic Criticism*. Basingstoke, Reino Unido: Palgrave Macmillan, 2004, pp. 21-2.

69. Montaigne, *Essays*, p. 149 (livro 1, cap. 26).

9. UM TAL PAÍS DOS SONHOS [pp. 226-52]

1. Charles Darwin, *On the Origin of Species*. Londres: Penguin, 1968, p. 459.

2. Ibid.

3. Janet Browne, *Charles Darwin: The Power of Place*. Londres: Jonathan Cape, 2002, p. 349. O editor aqui foi John Murray.

4. Ibid., pp. 88-90 (Mudie's), 186 (Mill), 189-90 (Eliot). *Sea-Side Studies*, de G. H. Lewes, foi publicado em formato de periódico e depois, em 1858, em forma de livro; ver também Rosemary Ashton, *G. H. Lewes: A Life*. Londres: Pimlico, 2000, p. 169.

5. Karl Marx, *Collected Works*, v. 41: *Letters*. Londres: Lawrence & Wishart, 1985, p. 234 ("grosseiro estilo inglês"). Browne, op. cit., p. 403 (*Das Kapital* enviado a Darwin).

6. Adrian Desmond, *T. H. Huxley: From Devil's Disciple to Evolution's High Priest*. Londres: Penguin, 1998, pp. 188 (ascídias), 224-5 (não fazia nem ideia).

7. T. H. Huxley, "The Origin of Species", em *Collected Essays*. Londres: Macmillan, 1892-5, v. 2, pp. 22-79, isso está na p. 52. Publicado em *Westminster Review*, v. 17, 1860, pp. 541-70, e reproduzido em: <https://mathcs.clarku.edu/huxley/CE2/OrS.html>.

8. Browne, op. cit., p. 105.

9. Ibid., pp. 94, 118 (a desculpa de Darwin para não comparecer).

10. George W. E. Russell, *Collections and Recollections*. Londres: Thomas Nelson, [1904?], pp. 161-2.

11. Ronald W. Clark, *The Huxleys*. Londres: Heinemann, 1968, p. 59, citando uma carta de Huxley a Frederick Dyster.

12. Desmond, op. cit., p. 280.

13. Browne, op. cit., p. 136.

14. T. H. Huxley, "A Liberal Education and Where to Find It" (1868), em *Science and Education*, v. 3 de *Collected Essays*. Londres: Macmillan, 1910, pp. 76-110, isso está nas pp. 87-8 (estudos contemporâneos criticados), 97-8 (rastros do passado). Os comentários de Charles Dickens estão em *Bleak House*, cap. 12.

15. T. H. Huxley, "On Science and Art in Relation to Education" (1882), em *Science and Education*, v. 3 de *Collected Essays* (1910), pp. 160-88, isso está na p. 164.

16. Id., "A Liberal Education and Where to Find It", isso está na p. 96.

17. Id., "Universities: Actual and Ideal" (1874, Universidade de Aberdeen), em *Science and Education*, v. 3 de *Collected Essays* (1910), pp. 189-234, isso está na p. 212. Huxley cita o discurso de reitor feito por Mill na University of St. Andrews em 1 fev. 1867, mas troca todas as menções aos estudos clássicos por "ciências".

18. Matthew Arnold, "Literature and Science", em *The Portable Matthew Arnold*, org. Lionel Trilling. Harmondsworth, Reino Unido: Penguin, 1980, pp. 405-29, isso está nas pp. 413-20.

19. Darwin faz essa observação em *A origem do homem*, dizendo que "as qualidades morais evoluem, direta ou indiretamente, muito mais por efeito do hábito, do poder de raciocínio, a instrução, a religião etc., do que por meio da seleção natural". Charles Darwin, *The Descent of Man, and Selection in Relation to Sex*. Londres: Gibson Square, 2003, p. 618.

20. Ibid., p. 612 ("hábito", "exemplo" e "uma deidade que tudo vê"). Sua teoria da evolução da moralidade por meio do sentimento social está principalmente na parte 1, cap. 4, pp. 97-127.

21. Id., "Religious Belief" (escrito em 1879, "passado a limpo" em 1881), em *Autobiographies*, org. Michael Neve e Sharon Messenger. Londres: Penguin, 2002, pp. 49-55, isso está nas pp. 49-50 (Inferno), 54 (ajudar os outros e "agnóstico").

22. T. H. Huxley, "Agnosticism", em *Collected Essays*. Londres: Macmillan, 1892-5, v. 5, pp. 209-62, isso está nas pp. 237-8.

23. Richard Bithell, *The Creed of a Modern Agnostic*. Londres: Routledge, 1883, pp. 10-4.

24. Bryan Magee, *Ultimate Questions*. Princeton, NJ: Princeton University, 2016, p. 26.

25. Leslie Stephen, "An Agnostic's Apology", em *An Agnostic's Apology and Other Essays*. Londres: Smith, Elder, 1893, p. 1.

26. Frederick James Gould, *The Life-Story of a Humanist*. Londres: Watts, 1923, p. 75.

27. Leslie Stephen, "A Bad Five Minutes in the Alps", em *Essays on Freethinking and Plain-speaking*, ed. rev. Londres: Smith, Elder; Duckworth, 1907, pp. 177-225, isso está nas pp. 184-5 ("Até que enfim!"), 193 ("massa espectral"), 203 (Credo de Atanásio), 221 ("algo como uma bênção"), 222-3 ("dever"). O texto foi publicado pela primeira vez em *Fraser's Magazine*, v. 86, pp. 545-61, 1872. Sobre a questão da veracidade da história: F. W. Maitland, *Life and Letters of Leslie Stephen* (Londres: Duckworth, 1906), pp. 97-8, que cita Sir George Trevelyan, que teria dito que a história era, pelo menos em certa medida, inspirada por um incidente em que Trevelyan e outro montanhista inexperiente haviam se metido em apuros depois de serem guiados por Stephen até uma trilha complicada.

28. George Eliot disse isso enquanto caminhava com W. H. Myers no Fellows' Garden de Trinity College, Cambridge, em 1873. Apud Gordon S. Haight, *George Eliot*. Oxford, Reino Unido: Clarendon, 1968, p. 464.

29. Darwin, *The Descent of Man, and Selection in Relation to Sex*, p. 97.

30. Observação feita em 1856. Maitland, *Life and Letters of Leslie Stephen*, pp. 144-5.

31. Thomas Hardy, *A Pair of Blue Eyes*. Oxford, Reino Unido: Oxford University, 2005, p. 201. Sobre indícios da ideia de que Hardy teria sido influenciado pelo texto de Stephen, ver John Halperin, "Stephen, Hardy, and 'A Pair of Blue Eyes'", em *Studies in Fiction and History from Austen to Le Carré*. Nova York: Springer, 1988.

32. Thomas Hardy, "A Plaint to Man" (1909-10), em *A Selection of Poems*, org. W. E. Williams. Harmondsworth, Reino Unido: Penguin, 1960, pp. 95-6.

33. Matthew Arnold, "Dover Beach", em *The Portable Matthew Arnold*, org. Lionel Trilling. Harmondsworth, Reino Unido: Penguin, 1980, pp. 165-7.

34. Nicholas Murray, *A Life of Matthew Arnold*. Londres: Sceptre, 1997, p. 116.

35. Matthew Arnold, *Culture and Anarchy*. Oxford, Reino Unido: Oxford University, 2006, pp. 11-2.

36. Friedrich Nietzsche, *The Gay Science*, org. B. Williams, trad. Josefine Nauckhoff. Cambridge, Reino Unido: Cambridge University, 2001, p. 120 (parte 3, §125).

37. J. A. Froude, *Thomas Carlyle: A History of His Life in London, 1834-81*. Londres: Longman, Green, 1884, p. 248.

38. Waldo Hilary Dunn, *James Anthony Froude: A Biography*. Oxford, Reino Unido: Clarendon, 1961, v. 1, pp. 134-8.

39. Os dois condenados eram James Rowland Williams e Henry Bristow Wilson. Ver Josef L. Altholz, *Anatomy of a Controversy: The Debate over Essays and Reviews 1860-1864*. Aldershot, Reino Unido: Scolar, 1994, p. 1.

40. Robert Louis Stevenson a seu amigo Charles Baxter, citado em Claire Harman, *Robert Louis Stevenson: A Biography*. Londres: Harper, 2006, pp. 79-80.

41. Edmund Gosse, *Father and Son: A Study of Two Temperaments*. Harmondsworth, Reino Unido: Penguin, 1983, pp. 90 ("eu não tinha humanidade"), 248, 251 (arrependimentos).

42. P. H. Gosse, *Omphalos: An Attempt to Untie the Geological Knot*. Londres: John Van Voorst, 1857. O filho diz que ele ficou magoado: Gosse, *Father and Son*, p. 105, 112.

43. Desmond, *T. H. Huxley*, p. 434.

44. Rose Macaulay, *Told by an Idiot*. Londres: Virago, 1983, pp. 3, 6-7.

45. Para uma pesquisa sobre o gênero, ver Robert Lee Wolff, *Gains and Losses: Novels of Faith and Doubt in Victorian England*. Londres: John Murray, 1977.

46. Duncan Grant, "Virginia Woolf", em *The Golden Horizon*, org. Cyril Connolly. Londres: Weidenfeld & Nicolson, 1953, p. 394.

47. Sra. Humphry Ward, *Robert Elsmere*. Oxford, Reino Unido: Oxford University, 1987, pp. 169 ("vala e fosso"), 179 ("vivam a vida de outra pessoa"), 261 (atormentado pelo cristianismo), 314 ("puramente humano").

48. Ibid., pp. 475 ("catecismo" e "bondade"), 332 ("cada alma humana").

49. Ibid., pp. 164-6.

50. Janet Browne, *Charles Darwin: Voyaging*. Londres: Pimlico, 1996, pp. 396-7.

51. William Ewart Gladstone, "Robert Elsmere and the Battle of Belief", *Contemporary Review*, maio 1888, <http://www.victorianweb.org/history/pms/robertelsmere.html>. James é citado por Rosemary Ashton na introdução que faz à sua edição de Ward, *Robert Elsmere*, p. vii. Sobre a recepção do romance, ver William S. Peterson, *Victorian Heretic: Mrs Humphry Ward's Robert Elsmere*. Leicester, Reino Unido: Leicester University, 1976.

52. Rosemary Ashton, introdução a Ward, *Robert Elsmere*, p. vii.

53. Anfibologias: Thomas Jefferson a John Adams, 1813, apud edição de Peter Manseau de *The Jefferson Bible*. Princeton: Princeton University, 2020, p. 38. Os exemplares cortados de Jefferson, além dos restos dos dois exemplares usados como fontes, ficaram em coleções particulares diferentes até serem encontrados por Cyrus Adler, que os adquiriu para a Smithsonian Institution. A história é narrada por Manseau, pp. 80-93.

54. Matthew Arnold, *Literature and Dogma: An Essay Towards a Better Apprehension of the Bible*. Londres: Smith, Elder, 1873, pp. xiii-xv, 383. Em seguida, Arnold lançou *God and the Bible* (Londres: Smith, Elder, 1875), reagindo aos críticos do livro anterior. Argumentos parecidos, sobre a Bíblia como literatura, foram defendidos pelo professor de Oxford Benjamin Jowett, colaborador da polêmica coleção *Essays and Reviews*: Benjamin Jowett, "On the Interpretation of Scripture", *Essays and Reviews*. Londres: John W. Parker, 1860, pp. 330-433.

55. H. W. Wardman, *Ernest Renan: A Critical Biography*. Londres: University of London; Athlone, 1964, pp. 27-9.

56. Ernest Renan, *Memoirs*, trad. J. Lewis May. Londres: G. Bles, 1935, p. 237.

57. Ibid., pp. 226 (amenizado), 202-3 ("lia com afinco demais").

58. A testemunha era Jules Lemaître. Traduzido em Wardman, *Ernest Renan*, p. 183.

59. Robert G. Ingersoll, 'Ernest Renan' (1892), em *The Works of Robert G. Ingersoll*. Nova York: Dresden; C. P. Farrell, 1902, v. 11, pp. 283-301, isso está nas pp. 300-1.

60. *The Best of Robert Ingersoll*, org. Roger E. Greeley. Nova York: Prometheus, 1993, p. 14 (pouco interesse pelo entendimento). Robert Ingersoll a Albert H. Walker, 3 nov. 1882, em Robert G. Ingersoll, *The Life and Letters*, org. Eva Ingersoll Wakefield, prefácio de Royston Pike. Londres: Watts, 1952, p. 98 (pouco interesse pela melhoria das condições de vida).

61. E. M. Forster, "How I Lost My Faith", em *The Prince's Tale and Other Uncollected Writings*, org. P. N. Furbank. Londres: Penguin, 1999, p. 318.

62. Ruth Scurr, *Fatal Purity: Robespierre and the French Revolution*. Londres: Chatto & Windus, 2006, p. 267. Ver também Mona Ozouf, *Festivals and the French Revolution*. Cambridge, MA: Harvard University, 1988, pp. 100-1, e <https://en.wikipedia.org/wiki/Cult_of_Reason>.

63. Condorcet fez algo parecido ao escrever o inédito "Anti-Superstitious Almanack", que distribuía os dias dos santos entre as pessoas que tinham feito oposição aos abusos e torturas da Igreja. Nicolas de Condorcet, *Almanach anti-superstitieux*, org. Anne-Marie Chouillet, Pierre Crépel e Henri Duranton. Saint-Étienne, França: CNRS Éditions; Publications de Université de Saint-Étienne, 1992. Ver Steven Lukes e Nadia Urbinati, introdução à edição deles de Condorcet, *Political Writings*. Cambridge, Reino Unido: Cambridge University, 2012, p. xvii.

64. Sobre a igreja: <https://www.nytimes.com/2016/12/25/world/americas/nearly-in-ruins-the-church-where-sages-dreamed-of-a-modern-brazil.html>. Sobre o positivismo no Brasil de modo geral, ver: <http://positivists.org/blog/brazil>.

65. Ver: <https://hibridos.cc/en/rituals/templo-positivista-de-porto-alegre/>.

66. "A Positivist Creed", manuscrito, Bod. M. C347, f. 176. Reproduzido em T. R. Wright, *The Religion of Humanity: The Impact of Comtean Positivism on Victorian Britain*. Cambridge, Reino Unido: Cambridge University, 1986, p. 85.

67. Da descrição feita por Moncure Daniel Conway de uma dessas reuniões, no dia de Ano-Novo de 1881: Moncure Daniel Conway, *Autobiography: Memories and Experiences*. Londres: Cassell, 1904, v. 2, p. 347.

68. Tanto Josephine Troup como Edith Swepstone compuseram versões, e Henry Holmes compôs uma cantata mais longa. Martha S. Vogeler, "The Choir Invisible: The Poetics of Humanist Piety", em *George Eliot: A Centenary Tribute*, org. Gordon S. Haight e Rosemary T. VanArsdel. Londres: Macmillan, 1982, pp. 64-81, isso está na p. 78.

69. George Eliot, "The Choir Invisible", em *Complete Shorter Poetry*, org. Antonie Gerard van den Broek. Londres: Pickering & Chatto, 2005, v. 2, pp. 85-6, isso está na p. 86 (linhas 1-5).

70. T. R. Wright, *The Religion of Humanity*. Cambridge, Reino Unido: Cambridge University, 1986, p. 87.

71. John Stuart Mill, *Auguste Comte and Positivism*. Londres: N. Trübner, 1865, pp. 54-6.

72. T. H. Huxley, "On the Physical Basis of Life" (1868), *Collected Essays*. Londres: Macmillan, 1892-5, v. 1, p. 156, <https://mathcs.clarku.edu/huxley/CE1/PhysB.html>.

73. Wright, *The Religion of Humanity*, p. 4.

74. Ibid., pp. 99 ("resmungos"), 96 ("'Salve Tu!"; a antologia recebeu o título *The Service of Man* [1890]), 101 (Trollope).

75. Austin Harrison, *Frederic Harrison: Thoughts and Memories*. Londres: William Heinemann, 1926, pp. 90 (Shakespeare), 83 (Gissing).

76. Mill, *Auguste Comte and Positivism*, pp. 50 (sistematização), 60 (evolução e dogma).

77. Harrison, *Frederic Harrison*, p. 67.

78. Bertrand Russell, "What I Believe", em *Why I Am Not a Christian*. Londres: Unwin, 1975, pp. 43-69, isso está na p. 63.

10. DOUTOR ESPERANÇA [pp. 253-76]

1. L. L. Zamenhof a N. Borovko, por volta de 1895, em L. L. Zamenhof, *Du Famaj Leteroj* [Cartas a Nikolaj Borovko e Alfred Michaux], org. e trad. André Cherpillod. Courgenard, França: Eldono La Blanchetière, 2013, pp. 10-1. Em esperanto, com tradução para o francês e notas.

2. L. L. Zamenhof a A. Michaux, 21 fev. 1905, em Zamenhof, *Du Famaj Leteroj*, p. 39.

3. Gênesis 11,1-9, isso está no v. 6.

4. Dante, *De vulgari eloquentia*, org. e trad. Steven Botterill. Cambridge, Reino Unido: Cambridge University. 1996, pp. 3, 23 ("formulou") (livro 1, §1 e §9).

5. Marjorie Boulton, *Zamenhof: Creator of Esperanto*. Londres: Routledge & Kegan Paul, 1960, p. 11.

6. A tradução de Boulton em prosa aqui é emendada para produzir versos: Boulton, op. cit., p. 15. Ver também Zamenhof a N. Borovko, c. 1895, em Zamenhof, *Du Famaj Leteroj*, p. 17.

7. Boulton, op. cit., pp. 17-21.

8. O texto de Zamenhof em *Unua Libro* em sua tradução para o inglês de Richard H. Geoghegan (1889), revisada por Gene Keyes (2006), está on-line: ver L. L. Zamenhof, *Doctor Esperanto's International Language*, parte 1, <http://www.genekeyes.com/Dr_Esperanto.html>. Sobre o Doutor Esperança, ver Boulton, op. cit., p. 33.

9. Immanuel Kant, "To Perpetual Peace" (1795), em *Perpetual Peace and Other Essays*, trad. Ted Humphrey. Indianapolis: Hackett, 1983, p. 125.

10. *The Dogmas of Hillelism*, de Zamenhof, foi publicado no periódico esperantista russo *Ruslanda Esperantisto* em 1906. Boulton, op. cit., pp. 97-101.

11. Esther Schor, *Bridge of Words: Esperanto and the Dream of a Universal Language*. Nova York: Metropolitan, 2016, p. 78.

12. Boulton, op. cit., pp. 104-5. Existe certa similaridade entre a ideia de religião compartilhada de Zamenhof e a fé bahá'í, que também enxerga todas as religiões como união.

13. Zamenhof a A. Michaux, 21 fev. 1905, em Zamenhof, *Du Famaj Leteroj*, pp. 33-5.

14. Zamenhof, *Unua Libro*, trad. Geoghegan, rev. Keyes. A tradução anterior, de Julius Steinhaus, é citada em Boulton, op. cit., p. 39.

15. Ver: <https://en.wikipedia.org/wiki/Neutral_Moresnet>.

16. Ver: <https://en.wikipedia.org/wiki/Republic_of_Rose_Island>.

17. O credo da felicidade de Ingersoll aparece em diversos formatos, inclusive em *An Oration on the Gods* (29 jan. 1872). Cairo, IL: Daily Bulletin Steam Book & Job Print, 1873, p. 48. A gravação está disponível on-line em: <https://youtu.be/rLLapwIoEVI>.

18. Susan Jacoby, *The Great Agnostic: Robert Ingersoll and American Freethought*. New Haven: Yale University, 2013, p. 34.

19. Robert G. Ingersoll, *The Life and Letters*, org. Eva Ingersoll Wakefield, prefácio de Royston Pike. Londres: Watts, 1952, p. 1.

20. Ibid., p. 13.

21. Guerra Civil: Ingersoll, *The Life and Letters*, pp. 23-32. Ódio à guerra: Edward Garstin Smith, *The Life and Reminiscences of Robert G. Ingersoll*. Nova York: National Weekly Pub. Co.; Londres: Shurmer Sibthorp, 1904, p. 116.

22. Ingersoll, *The Life and Letters*, pp. 15-6.

23. Ibid., pp. 36-7.

24. Clarence Darrow, *The Story of My Life*. Nova York: Charles Scribner's Sons, 1932, p. 381. Para alguns dos discursos ao júri feitos por Ingersoll, ver Ingersoll, *The Works of Robert G. Ingersoll*, v. 10.

25. Id., *The Life and Letters*, p. 55.

26. Smith, *The Life and Reminiscences of Robert G. Ingersoll*, parte 2, *Reminiscences*, p. 32.

27. Ingersoll, "The Ghosts", em *The Works of Robert G. Ingersoll*, v. 1, pp. 272 ("não pouparam esforços"), 326 ("Que tapem").

28. Quintiliano, *Institutio oratoria*, trad. H. E. Butler. Londres: W. Heinemann; Nova York: G. P. Putnam's Sons, 1922, v. 4, p. 411 (xii.v.5).

29. Smith, *The Life and Reminiscences of Robert G. Ingersoll*, parte 2, *Reminiscences*, p. 208.

30. C. H. Cramer, *Royal Bob: The Life of Robert G. Ingersoll*. Indianapolis: Bobbs-Merrill, 1952, p. 102.

31. Robert G. Ingersoll, *The Best of Robert Ingersoll: Selections from His Writings and Speeches*, org. Roger E. Greeley. Nova York: Prometheus, 1993, pp. 79-80. Admiração por Shakespeare: Ingersoll, *The Life and Letters*, pp. 162-9.

32. Id., *The Best of Robert Ingersoll*, p. 55.

33. Ibid., p. 12. Fotografia: Jacoby, *The Great Agnostic*, p. 40.

34. Ingersoll, *The Best of Robert Ingersoll*, p. 83.

35. Jacoby, *The Great Agnostic*, p. 2 ("Injuresoul"). Margaret Sanger lembrou dele sendo bombardeado ao falar na cidade de Corning, Nova York; o pai dela havia convidado Ingersoll, mas a confusão foi tanta que tiveram que transferir a palestra para um canto sossegado na mata. Margaret Sanger, *An Autobiography*. Londres: Victor Gollancz, 1939, p. 2.

36. Ingersoll, *The Best of Robert Ingersoll*, p. 56.

37. Id., *The Life and Letters*, p. 291.

38. Bertrand Russell, *Principles of Social Reconstruction*. Londres: Allen & Unwin, 1916, p. 203.

39. Ela escreveu isso em uma carta à mãe. Citado em Bertrand Russell, *Autobiography*. Londres e Nova York: Routledge, 1998, p. 12.

40. Ver: <https://en.wikipedia.org/wiki/Katharine_Russell,_Viscountess_Amberley>.

41. Alan Ryan, *Bertrand Russell: A Political Life*. Londres: Penguin, 1988, p. 4.

42. Russell, *Autobiography*, p. 36.

43. Anthony Trollope, *Can You Forgive Her?* (1864-1865). Londres: Penguin, 1972, p. 48.

44. Russell, *Autobiography*, p. 17. O texto é de Êxodo 23,2.

45. Bertrand Russell, *Sceptical Essays*. Londres e Nova York: Routledge, 2004, p. 1.

46. O artigo da Wikipédia em <https://en.wikipedia.org/wiki/Russell %27s_teapot> cita Russell e discute os argumentos feitos contra a analogia da chaleira. A fonte é o artigo de Russell, "Is There a God?", escrito para a revista *Illustrated* em 1952, mas não publicado. Uma ideia parecida foi proposta por Carl Sagan: "Se eu digo que há um dragão na minha garagem, mas que ele é invisível, não pesa nada, não é perceptível ao tato e solta um fogo sem calor, indetectável, que diferença faz se existe ou não um dragão na minha garagem?". Carl Sagan, *The Demon-Haunted World*. Londres: Headline, 1997, pp. 160-1.

47. Thomas Paine, "Rights of Man", em *Rights of Man, Common Sense, and Other Political Writings*, org. Mark Philp. Oxford, Reino Unido: Oxford University, 1995, p. 145.

48. Russell, *Autobiography*, p. 30.

49. Ibid., pp. 156-7.

50. Ibid., p. 38.

51. "Um bom abominador": Beatrice Webb em seu diário, em 1901, citada em Ray Monk, *Bertrand Russell*. Londres: Vintage, 1997-2001, v. 1, p. 139. Por sua vez, Russell acusou Beatrice e seu marido de serem frios: Russell, *Autobiography*, p. 76.

52. Ibid., p. 149.

53. Para entender a intensidade do amor de Russell pela matemática e pela lógica, ver as cartas que trocou com Gilbert Murray, apud ibid., pp. 160-2. Citação de *The Little Review* em Ronald W. Clark, *The Life of Bertrand Russell*, ed. rev. Harmondsworth, Reino Unido: Penguin, 1978, p. 534.

54. Russell, "What I Believe", em *Why I Am Not a Christian*. Londres: Unwin, 1975, pp. 43-69, isso está na p. 47.

55. Id., "Why I Am Not a Christian", em *Why I Am Not a Christian*, op. cit., isso está na p. 26.

56. Russell a Ottoline Morrell, apud Clark, *The Life of Bertrand Russell*, p. 303.

57. Outra carta de Russell a Ottoline Morrell, apud Clark, *The Life of Bertrand Russell*, p. 305.

58. Stefan Zweig, *The World of Yesterday*, trad. Anthea Bell. Londres: Pushkin, 2011, pp. 25-6.

59. Béla Zombory-Moldován, *The Burning of the World: A Memoir of 1914*, trad. Peter Zombory--Moldovan. Nova York: New York Review, 2014, p. 6.

60. Ryan, *Bertrand Russell: A Political Life*, pp. 61-2.

61. Clark, *The Life of Bertrand Russell*, pp. 420-2. O artigo de Russell era "The German Peace Offer".

62. Bertrand Russell, "Experiences of a Pacifist in the First World War", em *Portraits from Memory, and Other Essays*. Londres: Allen & Unwin, 1956, pp. 30-4, isso está nas pp. 33-4.

63. Id., *Autobiography*, pp. 256 ("embora via de regra"), 257 (Strachey).

64. Ibid., p. 326.

65. Ibid., p. 263.

66. Id., "From Logic to Politics", em *Portraits from Memory, and Other Essays*. Londres: Allen & Unwin, 1956, pp. 35-9, isso está nas pp. 35-6.

67. Id., *Autobiography*, p. 261.

68. Id., *Principles of Social Reconstruction*, p. 18.

69. Rabindranath Tagore, "The Modification of Education" (1892), em *Education as Freedom: Tagore's Paradigm*, trad. Subhransu Maitra. Nova Delhi: Niyogi, 2014, pp. 27-40, isso está na p. 31.

70. Bertrand Russell, *Education and the Good Life*. Nova York: Boni & Liveright, 1926, pp. 29-30 ("no que o mundo poderia ser"), 142-6 (ideias passíveis de mudanças).

71. Id., *Education and the Good Life*, p. 78.

72. Id., *Autobiography*, pp. 389-90.

73. Id., *Education and the Good Life*, p. 213.

74. Id., "What I Believe", p. 57.

75. Katharine Tait, *My Father Bertrand Russell*. Londres: Victor Gollancz, 1976, p. 71. O biógrafo de Russell, Ronald Clark, conta uma versão dessa história em que foi o vigário quem fez a visita, mas cita a carta do filho do vigário, que lembra dos pais tranquilos perto dos filhos pelados dos Russell, que brincavam no jardim ou entravam na cozinha da casa deles, onde a esposa do vigário aproveitava a oportunidade para lhes contar histórias da Bíblia. Clark, *The Life of Bertrand Russell*, p. 530.

76. Russell, *Autobiography*, p. 460.

77. Horace M. Kallen, "Behind the Bertrand Russell Case", em *The Bertrand Russell Case*, org. H. M. Kallen e John Dewey. Nova York: Viking, 1941, p. 20.

78. Paul Edwards, "How Bertrand Russell Was Prevented from Teaching at City College, New York", em Russell, *Why I Am Not a Christian*. Londres: Unwin, 1975, pp. 165-99, isso está na p. 173.

79. Id., *Autobiography*, p. 465. Para saber sobre a Barnes Foundation de hoje, ver: <https://www.barnesfoundation.org/>.

80. Ryan, *Bertrand Russell: A Political Life*, p. 67.

81. Russell, *Education and the Good Life*, p. 267.

82. Schor, op. cit., p. 180.

83. Ulrich Lins, *Dangerous Language: Esperanto under Hitler and Stalin*. Londres: Palgrave Macmillan, 2016, pp. 95, 115 (opiniões de Hitler e seus partidários), 116-7 (banimento).

84. Boulton, op. cit., pp. 208-9.

85. Por exemplo, Lidia Zamenhof, "Nia Misio", *Esperanto Revuo*, n. 12, dez. 1934. Ver Schor, op. cit., p. 186. Lidia Zamenhof também se tornou devota da fé bahá'í, que assim como o *Homaranismo* adota a ideia de uma religião universal, que possa ser compartilhada por todos.

86. Schor, op. cit., pp. 193-5.

87. Boulton, op. cit., pp. 213-4.

88. O texto de Ingersoll, "Hope", está na gravação fonográfica que se encontra no Ingersoll Museum, Dresden, Nova York, disponível on-line em: <https://youtu.be/rLLapwIoEVI>.

11. A FACETA HUMANA [pp. 277-311]

1. "La dottrina del fascismo", de Benito Mussolini e Giovanni Gentile, foi publicado em 1932, em: v. 14 de *Enciclopedia italiana*: parte 1, "Fundamental Ideas", de Gentile (embora assinado por Mussolini); parte 2, "Social and Political Doctrines", de Mussolini. Todos os trechos citados aqui são de *Readings on Fascism and National Socialism*, e-book do Projeto Gutenberg, Alan Swallow (org.), 2004, <https://www.gutenberg.org/files/14058/14058-h/14058-h.htm>. Inclui os dois, Mussolini e Gentile, "The Doctrine of Fascism", e Gentile, "The Philosophic Basis of Fascism".

2. Gentile, "The Doctrine of Fascism".

3. Liev Trótski, *Literature and Revolution*, trad. Rose Strunsky. Londres: Redwords, 1991, pp. 282-3.

4. Fabio Fernando Rizi, *Benedetto Croce and Italian Fascism*. Toronto: University of Toronto, 2003, p. 52. Sobre Gentile, ver também A. James Gregor, *Giovanni Gentile: Philosopher of Fascism*. New Brunswick, NJ: Transaction, 2001.

5. Erika Mann, *School for Barbarians*. Nova York: Modern Age, 1938, pp. 47 (incapazes de imaginar), 99-100 (imagens de guerra).

6. Hannah Arendt, *The Origins of Totalitarianism*. Londres: Penguin, 2017, p. 614.

7. Erwin Panofsky, "The History of Art as a Humanistic Discipline", em *The Meaning of the Humanities*, org. T. M. Greene. Princeton, NJ: Princeton University; Londres: Humphrey Milford; Oxford University, 1938, pp. 89-118, isso está na p. 93.

8. Rizi, op. cit., p. 13.

9. Cecil Sprigge, *Benedetto Croce: Man and Thinker*. Cambridge, Reino Unido: Bowes & Bowes, 1952, pp. 12-7.

10. Benedetto Croce a Giovanni Gentile, 24 out. 1924, traduzido em Rizi, op. cit., p. 75.

11. Benedetto Croce a Alessandro Casati, out. 1924, traduzido em Rizi, op. cit., p. 76.

12. B. Croce, "A Reply by Italian Authors, Professors, and Journalists to the 'Manifesto' of the Fascist Intellectuals", em *From Kant to Croce: Modern Philosophy in Italy 1800-1950*, org. e trad. Brian Copenhaver e Rebecca Copenhaver. Toronto: University of Toronto, 2012, pp. 713-6, isso está nas pp. 714-5; Gentile, "Manifesto of Fascist Intellectuals", pp. 706-12.

13. Rizi, op. cit., pp. 114-20.

14. Benedetto Croce, "History as the History of Liberty" (1937), em *Philosophy — Poetry — History: An Anthology of Essays*, trad. Cecil Sprigge. Londres: Oxford University, 1966, pp. 546-88, isso está nas pp. 585-6.

15. Stefan Zweig, *Autobiografia: o mundo de ontem*, trad. Kristina Michahelles. Rio de Janeiro: Zahar, 2014.

16. Id., *Erasmus* [e] *The Right to Heresy*, trad. Eden e Cedar Paul. Londres: Hallam; Cassell, 1951, p. 5. Ver também cap. 6, "Greatness and Limitations of Humanism", pp. 67-88.

17. Id., *Montaigne*, trad. Will Stone. Londres: Pushkin, 2015.

18. A carta de suicídio faz parte do "Publisher's Postscript", em id., *The World of Yesterday*, org. Harry Zohn. Lincoln: University of Nebraska, 1964, pp. 437-40.

19. E. M. Forster, "Some Books" (palestra dada no programa da BBC *We Speak to India*, 4 mar. 1942), em *The BBC Talks*, org. Mary Lago, Linda K. Hughes e Elizabeth MacLeod Walls. Columbia: University of Missouri, 2008, p. 172.

20. Christopher Isherwood, *Down There on a Visit*. Londres: Vintage, 2012, p. 171.

21. Roger-Pol Droit, *Humanity in the Making: Overview of the Intellectual History of Unesco, 1945-2005*. Paris: Unesco, 2005, p. 40.

22. Thomas Mann, *Diaries 1918-1939*, org. Hermann Kesten, trad. Richard e Clara Winston. Londres: André Deutsch, 1983, p. 222 (entrada de domingo, 5 ago. 1934).

23. Id., 'Europe Beware', trad. H. T. Lowe-Porter, em *Order of the Day: Political Essays and Speeches of Two Decades*. Nova York: Alfred A. Knopf, 1942, pp. 69-82, isso está na p. 82.

24. Id., *Mario and the Magician and Other Stories*. Harmondsworth, Reino Unido: Penguin, 1975, pp. 113-57.

25. Id., *The Magic Mountain*, trad. H. T. LowePorter. Harmondsworth, Reino Unido: Penguin, 1960, pp. 400 (obedecer), 522 (futuro do aprendizado).

26. Ibid., p. 497.

27. Heinrich Mann foi muito influente ao apresentar essa opinião em "Zola", publicado no periódico *Die Weissen Blätter* em 1915 e reimpresso em sua coletânea de ensaios sobre escritores franceses *Geist und Tat: Franzosen 1780-1930*. Berlim: G. Kiepenheuer, 1931. Ver Karin Verena Gunnemann, *Heinrich Mann's Novels and Essays: The Artist as Political Educator*. Rochester, NY: Camden House, 2002, p. 79.

28. Thomas Mann, "An Appeal to Reason" (discurso feito em Berlim, out. 1930), trad. H. T. Lowe-Porter, em *Order of the Day*, pp. 46-68, isso está nas pp. 54-6 (importunação); Tobias Boes, *Thomas Mann's War*. Ithaca, NY: Cornell University, 2019, pp. 85-6.

29. Thomas Mann a Hermann Hesse, 22 dez. 1932, *The Hesse-Mann Letters*, org. Anni Carlsson e Volker Michels, trad. Ralph Manheim. Londres: Arena, 1986, p. 16.

30. Erika Mann e Klaus Mann, *Escape to Life*. Boston: Houghton Mifflin, 1939, pp. 6-7.

31. Thomas Mann, "Achtung, Europa!" (abr. 1935), em *Achtung, Europa! Aufsätze zur Zeit*. Estocolmo: Bermann-Fischer, 1938, pp. 73-93.

32. Boes, op. cit., pp. 148-54. Para saber das opiniões de MacLeish, ver "Of the Librarian's Profession", *Atlantic Monthly*, jun. 1940, reimpresso em *Champion of a Cause*, org. Eva M. Goldschmidt. Chicago: ALA, 1971, pp. 43-53.

33. Erika Mann, *The Lights Go Down*, trad. Maurice Samuel. Londres: Secker & Warburg, 1940, pp. 239-81. Uma nota confirma que o discurso sobre arte proferido por Hitler, citado no *Frankfurter Zeitung*, 17 jul. 1939, de fato continha 33 erros gramaticais.

34. Sobre a história de Kristeller, ver Paul Oskar Kristeller e Margaret L. King, "Iter Kristellerianum: The European Journey (1904-1939)", *Renaissance Quarterly*, v. 47, pp. 907-29, 1994, isso está nas pp. 917-25.

35. Jeffrey Chipps Smith, introdução a Erwin Panofsky, *The Life and Art of Albrecht Dürer*. Princeton, NJ: Princeton University, 2005, pp. xxix-xxxi.

36. Max Warburg, discurso fúnebre em 5 dez. 1929, apud E. H. Gombrich, *Aby Warburg: An Intellectual Biography*. 2. ed. Oxford, Reino Unido: Phaidon, 1986, p. 22.

37. Aby Warburg, *Bilderatlas Mnemosyne*, org. Axel Heil e Roberto Ohrt. Stuttgart: Hatje Cantz, 2020. Duas exposições dos painéis aconteceram on-line em 2020, no Warburg Institute de Londres e na Haus der Kulturen der Welt de Berlim: <https://warburg.sas.ac.uk/collections/warburg-institute-archive/bilderatlas-mnemosyne/mnemosyne-atlas-october-1929> e <https://www.hkw.de/en /programm/projekte/2020/aby_warburg/bilderatlas_mnemosyne_start.php>.

38. Fritz Saxl, "Ernst Cassirer", em *The Philosophy of Ernst Cassirer*, org. P. A. Schilpp. La Salle, IL: Open Court, 1949, pp. 47-8.

39. De mudança: Fritz Saxl, "The History of Warburg's Library", em E. H. Gombrich, *Aby Warburg: An Intellectual Biography*. 2. ed. Oxford, Reino Unido: Phaidon, 1986, pp. 325-38, isso está nas pp. 336-7. A ideia deve muito à sugestão do dr. Raymond Klibansky da Universidade Heidelberg: a empreitada foi organizada pelos dois curadores-chefes da instituição, Fritz Saxl e Gertrud Bing.

40. *Prospectus of the Journal of the Warburg Institute*, Londres, 1937 ("estudo do Humanismo"), e "Memo Regarding the Warburg Institute: How to Get It Known in England", 30 maio 1934, ambos citados em Elizabeth McGrath, "Disseminating Warburgianism: The Role of the 'Journal of the Warburg and Courtauld Institutes'", em *The Afterlife of the Kulturwissenschaftliche Bibliothek Warburg*, org. U. Fleckner e P. Mack. Berlim: De Gruyter, 2015, pp. 39-50, isso está nas pp. 43-4. O *Prospectus* é reproduzido na ilustração 2.

41. Ver: <https://warburg.sas.ac.uk/about/news/warburg-institute-receive-major-gift-edmund-de-waal>.

42. Nikola van Merveldt, "Books Cannot Be Killed by Fire", *Library Trends*, v. 55, n. 3, pp. 523-35, inverno 2007, <https://milholmbc.weebly.com/uploads/3/8/0/7/38071703/books-cannotbekilledbyfire.pdf>.

43. Kathy Peiss, *Information Hunters*. Nova York: Oxford University, 2020, p. 43.

44. Marcel Reich-Ranicki, *The Author of Himself: The Life*, trad. Ewald Osers. Londres: Weidenfeld & Nicolson, 2001, pp. 68-70.

45. Thomas Mann, *Listen, Germany! Twenty-five Radio Messages to the German People over BBC*. Nova York: Alfred A. Knopf, 1943, pp. v-vi. Ver também Boes, op. cit., pp. 168-9.

46. Mann, *Listen, Germany!*, pp. 69 (jan. 1942), 98 (jun. 1942).

47. Ibid., p. 33 (maio 1941).

48. Frederick Hartt, *Florentine Art under Fire*. Princeton, NJ: Princeton University, 1949, p. 45.

49. Para a teoria da alienação, ver Karl Marx, *Economic and Philosophical Manuscripts of 1844*, org. Dirk J. Struik, trad. Martin Milligan. Nova York: International Publishers, 1964, p. 108. Na primeira edição de 1932, o livro foi editado junto com vários manuscritos de quando Marx estava em Paris e tinha vinte e poucos anos.

50. Frank Dikötter, *The Cultural Revolution: A People's History, 1962-1976*. Londres: Bloomsbury, 2017, pp. 89-91.

51. Isso aconteceu em nov. 1966. Ver Sang Ye e Geremie R. Barmé, "Commemorating Confucius in 1966-67", *China Heritage Quarterly*, n. 20, dez. 2009, <http://www.chinaheritagequarterly.org/scholarship.php?searchterm=020_confucius.inc&issue=020>.

52. Dikötter, op. cit., p. 94.

53. Esse é um número bastante aceito, calculado por Yang Jisheng em *The Great Chinese Famine, 1958-1962*, trad. Stacy Mosher e Guo Jian. Nova York: Farrar, Straus & Giroux, 2012.

54. Ranbir Vohra, *Lao She and the Chinese Revolution*. Cambridge, Reino Unido: East Asian Research Center, 1974, pp. 163-5, principalmente p. 164, citando a entrevista com Lao She feita em 1966 por um casal que estava de visita, Roma e Stuart Gelder. Eles a incluíram no livro que escreveram, *Memories for a Chinese Grand-Daughter*. Nova York: Stein & Day, 1968, pp. 182-95.

55. Para as várias estimativas, ver: <https://en.wikipedia.org/wiki/Cambodian_genocide>.

56. Rithy Panh e Christophe Bataille, *The Elimination*, trad. John Cullen. Nova York: Other, 2012, p. 142.

57. Id., *The Missing Picture* [*L'Image manquante*], Catherine Dussart Productions, 2013.

58. William Golding, "Fable", em *The Hot Gates*. Londres: Faber & Faber, 1970, pp. 87 ("qualquer um que tenha atravessado"), 94 (sinal dos tempos).

59. O estudante de direito Heinz Küchler, de 26 anos, em carta de 6 set. 1941, citado e traduzido em Omer Bartov, *Hitler's Army*. Nova York: Oxford University, 1991, p. 116. Essa frase também é citada em David Livingstone Smith, *Less Than Human*. Nova York: St. Martin's, 2011, p. 141.

60. Thomas Mann a Walter von Molo, 7 set. 1945, em Thomas Mann, *Letters, 1889-1955*, org. e trad. Richard e Clara Winston. Londres: Secker & Warburg, 1970, v. 2, p. 482.

61. Theodor Adorno, "Cultural Criticism and Society" (1951), em *Prisms*, trad. Samuel e Shierry Weber. Cambridge, MA: MIT, 1981, pp. 17-34, isso está na p. 34.

62. Theodor Adorno e Max Horkheimer, *Dialectic of Enlightenment*, trad. John Cumming. Londres e Nova York: Verso, 1997. Ver, por exemplo, p. 24, para saber das críticas que faziam ao Iluminismo, pois seria "um sistema tão totalitarista quanto qualquer outro". A obra foi escrita em 1944 e ampliada em 1947.

63. Jacques Maritain, *True Humanism*. Nova York: Charles Scribner's Sons, 1938, p. 19. O livro é baseado em palestras feitas na Universidade de Santander, Espanha, em ago. 1934.

64. *Partisan Review*, fev./jun. 1950; isso é da edição de fev. 1950, p. 103.

65. "Assault of the Humanists", *Elsevier Weekblad* (1952), traduzido em Hans van Deukeren et al., "From History to Practice — A History of IHEU, 1952-2002", em *International Humanist and*

Ethical Union, 1952-2002, org. Bert Gasenbeek e Babu Gogineni. Utrecht: De Tijdstroom, 2002, pp. 16-104, isso está na p. 26.

66. Martin Heidegger, "Letter on 'Humanism'", em *Pathmarks*, org. W. McNeill, trad. Frank A. Capuzzi. Cambridge, Reino Unido: Cambridge University, 1998, pp. 239-76, isso está na p. 247; pp. 260 (chamado do Ser), 252 (não é Deus). "Ser" nem sempre é traduzido para o inglês com letra maiúscula, já que no alemão todos os substantivos começam com letra maiúscula, mas existe uma diferença relevante entre *Sein* ("Ser") e *Seiende* ("seres") que poderia se perder no inglês sem a inicial maiúscula.

67. Jean-Paul Sartre, *Existentialism and Humanism*, trad. Philip Mairet. Londres: Methuen, 2007, p. 38. O título do livro em francês é um pouco diferente: *L'Existentialisme est un humanisme* (1946, baseado em palestra de Sartre em 1945). Embora radicalmente livres, também devemos nos comprometer moral e politicamente com os outros.

68. Michel Foucault, *The Order of Things*. Londres: Routledge, 2002, pp. 422 ("apagado"), 420 (Iluminismo).

69. Frantz Fanon, *Os condenados da terra*, trad. Ligia Fonseca Ferreira e Regina Salgado Campos. Rio de Janeiro: Zahar, 2022, pp. 313-4.

70. Todas as citações do parágrafo são de Fanon, op. cit., pp. 314-5.

71. Longxi Zhang, "Humanism Yet Once More: A View from the Other Side", em *Humanism in Intercultural Perspective: Experiences and Expectations*, org. Jörn Rüsen e Henner Laass. Bielefeld, Alemanha: Transcript, 2009, pp. 225-31, isso está na p. 228.

72. Panh e Bataille, *The Elimination*, p. 268.

73. Benedetto Croce, "Progress as a State of Mind and Progress as Philosophic Concept", em *Philosophy — Poetry — History: An Anthology of Essays*, trad. Cecil Sprigge. Londres: Oxford University, 1966, pp. 589-94, isso está nas pp. 589-92.

74. His Majesty's Stationery Office, "The Basic Principle of the Curriculum", em *The Norwood Report: Curriculum and Examinations in Secondary Schools*. Londres: His Majesty's Stationery Office, 1943, p. 55, <http://www.educationengland.org.uk/documents/norwood/norwood1943.html>.

75. Harvard Committee, *General Education in a Free Society*. Cambridge, MA: Harvard University, 1945, pp. 168-9, <https://archive.org/details /generaleducation032440mbp/page/n5>.

76. H. J. Blackham, *The Human Tradition*. Londres: Routledge & Kegan Paul, 1953, p. 50.

77. *Constitution of the United Nations Educational, Scientific and Cultural Organization, signed at London, on 16 November 1945*: Preâmbulo, <https://treaties.un.org/doc/Publication/UNTS/Volume%204/volume-4-I-52-English.pdf>.

78. Ronald W. Clark, *The Huxleys*. Londres: Heinemann, 1968, pp. 310-2; Julian Huxley, *Unesco: Its Purpose and Its Philosophy* [*L'Unesco: Ses buts et sa philosophie*]. Londres: Preparatory Commission, 1946; [edição fac-símile] Londres: Euston Grove, 2010.

79. Julian Huxley, *Memories*. Harmondsworth, Reino Unido: Penguin, 1972, 1978, v. 2, pp. 30-1.

80. Ibid., p. 22.

81. Organização das Nações Unidas, *Universal Declaration of Human Rights*, art. 1º <https://www.un.org/en/universal-declaration-human-rights>. Sobre o processo, ver M. A. Glendon, *A World Made New: Eleanor Roosevelt and the Universal Declaration of Human Rights*. Nova York: Random House, 2001, principalmente pp. 68, 90, para essas discussões específicas. Ver também Lynn Hunt, *Inventing Human Rights: A History*. Nova York: W. W. Norton, 2007.

82. Sumner Twiss, "Confucian Ethics, Concept-Clusters, and Human Rights", em *Polishing the Chinese Mirror: Essays in Honor of Henry Rosemont, Jr.*, org. M. Chandler e R. Littlejohn. Nova York: Global Scholarly Publications, 2007, pp. 50-67, isso está na p. 60.

83. Geraldine Van Bueren, "I Am Because You Are", *Times Literary Supplement*, Human Rights Special Feature, 21-8 dez. 2018, pp. 5-6.

84. Mann, *Listen, Germany!*, p. 71 (jan. 1942).

85. Damiano Fedele, "Cesare Fasola, il partigiano che salvò la *Primavera* di Botticelli", *Il Fiesolano*, 25 abr. 2020, <https://www.ilfiesolano.it/persone/cesare-fasola-il-partigiano-che-salvo-la-primavera-di-botticelli/>. Ver também Eric Linklater, *The Art of Adventure*. Londres: Macmillan, 1947, pp. 260-3.

86. Hartt, *Florentine Art under Fire*, pp. 18-9. As obras de Montegufoni estão descritas e listadas em Osbert Sitwell, *Laughter in the Next Room*. Londres: Macmillan, 1949, pp. 350-64.

87. Linklater, op. cit., pp. 266-7.

88. David Hapgood e David Richardson, *Monte Cassino*. Nova York: Congdon & Weed, 1984, p. 13.

89. Walter M. Miller Jr., *A Canticle for Leibowitz*. Filadélfia: Lippincott, 1959; Londres: Orbit, 2019, p. 26. Ver William H. Roberson e Robert L. Battenfeld, *Walter M. Miller, Jr: A Bio-Bibliography*. Westport, CT: Greenwood, 1992, pp. 1-2.

90. Ver: <http://www.friendsofchartres.org/aboutchartres/colonelwelborngriffith/> e <https://valor.militarytimes.com/hero/6100%7Ctitle=Militarytimes>. Ver também: <https://www.washingtonexaminer.com/the-american-hero-who-saved-chartres-cathedral>.

91. Jean-Paul Sartre, "The End of the War", em *The Aftermath of War* (*Situations 3*), trad. C. Turner. Londres: Seagull, 2008, pp. 65-75, isso está na p. 65.

92. Bertrand Russell, 'Man's Peril' (23 dez. 1954), em *Portraits from Memory, and Other Essays*. Londres: Allen & Unwin, 1956, pp. 215-20, isso está na p. 220.

93. O manifesto de Pugwash está disponível em: <https://pugwash.org/1955/07/09/statement-manifesto/>.

94. Russell, *Autobiography*. Londres: Routledge, 1998, p. 609.

95. Id., *Authority and the Individual* (*The Reith Lectures, 1948-49*). Londres: Allen & Unwin, 1949, p. 93.

96. Ver: <https://en.wikipedia.org/wiki/International_Union_for_Conservation_of_Nature>.

97. Russell, *Autobiography*, pp. 511-2, 537. Sobre o acidente, ver: <https://en.wikipedia.org/wiki/Bukken_Bruse_disaster>.

98. Id., "Hopes: Realized and Disappointed", em *Portraits from Memory, and Other Essays*. Londres: Allen & Unwin, 1956, pp. 45-9, isso está na p. 47.

99. Id., *Autobiography*, p. 728.

12. O LUGAR DE SER FELIZ [pp. 312-36]

1. Edwin H. Wilson, *The Genesis of a Humanist Manifesto*, org. Teresa Maciocha. Amherst, NY: Humanist [American Humanist Association], 1995, pp. 23 (Raymond B. Bragg, carta de 17 fev. 1970, "chamado humanista"), 63 (Buschman), 83 (Schiller).

2. O manifesto de 1933 está disponível em: <https://en.wikipedia.org/wiki/Humanist_Manifesto_I>.

3. Wilson, op. cit., pp. 108-9.

4. Um bom panorama das associações humanistas internacionais e suas origens, tanto no Reino Unido como em outras partes do mundo, está em Jim Herrick, *Humanism: An Introduction*. 2. ed. Londres: Rationalist Press Association, 2009, pp. 123-58. Para um histórico das organizações humanistas no Reino Unido, ver Callum Brown, David Nash e Charlie Lynch, *The Humanist Movement in Modern Britain: A History of Ethicists, Rationalists and Humanists*. Londres: Bloomsbury, 2022.

5. J. B. H. Wadia, *M. N. Roy the Man: An Incomplete Royana*. Londres: Sangam, 1983, p. 10.

6. M. N. Roy, *New Humanism: A Manifesto*. Delhi: Ajanta, 1981, p. 41.

7. Bertrand Russell, "The Triumph of Stupidity" (10 mai. 1933), em *Mortals and Others*. Londres e Nova York: Routledge, 2009, p. 203.

8. Roy, op. cit., p. 43.

9. Hans van Deukeren et al., "From History to Practice — A History of IHEU, 1952-2002", em *International Humanist and Ethical Union, 1952-2002*, org. Bert Gasenbeek e Babu Gogineni. Utrecht: De Tijdstroom, 2002, pp. 16-104, isso está na p. 21.

10. A Declaração do Humanismo Moderno, ratificada na Assembleia Geral Internacional dos Humanistas, em Glasgow, Reino Unido, em 2022, está no Apêndice deste livro e também on-line: <https://humanists.international/policy/declaration-of-modern-humanism/>. A Declaração de Amsterdam, de 1952, ratificada no Congresso Humanista Mundial de 1952, está disponível em: <https://humanists.international/policy/amsterdam-declaration-1952/>. Entre uma e outra existiram declarações de Amsterdam revisadas em 1975 e 2002.

11. American Humanist Association, "Humanist Manifesto III, a Successor to the Humanist Manifesto of 1933", 2003, <https://americanhumanist.org/what-is-humanism/manifesto3/>. A história da AHA: <https://americanhumanist.org/about/our-history>.

12. Debbie Goddard, apud "Celebrating the Diverse Spirituality and Religion of African--Americans", *Huffington Post*, 17 fev. 2004, <https://www.huffpost.com/entry/diverse-african-american-religion_n_4762315>.

13. Ver: <https://en.wikipedia.org/wiki/Debbie_Goddard>, citando Brandon Withrow, "What It's Like to Be Black and Atheist", *Daily Beast*, 19 nov. 2016, <https://www.thedailybeast.com/what-its-like-to-be-black-and-atheist>. Sobre as complexidades do ateísmo e/ou humanismo em comunidades negras, ver também: <https://en.wikipedia.org/wiki/Atheism_in_the_African_diaspora>.

14. AAH, "An African-American Humanist Declaration", em Anthony B. Pinn (org.), *By These Hands: A Documentary History of African American Humanism*. Nova York: New York University, 2001, pp. 319-26, isso está na p. 326.

15. Estados Unidos: <https://www.blackhumanists.org/about-the-bha>. Reino Unido: <https://en.wikipedia.org/wiki/Association_of_Black_Humanists>.

16. James Kirkup, "The Love That Dares to Speak Its Name", <https://www.pinknews.co.uk/2008/01/10/the-gay-poem-that-broke-blasphemy-laws/>.

17. Ver: <https://en.wikipedia.org/wiki/John_William_Gott>.

18. Ver: <https://www.channel4.com/news/archbishop-admits-church-failed-terribly-over-abuse-revelations>.

19. Tania Branigan, "I Am Being Used, Claims Blasphemy Trial Poet", *Guardian*, 11 jul. 2002, <https://www.theguardian.com/uk/2002/jul/11 /books.booksnews>.

20. "Blasphemy at the Old Bailey", *Everyman*, BBC, 1977.

21. Apud John Mortimer, *Murderers and Other Friends*. Londres: Penguin, 1995, p. 87.

22. Mortimer, *Murderers and Other Friends*, p. 88.

23. "Blasphemy at the Old Bailey".

24. Ver: <http://www.lgbthumanists.org.uk/history/>.

25. Meu agradecimento a Andrew Copson por ter me contado isso.

26. Ver: <https://en.wikipedia.org/wiki/Blasphemy_law_in_the_United _States>.

27. End Blasphemy Laws Now: <https://end-blasphemy-laws.org/>. Secular Rescue: David Robson, "The 'Underground Railroad' to Save Atheists", *Atlantic*, 18 jan. 2018, <https://www.theatlantic.com/international/archive/2018/01/the-underground-railroad-to-save-atheists/550229/>. O website do Secular Rescue: <www.secular-rescue.org>; ver também: <https://www.centerforinquiry.net/newsroom/center_for_inquiry_launches_secular_rescue_to_save_lives_of_threatened_acti/>.

28. Por exemplo, para as campanhas da Humanists UK, ver sua lista em: <https://humanists.uk/campaigns/>.

29. Ver: <https://humanists.uk/campaigns/secularism/constitutional-reform/bishops-in-the-lords/>.

30. Sobre o problema de reservar um assento: <https://www.secularism.org.uk/news/2020/01/calls-for-parliamentary-prayers-review-after-mp-compelled-to-attend>. Para o formato das orações: <https://www.parliament.uk/about/how/business/prayers/>.

31. G. W. Foote, *Reminiscences of Charles Bradlaugh*. Londres: Progressive, 1891, p. 35. Sobre Bradlaugh, ver também Charles Bradlaugh, *The True Story of My Parliamentary Struggle*. Londres: Freethought, 1882; Bryan Niblett, *Dare to Stand Alone: The Story of Charles Bradlaugh*. Oxford, Reino Unido: Kramedart, 2010; David Tribe, *President Charles Bradlaugh, MP*. Londres: Elek, 1971; John Robertson, *Charles Bradlaugh*. Londres: Watts, 1920.

32. Thomas Jefferson, *Notes on the State of Virginia* (1787). Baltimore: W. Pechin, 1800, p. 160.

33. Ver: <https://en.wikipedia.org/wiki/Pledge_of_Allegiance>.

34. Ver: <https://en.wikipedia.org/wiki/In_God_We_Trust>.

35. Vashti Cromwell McCollum, *One Woman's Fight*. Garden City, NY: Doubleday, 1951; ed. rev. Boston: Beacon, 1961; Madison, WI: Freedom From Religion Foundation, 1993, pp. 86 (repolhos), 85 ("ATISTA"), 101 ("Que suas almas podres"), 104 ("Bom, é evidente"). Ver também o documentário de Jay Rosenstein, em que McCollum e seus filhos são entrevistados: *God Is Not on Trial Here Today* (*McCollum v. Board of Education*), Jay Rosenstein Productions, 2010: <http://jayrosenstein.com/pages/lord.html>. Pode ser encontrado on-line em: <https://youtu.be/EeSHLnrgaqY>. Ver também: <https://en.wikipedia.org/wiki/Vashti_McCollum>, e seu obituário: <http://www.nytimes.com/2006/08/26/obituaries/26mccullum.html>.

36. Margaret Knight, *Morals without Religion, and Other Essays*. Londres: Dennis Dobson, 1955, pp. 22-3 ("Ela parece"), 16-7 (Russell, e falar abertamente). Sobre a oposição dentro da BBC, ver Callum G. Brown, *The Battle for Christian Britain*. Cambridge, Reino Unido: Cambridge University, 2019, pp. 139-40.

37. Bishopsgate Institute Library, Londres: BHA papers. BHA 1/17/148, sobre a campanha nos ônibus, inclusive um relatório da BHA, "Atheist Bus Campaign: Why Did It Work?", BHA 1/17/149,

correspondência e mensagens a respeito da campanha, 2008-9. Ver também: <https://humanism.org.uk/campaigns/successful-campaigns/atheist-bus-campaign/>.

38. Zora Neale Hurston, *Dust Tracks on a Road*, reimpresso em *Folklore, Memoirs, and Other Writings*. Nova York: Library of America, 1995, p. 764.

39. Julian Huxley, *Religion without Revelation*. Londres: Ernest Benn, 1927, p. 358.

40. Anton Tchékhov a Alieksiêi Suvorin, 15 maio 1889, em *Anton Chekhov's Life and Thought: Selected Letters and Commentary*, trad. Michael Henry Heim, org. Simon Karlinsky. Evanston, IL: Northwestern University, 1997, p. 145. A canção é de Mikhail Glinka, com letra de Púchkin. É possível ouvi-la na voz de Galina Vishnevskaya aqui: <https://www.youtube.com/watch?v=ymfoXrdWVQM&ab_channel=GalinaVishnevskaya-Topic>.

41. H. J. Blackham, *Humanism*. Harmondsworth, Reino Unido: Pelican, 1968, p. 159.

42. Geoffrey Scott, *The Architecture of Humanism*. Londres: Constable, 1914, pp. 211-5 (experiência corporal), 235 ("condições físicas").

43. Annie Matan e Peter Newman, *People Cities: The Life and Legacy of Jan Gehl*. Washington, DC: Island, 2016, pp. 14-5 (inclusive reprodução de um retrato dele em um jornal de Ascoli Piceno, com a legenda "Sembra ma non è un 'beatnik'"), 18 ("ato de vandalismo": o projeto é de 1969). Ver também Jan Gehl, *Cities for People*. Washington, DC: Island, 2010, que conta com fotos de pessoas apequenadas ou espremidas por carros e rodovias.

44. Jane Jacobs, *The Death and Life of Great American Cities*. Nova York: Random House, 1961, 1989, pp. 50, 55, 83.

45. Fala de Leonid Serguêievitch Madiárov em Vassili Grossman, *Vida e destino*, trad. Irineu Franco Perpétuo. Rio de Janeiro: Alfaguara, 2014, cap. 66.

46. Do testamento de Ikónnikov-Morj, em Grossman, op. cit., cap. 16.

47. Sobre a história do resgate: Robert Chandler, introdução a Vassili Grossman, *Life and Fate*, trad. Robert Chandler. Londres: Vintage, 2006, pp. xvii-xix; Robert Chandler, introdução a "Late Stories", em Vassili Grossman, *The Road*, trad. Robert e Elizabeth Chandler com Olga Mukovnikova. Londres: Maclehose; Quercus, 2011, p. 197. Ver também: <https://en.wikipedia.org/wiki/Life_and_Fate>.

48. A comparação com os contos de Tchékhov é feita por Robert Chandler na introdução a sua tradução de Grossman, *Life and Fate*, pp. xii-xiii.

49. Grossman, *Vida e destino*, cap. 50 ("as estrelas"), cap. 51 (máquina, fascismo).

50. Jaron Lanier, *You Are Not a Gadget: A Manifesto*. Londres: Allen Lane; Penguin, 2010, p. 32.

51. George Eliot, "Shadows of the Coming Race", *Impressions of Theophrastus Such*. Edimburgo e Londres: W. Blackwood, 1879, pp. 299-309, isso está na p. 307.

52. Ver: <https://www.theguardian.com/environment/2016/aug/31/domestic-chicken-anthropocene-humanity-influenced-epoch>. Ver também Jeremy Davies, *The Birth of the Anthropocene*. Oakland: University of California, 2016. Sobre a ideia de que o conceito nos dá uma relevância exagerada, ver Peter Brannen, "The Anthropocene Is a Joke", *Atlantic*, 13 ago. 2019, <https://www.theatlantic.com/science/archive/2019/08/arrogance-anthropocene/595795/>.

53. Ver: <http://www.vhemt.org/>. Ver também: <https://www.theguardian.com/lifeandstyle/2020/jan/10/i-campaign-for-the-extinction-of-the-human-race-les-knight>. Pós-humanismo: o termo foi definido pela primeira vez em 1977 pelo teórico da literatura Ihab Hassan, que disse: "Precisamos entender que talvez os quinhentos anos de humanismo estejam chegando ao fim, à

medida que o humanismo se transformar em algo que não temos alternativa a não ser chamar de pós-humanismo". Ihab Hassan, "Prometheus as Performer: toward a Posthumanist Culture? A University Masque in Five Scenes", *Georgia Review*, v. 31, n. 4, pp. 830-50, inverno 1977, isso está na p. 843. Ver também David Roden, *Posthuman Life: Philosophy at the Edge of the Human*. Londres: Routledge, 2015.

54. Para comentários similares, ver James Lovelock e Bryan Appleyard, *Novacene*. Londres: Penguin, 2020, p. 56.

55. David C. Barker e David H. Bearce, "End-Times Theology, the Shadow of the Future, and Public Resistance to Addressing Global Climate Change", *Political Research Quarterly*, v. 66, n. 2, pp. 267-79, jun. 2013.

56. Ver: <https://climatecommunication.yale.edu/publications/global-warming-god-end-times/>.

57. Ray Kurzweil, *A singularidade está próxima: Quando os humanos transcendem a biologia*, trad. Ana Goldberger. São Paulo: Iluminuras, 2018, p. 595. Sobre o transumanismo, ver também: <https://humanityplus.org/philosophy/transhumanist-declaration/>, e Max More e Natasha Vita--More (orgs.), *The Transhumanist Reader*. Oxford, Reino Unido: Wiley, 2013.

58. Arthur C. Clarke, *O fim da infância*, trad. Carlos Angelo. 3. ed. São Paulo: Aleph, 2018.

59. Ibid.

60. Ibid.

61. *"Transumanar significar per verba/ non si poria"*. Dante, *Paradiso*, trad. Robin Kirkpatrick. Londres: Penguin, 2007, pp. 6-7 (canto 1, linhas 70-1). Sobre essas linhas, ver Prue Shaw, *Reading Dante*. Nova York: Liveright; W. W. Norton, 2015, pp. 245-6.

62. James Baldwin, "Down at the Cross", em *Collected Essays*, org. Toni Morrison. Nova York: Library of America, 1998, p. 339 (trecho de *The Fire Next Time*, 1963; publicado pela primeira vez na *New Yorker*, 17 nov. 1962).

63. Tzvetan Todorov, *Duties and Delights: The Life of a GoBetween. Interviews with Catherine Portevin*, trad. Gila Walker. Londres: Seagull, 2008, p. 264.

64. O credo da felicidade de Robert Ingersoll, de *An Oration on the Gods* (29 jan. 1872). Cairo, IL: Daily Bulletin Steam Book & Job Print, 1873, p. 48. Também na versão gravada em 1899, disponível on-line em: <https://youtu.be/rLLapwIoEVI>.

Apêndice

HUMANISTS INTERNATIONAL
DECLARAÇÃO DO HUMANISMO MODERNO

Acordado em Assembleia Geral, Glasgow, Reino Unido, 2022

Crenças e valores humanistas são tão antigos quanto a civilização e têm história na maioria das sociedades do mundo. O humanismo moderno é a culminação dessas longas tradições de raciocínio sobre sentido e ética, fonte de inspiração para muitos dos grandes pensadores, artistas e humanitários do mundo, e se entrelaça à ascensão da ciência moderna.

Como movimento humanista global, buscamos conscientizar todos os povos desses pontos essenciais da visão de mundo humanista:

1. HUMANISTAS DEVEM SE ESFORÇAR PARA SER ÉTICOS

Aceitamos que a moralidade seja inerente à condição humana, baseada na capacidade dos seres vivos de sofrer e prosperar, motivada pelos benefícios de auxiliar e não prejudicar, possibilitada pela razão e pela compaixão, e sem que se faça necessária nenhuma outra fonte externa à humanidade.

Afirmamos a importância e dignidade do indivíduo e o direito de todos os seres humanos ao máximo possível de liberdade e ao desenvolvimento mais integral que seja compatível com os direitos alheios. Com esses fins apoiamos a paz, a democracia, o primado da lei e os direitos humanos universais.

Rejeitamos todas as formas de racismo e preconceito e as injustiças suscitadas por eles. Buscamos promover o florescimento e a fraternidade da humanidade em toda a sua diversidade e individualidade.

Acreditamos que a liberdade pessoal deva ser conjugada com a responsabilidade para com a sociedade. A pessoa livre tem deveres para com os outros, e acreditamos que tenha o dever de cuidar de toda a humanidade, inclusive das gerações futuras e de todos os seres sencientes.

Reconhecemos que somos parte da natureza e aceitamos nossa responsabilidade pelo impacto que causamos sobre o restante do mundo natural.

2. HUMANISTAS DEVEM SE ESFORÇAR PARA SEREM RACIONAIS

Temos a convicção de que as soluções para os problemas do mundo estão na razão e nos atos humanos. Defendemos a aplicação da ciência e a pesquisa independente acerca desses problemas, lembrando que, embora a ciência nos proporcione os meios, cabe aos valores humanos a definição dos fins. Buscamos usar a ciência e a tecnologia a favor do bem-estar humano, e nunca com indiferença ou de modo destrutivo.

3. HUMANISTAS DEVEM SE ESFORÇAR PARA SE REALIZAREM NA VIDA

Valorizamos todas as fontes de alegria e realização individual que não sejam nocivas a outrem e acreditamos que o desenvolvimento pessoal por meio do cultivo da vida criativa e ética seja uma tarefa vitalícia.

Portanto, apreciamos a criatividade e a imaginação artísticas e reconhecemos o poder transformador da literatura, da música e das artes visuais e performáticas. Estimamos a beleza do mundo natural e seu potencial para gerar admiração, deslumbramento e serenidade. Reverenciamos o esforço coletivo e individual em atividades físicas e o estímulo que dão ao companheirismo e ao êxito. Prezamos a busca por conhecimento, e a humildade, sabedoria e discernimento que ela nos confere.

4. O HUMANISMO ATENDE À AMPLA DEMANDA POR UMA FONTE DE SENTIDO E PROPÓSITO, SE APRESENTANDO COMO ALTERNATIVA À RELIGIÃO DOGMÁTICA, AO NACIONALISMO AUTORITÁRIO, AO SECTARISMO TRIBAL E AO NIILISMO EGOÍSTA

Embora acreditemos que o compromisso com o bem-estar humano seja perene, nossas opiniões pessoais não se baseiam em revelações estabelecidas para todo o sempre. Os humanistas reconhecem que ninguém é infalível ou onisciente e que o conhecimento de mundo e da humanidade só pode ser adquirido por meio de um processo contínuo de observação, aprendizado e reflexão.

Por esses motivos, não procuramos nem evitar o escrutínio nem impor nossa visão a toda a humanidade. Pelo contrário: estamos comprometidos com a expressão e troca irrestritas de ideias e buscamos cooperar com pessoas de diferentes fés que compartilhem de nossos valores, tudo com o objetivo de construir um mundo melhor.

Temos a convicção de que a humanidade tem potencial para resolver os problemas que enfrenta por meio de pesquisas independentes, da ciência, da empatia e da imaginação, na promoção da paz e da prosperidade humana.

Conclamamos todos que partilham dessas certezas a se unirem a nós nessa empreitada inspiradora.

Créditos das imagens

p. 10: E. M. Forster, 1924. (Pictorial Press Ltd/ Alamy Stock Photo)

p. 15: Retrato de Demócrito, de uma gravura. (Wellcome Collection, Attribution 4.0 International [cc by 4.0])

p. 16: Zora Neale Hurston. (Science History Images/ Alamy Stock Photo)

p. 29: Petrarca, em gravura do século xix de Raffaele Morghen. (Bridgeman Images)

p. 36: Giovanni Boccaccio, de Andrea del Castagno, afresco transferido para a madeira, c. 1450. (Ian Dagnall Computing/ Alamy Stock Photo)

p. 37: Giovanni Boccaccio, *Decamerone over cento novelle*, Veneza, 1504. Detalhe do dia 9, história 2. (© Giancarlo Costa/ Bridgeman Images)

p. 44: A peste de Florença, 1348, ilustrando um episódio do *Decamerão* de Boccaccio. Água-forte de L. Sabatelli, o Velho. (Wellcome Collection, Attribution 4.0 International [cc by 4.0])

p. 51: Óculos usados por são Paulo. Letra ornamental do manuscrito da *Bible historiale*, do século xiv, Epístola aos Romanos. (Wellcome Collection, Attribution 4.0 International [cc by 4.0])

p. 59: Painel da catedral de Basileia, c. 1100, retratando seis apóstolos com livros e pergaminhos. (Sarah Bakewell)

p. 63: Poggio Bracciolini. Gravura de Theodor de Bry, da *Bibliotheca chalcographica* de Jean-Jacques Boissard, Frankfurt, 1650. (© Florilegius/ Bridgeman Images)

p. 64: A mão humanista de Poggio Bracciolini. (Art Collection 2/ Alamy Stock Photo)

p. 67: Turistas visitando a escavação do lago Nemi, 1932. (agefotostock/ Alamy Stock Photo)

p. 71: "Justice Enters the City of Ladies", de *The Book of the Queen*, obra reunida de Cristina de Pisano, c. 1410-4. British Library: Harley 4431. (Album/ British Library/ Alamy Stock Photo)

p. 72: Cassandra Fedele. Pintura de um artista da escola da Lombardia c. 1600-49, da Pinacoteca Ambrosiana, Milão. (© Veneranda Biblioteca Ambrosiana/ Mondadori Portfolio/ Bridgeman Images)

p. 79: Primeiras linhas de Pietro Bembo, *De Aetna*, Veneza: Aldus Manutius, 1496. (The Picture Art Collection/ Alamy Stock Photo)

p. 81: Desidério Erasmo, *Erasmi Roterodami adagiorum chiliades tres*, Veneza: Aldus Manutius, 1508. (Bridgeman Images)

p. 83: Lorenzo Valla. Gravura de Johann Theodor de Bry, da *Bibliotheca chalcographica* de Jean--Jacques Boissard, Frankfurt, 1650. (© Florilegius/ Bridgeman Images)

p. 95: Platina e papa Sisto IV com a coleção da Biblioteca Vaticana, de Melozzo da Forlì. (Alinari/ Bridgeman Images)

p. 103 [acima, à esq.]: Vitrúvio, *De architectura*, 1521, ilustração de Cesare Cesariano. (The Stapleton Collection/ Bridgeman Images)

p. 103 [acima, à dir.]: Geoffroy Tory, *Champ fleury*, 1529, detalhe de letra da família tipográfica Tory, desenhada para Jean Grolier. (© British Library Board. All Rights Reserved/ Bridgeman Images)

p. 103 [meio, à dir.]: Francesco di Giorgio Martini, *Trattato di architettura civile e militare*, c. 1470, da Biblioteca Nazionale, Florença, mostrando a arquitetura de uma igreja correspondente à figura humana. (The Picture Art Collection/ Alamy Stock Photo)

p. 103 [abaixo, à dir.]: O símbolo humanista do "Humano Feliz", em uma versão ligeiramente arredondada. (Humanists UK)

p. 103 [abaixo, à esq.]: Leonardo da Vinci, *Homem Vitruviano*, c. 1490, da Gallerie dell'Accademia, Veneza. (The Stapleton Collection/ Bridgeman Images)

p. 105: Girolamo Savonarola. Gravura de H. Hondius. (Wellcome Collection)

p. 107: Savonarola pregando no púlpito da Catedral de Florença, de seu tratado *Compendio di revelatione*, Florença: Pietro Pacini da Pescia, 1496, fol. i r. (Universal History Archive/ UIG/ Bridgeman Images)

p. 115: Girolamo Fracastoro. Gravura de N. de Larmessin, 1682. (Wellcome Collection)

p. 120 [acima]: Teatro anatômico de Pádua, diorama. (Wellcome Collection, Attribution 4.0 International [CC BY 4.0])

p. 120 [abaixo]: O lema "Onde a morte se alegra em socorrer a vida", do teatro anatômico de Pádua. (Sarah Bakewell)

p. 121: Um homem sentado em uma cadeira à frente de uma paisagem, segurando um livro aberto, dirigindo uma dissecção que acontece em primeiro plano, c. 1493. (Wellcome Collection)

p. 122: O exemplar da anatomia de Galeno que pertenceu a Vesalius, página sobre respiração, com assinatura "And. Vesalius" na folha de rosto. *Libri V jam primum in latinam linguam conversi/ Jano Cornario medico interprete. De causis respirationis, liber I. De utilitate respirationis, liber I. De difficultate respirationis, libri III*, Basileia, 1536. (Wellcome Collection, Attribution 4.0 International [CC BY 4.0])

p. 123: Andreas Vesalius. Xilogravura, 1543, a partir de J. S. van Calcar. (Wellcome Collection)

p. 125: Andreas Vesalius, *De humani corporis fabrica libri septem*, p. 164, Basileia, 1543. (Wellcome Collection)

p. 129: Rodolphus Agricola. Retrato de Lucas Cranach, o Velho, Alte Pinakothek, Munique. (Bridgeman Images)

p. 131: Desidério Erasmo. Retrato desenhado, c. 1795, a partir de H. Holbein. (Wellcome Collection)

p. 139: Dois guerreiros com armadura no século XV. Litografia de Paul Lacroix, *Les Arts au Moyen Âge et à l'époque de la Renaissance*. Paris: Firmin Didot, 1873. (Bridgeman Images)

p. 143: Michel de Montaigne. Retrato de artista desconhecido, século XVII. (Bridgeman Images)

p. 144: Michel de Montaigne, *Essais*. Paris: Abel L'Angelier, 1588, exemplar com emendas do autor ("Exemplar de Bordeaux"), da Bibliothèque Municipale de Bordeaux, via Gustave Lanson,

Histoire illustrée de la littérature française. Paris: Hachette, 1923, v. 1. (Lebrecht Authors/ Bridgeman Images)

p. 152: Terremoto em Lisboa, 1755. (Granger — Historical Picture Archive)

p. 153: Voltaire escrevendo, a partir de um esboço de D. N. Chodowiecki. Vinheta da edição alemã do *Cândido* de Voltaire, 1778. (The Picture Art Collection/ Alamy Stock Photo)

p. 162: Cometa de 1680-1. Impressão feita por Jan Luyken, Amsterdam, 1698. (Artokoloro/ Alamy Stock Photo)

p. 166: Lamoignon de Malesherbes. Retrato em gravura. (Ivy Close Images/ Alamy Stock Photo)

p. 171: David Hume. Gravura baseada em retrato de Allan Ramsay na Galeria Nacional da Escócia. Fotografia: Oxford Science Archive/ Heritage Images. (The Print Collector/ Alamy Stock Photo)

p. 184: Amelia Bloomer usando suas calças, *The Illustrated London News*, 27 set. 1851. (Look and Learn/ Illustrated Papers Collection/ Bridgeman Images)

p. 188: Jeremy Bentham. Água-forte de G. W. Appleton a partir de R. M. Sully. (Wellcome Collection)

p. 194: Frederick Douglass. Retrato em daguerreótipo, *c.* 1855. (Granger — Historical Picture Archive)

p. 198: Edward Carpenter e George Merrill. (Prismatic Pictures/ Bridgeman Images)

p. 204: Wilhelm von Humboldt. Retrato em gravura. (© sz Photo/ Scherl/ Bridgeman Images)

p. 212: Harriet Taylor Mill, retrato de artista desconhecido, *c.* 1834, na National Portrait Gallery, Londres. (Granger — Historical Picture Archive/ Alamy Stock Photo)

p. 213: John Stuart Mill, *c.* 1865. (Granger — Historical Picture Archive)

p. 216: "Mill's Logic; or, Franchise for Females", caricatura retratando John Stuart Mill com Lydia Ernestine Becker e outros, de John Tenniel, *Punch*, 30 mar. 1867. (Photo 12/ Alamy Stock Photo)

p. 220: Matthew Arnold. Ilustração com a legenda "Doçura e Luz", mostrando-o como um trapezista que transita entre a poesia e a filosofia. Desenho de Frederick Waddy, 1873, para *Cartoon Portraits and Biographical Sketches of Men of the Day*. (© Look and Learn/ Bridgeman Images)

p. 230: Thomas Henry Huxley. Caricatura que o retrata dando uma palestra no Conselho Escolar, com um pôster onde se lê: "*Genus Homo*: Bebê Culto". Litografia, 1871. (Wellcome Collection)

p. 235: Leslie Stephen. Retrato de Edward Whymper, *Scrambles amongst the Alps*. Londres, 1871, p. 324. (Magite Historic/ Alamy Stock Photo)

p. 241: Mary Augusta Ward. Fotografia de Herbert Rose Barraud. (Bridgeman Images)

p. 246: Ernest Renan. Ilustração para *The Graphic*, 8 out. 1892. (Look and Learn/ Illustrated Papers Collection/ Bridgeman Images)

p. 248: O Festival da Razão em Notre-Dame, Paris, 10 nov. 1793, com Sophie Momoro como a Deusa da Razão. De Charles d'Héricault, *La révolution 1789-1882*. Paris: D. Dumoulin, 1883. (© Look and Learn/ Bridgeman Images)

p. 254: L. L. Zamenhof. Fotografia de H. Caudervelle *c.* 1910. (Pictorial Press Ltd/ Alamy Stock Photo)

p. 255: Os construtores da Torre de Babel começam a brigar quando suas línguas se tornam diferentes. Água-forte de M. van der Gucht a partir de G. Hoet, *c.* 1700. (Wellcome Collection)

p. 257: *Unua Libro*, 1887. (History and Art Collection/ Alamy Stock Photo)

p. 259: Placa em esperanto, uma homenagem a Petrarca na Fontaine de Vaucluse. (Sarah Bakewell)

p. 262: Robert G. Ingersoll c. 1890. (Granger — Historical Picture Archive)

p. 264: Bertrand Russell quando menino. (Abbus Archive Images/ Alamy Stock Photo)

p. 267: Bertrand Russell c. 1907. (History and Art Collection/ Alamy Stock Photo)

p. 280: Benedetto Croce c. 1910. (Luisa Ricciarini/ Bridgeman Images)

p. 287: Erika Mann e Thomas Mann. (Prestor Pictures LLC/ Alamy Stock Photo)

p. 291: Warburg Library em Hamburgo, com alguns dos painéis de Mnemosine expostos, 1927. (© Fine Art Images/ Heritage Images/ Heritage Image Partnership Ltd/ Alamy Stock Photo)

p. 305: A Declaração Universal dos Direitos Humanos, versão em língua espanhola, nas mãos de Eleanor Roosevelt, 1948. (Photo 12/ Ann Ronan Picture Library/ Alamy Stock Photo)

p. 310: Bertrand Russell em uma manifestação pela Proibição da Bomba, Trafalgar Square, Londres, 1962. Crédito da fotografia: Mirrorpix. (Trinity Mirror/ Mirrorpix/ Alamy Stock Photo)

p. 322: Charles Bradlaugh detido pela polícia em 1881 por ter se recusado a fazer o juramento como membro do Parlamento e subsequentemente comemorando a aprovação de sua Lei dos Juramentos em 1888. Litografia colorida de Tom Merry, 1888. (Wellcome Collection)

p. 323: Vashti McCollum. (Archive PL/ Alamy Stock Photo)

p. 324: Ônibus de Londres com o anúncio "É provável que Deus não exista" atrás de Ariane Sherine, que propôs e organizou a campanha. (Leon Neal/ AFP via Getty Images)

p. 329: Vassili Grossman, 1960. Fotografia do Institute of Russian Literature, Pushkin House, Londres. (Bridgeman Images)

p. 336: Símbolo da Humanists UK. (cortesia da Humanists UK)

Índice remissivo

Números de página em *itálico* indicam imagens.

95 teses (Lutero), 137

Abássida, califado, 57
Abdera, 14-5
abnegação e sacrifício pessoal, 277
Academias/membros de Academias, 92-4, 97-8, 110, 127
"Achtung, Europa!" [Atenção, Europa!] (T. Mann), 287
Adágios (Erasmo), 80, *81*, 136-7, 139
Adam, Robert, 173-4
Adão (bíblico), 99
Address to Men of Science, An [Um discurso aos homens da ciência] (R. Carlile), 170
Adoração dos Magos (Ghirlandaio), 306
Adorno, Theodor, 298
Afonso, rei de Nápoles, 86
Afonso I, duque de Este, 118, 129
afrescos, 82, 87
África (Petrarca), 30, 53, 61
África do Sul, 18, 193, 304
African Americans for Humanism (AAH) [Afro--americanos em Defesa do Humanismo], 317
agnosticismo, 214, 233-4, 260, 270, 324

Agostinho, santo, bispo de Hipona, 23-4, 34, 47-8, 88, 119, 152, 181
Agricola, Rodolphus (Rudolf), 128-30, *129*, 132
Aikenhead, Thomas, 173
Alberti, Leon Battista, 65-6, 100-1, 129
Alcuíno de York, 57
Aldrovandi, Ulisse, 119
alegoria do bom governo, A (Lorenzetti), 140
alemão, língua, 210-1
Alexandre VI, papa, 77
Al-Kindi, 57
Al-Rāzī *ver* Rasis
Altmann, Lotte, 283
Amberley, John Russell, visconde de, 265
Amberley, Katharine Louisa Stanley Russell, viscondessa de, 264-5
Ambrogini, Angelo *ver* Poliziano (Angelo Ambrogini)
Ambrósio, santo, bispo de Milão, 56
American Humanist Association, 316-7, 323
Amersfoort, campo de concentração de, 275
Amikejo (Lugar da Amizade), 259
Analectos (Confúcio), 18
anatomia, 116, 119-26, *120*, *121*
Anderson, Elizabeth Garrett, 265

anglicanos (Igreja Anglicana), 239-40, 319-20
anglicanos evangélicos, 181
Anna Kariênina (Tolstói), 149
Anotações ao Novo Testamento (Valla), 85, 137
Antibárbaros (Erasmo), 132
Antioquia, 89
Antiquari, Jacopo, 80
antissemitismo, 43, 329
apartheid, 193, 304
Arábia Saudita, 304
Architecture of Humanism, The (Scott), 327
Arendt, Hannah, 279, 289
Aristóteles, 11, 88, 124, 180-1, 184, 192
armas nucleares, 295, 308-9
Arnold, Matthew, 217-26, 220, 229, 231-2, 238, 241-2, 245, 262, 331
Arnold, Thomas, 218
Árquias, 33, 71, 222
Arquimedes, 21
arquitetura, 8, 58, 62, 65, 74, 100, 307, 327-8
Ascham, Roger, 72
ascídias, 228, 334
Ashton, Rosemary, 156
Associação Britânica para o Avanço da Ciência, 228
Associação Esperantista Alemã, 275
Associação Esperantista de Trabalhadores Alemães, 275
Association for the Education of Women [Associação para a Educação das Mulheres], 242
Association of Black Humanists, 317
ateísmo: apocaliptismo religioso e, 333; campanhas publicitárias e, 323-4, 324; figuras principais do Iluminismo e, 158-60; humanistas negros norte-americanos e, 317; Huxley e, 234; juramentos e, 162; leis de blasfêmia e, 319-20; moralidade e, 171, 173-4; organizações humanistas e, 317, 319-20; programa de "Resgate Secular" e, 320; regimes totalitários e, 299; tentativas de conscientização e, 323-5
Atenas, antiga, e cultura ateniense, 15-6, 45, 97, 185
Ático, 33

Aufklärung, 155
Auld, Amanda, 193
Auld, Thomas, 193-4, 197
Áustria, 282
Autobiografia: o mundo de ontem (Zweig), 282
Avicena (Ibn Sīna), 116
Avignon, 27-30, 34, 43, 46, 62, 216-7
Azzo da Correggio, 50

Babbitt, Irving, 223-4, 314
Babel, história de, 254-5
Bailey, Harriet, 192
Baldwin, James, 193, 335
banto ngúni, língua, 18
Barbaro, Francesco, 68
Barnes, Albert C., 274
Barnes Foundation, 274
Baron, Hans, 289
Bartolomeo da Montepulciano, 63
Basileia, 58, 59, 136, 138, 141
"Battle of the Books" [A batalha dos livros] (Swift), 219
Bayle, Jacob, 163
Bayle, Pierre, 158, 163
BBC, 220, 294, 305, 309, 318-9, 323
Beacon Hill, escola (Inglaterra), 272-3
Beattie, James, 179
Beauvoir, Simone de, 191, 201
Becker, Maximilian, 306
Bélgica, 258
Bembo, Pietro, 78-9, 114
Benedito de Núrsia, santo, 55
Bentham, Jeremy, 179, 182, 188-9, 188, 192, 214-5
Berengario da Carpi, Giacomo, 121
Bernard de Cluny, 161, 244
Bernardino da Feltre, Fra, 107
Bernardino da Siena, Fra, 107
Berry, Chuck, 318
Besterman, Theodore, 156
Białystok, 253-4, 259
Bíblia, 76, 222, 265, 319-21
Bíblia de Jefferson, 245, 321-2

Biblioteca Bodleiana, Oxford, 117

Biblioteca Central da Universidade de Mosul, 292

Biblioteca da Liberdade Alemã (Paris), 292

Biblioteca do Congresso (Washington, DC), 288

Biblioteca Medicea Laurenziana (Florença), 61

Biblioteca Nazionale Centrale (Florença), 61

Biblioteca Vaticana, 95, 95, 109, 293

Bildung, 202, 206-7, 215, 279, 285

biografia, 110-1, 146

Biondo, Flavio *ver* Flavio Biondo

Bithell, Richard, 234

Black Humanist Alliance, 317

Blackham, Harold J., 303, 326

blasfêmia, 11, 173, 317-20; *ver também* heresia e hereges

Bloomer, Amelia, 184

Boas maneiras para garotos (Erasmo), 134

Boccaccino di Chellino, 35, 45

Boccaccio, Giovanni, 36; amizade com Petrarca, 28; avanço da tipografia e, 76; Castiglione e, 74-5; coleção de livros e, 35-42, 54-6, 60-1; Cristina de Pisano e, 70; peste negra e, 42-7, 50, 52; questões de igualdade de gênero e, 70, 190; Vasari e, 111

Bohn's Standard Library, 221

Bonn, Universidade de, 293

Bordone, Benedetto, 78

Borgia, Lucrécia, 118

Boswell, James, 173, 176-8

botânica, 30, 119, 165, 167, 229, 301

Botticelli, Sandro, 305

Boy [Garoto] (Hanley), 199

Bradlaugh, Charles, 321, 322

Brasavola, Antonio Musa, 119

Bristol Press, The (jornal), 313

British Broadcasting Corporation *ver* BBC

British Humanist Association (BHA), 16-7, 324

British Muslim Action Front [Frente de Ação Muçulmana Britânica], 319

Brunelleschi, Filippo, 21, 65, 106

Bruni, Leonardo, 96-7

Budas de Bamiyan, 55

Buddenbrook, Os (T. Mann), 286

budismo, 76

Bukken Bruse [barco voador], 309

Bülow, Gabriele von, 210

Burckhardt, Jacob, 100, 202

Buschman, Harold, 312

"caçadores de obras-primas", 305

Calas, Jean, 158

Calcar, Jan van, 123

"cálculo felicífico" (cálculo da felicidade), 188-9, 215

caligrafia, 63, 64; *ver também* tipografia

caligrafia minúscula carolíngia, 57, 77

Calígula, 66

Calisto III, papa, 86

calvinismo, 164

Calvino, João, 143

Câmara dos Comuns (Reino Unido), 320-1

Câmara dos Lordes (Reino Unido), 320-1

Camboja, 296, 301-2

Cambridge, Universidade de, 133, 239

Camila (em *Eneida*), 34

campanhas publicitárias, 323-4, *324*

Can You Forgive Her? [Você é capaz de perdoá-la?] (Trollope), 265

Cândido, ou o Otimismo (Voltaire), 154-5, 165

Canterbury, catedral de, 59

cântico para Leibowitz, Um (Miller), 306

capital, O (Marx), 227

Carlile, Jane, 170

Carlile, Mary Ann, 170

Carlile, Richard, 170

Carlos V, imperador de Roma, 109

Carlos Magno, 57, 63

Carnie, Ethel, 222

Carpenter, Edward, 197-8

"Carta da cadeia de Birmingham" (King), 49

Carta sobre o humanismo (Heidegger), 299-300

Cartas inglesas (Voltaire), 163

Carvaka, escola de pensamento, 14, 16, 313

casa soturna, A (Dickens), 230

Cassirer, Ernst, 289-90

Castelo Sant'Angelo (Roma), 94, 110, 306

Castiglione, Baldassare, 74-8, 110, 134

Catedral de Notre-Dame (Paris), 247, *248*

Catedral de Orléans (França), 58

catolicismo: cisão entre católicos e protestantes e, 143; Comte e, 248-51; deísmo de Voltaire e, 158-9; Erasmo, 143-4; escritos de Espinosa e, 159-60; fascismo italiano e, 281; Iluminismo francês e, 163-4; Miller e, 306; moralidade humanista e, 162; Revolução Francesa e, 247; saque de Roma (1527) e, 110; visão de mundo de Stephen e, 236

Celtis, Conrad, 127-8, 134

censura, 163, 165-6, 170

Center for Inquiry, 320

Cereta, Laura, 70

Cesariano, Cesare, 104

Céstio (Gaius Cestius Gallus), 65

"chamado à razão, Um" (T. Mann), 286

Chang, P. C., 304

Chartres, catedral de, 25, 58-9, 247, 293, 306-8, 335

Chase, Thomas, 151

Châtelet, Émilie du, 180

Chaucer, Geoffrey, 116, 153

Chauliac, Guy de, 43

Chaumette, Pierre-Gaspard, 167

Cícero: coleções italianas de livros e, 28-9, 32-5; educação de Ingersoll e, 260; eruditos e escritores do Renascimento e, 59, 62, 71-2, 74; escritos de Pico della Mirandola e, 99; Montaigne e, 146; oratória de Douglass e, 194-5; pontos principais do humanismo moderno e, 21; *Retórica a Herênio* e, 89; sobre benefícios do estudo de humanidades, 33, 71; sobre direito à cidadania, 33, 222

ciceronianos e cicerolatria, 89-92, 142

Cidade de Deus (Agostinho), 181

Cíncio (Cincius), 67

"Cinco minutos ruins nos Alpes" (Stephen), 235, 237

Cipião Africano, 30

Ciríaco de Ancona, 65

City College of New York, 273-4

civilidade, 139-40

Clapham Junction (estação de trem), 190

Clarke, Arthur C., 333-5

Clemente v, papa, 27

Clemente vi, papa, 43

Clemente vii, papa, 110

Cleópatra, 135

Cluny, abadia de, 62

Cobbett, William, 169

Codro (Antonio Urceo), 75-6

Cola di Rienzo, 93

Colet, John, 133

Coliseu (Roma), 64

Colombo, Realdo, 123-4

Colônia, Universidade de, 127

colonialismo, 180, 301, 320

Colonna, Francesco, 78

Colonna, Giovanni, 46, 64

Colonna, Prospero, 68

Colonna, Vittoria, 72, 75, 110

Columbian Orator, The (Bingham), 195

cometas, *162*, 163

Comissão da Verdade e Reconciliação (África do Sul), 18

Como, lago, 111

compaixão, 160, 217; *ver também* empatia; solidariedade

Comte, Auguste, 248-51, 314

comunismo, 24, 106, 304, 313, 329

Concílio de Constança, 62

condenados da terra, Os (Fanon), 301

Condorcet, Nicolas de, 157, 160, 167-8, 179, 182

Confissões (Agostinho), 34

Confúcio *ver* K'ung-fu-tzŭ (Confúcio)

congregacionalista, 260

Congreve, Richard, 249-50

Constantino, o Grande, Imperador de Roma, 82, 84, 87; *ver também* Doação de Constantino

Constantinopla, 40-1, 61, 80

"Conto do Fazendeiro" (Chaucer), 153

Contos da Cantuária (Chaucer), 116

Corão, 222
cordas, 94, 108
"coro invisível, O" (G. Eliot), 250
Corradi, Sofia, 141
cortesãos, 74-5
Corti, Matteo, 122
Cosimo I de Medici, grão-duque da Toscana, 61, 111
cosmologia, 40
Cosmos (A. von Humboldt), 203
Cotton Factory Times (jornal), 222
Courtauld, Samuel, 291
Courtauld Institute, 291
Credo de Atanásio, 236
Creed of a Modern Agnostic, The [O credo do agnóstico moderno] (Bithell), 234
Crisoloras, Manuel, 61
cristianismo: amizade de Boccaccio com Petrarca e, 39; anti-humanismo e, 22-3; apocaliptismo e, 333; ciceronianos e, 89-92; conceito da Trindade, 85; conflitos sobre papado e, 27; conquista de Constantinopla e, 80; Darwin e, 233-4; *Decamerão* e, 37; destruição de obras pré-cristãs, 52, 55-6; Douglass e, 193; elementos humanistas em, 181-2; Erasmo e, 131, 137; história da Criação, 21, 56, 91, 99, 181, 226, 240; Hume e, 172; inimigos do humanismo e, 326; Inquisições e, 85-8; J. S. Mill e, 265; leis de blasfêmia e, 317-8; M. Arnold e, 218; membros de Academias e, 92-5; Montaigne e, 144; ortodoxia, 159; pesquisas anatômicas e, 119; peste negra e, 44-5; pontos principais do humanismo moderno e, 18-9; promoção do humanismo e, 323; religião humanista e, 248, 250; religião secular sobre o, 245-52; Robert Elsmere e, 242-4; *Teologia Platônica* e, 98; Voltaire e, 159; *ver também* catolicismo; Igreja Anglicana; protestantismo
Cristina de Pisano, 69-71, 191
Cristofano dell'Altissimo, 111
Croce, Benedetto, 280-1, *280*, 302
Crônica de Nuremberg (Schedel), 128
culto à personalidade, 24

cultura do Renascimento na Itália, A (Burckhardt), 202
Cultura e anarquia (M. Arnold), 217-20, 238-9
Cúria (corte papal), 86, 93, 95
Curtius, Ernst Robert, 79

d'Alembert, Jean le Rond, 156
d'Avalos, Costanza, 72
Da dignidade e da excelência humana (Manetti), 21, 215
"Da imortalidade da alma" (Hume), 178
"Da lógica à política" (B. Russell), 271
"Da religião" (W. von Humboldt), 204
Dachau, campo de concentração de, 275
Dacheröden, Caroline von, 208-11
danos ambientais, 332-3
Dante Alighieri, 28, 36, 60, 91, 111, 255, 334-5
Darrow, Clarence, 261
Darwin, Charles, 161, 222, 226-9, 233, 236, 240-2, 244, 260-1
"Das irregularidades sexuais" (Bentham), 189
Davos, 284-5
De Aetna (Bembo), 79, *79*, 114
De civilitate morum puerilium [Boas maneiras para garotos] (Erasmo), 134-5
De copia (Erasmo), 135
De humani corporis fabrica [A estrutura do corpo humano] (Vesalius), 122-4, *123*, 136
De Profundis (Wilde), 190
De vero bono [Sobre o bem verdadeiro], (Valla), 86
De voluptate [Sobre o prazer] (Valla), 85
De Waal, Edmund, 292
Decamerão (Boccaccio), 37, *37*, 43, 74, 110, 113
Declaração de Amsterdam, 315
Declaração dos Direitos da Mulher e da Cidadã, 167
Declaração Universal dos Direitos Humanos, 303-5, *305*
deísmo, 158-9, 168-70, 248, 321
Demócrito, 14-18, *15*, 55, 63, 126, 325
Dent, J. M., 221
Descrição da cidade de Roma (Alberti), 65

Desmond, Adrian, 240

desobediência civil, 270, 309

desprezo ao mundo, O (Erasmo), 132

destroços de navios, 65-8, 67

Deusa da Razão, 247, *248*

Deutsche Freiheitsbibliothek (Paris), 292

Deventer, 130, 132

dever, 236-7

Dia do Juízo Final, 333

Dialética do esclarecimento (Adorno e Horkheimer), 298

Diálogos sobre a religião natural (Hume), 173-4, 178

Diana (deusa), 78, 91

Dicionário Filosófico (Voltaire), 154, 164

Dickens, Charles, 230

Dictionary of National Biography [Dicionário da biografia nacional], 234

"Did Women Have a Renaissance?" [As mulheres tiveram um Renascimento?] (Kelly-Gadol), 69

Diderot, Denis, 156-8, 162, 164-7

Dikötter, Frank, 296

Diógenes Laércio, 16

Dioscórides, 116

direito ao sufrágio, *216*, 217, 267

direitos das mulheres, 167-8, 180-2, 199, 211, *216*, 217, 241-2, 264, 267, 304

direitos LGBT+, 182

Disability and Other Human Questions [Deficiência e outras questões humanas] (Goodley), 187-8

discurso aos homens da ciência, Um (R. Carlile), 170

Discurso sobre a dignidade do homem (Pico della Mirandola), 98-9

dissecação, 119-25

divina comédia, A (Dante), 91

Do estilo abundante (Erasmo), 135

"Do suicídio" (Hume), 178

Doação de Constantino, 82-6, 117

doenças e epidemias, 42-53, 113-4, 152

dominicanos, 104

Donatello, 65

Douglass, Frederick, 192-5, *194*, 197

Doutor Fausto (T. Mann), 293

Droit, Roger-Pol, 283

Dulce bellum inexpertis (Vegécio), 139

Dürer, Albrecht, 289

Dust Tracks on a Road [Trilhas de poeira na estrada] (Hurston), 16

Dutch Humanist League [Liga Humanista Holandesa], 314

E pluribus unum, 322

Eatough, Geoffrey, 114

Écloga (Virgílio), 91

edição de livros, 76-81, 123, 244; *ver também* tipografia

Edimburgo, 173

Edison, Thomas, 260

educação: aprendizado vitalício, 206-7; avanço tecnológico e, 331; básica, 279; Carlos Magno e, 57; desnazificação e, 302; estudo baseado nos clássicos e, 272; fascismo italiano e, 278-80; feminina, 180-2, 184-6, 191-2, 241-2, 264-5; humanista, 142-8; ideais do humanismo e, 201-3, 323; ideais do Iluminismo e, 157, 170; ideologia nazista e, 279; J. S. e H. T. Mill e, 211-7; latim e, 256; legado de Erasmo e, 141-2; M. Arnold e, 217-22; Montaigne e, 142-8; pontos principais do humanismo moderno e, 19-22; profissionalizante, 206; sexualidade e, 197; teorias de B. Russell sobre, 272-3; W. von Humboldt e, 203-11, 298

educação alemã, 202

educação de mulheres, 180-2, 184-6, 191-2, 241-2, 264-5

"educação liberal e onde encontrá-la, A" (T. H. Huxley), 230

educação profissionalizante, 206

educação sexual, 197

Einhard (biógrafo de Carlos Magno), 57

Einstein, Albert, 308

Elegâncias da língua latina (Valla), 84, 137

Elimination, The (Panh), 301-2

Eliot, Charles W., 221, 223

Eliot, George, 149-50, 155-6, 227, 236, 246, 248, 250, 331

Elizabeth I, rainha da Inglaterra, 72

Elogio da loucura (Erasmo), 134, 139

Elsevier Weekblad (revista), 299

"Em Deus confiamos", 322

Em louvor da cidade de Florença (Bruni), 96

Em louvor dos escribas (Trithemius), 76

Emendas (Valla), 85

Emílio (Rousseau), 180

Eminent Victorians [Vitorianos eminentes] (Strachey), 270

empatia, 149-50, 160-1, 175, 182-3; *ver também* compaixão; solidariedade

Enciclopédia (Diderot e d'Alembert), 156, 165-7

Eneida (Virgílio), 34, 91, 146

Engels, Friedrich, 227

Ensaio sobre o homem (Pope), 153, 181

epicurismo, 15, 85-6, 88, 143, 236

Epicuro, 15-6, 55, 63, 85, 88, 91, 158

Epimeteu, 20

Era da Razão, A (Paine), 168-70

Era do Antropoceno, 252, 332

Erasmo, Desidério, *131*; ameaça de guerra e, 269; em Basileia, 138-42; biografia de Zweig sobre, 282-3, 298; *O ciceroniano*, 90-2; destruição de arte e, 109; escrita de correspondências e, 209, 263; formação e escritos de, 130-7; Hume e, 175; língua latina e, 256; manuscritos de Valla e, 87; Montaigne e, 143-6, 147; teoria da educação e, 201, 279; tipografia de Manutius e, 80; *ver também obras específicas*

Ercole I, duque de Este, 129

Esboço de um quadro histórico dos progressos do espírito humano (Condorcet), 167-8

Escape to Life [Linha de fuga] (E. Mann e K. Mann), 288

escolástica medieval, 133

escravos e escravidão, 97, 180-1, 192-6

Escrituras, 137, 144, 169

escultura, 68, 100

Esopo, 214

Espanha, 58

Esparta, 45, 97

espeleologia, 226

"Esperanças: realizadas e frustradas" (B. Russell), 310

esperanto e esperantismo, 257-9, *257, 259*, 275-6

Espinosa, Baruch de, 159-60, 164, 260

Essais (Montaigne), 142-8, 144

Essays and Reviews [Ensaios e resenhas] (coletânea de ensaios), 240

essência do cristianismo, A (Feuerbach), 248

Este, família, 73; *ver também membros da família pelo primeiro nome*

Estienne, Henri, 119

estoicismo, 85, 88

Estrabão, 79

estrutura do corpo humano, A (Vesalius) ver *De humani corporis fabrica* (Vesalius)

ética, 21-2, 160-2, 175, 257, 316

Ética (Espinosa), 164

ética do aperfeiçoamento, 155-62

Etna, vulcão, 79

Etruscos, 210

Euclides, 267

Eugênio IV, papa, 86

European Region Action Scheme for the Mobility of University Students [Plano de Ação da Comunidade Europeia para a Mobilidade de Estudantes Universitários] (Erasmus), 141-2

Evangelho, 39

Everyman's Library, 221

Evidence as to Man's Place in Nature [Indícios quanto ao lugar do homem na natureza] (T. H. Huxley), 229

excomunhão, 62, 108, 137, 160

execução, 161, 173

existencialismo, 300, 308

Eyquem, Pierre, 142

Fábulas (Esopo), 214

Facetiae (Poggio), 63

Facio (Fazio), Bartolomeo, 83
Faculdade de Advogados (Edimburgo), 173
Familiares (Petrarca), 34
fanatismo, 143-4
Fanon, Frantz, 301
fascismo, 24, 277-82, 284, 289, 292, 298, 314, 331
fascismo italiano, 277-82, 298
Fasola, Cesare, 305
Fedele, Cassandra, 70, 72
Federico da Montefeltro, duque de Urbino, 74, 76, 78, 110
felicidade, 188-9, 259-61, 263-4, 267-8, 335-6
feminismo, 211, 217, 263
Festival da Razão, 247, 248
Feuerbach, Ludwig, 248
ficção científica, 331, 333-4
Ficino, Marsilio, 98, 105
Fidélio (Beethoven), 298
Fielding, Henry, 149
filmes, produção de, 8, 297
filologia, 84, 90, 119, 293
filosofia, 9-10, 40, 57, 101, 217
filosofia confucionista, 18, 22, 296, 304
fim da infância, O (Clarke), 333-4
física newtoniana, 180
FitzRoy, Robert, 229
Five-Foot Shelf of Books, 221, 223
flagelação, 43
Flavio Biondo, 65-7
Florença: arquitetura de, 65; avanços da tipografia e, 102; convento de São Marcos, 31, 61, 105-6, 108; era do Renascimento, 7; escritos humanistas e, 28; ideais humanistas e, 96-8; membros de Academias e, 97-8, 127; normas de gênero em, 69; peste negra e, 43, 45-6; Petrarca em, 21; Savonarola e, 105-8; Segunda Guerra Mundial e, 293, 295, 305; vida literária em, 31, 35, 38, 40-1, 60-1, 68, 100
fogueiras de vaidades, 106-9, 296, 326, 335
fontes tipográficas, 57, 77-9; gótica, 64, 77; itálicas, 78-9; *ver também* tipografia
Foote, George William, 321

Forli, 75
Forster, E. M., 10; críticas a Jesus e, 247, 250; definições e escopo do humanismo e, 10, 12; homossexualidade e, 198-200; ligação social e, 196-200, 254-5; *The Longest Journey*, 155; personagens femininas, 198-9; sobre a educação em internatos, 132; sobre Zweig, 283
fotografia, 8
Foucault, Michel, 300
Fracastoro, Girolamo, 113-4, *115*
Freiburg im Breisgau, 138
Freud, Sigmund, 208
Froben, Johannes, 136-8
Froude, J. A., 239
"funeral de Deus, O" (Hardy), 238

Galeno, 116-24, *122*, 129
Galeria Uffizi (Florença), 111, 293, 305
Galileu Galilei, 169
Gallerie dell'Accademia (Veneza), 102
Gandhi, Mohandas K., 314
Gargântua, 128
Garzoni, Giovanni, 105
Gay Humanist Group, 319
Gay News (periódico), 318-9
Gehl, Jan, 328
Genealogia dos deuses pagãos (Boccaccio), 37, 39-40, 52
General Education in a Free Society [Educação geral em uma sociedade livre] (relatório), 302
gênero consolatório, 48
Gênova, 66
Gentile, Giovanni, 277-81, 288-9
geologia, 226, 240, 269, 332
Germânia (Tácito), 128
Ghiberti, Lorenzo, 21
Ghirlandaio, Domenico, 306
Gibbon, Edward, 49, 77, 260
gibelinos, 27
Giotto, 21
Giovio, Paolo, 110-1, 190
Gissing, George, 251
Gladstone, William, 244

Glinka, Mikhail, 326
God and Gott [Deus e Gott] (Gott), 318
Goddard, Debbie, 317
Goebbels, Joseph, 305
Goethe, Johann Wolfgang von, 151, 166, 203
Golding, William, 297
Goldschmidt, E. P., 78
Goldstein, Joseph, 274
Goodley, Dan, 187-8
Gosse, Edmund, 240
Gosse, Philip Henry, 240
Gott, John W., 318
Gouges, Olympe de, 167, 182, 186
Gould, Frederick James, 234
gramática, 57-8, 69
Grande Cisma (Igreja Católica), 62
Grande Fome (China), 296
gravações em fonógrafos/gramofones, 260, 276, 294
gravações em gramofone/fonógrafo, 260, 276, 294
Grécia, antiga, e cultura grega: análise de texto de Valla e, 85; Bohn's Standard Library e, 221; cicerolatria e, 91; coleções italianas de livros e, 39-41; cópias de textos e, 56-7; definições e escopo do humanismo e, 11; educação das mulheres e, 180-1; educação de Salutati e, 61; Erasmo e, 136-8; erros de tradução e, 117; habilidade retórica de Douglass e, 195; humanista toscanos e, 96-100; impacto de epidemias e, 45; J. S. Mill e, 214; modelo alemão de educação e, 202; Novo Humanismo e, 223; Novo Testamento grego, 85, 137; pesquisas sobre origens romanas e, 65; Renan e, 246; tipografia de Manutius e, 80; Zamenhof e, 256
Green, Thomas Hill, 243
Gregorius (Magister Gregorius), 65
Griffith, Welborn Barton, Jr., 307
Griffo, Francesco, 77-8
Grossman, Vassili, 328-31, *329*
Grotans, Anna A., 58
guaiaco (madeira de guaiaco), 113-4
Guarda Vermelha (China), 296

Guarini, Battista, 73, 77
Guarino da Verona, 73
guelfos, 27-8; brancos, 27-8; pretos, 27-8
Guerra Civil, EUA, 260
Guerra do Vietnã, 270, 310
Guerra e Paz (Tolstói), 149, 330
Guerra Fria, 295
Guicciardini, Francesco, 108, 110
Gunzo de Novara, 58
Gutenberg, Johannes, 76

Hamburgo, Universidade de, 289-90
Hanley, James, 199
Hardy, Thomas, 237-8
Harrison, Austin, 251-2
Harrison, Frederic, 250-2, 262
Harrison, Jane, 183
Hartt, Frederick, 295, 305
Harvard, Universidade, 221, 302
hebraico, língua, 128-9, 136
hedonismo, 222; *ver também* felicidade
"hebraísmo", 218
Heidegger, Martin, 299-300
Heidelberg, Universidade de, 127
Heine, Heinrich, 218
Henrique IV, rei da França, 144
Henrique VIII, rei da Inglaterra, 72, 133
Herculano, 56
heresia e hereges, 13, 93-4, 138, 144, 154; *ver também* blasfêmia
Heródoto, 21, 84, 214, 222
Hesse, Hermann, 286
Hildegarda de Bingen, 69
Hilel, o Velho, 19, 257-8
Hilelismo (L. L. Zamenhof), 258
"Hino ao Homem" (Swinburne), 239
Hipócrates, 116-7, 124
Hiroshima, bomba atômica, 295, 308
História da filosofia ocidental (B. Russell), 274
História natural (Plínio, o Velho), 117
História natural da religião (Hume), 173
Histórias (Sêneca, o Velho), 56
Histórias (Tucídides), 81

histórias da Criação, 21, 56, 91, 99, 181, 226, 240

Hitler, Adolf, 274-5, 279, 282, 284, 288, 294

Høje Gladsaxe, conjunto habitacional (Dinamarca), 328

Holbach, Paul-Henri Thiry, barão d', 157-8, 164-5

Holocausto, 275, 294-6, 297-8

Homaranismo, 258-9

"homem universal", 100-2, *103*, 202

homem vitruviano, 101-4, *103*, 126, 129, 179, 188, 279

Homens e mulheres notáveis de nossa época (Giovio), 110, 190

Homero, 21, 40, 74, 76, 84, 117, 222

Homo sum, humani nihil a me alienum puto [Sou humano, nada do que é humano me é estranho.] (Terêncio), 17

homossexualidade, 107, 189, 197-200, 274, 286

honnête homme [homem honesto], 162, 171

Hooker, Joseph Dalton, 229

hopi, arte, 290

Horácio, 59, 219-20

Horkheimer, Max, 298

Howards End (Forster), 12, 196, 198-9

Humanism and the Physician [Humanismo e o médico] (Pellegrino), 115

Humanismus, 202

humanistas LGBT+, 317, 319

humanistas não religiosos, 9, 13, 88; *ver também* agnosticismo; ateísmo

humanistas negros americanos, 317

Humanists International, 299, 315-6

Humanists UK, 11-2, 16-7, 102, 317, 320, 337; símbolos, *336*

humanitas, 9, 19-20, 50, 69, 101, 133, 135, 162, 178-9, 202, 224

Humboldt, Alexander von, 203-4, 209-11, 215-6

Humboldt, Wilhelm von, 203-13, *204*, 217-9, 223-4

Hume, David, 171-9, *171*, 183, 233, 260, 334

Hurston, Zora Neale, 16, *16*, 325

Hutten, Ulrich von, 87

Huxley, Julian, 303, 309, 325

Huxley, Thomas Henry, 115, 227-32, *230*, 234, 240-3, 250, 260, 272, 303-4

Huysman, Roelof *ver* Agricola, Rodolphus (Rudolf)

Hypnerotomachia Poliphili (F. Colonna), 77

Ibn Sīna *ver* Avicena

Ideias para uma tentativa de definir os limites legais do governo (W. von Humboldt), 205, 211

Igreja anglicana, 239-40, 320

igualdade de gênero e discriminação, 69-76, 183-4, 186

Ilha das Rosas, 259

Ilíada (Homero), 40

Illuminismo, 155

Iluminismo: anti-humanismo pós-guerra e, 298-300; definições e escopo do humanismo e, 11; educação humanista e, 220; fé religiosa e, 157-63, 268; humanismo científico e, 232; Hume e, 171-8; ideais humanistas e, 155-6, 179-80, 182; Iluminismo francês, 163-71; origens do termo, 155; questão de virtude e, 186; Revolução Francesa e, 56; sexualidade humana e, 188; sistemas educacionais e, 201, 204-6

imagem que falta, A (Panh), 297

Imlay, Gilbert, 186

imortalidade da alma, 173, 175, 178

Império Romano do Ocidente, 55

Impressions of Theophrastus Such [As impressões de Theophrastus Such] (G. Eliot), 331-2

indulgências papais, 76

inferno, 28, 91, 161, 233, 236, 244

Inferno de Dante, 120

Information Hunters [Caçadores de informações] (Peiss), 293

Ingersoll, Robert G., *262*; filosofia humanista e estilo de vida de, 260-4, 296, 314, *336*; formação de, 259-60; gravações fonográficas de, 260, 276; morte de, 253, 263; pontos principais do humanismo moderno e, 17; Renan e, 247; sobre função humana, 159, 200

Ingersoll-Brown, Eva, 263
Inocêncio III, papa, 23-4, 52, 285, 301
Inquisição, 13, 85-6
"insectolatristas", 279, 289
Instituição oratória (Quintiliano), 62-3
inteligência artificial, 332
International Humanist *and* Ethical Union [União Internacional Humanista e Ética], 314-5
investigação acerca da virtude ou do mérito, Uma (Shaftesbury), 162
Investigações sobre o entendimento humano (Hume), 173
Irlanda do Norte, 319
Irmãos da Vida Comum, 132
Isabella d'Este, 68
Isherwood, Christopher, 283
Islã, 11, 37, 55, 57, 119
Ísquia, 110, 280
Itália Iluminada (Flavio Biondo), 65, 67
Iter Italicum (Kristeller), 287-8

Jacobs, Jane, 327-8
James, Henry, 244
James, William, 24, 149
jansenistas, 152
Jaucourt, Louis de, 156
Jefferson, Thomas, 245, 321
Jerônimo, São, 85, 88-90, 137
jesuítas, 152, 159, 172
Jesus Cristo, 89-90, 169, 242-3, 245-7, 250
João de Salisbury, 59-60
Jogos matemáticos (Alberti), 100
Johnson, Samuel, 176-7
José e seus irmãos (T. Mann), 286
judeus e cultura judaica: ascensão de Hitler ao poder e, 282; Associação Esperantista Alemã e, 275; *O Decamerão* e, 37; formação de Grossman e, 328; formação de van Praag e, 314; formação de Zamenhof e, 253-4, 256-8; formação de Zweig e, 282; Holocausto e, 275, 294-5, 297; *A montanha mágica* e, 284; Mussolini e, 289; nazificação da Alemanha e, 290; pogroms judeus, 43; textos de Espinosa e, 160; *The Lights Go Down* e, 288

Júlio II, papa, 87
Júlio César (Shakespeare), 40
Juramento de Lealdade à Bandeira (EUA), 322
juramentos, 321-2
Justiniano I, Imperador do Oriente, 92
Juvenal, 93

K'ung-fu-tzŭ (Confúcio), 18, 22, 200, 221, 296
Kant, Immanuel, 104, 201, 257, 277
Kantorowicz, Alfred, 292
Kelly-Gadol, Joan, 69
Kempen, Ludwig van, 47
Kesakambalī, Ajita, 14
Khan, Mashal, 11
Khmer Vermelho, 296-7
Khruschóv, Nikita, 329
Kibre, Adele, 293
King, Martin Luther, Jr., 49
King-Hamilton, Alan, 318-9
Kirkup, James, 318
Kneale, Matthew, 65
Knight, Les U., 332
Knight, Margaret, 323
Koretsky, Vladimir, 304
Kristeller, Paul Oskar, 288-9
Kurzweil, Ray, 333
kwai, língua, 210, 334

La critica (periódico), 280
La Piagnona (sino), 108
La Tour, Maurice-Quentin de, 166
"lamento ao homem, Um" (Hardy), 238
Lanier, Jaron, 331
Lao She, 296
latim, 68, 84, 89, 117, 126, 128-9, 136-7, 214, 256
Latinx Humanist Alliance, 317
legislação e o estudo do Direito, 28-9, 263, 317-9
Leibniz, Gottfried Wilhelm, 153
Lemon, Denis, 318-9
Leonardo da Vinci, 95, 100, 102, *103*, 124-6, 179, 202
Leôncio Pilato, 40-2

Leonello d'Este, 73

Leoniceno, Niccolò, 117-8

Leto, Giulio Pomponio, 92, 94

Lewes, George Henry, 227

Lewis, Sinclair, 224

liberdade de imprensa, 165

liberdade e livre-arbítrio, 85, 138-40, 208, 211-2, 277-8, 281

Library of Exile [Biblioteca do exílio] (De Waal), 292

Life and Morals of Jesus Extracted Textually from the Gospels in Greek, Latin, French & English, The [A vida e a moral de Jesus a partir de textos extraídos dos evangelhos em grego, latim, francês e inglês] (Jefferson), 245

Lights Go Down, The (E. Mann)

Limits of State Action, The [As luzes se apagam] (W. von Humboldt), 288

linguagem e linguística: Agricola e, 129; Basileia e, 136; esperanto, 257-9, *259*; filosofia da educação de B. Russell e, 271-2; interesse de Boccaccio em, 38-9; latinização dos nomes dos humanistas, 127; W. von Humboldt e, 210-1; Zamenhof e, 253-9; *ver também línguas específicas*

línguas indígenas americanas, 210

Linklater, Eric, 306

"Literatura e Ciência" (M. Arnold), 231

Literature and Dogma (M. Arnold), 245

Little Review, The (revista), 268

Lívio, Tito, 32, 85

Livorno, 62

livre-pensamento: autobiografia de Douglass e, 192; definições e escopo do humanismo, 13, 17; Gott e, 318; Hume e, 173; Índia e, 313; Ingersoll e, 260-1; Ingersoll-Brown e, 263; Londres vitoriana e, 252; Montaigne e, 148; moralidade e, 171; pontos principais do humanismo moderno e, 26; *Robert Elsmere* e, 243; T. H. Huxley e, 227; Valla e, 88; visconde e viscondessa de Amberley, 335

livro da Cidade das Damas, O (Cristina de Pisano), 70-71, *71*, 191

livro do cortesão, O (Castiglione), 74-7

Locke, John, 162, 204-5

lógica, 266-8

Londres, Universidade de, 184, 291

Longest Journey, The [A jornada mais longa] (Forster), 155

Longolius, Christophorus (Christophe de Longueil), 90

Lorenzetti, Ambrogio, 96, 140

Loschi, Antonio, 65

louro, folhas de, 30

Love's Coming-of-Age [A maioridade do amor] (Carpenter), 197

"Love That Dares to Speak Its Name, The" [O amor que ousa dizer seu nome] (Kirkup), 318

Lubbock, John, 221

Lucrécio, 16, 63, 76, 126, 143, 158, 260

Luís xv, rei da França, 165

Luís xvi, rei da França, 167

lumières, les, 155, 158, 173, 292

Lutero, Martinho, 109, 137-8, 143

macarthismo, 295

Macaulay, Rose, 241

MacLeish, Archibald, 288

Magee, Bryan, 172, 234

Mahabharata, 19, 221

Malagrida, Gabriel, 152

Malesherbes, Guillaume-Chrétien de Lamoignon de, 165-7, *166*

Manetti, Giannozzo, 21, 23, 31, 52, 62, 215, 222, 301

manifesto de Pugwash (Manifesto Russell-Einstein), 308

Manifesto dos intelectuais antifascistas (Croce), 281

Manifesto dos intelectuais fascistas (Gentile), 281

Manifesto Humanista (1933), 312

Mann, Erika, 279, 283, 286-8, *287*

Mann, Golo, 287

Mann, Heinrich, 285-7, 292

Mann, Klaus, 286-8

Mann, Thomas, 283-7, *287*, 293-5, 298, 305

Mântua, 73-4

manuscritos, cópia de, 57-8, 135, 171

Manutius, Aldus, 77-81, *81*, 136, 221, 334

Manzoni, Alessandro, 45-6

"mão humanista", caligrafia, 63, *64*

Mao Tsé-Tung, 295-6

Maquiavel, Nicolau, 108, 110

maravilhas de Roma, As (Magister Gregorius), 65

Marcel, Gabriel, 299

Marcial (poeta), 78

Maria, rainha da Hungria, 141

Maria, Virgem, 75, 91, 108, 249

"Mário e o mágico" (T. Mann), 284

Maritain, Jacques, 299

Martinho V, Papa, 62

Marx, Karl, 12, 222, 227, 295

marxismo, 24, 225, 300

Mary I, rainha da Inglaterra (Mary Tudor), 72-3

Mary Ward Centre, 242

Massacre de Peterloo, 170

matemática, 57, 80, 100-2, *103*, 156-7, 266-7

Matteotti, Giacomo, 281

Maurice (Forster), 197-8, 200

McCollum, Vashti, 322-3

Médici, Cosimo de, 61, 111

Médici, família, 68, 70, 97-8

Médici, Lorenzo de, 98, 105

medicina, 8, 44-6, 57, 88, 113-26, 129-30, 156

médicos, 88; *ver também* medicina

Mehta, Hansa, 304

meliorismo, 155-6, 163, 182, 232, 243, 298-9

Meng Tzu (Mêncio), 19, 22, 304

Mente Suprema, 334-5

mentes maquinais, 331

Merrill, George, 197-8

Métabo (em *Eneida*), 34

Metalogicon (João de Salisbury), 59

Michelangelo Buonarroti, 102, 124

Middlemarch (G. Eliot), 149

mil e uma noites, As, 222

milagres, 159, 172-3, 261

Milão, 45-6

Mill, Harriet Barrow, 214

Mill, Harriet Taylor, 185-7, 199, 211-7, *212*

Mill, James, 214

Mill, John Stuart, *213*; casamento de, 211; Croce e, 280; educação de Ingersoll e, 260; filosofia humanista e o estilo de vida de, 211-7, 331; Humboldt e, 219; importância do livre-pensamento, 231; *A origem das espécies* de Darwin e, 227; religião Positivista e, 249-51; Russell e, 265, 267-8; sobre o conceito de inferno, 161; sufrágio feminino e, 217, 267; *A sujeição das mulheres* e, 186, 191; valores do Novo Humanismo e, 223-4

Miller, Walter M., Jr., 306

Milton, John, 221, 274

Minha vida (Hume), 177

Ministério do Interior (Reino Unido), 11-2

Mirabaud, Jean-Baptiste de, 165

Mnemosyne Atlas, 290-1, *291*

Molly, Wilhelm, 258-9

Momoro, Antoine-François, 247-8

Momoro, Sophie, 247

Mondino de Liuzzi, 119

monges beneditinos, 57

Monroe, James, 168

Montaigne, Michel Eyquem de, *143*; Agricola e, 130; biografia de Zweig sobre, 283, 298; educação de, 214; esperantismo e, 259; formação e filosofia humanista de, 142-8; Hume e, 174-5; legado e influência de, 148-50; principais valores humanistas e, 183, 185, 187; sobre atividades de escolarização, 224; sobre os benefícios de viajar, 212; sobre sentimento moral de solidariedade, 160-1; status das mulheres e, 185, 191

montanha mágica, A (T. Mann), 284

Monte Cassino, mosteiro de, 39, 55-6, 306

Montegufoni, Castello di (Toscana), 305

Moralia (Plutarco), 80

More, Thomas, 72, 80, 133-4

Moresnet Neutro, 258

Moriae encomium (Erasmo), 134

Morrell, Ottoline, 269

Mortimer, John, 318-9

Moses, Robert, 327

mosteiros e comunidades monásticas, 55-8, 60, 62, 69, 104-5, 132-3; *ver também mosteiros e conventos específicos pelo nome; ordens específicas*

Mostert, Marco, 58

muçulmanos e Islã, 11, 37, 55, 57, 119

mudança climática, 332-3

Mudie's, biblioteca circulante, 227

mulheres famosas, As (Boccaccio), 190

"Mulheres são humanas?" (Sayers), 183

mundo árabe, 56, 58, 117

Muscettola, Giovanni Antonio, 190

Museu Britânico (Londres), 228

Museu de História Natural (Oxford, Reino Unido), 228

Mussato, Albertino, 30

Mussi, Gabriele de, 42

Mussolini, Benito, 66, 277-8, 280, 282, 284, 289

mutabilidade da fortuna, A (Cristina de Pisano), 70

My Bondage and My Freedom [Minha servidão e minha liberdade] (Douglass), 193

"My Ding-a-Ling" (canção de Chuck Berry), 318

nacionalismo, 24, 26, 269, 274, 278

Nagasaki, bomba atômica, 295, 308

Nápoles, 85-6, 109

Narrativa da vida de Frederick Douglass, um escravizado americano (Douglass), 193

narrativa em fluxo de consciência, 149

National Secular Society, 321

natureza humana, 139, 174

NBC, 294

Necessity of Atheism, The [A necessidade do ateísmo] (Shelley), 239

Nelli, Francesco, 47

Nemésio de Emesa, 23

Nemesis of Faith, The [A nêmesis da fé] (Froude), 239

Nemi, lago, projeto de resgate de destroços, 65-6, 67, 68

New College (Oxford), 135

Newberry Library (Chicago), 289

Newton Hall (Londres), 251

Niccolò Niccoli, 61-3, 76, 117

Nicolau v, papa, 86

Niebuhr, Barthold Georg, 87

Niethammer, Friedrich Immanuel, 202

Nietzsche, Friedrich, 239, 300

Nobbs, David, 7

Nobel, prêmio, 224

Norris, George W., 222

Notes on the State of Virginia [Notas sobre o estado da Virgínia] (Jefferson), 321-2

Nott, Josiah Clark, 181

Novo Humanismo, 223-4, 314

"novo soviético", 279

Novo Testamento, 85, 87, 137, 173, 245

Oakland Evening Tribune (jornal), 262

Odisseia (Homero), 40

Onze de Setembro de 2001, ataques do, 151

Oporinus, Joannes, 123

oratória *ver* retórica e habilidade retórica

Organização das Nações Unidas para a Educação, a Ciência e a Cultura (Unesco), 283, 303, 309

origem das espécies por meio da seleção natural, A (Darwin), 226-7, 233, 249

origem do homem e a seleção com respeito ao sexo, A (Darwin), 227, 233

ostensor, 120-2

otimismo, 20, 25, 153

Ovídio, 59, 93

Oxford, Universidade de, 117, 133, 135, 184, 239

pacifismo, 138-9

Pádua, Universidade de, 119-21, *120*

paganismo, 91-2, 98, 104-5

Paine, Thomas, 109, 168-71, 260, 266

Pair of Blue Eyes, A (Hardy), 237

Países Baixos, 141, 163-4

Palais de Justice (Paris), 164

palavras e as coisas, As (Foucault), 300

paleontologia, 226

414

pandemia de covid-19, 232
Pangloss, 154, 236
Panh, Rithy, 297, 301-2
Pannartz, Arnold, 77
Panofsky, Erwin, 279, 289
Pantagruel, 128
panteísmo, 236
papado, 27, 76, 82; ver também Doação de Constantino
papiros, 55-6
Paraíso (Dante), 334
"Parem já com as leis de blasfêmia", campanha, 320
Parker, Eva, 263
Parlamento (Reino Unido), 217, 321
Parma, 46, 50
Partido Democrata Radical (Índia), 314
Partido Nacional Fascista (Itália), 278
Partisan Review, 299
Pascal, Blaise, 24
passeio do cético, O (Diderot), 166
Pater, Walter, 148
Paulo II, papa, 93-5
Paulo III, papa, 181
paz e pacifismo, 138-43, 269-71
pecado original, 23
Peiss, Kathy, 293
Pellegrino, Edmund D., 115
pensamento antiguerra, 139, 269-71
pensamento crítico, 182-3, 191, 220, 231
Péricles, 97, 185
"perigo do homem, O" (B. Russell), 308
pessoas desalojadas, 302
pestes, 42-53, 44, 77-8; peste negra, 42-53
Petição de paz (Erasmo), 139
Petrarca, 29; análise de texto feita por Valla e, 85; Boccaccio e, 35-42; cicerolatria e, 89; coleções de livros e, 32, 55, 60-2; correspondências de, 263; Cristina de Pisano e, 70; cultura literária e, 29-40, 94; depressão, 215; educação humanista e, 220; Erasmo e, 131; esperantismo e, 259; exercício da medicina e, 116-7; filhos, 38, 47; formação e educação,

28-9, 257; mecenato e, 75, 86; membros de Academias e, 91-3; pesquisa sobre humanismo de Voigt e, 202; pesquisas sobre origens romanas e, 64-5; peste negra e, 46-8, 50-3; preservação de herança cultural e, 292, 330; Savonarola e, 104, 107; tipografia e, 76; Vespasiano e, 68; *Vidas dos grandes pintores, escultores e arquitetos*, de Vasari e, 111
Petroni, Pietro, 39
Phnom Penh, 296-7
piagnoni, 106
Pickel, Konrad ver Celtis, Conrad
Pico della Mirandola, Giovanni Francesco, 98-9, 102, 105, 110, 139
Pio II, papa, 93
planejamento urbano, 327-8
Platão, 11, 88, 98, 104, 180, 185, 214
Platina (Bartolomeo Sacchi), 94-5, 95, 110
Plauto, 92-3
Plínio, o Jovem, 111
Plínio, o Velho, 111, 117, 201
Plutarco, 135
Plymouth Brethren, 240
pobreza, 217, 219, 242-3, 278
Poggio Bracciolini, Giovanni Francesco, 62-3, 64, 65, 67-8, 76, 88-9, 93, 288
Pol Pot, 296
Policraticus (João de Salisbury), 59
Poliziano (Angelo Ambrogini), 70
Pompadour, Jeanne-Antoinette Poisson, Madame de, 166
Pope, Alexander, 153, 181
Port-Royal-des-Champs, abadia de, 152
pós-humanismo, 332-3
positivismo, 248-52
"Praia de Dover" (M. Arnold), 238
Prelúdio (Wordsworth), 215
presbiterianos, 214
Primavera (Botticelli), 305-6
Primeira Emenda, 319
Primeira Guerra Mundial, 253, 259, 269-70, 274, 278, 284-5, 290
Primeiro Livro (L. L. Zamenhof), 257-8, 257

415

Principia Mathematica (Whitehead e B. Russell), 267, 269

Principles of Social Reconstruction [Princípios da reconstrução social] (B. Russell), 271

Prisão de Dorchester (Dorset), 170

Pro Archia (Cícero), 33

Proba, Faltonia Betitia, 91

progressismo, 180, 202, 265, 328

Prometeu, 20

Protágoras: crítica de Montaigne a, 145; *Discurso de Pico della Mirandola* e, 99; Erasmo e, 139; expulsão de Atenas, 16; "homem como a medida de todas as coisas" e, 9-10, 15; Homem Vitruviano e, 101; Novo Humanismo e, 314; pontos principais do humanismo moderno e, 18-21; principais valores humanistas e, 183

protestantes holandeses, 164

protestantismo, 87, 109, 143, 158, 160, 163, 236

Púchkin, Aleksandr, 326

puritanismo, 218

quacres, 169, 181

quarto com vista, Um (Forster), 199

Quatro Dissertações (Hume), 175

queima de livros, 106-7, 163, 222, 239, 282, 286, 292, 295-6

quiasma, 195

Quintiliano, 49-50, 62-3, 67-8, 72, 90, 135, 194, 261-2

Quirinal, monte (Roma), 68

Rabelais, François, 128-9

racionalidade, 253, 260, 267; *ver também* razão

racismo, 180, 269, 274-5, 288, 301, 315

Radical Humanist Movement [Movimento Humanista Radical da Índia] (Índia), 313

Rafael, 82, 109

Ramayana, 221

Randall, John Herman, Jr., 289

Rasis (Al-Rāzī), 116, 122

razão, 155-6, 191, 247; *ver também* racionalidade

reencarnação, 180, 185

Reforma, 87

refugiados, 80

Regra de Ouro, 19, 200, 257

Regra de São Bento, 57-8

Reich-Ranicki, Marcel, 293-4

Reivindicação dos direitos das mulheres (Wollstonecraft), 186

Religião da Humanidade (Positivismo), 249-52, 314

"Religião e os intelectuais" (série da *Partisan Review*), 299

religiões nacionais, 239

Religion of Humanity, The (Wright), 250

religiosa, A (Diderot), 166

Remédios para fortunas prósperas e adversas (Petrarca), 50-2, 70

ren, 18-20, 160, 295, 304

Renaissance Philosophy of Man, The [A filosofia do homem renascentista] (Cassirer, Kristeller e Randall), 289

Renan, Ernest, 246-7, 246

Renascimento, 46, 58, 102, 111, 289, 308

renascimento da antiguidade clássica, ou o primeiro século de humanismo, O (Voigt), 202

Repastinatio dialecticae et philosophiae (Valla), 84

"Resgate Secular", programa de, 320

ressurreição, 124, 172

rete mirabile, 120-2

Retórica a Herênio, 89

retórica e habilidade retórica: Agricola e, 129; Douglass e, 194-6; educação das mulheres e, 69; educação de Petrarca e, 29; Erasmo e, 135; ideólogos e, 277-8; influência de Cícero e, 49-50; Ingersoll e, 261; *Instituição oratória* e, 62-3; membros de Academias e, 92; Montaigne e, 146-7; Valla e, 83-4, 86, 89

revitalização cultural, 305-6

Revolução Cultural, 295-6

Revolução Francesa, 56, 167, 182, 204, 247, 307

Rey, Marc-Michel, 165

Rhys, Ernest, 221

ritual, 9, 243, 249-50

Robert Elsmere (Ward), 241-4

Robertson, Geoffrey, 318

Robespierre, Maximilien, 248

Roma e cultura romana: Bohn's Standard Library e, 221; coleções italianas de livros e, 32-3; conflitos sobre papado e, 27; direito à cidadania e, 33, 222; Doação de Constantino e, 82-6, 117; estudo das ruínas romanas, 65-6; estudos anatômicos e, 119; Grande Cisma e, 62; membros de Academias e, 92; mitologia romana, 91, 141, 195; Renan e, 246; República Romana, 93; ruínas romanas, 64-5, 92, 100; saque de (1527), 109-10; Senado Romano, 56; sistema educacional alemão e, 202

Rondet, Laurent-Étienne, 152

Roosevelt, Eleanor, 303-4, *305*

Rosvita de Gandersheim, 69, 128

Rousseau, Jean-Jacques, 180

Roy, Manabendra Nath, 313-4, 335

Royal Institution (Londres), 228

Royal Society of Literature (Reino Unido), 318

Rushdie, Salman, 319

Ruskin, John, 221

Russell, Bertrand, *264, 267, 310*; ativismo antinuclear, 308-9; Biblioteca da Liberdade Alemã e, 292-3; ética do renascimento cultural e, 308-11; filosofia humanista e estilo de vida de, 264-74; formação de Knight e, 323; organizações humanistas e, 312-4; reações ao ateísmo de, 239; sobre esperança, 252

Russell, Dora, 272-3

Russell, John (primeiro-ministro), 265

Sacchi, Bartolomeo *ver* Platina (Bartolomeo Sacchi)

Sacro Império Romano, 82

Sadoleto, Jacopo, 109

Sagan, Carl, 172

Said, Edward, 224

Salutati, Coluccio, 60-1, 63, 117

San Lorenzo, igreja de (Florença), 102

Sánchez de Arévalo, Rodrigo, 94

Santa Maria Nuova, hospital (Florença), 125

Santiniketan, escola de, 272

Santo Spirito, mosteiro de (Florença), 60-1

São João de Latrão, basílica de (Roma), 87

São Marcos, convento de (Florença), 31, 61, 105-6, 108

Sartre, Jean-Paul, 300, 308

Savelievna, Yekaterina, 329

Savonarola, Girolamo, 104-9, *105, 107*, 189

Saxl, Fritz, 290-1

Sayers, Dorothy L., 183-4, 334

Schedel, Hartmann, 128

Schiller, Friedrich, 206, 312

Schlegel, Julius, 196, 306

School for Barbarians [Escolas de bárbaros] (E. Mann), 279

Scopes, John T., 261

Scott, Geoffrey, 327

Scuola Normale Superiore (Pisa), 288-9

Second from Last in the Sack Race (Nobbs), 7

Secretum (Petrarca), 47

Segunda Guerra Mundial, 66, 274-6, 297, 302, 308, 329

segundo sexo, O (Beauvoir), 191

seleção sexual, 227

Sêneca, o Velho, 48, 56, 74

Senhor das moscas (Golding), 297

Seniles (Petrarca), 34

separação entre Igreja e Estado, 321

Sepúlveda, Juan Ginés de, 181

"Ser" (conceito de Heidegger), 299-300

Ser Supremo, culto do, 248

Sermão da Montanha, 245

Shaftesbury, Anthony Ashley Cooper, terceiro conde de, 161-2, 171, 175, 183

Shakespeare, William, 40, 191, 221-2, 242, 251, 262

Shaw, George Bernard, 19

Shelley, Percy Bysshe, 239

Sherine, Ariane, 17, 323-4, *324*

Siena, 96

sífilis, 113-4, 118

Sífilis, ou a doença francesa (Fracastoro), 113

Silvestre I, papa, 82, 84

singularidade, 333-4

singularidade está próxima, A (Kurzweil), 333

sionismo, 258

sistema da natureza, O (Holbach), 157, 164

sistema educacional prussiano, 202-3, 206-9

Sisto IV, papa, 95, *95*

Smith, Adam, 175, 177-8

Smith, Charles Lee, 319

Smith, Thomas Southwood, 119

Smyth, John, 318

Sobre a avareza (Poggio), 68

Sobre a Doação de Constantino (Valla), 82-3

Sobre a liberdade (J. S. Mill), 211-6, 227, 249

Sobre a miséria da condição humana (Inocêncio III), 23, 52, 285

Sobre a natureza das coisas (Lucrécio), 16, 63, 143

Sobre as dipsas e várias outras serpentes (Leoniceno), 118

Sobre o bem verdadeiro (Valla), 86

"Sobre o desastre de Lisboa" (Voltaire), 154

Sobre o prazer certo e a boa saúde (Platina), 95

Sobre os erros de Plínio e outros escritores médicos (Leoniceno), 117

sobrinho de Rameau, O (Diderot), 166

socialismo, 275, 278, 285, 312

Society for Effecting the Abolition of the Slave Trade [Associação pela Efetivação da Abolição do Comércio de Escravos], 181

sofrimento, 150, 159, 169, 189, 226

solidariedade, 169, 175, 185, 205, 233, 238, 329; *ver também* compaixão; empatia

Sorbonne, Universidade (Paris), 133-4

South London Working Men's College, 229-30

Sphere and Duties of Government, The [A esfera e os deveres do governo] (W. von Humboldt), 205

sprezzatura, 75, 101

St. Emmeram, mosteiro de (Regensburg), 128

St. Gallen, mosteiro de, 58, 62, 67

St. Paul, catedral de (Londres), 133

Stálin, Ióssif, 279, 313

Stanley, Henry Morton, 221-2

Stapledon, Olaf, 334

Stephen, Leslie, 234-5, *235*, 285

Stevenson, Robert Louis, 240

Strachey, Lytton, 270

Strahan, William, 178

Strauss, David Friedrich, 246

studia humanitatis, 8, 27, 69

Suécia, 293

suicídio, 175, 264

sujeição das mulheres, A (J. S. Mill), 186, 191, 215-6

Sunday Graphic (jornal), 323

superstição, 157

Sweynheym, Conrad, 77

Swift, Jonathan, 219

Swinburne, Algernon Charles, 239, 300

Sylvius, Jacobus (Jacques Dubois), 121

Tácito, 74, 128

Tagore, Rabindranath, 272, 335

Tait, Katharine, 273

Talibã, 55

Talmude, 222

Taylor, Harriet *ver* Mill, Harriet Taylor

Taylor, John, 213

Tchékhov, Anton, 326, 328-30

tecnologia do papel, 58; *ver também* tipografia

Tegel, mansão de (Berlim), 203, 209-10

Templo da Humanidade (Rio de Janeiro), 249

teodiceia, 152-3

Teofrasto, 52, 88

teologia, 9, 57, 98, 131, 136-8, 141, 143, 145, 181, 268

Teologia platônica (Ficino), 98

Terêncio (Publius Terentius Afer): Babbitt e, 223; base humanista da moralidade e, 182; coleções italianas de livros e, 41; humanismo como religião e, 313; Huxley e, 230-1; membros de Academias e, 92-3; Montaigne e, 145-6; pontos principais do humanismo moderno e, 17, 21; textos de J. Harrison e, 183

Término (deus romano), 141

terremoto de Lisboa (1755), 151-4, *152*, 269

terremotos, 151-4, *152*, 157, 159

Terror, o (Reino do Terror), 167, 186; *ver também* Revolução Francesa

Tertuliano, 161, 244

Thames House (Londres), 291

Thiry, Paul-Henri *ver* Holbach, Paul-Henri Thiry, Barão d'

tipografia, 76-81, 110, 164-6, 170, 330; *ver também* edição de livros

Todorov, Tzvetan, 335

Told by an Idiot [Relato de um idiota] (Macaulay), 241

tolerância, 130, 143, 157-8, 162, 182, 212

Tom Jones (Fielding), 149

Tomás Becket, santo, 59

tortura, 108, 161

Toscana, 27-8, 31, 95-6, 305; *ver também* Florença; Siena

Tosetti, Angelo di Pietro di Stefano dei, 47

totalitarismo, 106, 279, 299

transmigração de almas, 185

transumanar, 334-5

transumanismo, 333

Tratado da natureza humana (Hume), 171-5

Treblinka, campo de concentração de, 275

Trinity College (Cambridge), 239, 270

Trithemius, Johannes, 76-7

Trollope, Anthony, 251, 265

Trótski, Liev, 278

Tucídides, 45, 81, 84, 97

tupinambá, povo, 147

Tutu, Desmond, 18, 193, 196

ubuntu, 18, 50, 160

Ultimate Questions [Questões derradeiras] (Magee), 234

umanesimo, 202

umanisti, 8, 12, 28, 202

União Europeia, 141

União Internacional para a Conservação da Natureza, 309

União Soviética, 279, 295, 303-4, 329

universalidade, 182-3, 187

universidades *ver instituições específicas*

University College (Oxford), 239

Unpopular Essays [Ensaios impopulares] (B. Russell), 266

Unua Libro (L. L. Zamenhof), 257, *257*

uomo universale [homem universal], 100-2, *103*, 202

utilitarismo, 188-9, 214-5, 217

Utopia (More), 80, 134

vaidades, 104-9, 189, 326

Valla, Lorenzo, *83*; captura de Nápoles pelos franceses e, 109; cicerolatria e, 89-90; coleções italianas de livros e, 32; crescimento da tipografia e, 110; habilidade retórica de, 83-4, 86, 89; Hume e, 175; Jefferson e, 245; Leoniceno e, 118; método de pesquisa e, 191-2; obras e influência de, 82-8; principais valores humanistas e, 183; Savonarola e, 105, 108; sobre latim, 256; traduções de textos bíblicos e, 137

van Deukeren, Hans, 314

van Praag, Jaap, 314

Vários pensamentos por ocasião de um cometa (P. Bayle), 163

Vasari, Giorgio, 111-2

Vaticano, 82, 87, 94, 109-10

Vaucluse, França, 30, 259

Vaux, Clotilde de, 249

Vegio, Maffeo, 83

Velho Testamento, 254

Veneza, 41, 47, 60, 77, 94, 102

vernáculo, língua, 30, 37, 40, 90, 106, 255

Verona, catedral de, 33

Versos satânicos (Rushdie), 319

Vesalius, Andreas, 121-3, *122-3*, *125*, 127, 136

Vespasiano da Bisticci, 61-2, 68, 74

Vesúvio, monte, 56

Vida de Jesus (Renan), 246

Vida de Jesus (Strauss), 246

Vida e destino (Grossman), 328-31

vida e vida após a morte: definições e escopo do humanismo, 14-5; filosofia de B. Russell e, 268-9; filosofia de Hume e, 175-7; filosofia de Stephen e, 235-6; futuro da humanidade

e, 330-6; reencarnação e, 185; ressurreição, 124, 172; transmigração de almas, 185
Vidas dos grandes pintores, escultores e arquitetos (Vasari), 111
Vincennes, prisão da fortaleza de, 164
Virgílio, 21, 29-30, 34, 46, 59, 78, 91, 113, 146
Vitória, rainha da Grã-Bretanha, 265
"vitória próxima da democracia, A" (T. Mann), 287
vitoriana, era, 236-7, 241, 252, 270
Vitrúvio, 62, 101
Vittorino da Feltre, 73-4
Vives, Juan Luis, 73
Voigt, Georg, 202
Voltaire (François-Marie Arouet), *153*; deísmo de, 158-9; educação das mulheres e, 180; ética do meliorismo e, 155-7; Humboldt e, 204-5; Hume e, 175-6; ideais iluministas e, 156; Iluminismo francês e, 163-7; Ingersoll e, 260; moralidade dos ateus e, 173; moralidade humanista e, 161-2; Paine sobre, 266; principais valores humanistas e, 182; reação ao terremoto de Lisboa, 153-5; Russell e, 309
Voluntary Human Extinction Movement [Movimento pela Extinção Humana Voluntária] (VHEMT), 332
Vonnegut, Kurt, 8

Walayat, Hamza bin, 11-2
Warburg, Aby, 290
Warburg, Max, 290
Warburg Institute, 291-2
Ward, Humphrey, 241
Ward, Mary Augusta, 241-4, *241*
Washington Square Park (Nova York), 327
Wedgwood, Josiah, 181
Whitehead, Alfred North, 267-8

Whitehouse, Mary, 318-9
Wightman, Frances Lucy, 218
Wilberforce, Samuel, 229, 240
Wilde, Oscar, 189-90, 197
Winchester College (Oxford), 135
Wollstonecraft, Mary, 186, 191
Women's National Anti-Suffrage League [Liga Nacional Feminina Antissufragista], 241-2
Woolf, Virginia, 191, 234, 241
Wordsworth, William, 215
Workers' Educational Association [Associação Educacional dos Trabalhadores], 220, 222
Working Men's College (Londres), 221
World Trade Center, ataque ao (2001), 151
Wright, T. R., 250

Xenofonte, 214
xilogravura, 78, 111, 221
Xunzi, 22

Yersinia pestis (bactéria da peste), 42
You Are Not a Gadget [Você não é um aparelho eletrônico] (Lanier), 331

Zaleski-Zamenhof, Louis-Christophe, 275-6
Zaleski-Zamenhof, Margaret, 276
Zamenhof, Adam, 275
Zamenhof, Lidia, 275
Zamenhof, Ludwik Lejzer, 253-9, *254*, 264, 271, 274-5
Zamenhof, Zofia, 275
Zaruski-Zamenhof, Hanna, 276
Zeus, 20, 140
Zhang Longxi, 301
Zombory-Moldován, Béla, 269
zuni, arte, 290
Zweig, Stefan, 269, 282-3, 298

ESTA OBRA FOI COMPOSTA PELA ABREU'S SYSTEM EM INES LIGHT
E IMPRESSA EM OFSETE PELA LIS GRÁFICA SOBRE PAPEL PÓLEN NATURAL
DA SUZANO S.A. PARA A EDITORA SCHWARCZ EM JULHO DE 2024

A marca FSC® é a garantia de que a madeira utilizada na fabricação do papel deste livro provém de florestas que foram gerenciadas de maneira ambientalmente correta, socialmente justa e economicamente viável, além de outras fontes de origem controlada.